Herausgegeben in Verbindung mit
der Heinrich-Heine-Gesellschaft

Heine-Jahrbuch 2010

49. Jahrgang

Herausgegeben von Sabine Brenner-Wilczek
Heinrich-Heine-Institut
der Landeshauptstadt Düsseldorf

Verlag J. B. Metzler
Stuttgart · Weimar

Anschrift der Herausgeberin:
Sabine Brenner-Wilczek
Heinrich-Heine-Institut
Bilker Straße 12–14, 40213 Düsseldorf

Redaktion: Christian Liedtke

Bibliografische Information der Deutschen Nationalbibliothek
Die Deutsche Nationalbibliothek verzeichnet diese Publikation in der
Deutschen Nationalbibliografie; detaillierte bibliografische Daten
sind im Internet über <http://dnb.d-nb.de> abrufbar.

ISBN 978-3-476-02362-9
ISBN 978-3-476-00578-6 (eBook)
DOI 10.1007/978-3-476-00578-6
ISSN 0073-1692

Dieses Werk einschließlich aller seiner Teile ist urheberrechtlich geschützt. Jede Verwertung außerhalb der engen Grenzen des Urheberrechtsgesetzes ist ohne Zustimmung des Verlages unzulässig und strafbar. Das gilt insbesondere für Vervielfältigungen, Übersetzungen, Mikroverfilmungen und die Einspeicherung und Verarbeitung in elektronischen Systemen.

© 2010 Springer-Verlag GmbH Deutschland
Ursprünglich erschienen bei J. B. Metzler'sche Verlagsbuchhandlung
und Carl Ernst Poeschel Verlag GmbH in Stuttgart 2010
www.metzlerverlag.de
info@metzlerverlag.de

Inhalt

Siglen IX

Aufsätze

I.

Rüdiger Scholz · Heinrich Heine über den Terrorismus der Neuzeit.
Revolutionäre, Terroristen und Nivellierer in »Ludwig Börne.
Eine Denkschrift« 1
Peter Stein · Heinrich Heine im Nachmärz: »Enfant perdü«.
Missdeutungen der Begriffe und Widersprüche im Gedicht 19
Kathrin Wittler · »Mein westöstlich dunkler Spleen«. Deutsch-jüdische
Orientimaginationen in Heinrich Heines »Jehuda ben Halevy« 30
Anne Stähr · »Seine Nerven werden krankhaft überreitzt.« Zum Diskurs
über den effeminierten Juden in Heinrich Heines »Lutezia« 50
Nina Bodenheimer · Zwischen den Zeilen. Ein Versuch über Heine
als Leser des »Globe« 63

II.

Leslie Brückner · Alexandre-François Loève-Veimars als Übersetzer
und Mittler Heinrich Heines 81
Terence James Reed · Heine wird vertont: Wächst da zusammen,
was zusammengehört? 96
Arnold Pistiak · Revolutionsgesänge? Hanns Eislers Chorlieder
nach Heinrich Heine 110

III.

Peter Hasubek · »Fiat Justitia et pereat mundus!« Zum Thema ›Recht‹
im literarischen Werk Karl Immermanns 133
Jeffrey L. Sammons · Jan Žižka als heikles Vormärzthema. Teil II.
Beobachtungen zu Carl Herloßsohn, Moritz Hartmann
und Alfred Meißner 157

Kleinere Beiträge

Regine Gerhardt · Netzwerke. Heinrich Heine und Anton Melbye 179
Myriam Bienenstock · Hermann Cohens Heine und der Kampf
um Spinoza 192
Naim Kryeziu · Die Heine-Rezeption im albanischen Sprachgebiet
(Albanien und Kosovo) 201
Manfred Windfuhr · Vom Reiz des privaten Sammelns.
Gerhart Söhns Heine-Bibliothek 208

Reden zur Verleihung der Ehrengabe der Heinrich-Heine-Gesellschaft 2009

Joseph A. Kruse · Grußwort 213
Michael Naumann · Laudatio auf Herta Müller 219
Herta Müller · LALELE, LALELE, LALELE oder DAS LEBEN
KÖNNTE SO SCHÖN SEIN WIE NICHTS 224

Heinrich-Heine-Institut. Sammlungen und Bestände. Aus der Arbeit des Hauses

Joseph A. Kruse · ‹Textlücke›. Ein bisher verschollenes Bruchstück
aus dem »Memoiren«-Fragment Heinrich Heines 229
Christian Liedtke · James Ensor, Heinrich Heine und
»Die seltsamen Insekten« 242
Karin Füllner · »Im Namen des Dichters«. 12. Forum
Junge Heine Forschung 2009 mit neuen Arbeiten
über Heinrich Heine 250

Inhalt VII

Buchbesprechungen

Paolo Chiarini/Walter Hinderer (Hrsg.) · Heinrich Heine.
Ein Wegbereiter der Moderne (Joseph A. Kruse) 255
Norbert Otto Eke/Kurt G. P. Schuster/Günter Tiggesbäumker
(Hrsg.) · Hoffmann von Fallersleben. Internationales Symposion
Corvey/Höxter 2008 (Fritz Wahrenburg) 257
Henriette Herwig/Volker Kalisch/Bernd Kortländer/Joseph A. Kruse/
Bernd Witte (Hrsg.) · Übergänge. Zwischen Künsten und Kulturen.
Internationaler Kongress zum 150. Todesjahr von Heinrich Heine
und Robert Schumann (Sabine Brenner-Wilczek) 263
Martin Hundt (Hrsg.) · Der Redaktionsbriefwechsel der Hallischen,
Deutschen und Deutsch-Französischen Jahrbücher (1837-1844)
(Christian Liedtke) 265
Esther Kilchmann · Verwerfungen in der Einheit. Geschichten
von Nation und Familie um 1840. Heinrich Heine, Annette
von Droste-Hülshoff, Jeremias Gotthelf, Georg Gottfried Gervinus,
Friedrich Schlegel (Alexandra Pontzen) 267
Kálmán Kovács (Hrsg.) · Rhetorik als Skandal. Heinrich Heines
Sprache (Thomas Stähli) 269
Ritchie Robertson · Mock-Epic Poetry from Pope to Heine
(Robert Steegers) 275

Heine-Literatur 2009/2010 mit Nachträgen 279

Veranstaltungen des Heinrich-Heine-Instituts und der Heinrich-Heine-
Gesellschaft e.V. Januar bis Dezember 2009 309

Ankündigung des 14. Forum Junge Heine Forschung 319

Abbildungen 320

Hinweise für die Autoren 321

Mitarbeiter des Heine-Jahrbuchs 2010 323

Siglen

1. H. Heine: Werke und Briefe

B = Heinrich Heine: Sämtliche Schriften. Hrsg. von Klaus Briegleb. München: Hanser 1968–1976, 6 Bände (6, II = Register)

DHA = Heinrich Heine: Historisch-kritische Gesamtausgabe der Werke. In Verbindung mit dem Heinrich-Heine-Institut hrsg. von Manfred Windfuhr. Hamburg: Hoffmann und Campe 1973–1997, 16 Bände

HSA = Heinrich Heine: Werke, Briefwechsel, Lebenszeugnisse. Säkularausgabe. Hrsg. von den Nationalen Forschungs- und Gedenkstätten der klassischen deutschen Literatur in Weimar (seit 1991: Stiftung Weimarer Klassik) und dem Centre National de la Recherche Scientifique in Paris. Berlin und Paris: Akademie und Editions du CNRS 1970 ff.

2. Weitere Abkürzungen

Galley/Estermann = Eberhard Galley und Alfred Estermann (Hrsg.): Heinrich Heines Werk im Urteil seiner Zeitgenossen. Hamburg: Hoffmann und Campe 1981–1992, 6 Bände

auf der Horst/Singh = Christoph auf der Horst und Sikander Singh (Hrsg.): Heinrich Heine im Urteil seiner Zeitgenossen. Begründet von Eberhard Galley und Alfred Estermann. Stuttgart/Weimar: Metzler 2002–2006, 6 Bände

HJb = Heine-Jahrbuch. Hrsg. vom Heinrich-Heine-Institut Düsseldorf. Hamburg: Hoffmann und Campe 1962–1994; Stuttgart: Metzler 1995 ff.

Höhn = Gerhard Höhn: Heine-Handbuch. Zeit, Person, Werk, Stuttgart: Metzler ^{1}1987, ^{2}1997, ^{3}2004

Mende = Fritz Mende: Heinrich Heine. Chronik seines Lebens und Werkes. Berlin: Akademie ^{1}1970, ^{2}1981

Seifert = Siegfried Seifert: Heine-Bibliographie 1954–1964. Berlin und Weimar: Aufbau 1968

Seifert/Volgina = Siegfried Seifert und Albina A. Volgina: Heine-Bibliographie 1965–1982. Berlin und Weimar: Aufbau 1986

Werner = Michael Werner (Hrsg.): Begegnungen mit Heine. Berichte der Zeitgenossen. Hamburg: Hoffmann und Campe 1973, 2 Bände

Wilamowitz = Erdmann von Wilamowitz-Moellendorff und Günther Mühlpfordt (†): Heine-Bibliographie 1983–1995. Stuttgart und Weimar: Metzler 1998

Wilhelm/Galley = Gottfried Wilhelm und Eberhard Galley: Heine-Bibliographie [bis 1953]. Weimar: Arion 1960, 2 Bände

Aufsätze

I.

Heinrich Heine über den Terrorismus der Neuzeit Revolutionäre, Terroristen und Nivellierer in »Ludwig Börne. Eine Denkschrift«

Von Rüdiger Scholz, Freiburg

Der Titel ist bewusst so gewählt. Es ist nicht der Terrorismus in der Neuzeit gemeint, sondern der Terrorismus *der* Neuzeit. Das Thema hat seinen Grund darin, dass Heinrich Heine in seiner Denkschrift »Ludwig Börne«, die 1840, drei Jahre nach Börnes Tod, erschien und einen Skandal auslöste, seine Sicht der neueren europäischen Geschichte und der Weltgeschichte entwickelt, die bis heute weitgehend unerörtert geblieben ist.

Heine belegt die Entwicklung des neuzeitlichen Staates, den Tugendrigorismus der republikanischen Revolutionäre, die neuere Hochfinanz und die Auflösung des Begriffs von Gott mit dem Begriff terroristisch. Gleich im ersten Buch der Denkschrift, nach einer längeren Passage über die Rothschilds, in der schließlich der Pariser Vertreter dieses inzwischen europäischen Bankhauses, James Rothschild, die Vorzüge des Staatspapiersystems erläutert, heißt es:

> [...] ich sehe in Rothschild einen der größten Revolutionäre, welche die moderne Demokratie begründeten. Richelieu, Robespierre und Rothschild sind für mich drei terroristische Namen, und sie bedeuten die graduelle Vernichtung der alten Aristokratie. Richelieu, Robespierre und Rothschild sind die drei furchtbarsten Nivelleurs Europas. Richelieu zerstörte die Souveränität des Feudaladels und beugte ihn unter jene königliche Willkür, die ihn entweder durch Hofdienst herabwürdigte, oder durch krautjunkerliche Untätigkeit in der Provinz vermodern ließ. Robespierre schlug diesem unterwürfigen und faulen Adel endlich das Haupt ab.

> Aber der Boden blieb, und der neue Herr desselben, der neue Gutsbesitzer, ward ganz wieder ein Aristokrat, wie seine Vorgänger, deren Prätentionen er unter anderem Namen fortsetzte. Da kam Rothschild, und zerstörte die Oberherrschaft des Bodens, indem er das Staatspapierensystem zur höchsten Macht emporhob, dadurch die großen Besitztümer und Einkünfte mobilisierte, und gleichsam das Geld mit den damaligen Vorrechten des Bodens belehnte. Er stiftete freilich dadurch eine neue Aristokratie, aber diese, beruhend auf dem unzuverlässigsten Elemente, auf dem Gelde, kann nimmermehr so nachhaltig mißwirken, wie die ehemalige Aristokratie, die im Boden, in der Erde selber, wurzelte. Geld ist flüssiger als Wasser, windiger als Luft, und dem jetzigen Geldadel verzeiht man gern seine Impertinenzen, wenn man seine Vergänglichkeit bedenkt ... er zerrinnt und verdunstet, ehe man sich dessen versieht.
> Indem ich oben die Namen Richelieu, Robespierre und Rothschild zusammenstellte, drängte sich mir die Bemerkung auf, daß diese drei größten Terroristen noch mancherlei andere Ähnlichkeiten bieten. Sie haben z. B. mit einander gemeinsam eine gewisse unnatürliche Liebe zur Poesie. (B IV, 29 f.)

Man sollte meinen, dass die Rede von den drei größten Terroristen in der »Börne«-Schrift eine berühmte, häufig interpretierte Stelle ist. Weit gefehlt! Es herrscht Schweigen. Nur dreimal wird die Textstelle überhaupt zitiert, 1947, 1976 und 2000, und auch da so gut wie ohne Interpretation.[1]

Die Bezeichnung von Richelieu und Rothschild als Terroristen ist in der Gewalt, die in diesem Begriff steckt, wörtlich zu nehmen.[2] Heine benutzt den Begriff in dem seit der Französischen Revolution üblichen Sinn (vgl. B III, 363 und ebd., 126); dieser Gebrauch ist wenig originell und wäre ohne das obige Zitat kaum der Rede wert.

Hinter Heines lockeren, satirisch witzig und beiläufig anmutenden Bemerkungen steckt die schärfste und klarste Analyse der Geschichte der Neuzeit vor Karl Marx und Friedrich Engels. Im Kontext der »Börne«-Denkschrift stellt die kurze Passage über die drei Revolutionäre, Terroristen und »Nivelleurs« den bisherigen Höhepunkt von Heines Geschichtsdenken dar, das sich seit der Juli-Revolution 1830 rasant entwickelt.[3]

Frankreich ist für Heine am meisten fortgeschritten, daher repräsentiert der Name Richelieu den neuzeitlichen Staat überhaupt, und dieser neue Staat ist auch charakterisiert durch Rothschilds System der Staatsanleihen. Dieser neuzeitliche Staat entwickelt sich als absolutistischer Staat seit Beginn des 17. Jahrhunderts. Dieser ist, historisch betrachtet, nicht nur in Frankreich, sondern in fast allen europäischen Staaten, eine Übergangsform zwischen feudalem Königtum und bürgerlichem Verfassungsstaat. Die Machtfülle des absolutistischen Herrschers entstand aus der Notwendigkeit, die religiös motivierten Bürgerkriege zu beenden. Das war die Chance z. B. für Heinrich IV. von Frankreich, an der Wende zum 17. Jahrhundert eine starke Zentralgewalt zu errichten. Im Bild von Henri Quatre verbindet sich die Stärke der Königsgewalt mit dem Ende der Bürgerkriege, und Richelieu, Mazarin und Ludwig XIV. wurden, so Reinhart Koselleck, als Garanten für »die Beendigung der religiösen Bürgerkriege und die Bändigung des Krieges zum reinen Staatenkrieg«[4] geschätzt. Die Dauerhaftigkeit dieser Macht basiert auf einem stehenden Heer, das nicht mehr vom Adel gestellt wird, sondern jetzt, und das ist neu, finanziert wird über Steuereinnahmen, die überwiegend aus städtischer Gewerbeproduktion und Fernhandel stammen. Damit stützt sich der König neben dem Adel auf das Besitzbürgertum, das eine neue Herrschaftsklasse bildet, in Konkurrenz zum Adel. Die Besonderheit der Konstellation liegt darin, dass die ökonomischen Ressourcen beider Klassen überwiegend getrennt liegen – Landwirtschaft der Adel, Gewerbeproduktion und Handel das Bürgertum – und beide unterschiedliche Systeme von Eigentum aufweisen – Lehenseigentum und Privateigentum.

Kardinal Richelieu baut unter Heinrichs Sohn Ludwig XIII. ab 1624 die Zentralgewalt zum absolutistischen Staat aus. Verlierer ist der Adel, überall in Europa, am krassesten aber in Frankreich, wo er bis auf minimale Restbestände alle Herrschaftsgewalten verliert, aber nicht seine Steuerfreiheiten. Heine hat also Recht mit seiner These, dass Richelieu »die Souveränität des Feudaladels« »zerstörte«.

In der Verbindung mit Rothschilds System der Staatsschuldscheine erscheint ein weiteres Merkmal des neuen Staates. Um die Dauerhaftigkeit der Staatseinnahmen zu sichern, bildet der Absolutismus den bürokratischen Anstaltsstaat aus, mit Staatshaushalt, Ministerressorts, Behörden, Polizei und Justiz usw. – das, was wir heute noch haben. Diese Staatsverfassung wird in einem 200 Jahre währenden Prozess seit Beginn des 17. Jahrhunderts geschaffen, an dessen vorläufigem Ende der demokratische Verfassungsstaat des 19. und 20. Jahrhunderts steht.

Mit der Ausgestaltung des modernen Staates weitet sich gegenüber den Formen feudaler Herrschaft der Zugriff auf die Menschen enorm aus, was sich auch nach dem Sturz des Absolutismus fortsetzt, trotz aller politischen Ziele der Ideologie des Liberalismus, im Widerspruch zur Emanzipation, zu den bürgerlichen Freiheiten des Gewerbes, des Handels, der Wahl des Wohnortes, kurz: den Freiheiten und Grundrechten in modernen Verfassungsstaaten. Zu Heines Zeit war das eklatant in der Zunahme der Macht von Polizei und Zensur. Die Staatsschulden, abgesichert nur mit der Steuerkraft seiner Bevölkerung, sind, neben den Steuern, der staatliche Zugriff auf die Gesamtheit der Volkswirtschaften, d. h. auf alle seine Bürgerinnen und Bürger.

Dieser bürokratische Anstaltsstaat entwickelt sich auf einer fortgeschrittenen Stufe seiner Geschichte – über den Zeitpunkt kann man sich streiten – unabhängig von der Staatsform, was auch weit blickende politische Historiker wie Heine erst allmählich begreifen. Heine hat aus den Resultaten der Revolutionen den Schluss gezogen, seinen Kampf nicht in den Dienst einer bestimmten Regierungsform zu stellen. Am deutlichsten spricht er dies Ende 1835, in einem privaten Brief an den Mitkämpfer Heinrich Laube aus:

> [...] die politischen Staatsformen und Regierungen sind nur Mittel; Monarchie oder Republik, Demokratische oder Aristokratische Institutionen sind gleichgültige Dinge solange der Kampf um erste Lebensprinzipien, um die Idee des Lebens selbst, noch nicht entschieden ist. (HSA XXI, 125)[5]

Kein Wunder, denn die parlamentarische Demokratie setzte auf der Basis des hemmungslosen Privateigentums die Verwirklichung der Grundrechte von vornherein mehr für die Reichen und die sie unterstützenden Akademiker und Angestellten zum Ziel, weniger für das »Volk«. Das Recht auf Arbeit und eine auch nur halbwegs gerechte Verteilung des Eigentums und des erarbeiteten Mehrwerts ist nie das Ziel gewesen, im Gegenteil.

»Erste Lebensprinzipien«, »die Idee des Lebens« meint die Verwirklichung der Menschenrechte für alle, unter Einschluss der sozialen Gerechtigkeit, und die Durchsetzung einer sinnenfreudigen Lebensform. Da die Regierungsform von der aktuellen politischen Situation abhängig ist, kann Heine, »ohne inkonsequent zu sein, zu gleicher Zeit wünschen, daß in Frankreich die Republik wieder eingeführt und daß in Deutschland hingegen der Monarchismus erhalten bleibe.« (B III, 207) Der Freiheitskampf der Menschheit muss gegen alle Herrschaftssysteme geführt werden, und die Staatlichkeit aller modernen Staatsformen ist der Unterdrückung verdächtig, von sich aus tendenziell terroristisch.

In der zitierten Passage über die drei terroristischen Namen formuliert Heine, dass alle Resultate der Revolutionen seit 1789 in eine neue Klassengesellschaft münden und dass keine Staatsform dies aufhält, weil die neue Form der Herrschaft des Finanzkapitals viel zu erfolgreich ist. Die »neue Aristokratie« ist die Bourgeoisie, die sich aus besitzenden Bürgern und nicht verarmten Adeligen bildet. In der Bemerkung: »Geld ist flüssiger als Wasser, windiger als Luft«, wird das Neue der Besitzform erfasst: die Möglichkeit des Bankrotts.

Auf dieser Ebene, der der Zwangsgewalt des Geldes als oberster Kategorie der Gesellschaft und des Staates, liegt Rothschilds Terrorismus. Zu den Rothschilds gibt es vor dem Zitat über die drei großen Terroristen eine längere Passage, in der Heine die Gleichgültigkeit dieser Finanziers gegenüber allen Formen von Herrschaft betont – sie machen unter allen Regierungssystemen Geschäfte – und ihr ökonomisches Wirken als zerstörerisch und zugleich als revolutionär bezeichnet: Die Rothschilds, »die Banquiers der Könige, diese fürstlichen Seckelmeister« sind Revolutionäre der Demokratie: »Es gibt keine stärkere Beförderung der Revolution als eben diese Rothschilde«. Der Pariser Rothschild wird als »Nero der Finanz« bezeichnet, der »als unumschränkter Imperator die Börsen beherrscht«, als »ein gewaltsamer Zerstörer des bevorrechteten Patriziertums und Begründer der neuen Demokratie« (B IV, 28).

Bei Rothschild sieht Heine richtig, dass sich das Staatspapiersystem als der stärkste Motor zur Durchsetzung des Kapitalismus erwiesen hat. Bei diesem System der Schuldscheine des Staates, abgesichert mit den kontinuierlichen, berechenbaren Steuereinnahmen des Staates, handelt es sich um die heute noch übliche Form. Diese Staatsschuldscheine konzentrieren große Kapitalmassen beim Staat, die dieser in Kriege und Infrastrukturen investiert und die Wirtschaft fördert. Zugleich bereichern sich die Geldgeber erheblich durch die Zinsen und die Händler durch Provisionen. Diese Bereicherung führt zu einem enormen Aufschwung der Banken und deren Kreditierung von Staat und Unternehmen.

Die Personifizierung in den Rothschilds hat ihre Berechtigung. Ausgehend vom Ursprung des Wechselgeschäfts in Frankfurt hat Meyer Amschel Rothschild (1744–1812) mit seinen Söhnen in London, Paris, Wien, und Neapel (für das noch nicht zum Nationalstaat gewordene Italien) ein europäisches Netzwerk der Großfinanz etabliert, das sie zu den Hauptakteuren der europäischen Industrialisierung machte.

Von den aufgeführten Terroristen lebt 1840 noch James Rothschild. Mit der Nennung seines Namens verlässt Heine die Ebene der Analyse der vergangenen Geschichte. Die öffentliche Bezeichnung des angesehenen und geadelten Bankiers als Terrorist ist ein Politikum, zumal Heine zeitweilig mit James Rothschild und dessen Frau Betty verkehrte und sich von ihm Tipps für Geldanlagen geben ließ – ein signifikanter Widerspruch in Heines Verhalten – oder auch nicht.[6]

Das Bestechende an der Passage über die drei »R«s liegt darin, dass Heine die europäische staatliche und gesellschaftliche Entwicklung der letzten zwei Jahrhunderte auf den Punkt bringt. Die Dynamik des absolutistischen Staates besteht in der Verlagerung der Gewichte zugunsten des ökonomisch potenteren Bürgertums, zur Dominanz der Stadt über das Land, des Bürgertums über den Adel, des Geldes über das Lehen und über Patriziervorrechte in den Städten. Heine formuliert, dass der Urheber des Systems der Staatschuldscheine dadurch »gleichsam das Geld mit den damaligen Vorrechten des Bodens belehnte«. Das heißt: Die Bedeutung dieses Systems ist nicht an die Macht des Königs gebunden, sondern verselbständigt sich in seiner Regulierungsfunktion des Wirtschaftssystems. Das Geld als »Rentensystem« verändert die Klassenstruktur, es erschafft, wie Karl Marx später sagen wird, die »Klasse müßiger Rentner«, ein Vorgang, den Heine James Rothschilds ironisch als Fortschritt in den Mund gelegt hat (vgl. B IV, 28 f.), und es erzwingt die Gleichheit von Adeligen und Bürgern. Nicht Revolutionen durch Volkserhebungen setzen letztlich die Demokratie durch, sondern das Geld als Finanzkapital und seine Wirkung auf den modernen bürokratischen Staat.

Diese Erkenntnisse sind 1840 einzigartig. Es ist daran zu erinnern, dass erst Karl Marx 27 Jahre später, im 24. Kapitel des ersten Bandes seines Hauptwerkes »Das Kapital«, die Bedeutung der Staatsschuld systematisch und historisch dargestellt und auf die Formel gebracht hat:

> Der öffentliche Kredit wird zum Credo des Kapitals. [...] Die öffentliche Schuld wird einer der energischsten Hebel der ursprünglichen Akkumulation. [...] die Staatsschuld [hat] die Aktiengesellschaften, den Handel mit negoziablen Effekten [handelsfähigen, verbrieften Schuldverschreibungen] aller Art, die Agiotage [Ausnutzen von Kursschwankungen mit unlauteren Mitteln] emporgebracht, in einem Wort: das Börsenspiel und die moderne Bankokratie.[7]

Marx' »Bankokratie« und Heines »Nero der Finanz«, »Finanzbonaparte«, »unumschränkter Imperator« der Börsen: Stärker kann man die selbstherrliche Herrschaft nicht ausdrücken. Heine ist als Historiker seiner Zeit weit voraus. Dass die These von der terroristischen Wirkung des Finanzkapitals, das Rothschild repräsentiert, heute – im Jahr 2010 – ganz aktuell ist, beruht keineswegs auf einem Zufall, sondern basiert auf der richtigen Einschätzung Heines, nämlich dass im Kapitalismus als ökonomischem Gesellschaftssystem von den Sektoren des Kapitals – Handelskapital, Industriekapital, Finanzkapital – die Hochfinanz die dominierende Macht darstellt. Diese Erkenntnis ist 1840 neu, auch wenn Ludwig Börne schon sechs Jahr zuvor ironisch meinte, man solle die Könige verjagen und gleich die Rothschilds auf deren Thron setzen.[8] Sie ist neu auch in der fachökonomischen Literatur, die noch fast sieben weitere Jahrzehnte von der untergeordneten Funktion des Geldkapitals unter das Produktionssystem ausgeht. Trotz Marx' öfter auftauchendem Begriff »Finanzaristokratie« wird erst im 20. Jahrhundert die Dominanz und Verselbständigung des internationalen Finanzkapitals diskutiert. 1909 erschien Rudolf Hilferdings Buch »Das Finanzkapital«, das diesen Begriff erstmals prägte und die Verselbständigung diskutierte.[9]

Die einzigartige Schärfe von Heines Blick auf den absolutistischen Staat tritt erst hervor im Vergleich zu der ausufernden wissenschaftlich-historischen Literatur zum Absolutismus, die in der Regel Faktenhuberei an Stelle struktureller Analyse betreibt.[10]

Heine ist ein eigenständiger Denker; das ist allen Interpreten entgegen zu halten, die auf ihrer Suche nach »Einflüssen« trotz gegenteiliger Beteuerungen Heine vielfach zu einem Epigonen von Saint Simon und Hegel gemacht haben. Sein Aufriss der Welt- und Zeitgeschichte weist Karl Marx und Friedrich Engels den Weg. Seine Wertung Richelieus und Rothschilds als Terroristen lässt nichts an Deutlichkeit seiner Parteinahme vermissen. Heine ist Marxist, fast ein Jahrzehnt bevor Marx zum Marxisten wird.

Die Bezeichnung Robespierres als Terrorist ist wenig auffällig. Wichtig daran ist, dass Heine den perversen Tugendbegriff der Republikaner kritisiert, das puritanische Zwangsregiment, das die Ideale der Revolution verrät. Solche Revolutionen gibt es in der Geschichte mehrmals, in unserer Zeit etwa die der Roten Khmer in Kambodscha. Unter dem Mantel der Ethik, so Heine, wird ein mörderisches Regiment errichtet, und seine Vertreter geben sich zugleich fromm und friedlich. 1835 heißt es im dritten Buch der Schrift »Zur Geschichte der Religion und Philosophie in Deutschland«:

> Maximilian Robespierre, der große Spießbürger von der Rue Saint-Honoré, bekam freilich seine Anfälle von Zerstörungswut, wenn es das Königtum galt, und er zuckte dann furchtbar genug in seiner reziziden Epilepsie; aber sobald vom höchsten Wesen die Rede war, wusch er sich den weißen Schaum wieder vom Munde und das Blut von den Händen, und zog seinen blauen Sonntagrock an, mit den Spiegelknöpfen, und steckte noch obendrein einen Blumenstrauß vor seinen breiten Brustlatz. (B III, 594)

Robespierre wird zugleich der Antiaufklärung zugeordnet, als Vollstrecker von Rousseaus Vorstellungen einer tugendhaften Zwangsgesellschaft, die dieser etwa im Mustergut der Wolmars in dem Roman »Julie ou la nouvelle Héloïse« entworfen hat. Heine:

> Maximilian Robespierre war nichts als die Hand von Jean Jacques Rousseau, die blutige Hand, die aus dem Schoße der Zeit den Leib hervorzog, dessen Seele Rousseau geschaffen. (ebd., 593)[11]

Heines personifizierte Kritik ist also nicht nur ein Aperçu, geschuldet der Alliteration der drei Namen und ihrer Klangnähe zu den »Rs« in »Revolution« und »Terrorist«, sondern hat ihre Grundlage in einem Verständnis der neueren Geschichte, das die entscheidenden Entwicklungen in Staat, Ökonomie und physisch gewaltsamer Systemveränderung in deren Verschränkung aufspießt. Wie immer die Ziele der Revolutionen waren: Es setzt sich, so Heine, ein immer neues Herrschaftssystem mit einer neuen Herrschaftsklasse durch, das sich des immer mächtiger werdenden Staatsapparates bedienen kann. Die Einebnung, Nivellierung der Einwohner eines Staates zu Bürgern mit gleichen Rechten und Pflichten schafft keinen demokratischen Staat individueller Freiheiten und sozialer Gerechtigkeit, sondern nur eine Vermassung, die, gepaart mit dem spießbürgerlichen Tugendrigorismus der neuen Puritaner, eine terroristische Bedrohung darstellt. Daher die Negativität des Begriffs »Nivelleurs« im obigen Zitat.

Die Reihe ist aber noch nicht zu Ende. Die vierte Hauptperson, die Heine als Terroristen bezeichnet, ist Immanuel Kant. In der Schrift »Zur Geschichte der Religion und Philosophie in Deutschland«, fünf Jahre vor dem »Börne«-Buch erschienen, gibt es eine längere Passage über die Philosophie Kants, insbesondere die »Kritik der reinen Vernunft«. Dort macht Heine dem Königsberger Philosophen den Vorwurf, er habe den Begriff ›Gott‹ zerstört, indem er ihn als eine Idee der Vernunft bezeichnet hat, als »ein Noumen«, d. h. ein bloß gedachtes, nicht objektiv wirkliches Ding. »Infolge seiner Argumentation ist jenes transzendentale Idealwesen, welches wir bisher Gott genannt haben, nichts anders als eine Erdichtung.« Die Zerstörung des Gott-Begriffs aber macht Heine »eine so sonderbare Angst«, denn Gott sei für ihn »immer der Anfang und das Ende« (B III, 601) seiner Gedanken gewesen.

Daher sieht Heine in Immanuel Kant »die terroristische Konvention« – Konvention im Sinne von Verfassungsvertrag (ebd., 635) – und vergleicht ihn mit Robespierre:

> Wenn aber Immanuel Kant, dieser große Zerstörer im Reiche der Gedanken, an Terrorismus den Maximilian Robespierre weit übertraf, so hat er doch mit diesem manche Ähnlichkeiten, die zu einer Vergleichung beider Männer auffordern. Zunächst finden wir in beiden dieselbe unerbittliche, schneidende, poesielose, nüchterne Ehrlichkeit. Dann finden wir in beiden dasselbe Talent des Mißtrauens, nur daß es der eine gegen den Gedanken ausübt und Kritik nennt, während der andere es gegen Menschen anwendet und republikanische Tugend betitelt. Im höchsten Grade jedoch zeigt sich in beiden der Typus des Spießbürgertums – die Natur hatte sie bestimmt, Kaffee und Zucker zu wiegen, aber das Schicksal wollte, daß sie andere Dinge abwögen, und legte dem Einen einen König und dem Anderen einen Gott auf die Wagschale... Und sie gaben das richtige Gewicht! (ebd., 595 f.)

D. h. sie schlugen ihnen den Kopf ab. In Kant wird die Dialektik von charakterlicher Beschränktheit und Größe der Destruktion erörtert. Die Gewalttätigkeit Kants ist sehr deutlich: »Kants ›Kritik der reinen Vernunft‹ [...] ist das Schwert, womit der Deismus hingerichtet worden in Deutschland.« (ebd., 594)[12] Zu dieser Fraktion gehört auch Börne, von dem Heine als »einem kleineren Revolutionär« (B IV, 30) redet, einem griesgrämigen, aus dessen Gesicht »jener revolutionäre, mehr oder minder titanenhafte Missmut« (ebd., 10) spricht. Börne gleicht Robespierre:

> Mit diesem hatte Börne zuletzt die größte Ähnlichkeit: im Gesichte lauerndes Mißtrauen, im Herzen eine blutdürstige Sentimentalität, im Kopfe nüchterne Begriffe ... Nur stand ihm keine Guillotine zu Gebote, und er mußte zu Worten seine Zuflucht nehmen und bloß verleumden. (B IV, 93)

Bei Börne reicht es nicht ganz zum Terroristen, sondern nur zu »terroristischen Expektationen« (B IV, 64), also etwa Auswürfen von Gefühlsschleim, die aber immerhin terroristisch sind, wohl deshalb, weil Börne zur Fraktion der terroristischen Republikaner gehört. Das Wort »Expektationen« ist eine perfide Anspielung auf Börnes Lungentuberkulose, an der er starb.

Die Aufnahme Kants in die Reihe der Terroristen weitet den Terrorismusbegriff auf das in der Philosophie entwickelte neue Weltbild aus, das zum Atheismus tendiert. Wie sehr für Heine die Neuzeit in Staat, Ökonomie, Gesellschaftsstruktur und Weltbild eine Einheit ist, zeigt die Reihe Kant-Robespierre-Börne. In diesen drei Männern wird die Spießbürgerlichkeit der Tugendhaften kritisiert, ihre sinnenfeindliche Askese, die unter dem Mantel hoher Ethik die Defizite ihres Lebens in destruktiven Akten ausleben, ein Vorwurf, den Heine auch der jüdischen und der christlichen Religion *in toto* macht. Mit Kant und Robespierre werden die extremen Pole des Terrorismus, die letzten Grenzmarken der Geschichte bezeichnet: Der Spießbürger Robespierre bringt Menschen physisch um, Kant tötet Gott im Reich der intelligiblen Welt. Beide sind gerade wegen ihrer Charakterstruktur, dem Nebeneinander von rigider Moral, kleinbürgerlicher Beschränktheit und destruktiver Aggressivität hoch gefährlich. Die Geschichte des 19. und 20. Jahrhunderts hat gezeigt, wie prophetisch richtig Heine diese Gefahr eingeschätzt hat.

Eine weitere Station des Terrorismus sind die Kommunisten. Heines Bild der neueren Geschichte lässt ihn daran zweifeln, ob jemals eine Revolution zu einer Gesellschaft freier Menschen in seinem Sinn führen wird. Die bürgerlichen Revolutionen resultierten stets in neuem sozialen Unrecht und neuer Zwangsgewalt. Daher bricht Heine im »Börne«-Buch mit dem Bürgertum als revolutionärer Klasse und wendet sich dem entstehenden Proletariat und den Kommunisten zu, in denen er die Zukunft kommender Revolutionen sieht.

Aber selbst von diesen geht Terrorismus aus. Schon zwei Jahre nach der »Börne«-Schrift erscheint der Begriff auch im Zusammenhang sozialistischer Bewegungen: »[...] die Chartisten verbergen unter legalen Formen ihren Terrorismus, während die Kommunisten ihn freimütig und unumwunden aussprechen.« (B V, 422)

Am Lebensende hat Heine auch ihnen eine kleinliche, sinnenfeindliche Zerstörungswut vorausgesagt und sie befürchtet. Auch hier greift Heine auf die Weltgeschichte aus und bezeichnet Jesus Christus und Moses als Terroristen. In den »Geständnissen« von 1854, dem späten autobiographischen Text, steht:

> Es gibt wahrhaftig keinen Sozialisten, der terroristischer wäre als unser Herr und Heiland, und bereits Moses war ein solcher Sozialist, obgleich er, als ein praktischer Mann, bestehende Gebräuche, namentlich in bezug auf das Eigentum, nur umzumodeln suchte. (B VI/1, 487)

Dass Jesus ein Sozialist ist, geht mittelbar schon aus der Geschichte vom gefesselten Messias hervor, der in Zorn gerät, wenn er hört, »wie man unten sein Volk mißhandelt« (B IV, 121), eine Erzählung, die den Schluss des vierten Buches der »Börne«-Denkschrift bildet.

Der sozialistisch-kommunistische Terrorismus unterscheidet sich von dem spießbürgerlichen durch seine soziale Gerechtigkeit, die zur Grundbedingung für das Glück der Menschen gehört. Die Kommunisten enteignen, das ist ihr Terrorismus. Seine Sympathie für die kommunistische Revolution und seine Angst davor hat Heine in denselben »Geständnissen« und ein Jahr später im Vorwort zur französischen Ausgabe der »Lutezia« formuliert. Dort wird deutlich, dass die Angst vor deren puritanischer Sinnenfeindlichkeit zum Begriff »terroristisch« auch für die Kommunisten führt.

Dass aber auch von Heine als positiv bezeichnete Figuren wie Moses und Jesus als Terroristen und positive Bewegungen wie der Sozialismus und Kommunismus als terroristisch klassifiziert werden, zeigt Heines tiefen Pessimismus, trotz seines unermüdlichen Kampfes für das Volk und die große Revolution des Volkes. Dieser Pessimismus steht in einer ambivalenten, dialektischen Beziehung zu seinem kämpferischen Enthusiasmus, den er schon Ende der zwanziger Jahre für sich reklamierte: »Aber ein Schwert sollt Ihr mir auf den Sarg legen; denn ich war ein braver Soldat im Befreiungskriege der Menschheit.« (B II, 382)[13]

Heines Ansichten über die Neuzeit durchziehen die gesamte Börne-Denkschrift. Die Analyse der aktuellen Situation ist nicht nur eingebettet in das Bild der neueren Geschichte, sondern der Weltgeschichte. Deren Analyse leistet über die Reihe der Themen und Episoden hinaus auch die Struktur der Denkschrift. Auf der ersten Ebene ist diese ein Pamphlet in Prosa, auf der zweiten eine private Erlebnisschilderung, auf der dritten eine Geschichtserzählung in den Dimensionen Gegenwart, Neuzeit und Weltgeschichte. Die Prosasprache bedient sich zugleich lyrischer Mittel, wie etwa die Antithetik von aggressiven und weichen Lauten in den Begriffen und Namen zeigt, die weltanschauliche Bedeutungen transportiert.

Wie sehr Heine auf der Fähigkeit zur Lyrik auch für einen Prosaisten beharrt, zeigt die Stelle, wo Heine Börnes Sprache charakterisiert: »Nur so viel will ich bemerken, daß, um vollendete Prosa zu schreiben, unter andern auch eine große Meisterschaft in metrischen Formen erforderlich ist.« (B IV, 12)

In der Komposition der fünf Kapitel aber erscheint das Pamphlet in der Form eines Dramas.[14] Die fünf Bücher der »Denkschrift« entsprechen fünf Akten, deren Handlung sich auf mehreren Ebenen abspielt. Es ist die kleine Tragödie des kleinen Revolutionärs Börne, und es ist große Tragödie des großen Helden Heine, der letztlich wie Börne mit seinen Vorstellungen einer besseren Gesellschaft scheitert. Es ist das Drama der Revolutionen der Gegenwart, die nicht ans Ziel gelangen. Es ist das Drama der Menschheit, das aus dem ewigen Kreislauf der Geschichte nicht hinausfindet. Und es ist das weltgeschichtliche Drama der Erlösungen.

Die dramatische Komposition zeigt sich in dem Spannungsbogen wie in einer Tragödie: Das erste Buch enthält das Vorspiel in Frankfurt 1815, dann, als ersten

Akt, die Szene dort zehn Jahre später, die Begegnung zwischen Heine und Börne, mit dem effektvollen Aktschluss der Vision von Börnes untergehendem Schiff und dem Heines, der Börne nicht retten darf, weil an Bord seines Schiffes die Götter der Zukunft segeln.

Der zweite Akt spielt im ersten Teil auf Helgoland und ist der Juli-Revolution gewidmet, im zweiten Teil in Paris 1834, wo sich Heine und Börne wieder begegnen. Auch die Akte drei bis fünf spielen in Paris. Frankfurt und Paris werden zu Repräsentanten des neuen Europa: Frankfurt, der Schauplatz des 1. Aktes, repräsentiert als Ort der Königswahl seit der Goldenen Bulle 1356, über die Frankfurter Messe und den Stammsitz des Hauses Rothschild bis zum Palais Thurn und Taxis, dem Sitz des aktuellen Deutschen Bundes, wo die reaktionären Beschlüsse zur Zensur und Versammlungsverboten von 1819, 1832 und 1835 gefasst wurden, den Knotenpunkt des abgelebten Reiches und der Reaktion, zugleich den Ort der Errichtung der neuen Weltmacht Finanz und den Geburtsort Goethes (vgl. B IV, 11).

Der andere Pol der europäischen Geschichte ist Paris, jene Stadt, in der die Terroristen Richelieu und Robespierre die europäische Geschichte dominierten und ein Rothschildsohn jetzt Geschichte macht. Hier treffen sich Heine und Börne als deutsche Emigranten wieder, die nach ihrer revolutionären Rolle suchen. Frankfurt und Paris sind über Antagonismen und Parallelismen miteinander verbunden, bilden eine europäische Achse der neueren Geschichte und der aktuellen Politik, beide Orte des Terrorismus.

Im Verlauf des Dramas, sprich den neun Jahren nach der Juli-Revolution 1830, wandelt sich Paris in Richtung Frankfurt. In einer Traumsequenz des fünften Aktes sitzt der Hellene Heine, in Erinnerung an den Tanz des nackten Leonidas und seiner nackten 300 Krieger vor der Schlacht bei den Thermopylen, nackt – wegen der nordischen Kälte allerdings in einem fleischfarbenen Kostüm – an einer Ecke der Pariser Innenstadt und beobachtet »die vorübergehenden Menschen«, die »nur glänzender Kot« sind: »Stockjobbers, Spieler, wohlfeile Skribenten, Falschmünzer des Gedankens, noch wohlfeilere Dirnen« (B IV, 125 f.). Das Geld besudelt ihn: Er wird mit dem Kot des Wagens eines Parvenu-Bankiers bespritzt. Paris ist zur Überstadt Frankfurt geworden.

Der Spannungsbogen zeichnet die Kurve einer Tragödie nach. Dem Aufbruch im ersten Akt folgt die Niederlage des Volkes in der Juli-Revolution. Der mögliche Sieg einer republikanischen Revolution erscheint fraglich: Am Ende des dritten Aktes verletzt sich Börne an der Hand und sieht darin ein böses Omen. Am Ende des 4. Aktes erfährt die Menschheitstragödie noch ein Sich-Aufbäumen in der Vision des wiederkehrenden Messias, nachdem sich alle anderen Erlösungsvisionen – eine neue europäische Revolution, das tausendjährige Reich nach dem

Johannesevangelium, die Wiederkehr Barbarossas und die Neubelebung Pans – als vergeblich erwiesen haben.

Der Messias dieser Geschichte, die Heine aus dem Talmud und anderen Quellen geschöpft hat, die aber weitgehend seine eigene Erfindung ist, ist »ein schöner, sehr schlanker, aber doch ungeheuer kräftiger Mann; blühend wie die Jugend,« wohnend »im schönsten Palaste des Himmels, umgeben von Glanz und Freude, auch eine Krone auf dem Haupte tragend, ganz wie ein König«, geboren im Jahr der Zerstörung Jerusalems (70 n. Chr.), residiert im Himmel, aber gefesselt an den Händen mit goldenen Ketten, denn »die rechte Rettungsstunde« ist noch nicht gekommen. Der 4. Akt schließt mit einer Emphase:

> O verzage nicht, schöner Messias, der du nicht bloß Israel erlösen willst, wie die abergläubischen Juden sich einbilden, sondern die ganze leidende Menschheit! O, zerreißt nicht, Ihr goldenen Ketten! O, haltet ihn noch einige Zeit gefesselt, daß er nicht zu frühe komme, der rettende König der Welt! (B IV, 121)

Die dritte Hoffnung schließlich ist Heine selbst, der »heimliche Hellene«, der dem Pan wieder Leben einhauchen möchte, der Messias mit seinem Befreiungskampf.

Im fünften Akt scheitert alles. Es gibt drei Dramenschlüsse: Das erste Bild ist der nackte Heine am Rande der Gesellschaft von Paris, das zweite die emphatische Selbsterhöhung Heines als Erzähler der »Denkschrift«, der als Dichter keinen Platz mehr in der kommenden Gesellschaft hat, das dritte ist die Traumvision der ausgezehrten Nymphen, die Sinnenfreude und Kunst symbolisieren und die der Dichter nicht retten kann.

Mit dieser Komposition leistet die »Denkschrift« die in der Frühromantik diskutierte Aufhebung aller literarischen Gattungsgrenzen in einer »progressiven Universalpoesie« – nach dem Begriff von Friedrich Schlegel im 116. Athenäumsfragment. Es ist ein lyrischer Prosatext in der Komposition eines Dramas.

Die Ebene des Menschheitsdramas und der Kreislauf der Weltgeschichte werden am Gegensatz von Hellenen und Nazarenern festgemacht, ausgehend von Börnes »schroffe[m] Ascetismus« und »Sucht nach Märtyrertum« (B IV, 18). Der Antagonismus zweier Lebenseinstellungen, »Menschen von lebensheiterem, entfaltungsstolzem und realistischem Wesen« die ersteren, »Menschen mit ascetischen, bildfeindlichen, vergeistigungssüchtigen Trieben« die anderen. Das letztere ist ein Merkmal sowohl der jüdischen als auch der christlichen Religion, über den Gegensatz von Spiritualismus und Sensualismus wird der Horizont der Geschichte bis zurück zur Vorgeschichte der Antike erweitert (vgl. ebd., 18).[15] Diesen Antagonismus findet Heine auch zwischen der Bibel und Homers Epen. In der Bibel erlebt der lesende Heine »das ganze Drama der Menschheit« (ebd., 39 f.), und es geht um den Gedanken der Erlösung, um den Vergleich zwischen der »süßen

Gestalt« des »Gottmenschen« und Moses, dem »Heros des alten Testaments« (ebd., 45). Die fünf Bücher der Denkschrift verweisen auf die fünf Bücher Mose: die »Denkschrift« wird zur Weltgeschichte.

Wie die aktuelle Gegenwart, so die Geschichte: Der Kosmopolit Jesus wird ermordet, »ein Opfer seiner Humanität«, sein Tod zum Märtyrertod und zur Religion »leiblicher Abtötung und übersinnlichem Aufgehen im absoluten Geiste«, zur »Passionssucht« (ebd., 18) missbraucht. Auch in der hellenischen Welt scheitert ein Leben in sinnlicher Freiheit. »Die weißen, marmornen Griechengötter« werden bespritzt vom Blut von Golgatha, sie »erkrankten vor innerem Grauen, und konnten nimmermehr genesen!« (ebd., 45) Pan, der altgriechische Gott der Natur, der für ein Leben in Freude mit Musik, Tanz und Fröhlichkeit steht, stirbt schon im zweiten Jahrhundert vor Christus (vgl. ebd., 45 f.). Der Ruf »Pan ist tot!« erschallt auch in Heines Text (ebd., 50 ff.).

Heines Geschichtsbegriff in der »Börne«-Denkschrift, und nicht nur hier, charakterisieren vier Grundmerkmale: Heine hat Teil an dem aus der Aufklärung stammenden Begriff von Geschichte als dem Ensemble rein innerweltlicher Vorgänge. Das politische Handeln in der Gegenwart ist die Basis der Geschichtserkenntnis und -darstellung. Gegen die Remythisierung der Geschichte in der romantischen Geschichtsphilosophie setzt Heine die Säkularisierung der Erlösungsmythen durch Ironie. Viertens stellt er gegen den Objektivismus als Ziel der Geschichtsschreibung die Subjektivität des erkennenden Geschichtsschreibers und die künstlerische Darstellung.

Geschichtserkenntnis und Erlösungskampf sind zugleich verbunden mit der Frage nach der Möglichkeit der Geschichtsschreibung. Nur der Dichter mit der Fähigkeit, das Leid der Welt nachzuempfinden, der unter den offenbaren Ereignissen die verborgene und geheime Geschichte darzustellen vermag, erzählt, so Heine, die wahre Geschichte. Daher wertet Heine Homers Epen als Geschichtsbücher höher gegenüber der kunstlosen Bibel (vgl. ebd., 46).

Ohne Leidensfähigkeit und ohne Dichtergenie keine Geschichtsschreibung, die diesen Namen verdient. Damit setzt Heine dem Gebot von Neutralität und Objektivität des Historikers seine Auffassung des extremen Subjektivismus als notwendige Bedingung der Geschichtserkenntnis entgegen und dem Stil sachlicher Berichterstattung seine These von der literarischen Kunst als der einzig angemessenen Form der Geschichtsschreibung. Heine löst mit seiner »Denkschrift« als dichterisches Geschichtsbuch diese Anforderung ein.

Er selbst aber, oder genauer: die Figur Heine der »Denkschrift«, geht unter. Das fünfte Buch gestaltet die Größe des Autors und seine persönliche Tragödie, die zugleich die der aktuellen Geschichte ist. Der Schmerz über die politische Entwicklung der dreißiger Jahre und das Los des Exils münden in Klage, »die ganze Janitscharenmusik der Weltqual« (ebd., 125) nächtlich anhören zu müssen. Seine Hoffnung auf den hellenischen Befreiungskampf endet in der Farce des nackten armen Narren am Rande der Geldgesellschaft. Sein »Schiff«, das nach dem Schluss des ersten Aktes die »kostbare Ladung, die heiligen Schätze«, »die Götter der Zukunft« an Bord hat, muss Heine »über weite Ebenen, Waldstege, Moorgründe, und sogar über sehr hohe Berge fortschleppen« (ebd., 127); der Weg endet im Sarg. Aber die Verheißung des Traumes ist, dass die Toten einst auferstehen und in den »blankgewichsten Stiefeln«, die jetzt schon vor ihren Gräbern stehen, eine Befreiungsarmee bilden werden (ebd.).

Diese Vision korrespondiert mit dem grandiosen Größenselbst als weltgeschichtlich überragender Mensch, als Dichter, das Heine von sich errichtet:

> Ob das, was ich überhaupt schuf in diesem Leben, gut oder schlecht war, darüber wollen wir nicht streiten. Genug, es war groß; ich merkte es an der schmerzlichen Erweiterung der Seele, woraus diese Schöpfungen hervorgingen ... und ich merke es auch an der Kleinheit der Zwerge, die davor stehen und schwindlicht hinaufblinzeln ... Ihr Blick reicht nicht bis zur Spitze, und sie stoßen sich nur die Nasen an dem Piedestal jener Monumente, die ich in der Literatur Europas aufgepflanzt habe, zum ewigen Ruhme des deutschen Geistes. (ebd., 138)

Schönheit und Genie und Königtum: Der schönheitstrunkene Hellene Heine überragt alle; er ist das Genie, und er ist der König, der Heiland aus der Bibel und der Messias aus dem Talmud. Die Stelle am Ende des 5. Buches und damit der ganzen »Denkschrift« korrespondiert mit dem emphatischen Schluss des ersten Buches mit den »heiligen Schätzen« und den »Göttern der Zukunft«, für die Heine steht. Er ist der Seher, der Deuter der vergangenen Geschichte und der Prophet der zukünftigen. Die Wahrscheinlichkeit der Niederlage in Form einer Farce, da die Menschen ihre Tragödie nicht begreifen, tut seiner Größe keinen Abbruch.

Das Drama nähert sich dem bitteren Ende als die Tragödie der Menschheit. Die Aussicht ist, dass eine denkbare Revolution dem »Ascetismus« zur endgültigen Herrschaft verhelfen wird. Für den Dichter und Politiker Heine ist kein Platz mehr in der neuen Gesellschaft. Seine Selbstapotheose ist nur die eines Dichters, der, wie der zitierte Dante, in der Hölle des Exils alle jene Qualgestalten nicht »gedichtet«, sondern »gelebt«, »gefühlt«, »gesehen« und »betastet« hat (ebd., 141). Seine Vision einer glücklichen Menschheit hat keine Chance, verwirklicht zu werden. Heines Größe vermag keine Revolution mit Zielen in seinem Sinne auszulösen. Damit ist der Autor der »Denkschrift«, Heine, eine tragische Figur und ähnelt seinem *alter ego* Börne, der schon früher gescheitert ist. Die Weltgeschichte verbleibt »im erfolglosesten Kreislauf«, und der »Befreiungskampf der Menschheit« findet nicht einmal im Traum statt (vgl. ebd., 49).

Heines Selbsterhöhung ist dem Verdikt der Überheblichkeit verfallen. Zweimal habe ich versucht, sie in Seminaren zu erklären. Die Studenten und Studentinnen ließen sich nicht überzeugen; sie legten Heines Worte als Hybris ad acta, als krassen Verstoß gegen das Gebot der Bescheidenheit. Ich habe eine andere Sicht. Hier wird das Selbstbewusstsein des bürgerlichen Intellektuellen zur höchsten Instanz erhoben. Dieser Anspruch ist angemessen, ja notwendig. Wer sich anschickt, die Herrschaft anzutreten, muss den Gestus der Überlegenheit entwickeln.

Gerade in Deutschland war es bitter nötig, Selbstbewusstsein zu demonstrieren. Mit Bonsai-Persönlichkeiten, etwa literarischen Figuren wie Sebaldus Nothanker (Friedrich Nicolai), Agathon (Wieland), Wilhelm Meister (Goethe), Heinrich von Ofterdingen (Novalis) oder gar Franz Sternbald (Tieck) war keine Herrschaft anzutreten[16], eher schon mit selbstbewussteren Protagonisten wie Ardinghello (Heinse) oder Faust-Mephistopheles (Goethe). Dasselbe bei den Autoren. An die Größe des öffentlich praktizierten Selbstbewusstseins eines Voltaire, der wie Heine viele Jahre im Exil leben musste, dessen Anspruch und Größe wegweisend ist für die Herrschaftsgeste der neuen Gesellschaft, reicht in Deutschland niemand heran, auch Wieland und Goethe nicht. Ganz anders als in Frankreich mit den Encyklopädisten gibt es in Deutschland nur ganz wenige Intellektuelle, die den größtmöglichen Anspruch für sich selbst reklamiert haben. Lessing machte den Versuch wie vor ihm sein Vetter und Freund Christlob Mylius und wie sein Schweizer Revolutionsheld Samuel Henzi. Alle drei scheitern früh, Schillers politischer Aufbruch endet in Weimar mit der Wendung ins Untertänige.

Erst und nur der selbstbewusste und öffentlich vertretene Anspruch, die Haupttendenzen der neueren Geschichte zu durchschauen und diese in den Zusammenhang der Weltgeschichte zu stellen, ermöglicht Thesen über Revolution und Terrorismus von Staat, Finanzsystem und Philosophie als Hauptmerkmalen der europäischen Geschichte, den Antagonismus von Askese und Lust als welthistorische Konstante, über die Rolle der Religionen und die Prognose der Fortsetzung von Terrorismus in allen Gesellschaftssystemen. Es gibt keine Revolution ohne Größenselbst und es gibt keine Darstellung der Geschichte ohne künstlerisches Genie.

Dieser Anspruch ist bei Heine nicht lächerlich, denn sein Geschichtsaufriss hat seine Entsprechung in der Zensur vieler seiner Texte, dem Verbot aller seiner Schriften und der Verfolgung als steckbrieflich gesuchter Verbrecher. Nach dem Durchgang durch Heines Drama der Weltgeschichte wird klar, dass die an sich kleine Fehde mit Börne ihre Bedeutung und Dimension aus Heines Kampf für eine bessere, für die eigentliche Revolution bezieht. Seine größte Furcht betrifft weder die Fortsetzung des Bestehenden noch die kommunistische Revolution, sondern den revolutionären Erfolg des puritanischen Spießbürgertums, der Linie Rousseau-Robespierre-Kant-Börne. Erst diese Angst bringt Heine dazu, den jetzigen Gesellschaftszustand historisch zu verstehen, um aus dieser Erkenntnis die Chancen für die Durchsetzung seiner Gesellschaftsverfassung abzuschätzen.

Sicher: Verglichen mit dem, was im 20. Jahrhundert geschah, jenem Jahrhundert, das Eric Hobsbawm, wie Heinrich Heine deutschsprachiger Jude und Historiker mit Sympathien für den Kommunismus, als das »außergewöhnlichste und furchtbarste« in der Weltgeschichte bezeichnet hat, war die hier vermessene Zeitspanne von 1830 bis 1840, obwohl durch eine Revolution und allgemeine revolutionäre Gärung gekennzeichnet, harmlos. Umso erstaunlicher ist, dass Heine in der Konstruktion und den Strukturen des neuzeitlichen Staates, des neuen ökonomischen Systems, des Weltbildes und der sich abzeichnenden neuen Gesellschaftsverfassung ein solches Ausmaß an Destruktivität spürte, das ihn zum Begriff »terroristisch« greifen ließ. Er hat – leider – Recht behalten.

Anmerkungen

Der vorliegende Text ist die überarbeitete Fassung eines in Freiburg im Juni 2010 gehaltenen Vortrags.

[1] Vgl. Walther Pollatschek: Heinrich Heine. Gadernheim, Neckargmünd 1947, S. 125 f.; Paul David Hobbs Jr.: Heine's *Ludwig Börne. Eine Denkschrift*: A literary analysis. Diss. Cornell University, Ithaka, New York. 1976, S. 86 f. Das Jahr 1947 von Pollatscheks Heine-Biographie ist nicht zufällig, denn unmittelbar nach dem Ende des deutschen Faschismus war das Thema staatlicher Terrorismus aktuell. Hobbs' Monographie von 1976 ist eine ungedruckte englischsprachige amerikanische Dissertation. Selbst Christoph auf der Horst hat in seinem Buch, das als Zitatensammlung angelegt ist, nur 9 Zeilen Kommentar übrig. Vgl. Christoph auf der Horst: Heinrich Heine und die Geschichte Frankreichs. Stuttgart, Weimar 2000, S. 83.

[2] Auf der Horsts Meinung, Heine habe »in dieser dichten Passage seiner Revolutionsgeschichtsschreibung [...] die Terreurphase der Revolution relativiert« (ebd.), teile ich nicht. Dass Rothschild als »Nero der Finanz« bezeichnet wird, bestätigt eher die terroristische Destruktivität.

[3] Keine der Studien zu Heines Geschichtsdenken geht auf den Geschichtsaufriss ein, der in der Passage über die drei Terroristen liegt, selbst nicht Rainer Kolk in seiner Analyse von Heines »Zeitgeschichtsschreibung« im »Börne«-Buch und nicht Jutta Nickel in ihrem Buch, das sich explizit mit »der Geschichte«, so der Untertitel, darin beschäftigt. Vgl. Rainer Kolk: Über die Aufgabe des Geschichtsschreibers. Heines »Ludwig Börne. Eine Denkschrift« im Kontext. – In: Aufklärung und Skepsis. Internationaler Heine-Kongreß 1997 zum 200. Geburtstag. Hrsg. von Joseph A. Kruse u. a. Stuttgart, Weimar 1999, S.86–101; Jutta Nickel: Revolutionsgedanken. Zur Lektüre der Geschichte in Heinrich Heines »Ludwig Börne. Eine Denkschrift«. Bielefeld 2007. Auch auf der Horst [Anm. 2] geht darüber hinweg, aber er würdigt wenigstens Heine als Historiker und nicht nur als Geschichtsphilosophen; vgl. auf der Horst [Anm. 2], S. 383 ff.

[4] Reinhart Koselleck: Kritik und Krise. Ein Beitrag zur Pathogenese der bürgerlichen Welt. 2. Aufl. München 1969, S. 34.

⁵ Diese Passage zitiert auch Nickel [Anm. 3], S. 11f. Sie stellt Heines Sympathie für den Absolutismus in den Zusammenhang von Hegels Denken.

⁶ Als Julius Campe 1844 zwei gegen Rothschild gerichtete Bücher aus eher zweifelhafter Quelle zum Verlag angeboten wurden – die er allerdings ohnehin nicht drucken wollte –, setzte Heine sich für deren Nicht-Veröffentlichung ein. Er wollte damit, wie er Campe offen erklärte, dem Pariser Haus Rothschild einen Gefallen tun, um »die schönen, liebreichen Dienste die mir Rothschild seit zwölf Jahren erwiesen hat, so viel es honetterweise nur möglich ist zu vergelten« (HSA XXII, 92.) Vgl. dazu auch HSA XXVI, 94 ff. und Erläuterungen. Die späteren Äußerungen zu James Rothschild im Zuge von Heines Kapitalismus-Kritik stellt dar Christian Liedtke: »...die überwuchernde Macht des Capitals«. Geld, Gold und Eisenbahnen im Spätwerk Heinrich Heines. – In: »...und die Welt ist so lieblich verworren«. Heinrich Heines dialektisches Denken. Festschrift für Joseph A. Kruse. Hrsg. von Bernd Kortländer und Sikander Singh. Bielefeld 2004, S. 73–100, hier S.81 ff.

⁷ Karl Marx: Das Kapital. Karl Marx/Friedrich Engels: Werke [MEW], Bd. 23. Berlin 1968, S.782 f.

⁸ Ludwig Börne: Sämtliche Schriften. Hrsg. von Inge und Peter Rippmann. Düsseldorf 1964, Bd. 3, S. 483.

⁹ »Das Finanzkapital in seiner Vollendung bedeutet die höchste Stufe ökonomischer und politischer Machtvollkommenheit in der Hand der Kapitaloligarchie. Es vollendet die Diktatur der Kapitalmagnaten.« Rudolf Hilferding: Das Finanzkapital. Eine Studie über die jüngste Entwicklung des Kapitalismus. Wien 1910, S. 562.

¹⁰ Ich habe dieser Forschungsliteratur Dürftigkeit der Analyse bei immer größeren Detailkenntnissen vorgeworfen. Vgl. Rüdiger Scholz: Gesellschaftsgeschichte als »Paradigma« der Geschichtsschreibung. Das theoretische Fundament von Hans-Ulrich Wehlers *Deutsche Gesellschaftsgeschichte*. – In: Kritik der Sozialgeschichtsschreibung. Hrsg. von Rüdiger Scholz. Hamburg 1990, S. 87–133, hier S.105; ferner: Ders.: Wirtschafts- und Sozialgeschichte in der Geschichtsschreibung. Der Übergang vom Feudalismus zum Kapitalismus in neueren Gesamtdarstellungen und Wirtschaftsgeschichten. – In: ebd., S. 11–48. Die beste Darstellung des Absolutismus bei Perry Anderson: Die Entstehung des absolutistischen Staates. Übers. v. Gerhard Fehn. Frankfurt a.M. 1979.

¹¹ Schon in den »Französischen Zuständen« geht Heine auf den Gegensatz von Voltaire und Rousseau ein und ordnet die Revolutionäre des Konvents der Nachfolge Rousseaus zu: »Der Kampf unter den Revolutionsmännern des Konvents war nichts anders als der geheime Groll des rousseauischen Rigorismus gegen die voltairesche Légèreté.« (B III, 239)

¹² Deismus meint den Glauben an Gott als Schöpfer der Welt, der aber nicht mehr in sie eingreift; die einmal erschaffene Welt läuft als Taschenuhrwerk mit einem *perpetuum mobile* als Uhrfeder ab. Der Deismus ist das »mechanistische Weltbild«. Entstanden im 16. Jahrhundert, gehört der Deismus, wie der Pantheismus, der in der »Denkschrift« eine Rolle spielt, zu den Formen der Auflösung des christlichen Weltbildes durch die Aufklärung. Deisten waren z.B. Shaftesbury, Voltaire, Rousseau, Lessing; auch Börne wird von Heine als Deist bezeichnet (vgl. B IV, 14). Zu Heines negativer Bewertung des Deismus ist seine Äußerung aus »Zur Geschichte der Philosophie und Religion in Deutschland« heranzuziehen: »Der Deismus ist eine Religion für Knechte, für Kinder, für Genfer, für Uhrmacher.« (B III, 571) Mit »Genfer« und »Uhrmacher« ist Rousseau gemeint. Dass Heine den braven Kant zum Terroristen stempelt, ist auch vielen Heineanhängern so ungeheuerlich, dass sie darüber hinwegsehen.

¹³ Vgl. zuvor schon: »[…] und die Revolution ward ein Signal für den Befreiungskrieg der Menschheit« (B II, 377); »[…] kämpfen im heiligen Befreiungskriege der Menschheit« (ebd., 378).

In der »Börne«-Denkschrift ist vom »Befreiungskampfe der Menschheit« (B IV, 49) die Rede. Dazu auch der Eingang des Gedichtes »Enfant perdu« aus dem zweiten Buch des »Romanzero«: »Verlorner Posten in den Freiheitskriege, / Hielt ich seit dreißig Jahren treulich aus. / Ich kämpfte ohne Hoffnung, daß ich siege, / Ich wußte, nie komm ich gesund nach Haus.« (B VI/1, 120)

[14] Dass die Schrift als ein fünfaktiges Drama angelegt ist, ist kaum im Ansatz gesehen worden. Als »der Exposition eines Dramas vergleichbar« (B IV, 758) begreift Klaus Briegleb das erste Buch, führt den Gedanken aber nicht weiter.

[15] Dieses Teilthema von Heines Geschichtsauffassung in der »Denkschrift« wird in der Heine-Forschung breit diskutiert, worauf hier nicht eingegangen werden kann.

[16] Das war im 17. Jahrhundert noch ganz anders, als bürgerliche Autoren im Roman und in der Tragödie die Probleme des sich entwickelnden absolutistischen Staates diskutierten.

Heinrich Heine im Nachmärz: »Enfant perdü« Missdeutungen der Begriffe und Widersprüche im Gedicht

Von Peter Stein, Lüneburg

Das Gedicht »Enfant perdü« (DHA III, 121 f.) gehört neben der »Loreley« zu den bekanntesten und am häufigsten zitierten Gedichten Heines. Während die »Loreley« – zumal in der vertonten Fassung – zum Paradelied all jener wurde, die in Heine den romantisch-sentimentalen Liederdichter feierten, gilt das Gedicht »Enfant perdü« nicht nur in der linken Heine-Interpretation, die den Autor als den bedeutendsten politischen Dichter des 19. Jahrhunderts versteht, als sein zentrales Vermächtnis. So einhellig diese Beurteilung ist, so wenig übereinstimmend sind die Urteile darüber, worin genau denn dieses Vermächtnis bestehe. Man geht sicherlich nicht zu weit, wenn man gerade die Interpretation des Gedichts »Enfant perdü« als eine Wegscheide bezeichnet, an der sich die Deutungen der politischen, religiösen und ästhetischen Selbstaussage des späten Heine markant voneinander trennen. Das Gedicht mit dem einprägsam-vieldeutigen Titel hatte die jeweils einschlägigen Belegstellen dafür zu liefern.

Daher stellt sich die Frage, ob es an dem Gedicht noch etwas zu entdecken oder gar kritisch anzumerken gibt, was nicht längst schon gesagt worden ist. Die Frage bejahen heißt, eine These wagen, durch die nicht nur ein bislang unbeachteter Aspekt des Gedichtes zum Vorschein kommt, sondern auch die Gesamtinterpretation des Textes eine Verschiebung erfahren sollte.

Kontext und ursprünglicher Titel »Verlorene Schildwacht«

Das Gedicht »Enfant perdü« entstand wohl im Sommer 1849: Die revolutionäre Bewegung war im wesentlichen niedergeschlagen, Heines Krankheit hatte sich verschlimmert – er arbeitete vom Krankenlager aus gleichzeitig an seinen Memoiren und am »Romanzero«, der 1851 erschien. Der »Romanzero«, Heines dritte große Lyriksammlung, gliedert sich in die drei Abteilungen »Historien«, »Lamentazionen« und »Hebräische Melodien«. Die Gedichte dieser Abteilungen spiegeln mit unterschiedlich verbundenen Schwerpunkten (allgemeine Geschichte, persönliche Leidensgeschichte, Religion) Heines trauernde Reflexionen über den negativen Verlauf der Geschichte, ohne dass er – wie oft fälschlich interpretiert wurde – dabei seine grundsätzlichen Ansichten veränderte. »Ich verharrte«, so heißt es im Nachwort zum »Romanzero«, »bey denselben demokratischen Prinzipien, denen meine früheste Jugend huldigte und für die ich seitdem immer flammender erglühte.« (DHA III, 180)[1]

Es geht im Folgenden nicht um diese fundamentalen Interpretationsdifferenzen, hinter denen längst ausgekämpfte, differente Heine-Bilder stehen. Vielmehr geht es um zu wenig beachtete Nuancen des Selbstbildes, das Heine aus nachmärzlicher Perspektive in diesem Gedicht von sich als politischer Dichter entwirft. Dabei ist mit dem Begriff »Nachmärz« kein resignativer Abgesang auf den »Vormärz« zu verstehen, sondern eine produktive Fortsetzung.

Produktive Fortsetzung wovon genau? Ich denke, es ist nach wie vor richtig, unter »Vormärz« jene bis 1848/49 immer vorherrschender werdende und in sich differenzierte Literaturbewegung zu fassen, zu deren Programm die folgenden Grundprinzipien gehörten:

1. Aktualität: d. h. eine Schriftstellerästhetik, die auf die Pflicht zu kritischer Zeitgenossenschaft gegründet war,
2. Operativität: d. h. der künstlerische Anspruch, dabei nicht bloß passiver Spiegel des Zeitgeschehens, sondern in ihm ein treibender Faktor zu sein, und
3. das Bewusstsein, mit diesen Aktivitäten integraler Teil einer geistig-politischen Emanzipationsbewegung zu sein, die sich von der Aufklärung und der Französischen Revolution herleiteten.

Diese Literaturbewegung war weder allein auf das Ziel »1848« ausgerichtet (obwohl die Begriffsbildung »Vormärz« das nahe legen könnte), noch war sie mit dem Ausgang von 1848 beendet (obwohl die Begriffsbildung »Nachmärz« das nahe legen könnte). »Nachmärz« knüpft an den »Vormärz« an unter dem Eindruck von »1848«, d. h. ist dessen (selbst)kritische Verarbeitung, Aneignung unter erschwerten anderen Bedingungen. »Nachmärz« ist zugleich Abgrenzung von nach- bzw. konterrevolutionären Kunstkonzepten, die die tragenden Prinzipien der vormärzlichen Literatur (Aktualität, Operativität, Emanzipation) für erledigt, für nicht mehr zeitgemäß bzw. sogar für kunstabträglich erklärten.

Das Gedicht »Enfant perdü« ist für dieses hier abstrakt dargelegte Nachmärz-Konzept ein konkreter Beleg. Es steht im mittleren Abschnitt des »Romanzero«, also in den »Lamentazionen«, und hier an prominenter Stelle: nämlich als letztes Gedicht des für den späten Heine höchst bedeutsamen Zyklus »Lazarus«. Es ist also – wie von vielen Interpreten bemerkt – ein Schlusswort und zwar nicht nur intern im Hinblick auf die vorangegangenen Klagen über den eher entmutigenden Weltlauf, sondern ebenso extern ein abschließendes Wort des politischen Dichters Heine. Denn: Diese hervorgehobene Positionierung erfolgte erst im Sommer 1851, d. h. in genügendem Abstand zum Wendepunkt und als kritische Verarbeitung der Erfahrung von 1848/49. Genau das macht die nachmärzliche Qualität von »Enfant perdü« aus.

Der abschließende Charakter des Gedichtes ist bereits am Gedichttitel bzw. an der Veränderung des Titels zu erkennen. Der ursprüngliche, dann aber von Heine verworfene Titel lautete: »Verlorene Schildwacht« (DHA III, 856). In den kritischen Heine-Ausgaben wird diese Formulierung stets nur erwähnt, nie aber kommentiert. Dabei ist sie nach heutigem Sprachverständnis nicht mehr ohne weiteres verstehbar und war auch zu Heines Lebzeiten schon ein Archaismus.

›Schildwacht‹ ist eigentlich die Wache bei den Schilden, d. h. bei Waffen, die aber seit der Verwendung von Handfeuerwaffen schon lange nicht mehr in Gebrauch waren. ›Schildwacht‹ diente daher nur noch im übertragenen Wortsinn als Bezeichnung für den Wachsoldaten, vor allem den als Posten bzw. als Ehrenposten an einem festen Ort aufgestellten Soldaten (auch mit Feuerwaffe).[2] Was aber ist eine »verlorene Schildwacht«? Das schwierige Verständnis hängt mit dem Adjektiv »verloren« zusammen, das in seiner älteren Bedeutung im Sinne von ›verlassen‹, ›aufgegeben‹ verstanden werden muss. ›Verloren‹ gelangte einerseits mit dieser Bedeutung über das Niederländische als Fremdwort ›forlorn‹ ins Englische. Andererseits ist die Formulierung »verlorene Schildwacht« eine Übertragung aus dem französischen ›sentinelle perdue‹, die im Deutschen seit dem 17. Jahrhundert belegt ist. Sie meint den Verlust von Wachsoldaten, wenn eine Truppe auf dem Rückzug ist, bzw. Wache auf einem gefährlichen Vorposten.[3] Die französische Formulierung war im 19. Jahrhundert noch durchaus gebräuchlich: 1834 wurde in Paris eine komische Oper unter diesem Titel aufgeführt, die Heine zwar nicht erwähnt, aber doch zur Kenntnis genommen haben könnte.[4]

Die deutsche Formulierung war jedoch zu dieser Zeit veraltet. So heißt es schon im »Neuen Kriegs-Lexicon« von 1757 zum Stichwort »Verlohrene Schildwacht«: »Anstatt des Worts verlohren kann hier äußerste Schildwacht füglicher gebraucht werden.«[5]

Heine ließ jedoch den Gedichttitel »Verlorene Schildwacht« nicht nur deswegen fallen. Er musste ihn zwingend verwerfen, weil die Hauptmetapher des Gedichtes nicht der Wachsoldat ist (das gilt nur für die Strophen 2 bis 5). Zudem schildert er diesen Wachsoldaten nicht als »verloren«. Im Gegenteil: Heines Soldat ist auf dem Posten, ist wachsam und verteidigt sich – auch wenn es am Schluss der Strophe 4 heißt: »es verströmt mein Blut.«

Titeländerung und wahre Bedeutung des Begriffs ›enfant perdu‹

Die Titeländerung trägt einer bedeutsamen Akzentverschiebung Rechnung: Heine wollte den 30-jährigen Einsatz in dem »Freiheitskriege« nicht als Wachdienst, sondern als Kampf mit der Waffe ausdrücken. Dafür benötigte er einen anderen Begriff. Was genau aber besagt dieser neue Titel »Enfant perdü«? Auch hier hilft nur die wortsemantische Recherche weiter, die man in den kritischen Heine-Ausgaben leider vergebens sucht bzw. unklar umschrieben findet. So spricht Alberto Destro in der DHA von der »sterbenden Schildwacht« und hebt unverständlicherweise die Strophen 2 bis 4 als zentrale Aussage über den »kämpfenden Poeten« hervor (DHA III, 857). In der HSA wird lediglich knapp auf Heyses Fremdwörterbuch von 1829 verwiesen, das für den Begriff (im Plural) die wenig zutreffende Bedeutung mitteilt: »verlorene Kinder, gefährdete Vorposten, Waghälse« (HSA III, S. 326). Auch in den Heine-Ausgaben von Elster, Walzel und Briegleb wird nichts erklärt. So machte sich jeder Interpret seinen eigenen Reim auf den Begriff.

›Enfant perdu‹ ist mitnichten wörtlich als ›verlorenes Kind‹ bzw. ›verirrtes Kind‹ zu interpretieren, wie es Gotthard Erler in der Aufbau-Ausgabe von Heines Werken macht.[6] Auch die übertragene Bedeutung etwa als ›verlorener Sohn‹, wie sie in anderen Deutungen vorkommt, ist falsch. Ohne explizit den Begriff zu verwenden, interpretiert z. B. Jakob Hessing das Gedicht als eine Lebensrevision auf dem Sterbebett, so dass Heine als ein »verlorener Sohn« des Judentums heimkehrt: »Vor dem verengten Horizont seiner Erwartungen gibt er dem Judentum ein Stück der Größe zurück, das er ihm einst, im Namen der nun geschwundenen Hoffnungen, genommen hatte.«[7]

Ebenfalls in die Irre führt die sehr häufig zu findende Interpretation als ›Vorposten‹ bzw. ›vorgeschobener Posten‹. Denn: Vorposten sind Feldwachen im ruhenden Krieg bzw. vor Kampfhandlungen. Sie sind nicht zum Zwecke des Kampfes aufgestellt, sondern sollen beobachten, warnen und sichern. Genau das aber ist nicht die Aufgabe von »enfants perdus«, wie sie im militärischen Sprachgebrauch definiert ist. Meine These ist, dass Heine diesen heute vergessenen Sprachgebrauch noch kannte und ihn in voller Absicht nutzte, als er die ihm unzureichende ursprüngliche Titelformulierung »Verlorene Schildwacht« durch »Enfant perdü« ersetzte.

Was aber bedeutet ›enfant perdu‹ bzw. der Plural ›enfants perdus‹, wie er häufiger vorkommt, im militärischen Sprachgebrauch? Es sind mit Arkebusen (Vorderladern) bewaffnete Fußsoldaten in der Schlacht, die *vor* der ersten Angriffsreihe kämpften, um den feindlichen Ansturm zu stören, ggf. aufzuhalten bzw. eine Bresche zu schlagen, in der sie sich durch Nahkampf festsetzen konnten bzw. den nachfolgenden Reihen Raum verschafften. Die enfants perdus erfüllten in dieser extrem gefährlichen Angriffsposition eine strategische Aufgabe, in der sie letztlich geopfert wurden. Deswegen galten sie als »verloren« bzw. als »verlorener Haufen«, allerdings mit der Chance, bei Überleben wegen ihrer Tapferkeit befördert und belohnt zu werden.[8]

Dem Begriff ›enfants perdus‹ entspricht im Niederländischen die Bezeichnung ›verloren hoop‹, die dann über holländische Söldner ins Englische wanderte und dort als Lehnwort ›forlorn hope‹ hieß, wobei ›hope‹ keinesfalls mit dem orthographisch identischen englischen ›hope‹ (= Hoffnung) verwechselt werden darf.[9] Der Begriff ›forlorn hope‹ entstand im Englischen Bürgerkrieg und war dann bis ins 19. Jahrhundert gebräuchlich. Ebenso hielt sich die französische Entsprechung bis in diese Zeit. Nebenbei: Militärtaktisch wurden die enfants perdus abgelöst durch die stärker in die Formation eingebundenen Tirailleurs, die – vor allem im Volksheer der Französischen Revolution – als überlegene Einzelschützen oder in Kolonnentaktik frei ausschwärmten. Diese Tirailleurs waren keine Opfer mehr, sondern bestausgerüstete Schützen, die im Kampf gegen Linientruppen nicht selten schlachtentscheidend waren.

Eine wirkliche Einbürgerung ins Deutsche gelang dem französischen ›enfant perdu‹ nicht. Es gibt vor und nach Heine nur ein paar Verwendungen, sowohl in der eher wörtlichen Übertragung als ›missratener Sohn‹ bzw. als ›aus der Art geschlagen‹, wie auch in der einschlägigen militärischen Bedeutung – letzteres vor allem bei Jean Paul sowie auch in Pierer's Universal-Lexikon von 1842.[10]

In Heines Gedicht ist die militärische Bedeutung des Begriffs offenkundig. Sie muss dann aber auch in allen Konsequenzen beachtet werden, und das heißt: Mit »enfant perdü« ist der ganz vorne kämpfende, aufgeopferte Soldat gemeint, dessen Chancen, lebend davonzukommen, nicht groß sind. Nicht gemeint sein kann die militärtaktisch aktuellere Praxis des Tirailleurs, der Typ des modernen Einzelkämpfers, obwohl diese Figur als Produkt des französischen Freiheitskampfes Heine als Metapher gut hätte passen können. Doch Heine verwendet den Begriff Tirailleur in seinem gesamten Werk nicht.

Nebenbei: Heine ist nicht der erste, der sein schriftstellerisches Werk als eine kämpferische Tat begreift, die explizit mit dem lebensgefährlichen Kampf eines Enfant perdu identifiziert wird. Schon 1800 schrieb der junge Ludwig Tieck, wenn auch in der Rolle eines fiktiven Briefschreibers, Sätze, die wie eine Vorwegnahme der Quintessenz des Heine-Gedichts anmuten:

> Ganz gesund kann sich jetzt keiner fühlen, denn diejenigen, die nicht in dieser Zeit versinken wollen, müssen sich immer das Bild dieses Zeitalters vor Augen halten, ihr Leben ist ein ewiger Widerstreit, sie müssen den Krieg führen, um den künftigen Frieden zu gründen. Möchte man mich in Zukunft auch zu diesen enfans perdus [sic] rechnen, so würde ich meine Existenz nicht für verlohren halten.[11]

Schon Tieck sah das Vorkämpfertum in der Gestalt des enfant perdu nicht als Untergang, sondern als Notwendigkeit und Gewinn, »um den künftigen Frieden zu gründen.«

Konsequenzen für die Interpretation des Gedichts

Für die Gesamtinterpretation des Gedichts bedeutet das: Die Hauptmetapher des Gedichts, das belegen Titel und Rahmung in Strophe 1 und 6, ist der in der Schlacht kämpfende Soldat, nicht aber der Wachsoldat vor dem Lager bzw. als Feldwache oder Vorposten. Letztere stellen lediglich einen Teilaspekt dar. Leider wird auch in den beiden Interpretationen, die im Kern die militärische Bedeutung des Begriffs enfant perdu erkannt haben, dieser Unterschied verwischt bzw. aufgehoben. Wenn Lämke[12] unter Berufung auf zwei französische Wörterbücher den Gedichttitel mit »verlorenem Posten« übersetzt, liegt er falsch.[13] Werner relativiert die (militärische) Bedeutung von enfant perdu, indem er dem Ausdruck – ohne Quellenbeleg – gleichwertige weitere Bedeutungen zumisst, nämlich die des »von seinen Nächsten verlassenen, ausgestoßenen Opfers« bzw. des »Sündenbock[s]« sowie die des »verirrten Kindes«.[14] Mit solchen Bedeutungsverschiebungen gerät das Gedicht jedoch in Zusammenhänge, die dem nachmärzlichen Heine nicht gerecht werden. Wie Liedtke beispielhaft an dem Gedicht »Im Oktober 1849« gezeigt hat, nimmt Heine in seiner politischen Dichtung nach 1848 bewusst die »Position des Besiegten [ein], der die Niederlage erkennt, aber nicht anerkennt, und sie schonungslos, ohne Larmoyanz und teleologische Sinngebung darstellen und zugleich gegen sie protestieren will.«[15]

Diese Position gilt auch für das Gedicht »Enfant perdü« mit seiner Hauptmetapher des an vorderster Front Kämpfenden. Dessen lebenslanger Einsatz zeigt, dass der »Freiheitskrieg« ein schwerer Kampf ist, in dem der Sieg zwar nicht gewiss ist (»Ich kämpfte ohne Hoffnung, daß ich siege«), in dem aber auch die Niederlage nicht gewiss ist, denn noch nach 30 Jahren – und das heißt auch: nach 1849 – ist der Kampf nicht verloren (»Doch fall' ich unbesiegt, und meine Waffen / Sind nicht gebrochen«). Gewiss ist dem »enfant perdu« zwar der Tod (»Ich wußte, nie komm' ich gesund nach Haus«) – wobei »gesund« hier einmal erneut die ältere Bedeutung von ›unverletzt‹, ›lebendig‹ hat – zugleich aber bleibt ihm auch die Gewissheit, dass mit seinem Tod der Kampf nicht zu Ende ist, sondern dazu führt, dass andere folgen, die ihn fortsetzen (»Der Eine fällt, die Andern rücken nach«). Dies sind die Kernaussagen – und sie passen nur auf das kämpfende enfant perdu, was der geänderte Titel unterstreicht.

Schon mit dieser knappen, noch nicht vollständigen, aber auf den Wortsinn pochenden Auslegung dürfte klar sein, dass jene nicht wenigen Interpretationen fehlgehen, die in diesem Gedicht eine Art »Sterbegedicht« oder Abgesang sehen. Ich nenne dafür nur zwei prominente Beispiele. So bezeichnete Hinck 2004 »Enfant perdü« als »Heines Selbstabdankung« und als »seine Erklärung des Rücktritts vom ›Posten des Freiheitskrieges‹«.[16] Und Hohendahl deutete 2007 die 1. Strophe als Heines »resignative Umdeutung der eigenen Vergangenheit«.[17]

Die scheinbare Nötigung, in dem Gedicht (und hier vor allem in der 1. Strophe) resignierende Abdankung und »Selbstpensionierung«[18] (Windfuhr) erkennen zu müssen, basiert vor allem auf Fehlinterpretationen des Titels in Verbindung mit dem Gedichtanfang, d. h. auf Missdeutungen des Wortes »verloren«, das mit ›Niederlage‹ konnotiert wurde. Sie basiert des weiteren auf der einseitigen Auswahl von Textsignalen wie z. B. »ohne Hoffnung«, »die Wunden klaffen – es verströmt mein Blut«, »mein Herze brach«, die dann noch oberflächlich in Verbindung gebracht werden mit »Niederlage von 1848«, »Matratzengruft« usw.

Diese Signale fochten durchaus auch linke Interpretationen von »Enfant perdü« an. In einigen Fällen ging man sogar so weit, durch eigenmächtige Texteingriffe die erwünschte positive Aussage zu verstärken: so z. B. indem man in der 3. Zeile der 1. Strophe anstelle des rückblickenden »kämpfte« ein ungebrochen in die Zukunft weisendes »kämpfe« einsetzte.[19] Noch verbreiteter schließlich war das interpretatorische Bestreben, eine positive Botschaft des Gedichtes dadurch herzustellen, dass die Soldatenmetapher allein auf die Figur des Wachsoldaten bezogen und damit faktisch der alte Titel »Verlorene Schildwacht« restituiert wurde – so geschehen in der bislang fundiertesten Interpretation des »Enfant perdü« von Michael Werner.[20] Einziger, aber nicht stichhaltiger Ansatzpunkt für diese Zusammenziehung zweier unterschiedlicher Figuren sind die ersten beiden Zeilen der 1. Strophe:

> Verlor'ner Posten in dem Freyheitskriege,
>   Hielt ich seit dreyzig Jahren treulich aus.

»Verlor'ner Posten«: Das könnte in der Tat der Wachtposten im Sinne der »sentinelle perdue« sein, wozu auch das Verb »aushalten« passt. Aber das war es auch schon: Die nächsten zwei Zeilen und die Schlussstrophe passen nur auf den kämpfenden Soldaten. Und weil der Begriff des »Postens« in Strophe 6 wieder aufgegriffen wird (»Ein Posten ist vakant!«) und weil er an dieser Stelle nicht (mehr) einen Wachposten an einem bestimmten Ort, sondern ein Amt meint, das der Protagonist »seit dreyzig Jahren treulich« wahrgenommen hat, muss die Bedeutung als Wachtposten für die Interpretation in den Hintergrund rücken.

Dennoch ist die Eröffnungszeile des Gedichtes nicht unproblematisch. Zum einen blieb, wie ich unterstelle, »verlor'ner Posten« als Rest der ursprünglichen Fassung unter dem Titel »Verlorene Schildwacht« stehen. Zum anderen ist auch der Begriff »Freiheitskrieg« kein glücklicher, gerade auch im Werkkontext Heines. Denn Heine verwendete in seinem Gesamtwerk in drei von fünf Fällen »Freiheitskrieg« in Anspielung auf den Kampf gegen Napoleon 1813–15 spöttisch-kritisch, wenn er z. B. vom »sogenannten Freyheitskrieg« spricht (DHA III, 225; ebd., 235).[21] Dagegen konnotierte er den für denselben Kampf gebräuchlichen zeitgenössischen Begriff »Befreiungskrieg« in ebenfalls drei von fünf Fällen positiv, freilich für einen anderen Kampf, nämlich für den »Befreyungskrieg der Menschheit«. Der hätte im vorliegenden Gedicht viel besser gepasst und ist auch gemeint, denn in einer später verworfenen Variante der ersten Gedichtzeile hieß es: »Verlor'ner Posten in dem Freyheitskrieg der Menschheit«.[22]

Was Heine darunter verstand und worin dabei sein Posten, d. h. sein Amt bestand, hatte er bereits 1832 in der Vorrede zu den »Französischen Zuständen« unmissverständlich formuliert:

> Wenn wir es dahin bringen, daß die große Menge die Gegenwart versteht, so lassen die Völker sich nicht mehr von den Lohnschreibern der Aristokratie zu Haß und Krieg verhetzen, das große Völkerbündniß, die heilige Allianz der Nazionen, kommt zu Stande, wir brauchen aus wechselseitigem Misstrauen keine stehenden Heere von vielen hunderttausend Mördern mehr zu füttern, wir benutzen zum Pflug ihre Schwerter und Rosse, und wir erlangen Friede und Wohlstand und Freyheit. Dieser Wirksamkeit bleibt mein Leben gewidmet; es ist mein Amt. (DHA XII, 65)

Vielleicht verhinderten metrische Gründe eine präzisere Fassung der ersten Gedichtzeile. Vielleicht ist das Gedicht insgesamt nicht völlig in sich geschlossen und abgerundet. Es bleiben daher Widersprüche. Und von daher sind die geradezu gewaltsamen Versuche, in das Gedicht Geschlossenheit hinein zu interpretieren, eher mit Skepsis zu betrachten. Denn fast schon grenzt die wechselnde metaphorische Zusammenziehung des Soldaten als Kämpfer an vorderster Front und als Wächter dahinter an Bildbruch: 30 Jahre Wache schieben ist eben kein Freiheitskampf. Andererseits: Wer auf Wache steht, steht nicht von vornherein auf verlorenem Posten und kann auch nicht unbesiegt fallen.

Vielleicht liegt in der Brüchigkeit ein ungewollt-gewollter Ausdruck der besonderen nachmärzlichen Situation: Heine konnte und wollte kein Gedicht schreiben, das nach den Niederlagen von 1848/49 ungebrochene Kampfbereitschaft signalisierte. Es ging nicht mehr einfach voran zur nächsten Revolution, sondern es kam jetzt auch darauf an, das Errungene zu sichern und zu bewachen – was gefährlich genug war. Deswegen die relativ lange Passage der mittleren vier Strophen. Dabei wird die innere Verbindung von Rahmen und Mittelteil und das heißt die Verbindung der beiden Aktionsformen (Kämpfen und Bewachen) durch die Wiederholung des Verletztwerdens hergestellt: »Die Wunden klaffen«.

Doch derselbe Wortlaut bedeutet nicht dasselbe. Die im Wachdienst empfangenen Wunden sind temporär erlitten. Im Text heißt es: »mitunter«. Die im Feld erlittenen Wunden sind dagegen tödlich (»Der Eine fällt«). In den temporär empfangenen Wunden »verströmt« das Blut physisch – die im »Befreyungskampf der Menschheit« erlittenen Wunden brechen das Herz. Wessen Herz? Das lyrische Ich, das hier spricht, ist der Dichter, der sich als Soldat imaginiert, der seinerseits Dichter von Spottgedichten ist. »Herz« könnte sich also auf den Soldaten beziehen, dessen Blut verströmt – und manche Interpreten lesen die Stelle so.

Doch damit überlesen sie die eigentliche Pointe des Gedichts, in der mit dem Wortspiel »brechen« den »Waffen« des Soldaten das »Herz« des Dichters gegenüber gestellt wird. Das heißt: Nicht der im Herzen sitzende Mut des kämpfenden Soldaten ist gebrochen (seine Waffen sind ja »ungebrochen«), sondern das Herz des Dichters, der am Befreiungskampf teilhat, wie das Gedicht kundtut.

Dieses gebrochene Herz des Dichters steht, wie viele Textstellen in Heines Werk belegen, für den Schmerz, den Liebe, Welt und Zeit demjenigen zufügen, der als Künstler mitfühlend und engagiert an der Gegenwart partizipiert. Als solche Chiffre ist das Bild schon beim vormärzlichen Heine in Gebrauch, gewinnt aber im Nachmärz eine besondere Qualität als Ausdruck von Trauer über Verluste.

Die Herz-Chiffre bedeutet beim späten Heine nämlich auch das körperliche Ende des Dichters. Ob damit aber zugleich der Untergang einer engagierten Kunst, wie sie Heine stets für sich in Anspruch genommen hatte, gleichzusetzen ist, ist damit noch nicht ausgemacht.[23] Denn der vom Dichter imaginierte Soldat kämpft ja weiter, auch wenn die Person wechseln sollte. Damit bleibt aber auch derjenige weiter existent, der dieses Weiterkämpfen imaginiert, auch wenn die Person wechseln sollte: Das lyrische Ich geht sozusagen in das rezipierende Ich über. Heine betont daher mit dieser Figur des enfant perdu nach 1849 einen bedeutsamen Unterschied zu der Figur des sterbenden Fechters, die in seinem Werk ebenfalls an wichtigen Stellen vorkommt, aber stärker für das Scheitern der Kunst im Zeitenkampf steht.[24]

Insofern lässt sich abschließend sagen: Der Befreiungskampf der Menschheit ist im Nachmärz nicht verloren, sondern geht weiter – mit offenem Ausgang allerdings, auch im Hinblick auf eine bestimmte Gestalt einer kritischen Gegenwartskunst, für die nach wie vor das Gedicht steht, das deren Zukunft problematisiert: »Enfant perdü«.

Anmerkungen

Der Beitrag ist die erweiterte Fassung eines Vortrages, der am 11.9.2009 in der Hellen Panke (Berlin) gehalten wurde und in der Reihe »Pankower Vorträge« (2010) veröffentlicht ist.

[1] Vgl. zuletzt zum »Romanzero« das Kolloquium im Heinrich-Heine-Institut am 13. April 2002, abgedruckt in HJb 42 (2003), S. 1–72, und HJb 43 (2004), S. 1–61.

[2] Vgl. Pierer's Universal-Lexikon. Altenburg ^{2}1845, Bd. 27, S. 102f.

[3] Vgl. Christian Friedrich Schwan: Wörterbuch der deutschen und französischen Sprache […]. Offenbach und Frankfurt a.M. 1811, Bd. 2, S. 301; William Jervis Jones: A Lexicon of French Borrowings in the German Vocabulary (1575–1648). Berlin 1976, S. 601.

[4] La sentinelle perdue. Opéra-comique en un acte. Paris 1834 [par M. (Jules-Henri Vernoy) de Saint-Georges; musique de M. (Louis Victor Étienne) Rifaut; représenté pour la première fois, sur le Théâtre Royal de l'Opéra-Comique, le 9 décembre 1834].

[5] Jacob von Eggers: Neues Kriegs- Ingenieur- Artillerie- See- und Ritter-Lexicon. Dresden 1757, Bd. 2, S. 1204.

[6] Heinrich Heine: Werke und Briefe. Hrsg. von Hans Kaufmann. Berlin (DDR) 1961, Bd. 2, S. 616. Michael Werner lässt als eine von drei Interpretationsmöglichkeiten für »enfant perdu« die Bedeutung ›verirrtes Kind‹ gelten. Vgl. Michael Werner: Heines poetisch-politisches Vermächtnis. In: Gedichte von Heinrich Heine. Hrsg. von Bernd Kortländer. Stuttgart 1995, S. 180–194, hier S. 188.

[7] Jacob Hessing: Der Traum und der Tod. Heinrich Heines Poetik des Scheiterns. Göttingen 2001, S. 282f. Zu nennen ist hier auch Wolf Biermann, der sich bei jeder Gelegenheit wenig zutreffend auf Heines Gedicht und seinen Titel beruft: In seinem lyrischen Abgesang 1971 auf die Republikflucht Florian Havemanns betitelte er den Sohn seines Freundes Robert Havemann mit »Enfant perdu«, womit er sein textwidriges Verständnis erstmals dokumentierte.

[8] Vgl. Eggers [Anm. 5], Bd. 1, S. 758f.; Pierer's Universal-Lexikon, Altenburg ^{2}1842, Bd. 9, S. 412. Meyers Konversations-Lexikon. Leipzig und Wien ^{5}1894, Bd. 5, S. 762; ebd., Bd. 17, S. 259.

[9] Vgl. Dictionnaire Royale. François-Anglais. Par A. Boyer. T. 1, Lyon 1780, S. 224, 432.

[10] Jean Paul benutzt den Begriff in wörtlicher, aber auch in seiner militärischen Bedeutung, Letzteres z. B. 1795 in seinem Roman »Hesperus« (9. Hundsposttag). Vgl. auch Pierer's Universal-Lexikon, Altenburg ^{2}1842, Bd. 9, S. 412.

[11] Ludwig Tieck: Briefe über W. Shakspeare. – In: Poetisches Journal 1 (1800), 1. Stück, S. 48f.

[12] Ortwin Lämke: Küsse – Dichter – Helden – Schüsse. Über Motivketten und Chiffren in Heines »Romanzero«. – In: HJb 43 (2004), S. 31–48, hier S. 41.

[13] Der von Lämke [Anm. 12], S. 47, angegebene »Sachs-Villatte« (mir liegt die Fassung von 1906 vor) nennt immerhin zwei unterschiedliche Bedeutungen für »enfant perdu«: »Soldat der sich freiwillig zu einem gefährlichen Unternehmen meldet, auch ›verlorener Posten‹«, S. 317, wobei die Letztere eine Nebenbedeutung ist. Lämkes zweite Quelle, »Trésor de la Langue Française«, hat für »enfants perdus« nur einen Beleg für den Gebrauch in der 1. Hälfte des 19. Jahrunderts: »Soldats envoyés en avant pour une action dangereuse, risquée. *Le bois où ses deux enfants perdus étaient comme ensevelis* (BALZAC, *Chouans*, 1829, p. 34)«. Dieser Beleg stützt die Bedeutung ›Kämpfer‹ und nicht ›Wachposten‹. So steht es auch in anderen Lexika, z.B. Nouveau Dictionnaire François-Allemand, par Pierre Rondeau 1780: »verlohrene schildwache; rotte

soldaten, so bey einem angriff sich an die spitze stellen« (S. 339) und Thibaut 1835: »die verlorene Mannschaft, die ersten beym Sturmlaufen« (S. 188).

[14] Werner [Anm. 6], S. 188.

[15] Christian Liedtke: Zur politischen Dichtung Heinrich Heines nach 1848. – In: Jahrbuch des Forum Vormärz Forschung 3 (1997): 1848 und der deutsche Vormärz. Hrsg. von Peter Stein, Florian Vaßen, Detlev Kopp. Bielefeld 1998, S. 207–223, hier S. 211.

[16] Walter Hinck: Mein Lieblingsbuch: »Romanzero« – In: Frankfurter Allgemeine Zeitung, 27.8.2004, Nr. 199, S. 37. Zuerst in: ders: Die Wunde Deutschland. Heinrich Heines Dichtung im Widerstreit von Nationalidee, Judentum und Antisemitismus. Frankfurt a.M. 1990, S. 229f.

[17] Peter Uwe Hohendahl: Vom Nachmärz bis zur Reichsgründung. – In: Geschichte der politischen Lyrik in Deutschland. Hrsg. von Walter Hinderer. Stuttgart 1978, S. 214; erneut: ebda., ^{2}2007, S. 229.

[18] Manfred Windfuhr: Ein Posten ist vakant. In: Frankfurter Anthologie. Gedichte und Interpretationen. Hrsg. von Marcel Reich-Ranicki. Frankfurt a.M. 1990, Bd. 2^4, S. 60.

[19] Die Präsensform haben die Ausgaben von Elster, Kaufmann; das Präteritum steht bei Walzel, Briegleb, DHA, HSA.

[20] Werner [Anm. 6], S. 185 ff.

[21] Werners Behauptung, bei Heine bezeichne der Terminus ›Freiheitskrieg‹ »den durch Aufklärung und Revolution eingeleiteten universalen Kampf um die Befreiung des Menschen vom Menschen« (Werner [Anm. 6], S. 184), ist nicht zutreffend.

[22] Vgl. Windfuhr [Anm. 18], S. 59.

[23] Damit ist Alberto Destro zu widersprechen, der den Gedichtschluss so deutet: »Der sterbende Vorposten ist der sterbende Dichter.« (DHA III, 859) Ähnlich wie Destro argumentiert Lämke [Anm. 12], S. 42.

[24] Klaus Briegleb sieht diesen wichtigen Unterschied nicht, wenn er beide Figuren zusammenzieht: »Der Kämpfende im Spiegel der Schrift ist sterbender Fechter und hoffnungslos Siegender.« Klaus Briegleb: Opfer Heine? Versuche über Schriftzüge der Revolution. Frankfurt a.M. 1986, S. 313.

»Mein westöstlich dunkler Spleen«
Deutsch-jüdische Orientimaginationen in Heinrich Heines Gedicht »Jehuda ben Halevy«

Von Kathrin Wittler, Berlin

Die komplexen Beziehungen zwischen dem Orientalismus und der (Selbst-) Darstellung von Juden im 19. Jahrhundert werden gerade erst von der Forschung als diskursgeschichtliches Phänomen entdeckt, dessen sinnstiftende Funktion in Wissenschaft und Kunst kaum überschätzt werden kann.[1] Diskursive Korrelationen zwischen jüdischen und orientalischen Figurationen prägen in dieser Zeit sowohl die Sicht auf deutsche bzw. europäische Juden als auch ihr eigenes Selbstverständnis. In diesem Rahmen lohnt ein neuer Blick auf Heinrich Heines spätes Langgedicht »Jehuda ben Halevy« (1851), das auf faszinierende Weise durch Verknüpfungen und Überlagerungen jüdischer und orientalischer Motive, Stoffe und Intertexte strukturiert ist und damit eine spannungsreiche Diskursformation sichtbar werden lässt.

Dieser Befund lag bisher im toten Winkel der Heine-Forschung, die in dieser Hinsicht über Gerhart Hoffmeisters Behauptung, »jedenfalls differenziert Heine weder im Frühwerk noch in den Dichtungen der Reifezeit zwischen dem jüdischen und dem islamischen Orient«[2], kaum hinausgekommen ist. Bis in jüngste Zeit werden Kausalzusammenhänge zwischen Heines Orientfaszination und dem jüdischen Teil seiner Identität mit einem Rückgriff auf Heines »jüdische[s] Wesen«[3] oder sein »existentielles Interesse«[4] hergestellt. Demgegenüber wird dieser Aufsatz zeigen, dass die Annahme einer zeitlos wesenhaften Verbindung zwischen Jüdischem und Orientalischem nicht nur ein historisch spezifisches Ideologem universalisiert, sondern auch den Blick auf die poet(olog)ische Eigenart des Heine'schen Gedichts und auf die historische Bedingtheit der Kopplung von (deutsch-)jüdischen und orientalischen Dingen verstellt. Um solche kausalen Kurzschlüsse zu vermeiden, unternehmen die folgenden Überlegungen eine diskursgeschichtliche Verortung des »Jehuda ben Halevy«, indem sie die beiden Forschungsstränge zu Heines Judentum und seiner Orientfaszination mit der neueren Orientalismusforschung zusammenführen⁵ und auf dieser Grundlage anhand von Heines Gedicht Verschiebungen und Konkurrenzen innerhalb des Konzepts Orient aufzeigen, die für das Selbstverständnis reformorientierter deutscher Juden im 19. Jahrhundert von entscheidender Bedeutung sind.

Nach einer kurzen Skizze des diskursgeschichtlichen Kontexts wird in exemplarischen Analysen des Gedichts gezeigt, dass Heine einen im Medium der Poesie lebendigen jüdischen Orient entwirft, dessen blütezeitliche Peripherien Babylon und Spanien konsequent auf die glänzende Vergangenheit des topographischen Erinnerungszentrums Jerusalem bezogen sind. »Jehuda ben Halevy« wird wissensgeschichtlich als ein Text gelesen, der diese ab etwa 1820 neu entdeckte jüdisch-orientalische Poesie in der Weltliteratur zu etablieren sucht und damit ein literarisches Dokument für die diskursiven Bedingungen des 19. Jahrhunderts darstellt.

Deutsche Juden und der Orient – Das diskursive Feld im 19. Jahrhundert

Das Selbstverständnis deutscher Juden wird im 19. Jahrhundert entscheidend durch eine »diskursive[ ] Wanderungsbewegung von Bibel und Hebräern in den Orient«⁶ beeinflusst. Erst die Umcodierung der Bibel im späten 18. Jahrhundert zu einer »Poesie, aus der die orientalische (Vor-)Vergangenheit spricht«⁷, und die damit verbundenen Transformationsprozesse lassen das diskursive Feld entstehen, als dessen deutsch-jüdisches Reflexionsmedium sich Heines Gedicht »Jehuda ben Halevy« verstehen lässt. Um diese These klarer konturieren zu können, soll zunächst kurz das Verhältnis deutscher akkulturierter Juden zu Orient und Orientalismus in der ersten Hälfte des 19. Jahrhunderts umrissen werden.

Wie virulent dieses Verhältnis für deutsche Juden war, zeigt Ludwig Börnes Polemik gegen eine sich aus der biblischen Geschichte herschreibende Orientalisierung in seinem 78. Brief aus Paris vom 1. März 1832:

> Und uns jüdisch deutschem Volke sagte man, wir wären aus dem Orient gekommen, hätten zur angenehmen Abwechslung die babylonische Gefangenschaft mit der deutschen vertauscht, wir wären fremd im Lande und wir betrachteten ja selbst unsere Mitbürger als Fremdlinge.⁸

Rahel Varnhagen hingegen identifiziert sich mit einer solchen Orientalisierung, wenn sie sich selbst wenige Tage vor ihrem Tod im März 1833 gegenüber ihrem Mann als »eine aus Ägypten und Palästina Geflüchtete« bezeichnet und »mit erhabenem Entzücken« an ihren »Ursprung und diesen ganzen Zusammenhang des Geschickes, durch welches die ältesten Erinnerungen des Menschengeschlechts mit der neuesten Lage der Dinge, die weitesten Zeit- und Raumfernen verbunden sind«, zurückdenkt.[9]

Ein bemerkenswertes Zeugnis für die bei Rahel Varnhagen und Ludwig Börne aufscheinende Problematik einer deutsch-jüdischen Selbstverortung zwischen Orientalisierung, Emanzipation und Akkulturation im Zeitalter der Restauration ist ein bisher von der Literaturwissenschaft kaum beachtetes Büchlein von Joel Jacoby, der sich 1839 taufen ließ und im Vor- und Nachmärz als Renegat verschrieen war.[10] Im zehnten Psalm seiner »Klagen eines Juden« (1837), die in eine »Flut von Judenschmerz-Dichtungen«[11] eingereiht werden können, heißt es: »Ich bin wie ein Zweig von dem südländischen Baum, und der Sturm hat mich nach dem Norden getrieben.«[12] Aus den Wipfeln germanisch-deutscher Eichen- und Lindenwälder und aus »Nachtigallenchören« hört dieses in den Norden verwehte lyrische Ich »des Morgenlandes Mährchenträume« rauschen und klingen. Jacobys Dichtung ist symptomatisch, weil sie in dem Versuch, orientalische und deutsche semantische Felder im Jüdischen zusammenzuführen, gerade die radikale Differenz derselben herausstellt.[13]

An diesen Beispielen wird ein komplexes Wechselspiel von Eigen- und Fremdzuschreibung sichtbar, mit dem auch Heine konfrontiert war. So bemerkt Heines Bonner Studienfreund Johann Baptist Rousseau, dass Heines »Physiognomie, die sonst nichts auffallend Orientalisches hat, ganz jüdisch« werde, sobald er einen Witz reiße.[14] Heine selbst hat sich insbesondere in Briefen an Moses Moser häufig die orientalisierende Fremdzuschreibung ironisch zunutze gemacht.[15] So schreibt er zum Beispiel am 21. Januar 1824 an Moser:

> Das Licht ist tief herabgebrannt, es ist spät, u ich bin zu schläfrig um deutsch zu schreiben. Eigentlich bin ich auch kein Deutscher, wie Du wohl weißt. (vide Rühs, Fries a. m. O. Ich würde mir auch nichts darauf einbilden wenn ich ein Deutscher wäre. O ce sont des barbares! Es giebt nur drey gebildete, zivilisirte Völker: die Franzosen, die Chinesen und die Perser. Ich bin stolz darauf ein Perser zu seyn. [...] Ach! wie sehne ich mich nach Isphahan! Ach, ich Armer, bin fern von seinen lieblichen Minarets und duftigen Gärten! (HSA XX, 136)[16]

Heine spielt mit dem Reiz der Verkehrung und Umkehrung, mit den Kippstellen kultureller Perspektiven. Der vordergründige Effekt des Witzes und der anspielungsreichen Ironie[17] erhält allerdings als Gegenreaktion auf die in Heines Brief angespielten judenfeindlichen Äußerungen von Jakob Friedrich Fries und Christian Friedrich Rühs einen ernsten Ton. Indem Heine mit einer Verschiebung innerhalb des Konzepts Orient vom biblischen Ursprung auf das zeitgenössische Persien operiert, wird eine Spannung zwischen Fremd- und Selbstorientalisierung aufgebaut, die der antijüdisch motivierten Orientalisierung durch Fries und Rühs ihre scheinbare Evidenz raubt und sie bissig-ironisch bricht.

Heines Äußerung zeigt, dass der Orient im 19. Jahrhundert sowohl zeitlich als auch räumlich differenzierbar ist und somit auch verschiedene Identifikations- und Abgrenzungsmöglichkeiten bietet. Während die zeitgenössischen orientalischen Juden in Nordafrika und dem Osmanischen Reich infolge der Damaskusaffäre (1840) zu Objekten eines (kolonialen) Europäisierungsprojekts wurden[18], bezog sich die deutsch-jüdische positive Identifikation mit dem Orient auf vergangene Zeiten und Räume. Davon zeugt auch die Zielsetzung der 1840 gegründeten deutsch-jüdischen Zeitschrift »Der Orient«, »das Auserlesenste auf dem Gebiete der jüdischen und der damit verwandten orientalischen Geschichte und Literatur und das Gründlichste auf dem Gebiete der Wissenschaft mitzutheilen.«[19] Der entscheidende Anstoß zu diesem historischen Interesse war die historiographische und philologische Konstituierung eines jüdischen Orients durch die Quellenstudien der sogenannten Wissenschaft des Judentums, die 1819 mit dem kurzlebigen Verein für Cultur und Wissenschaft der Juden (im Folgenden Culturverein) ihren Anfang nahm.[20]

Das Gedicht »Jehuda ben Halevy« gilt der Heine-Forschung als lyrischer Rückbezug auf Heines Berliner Zeit und Mitgliedschaft im Culturverein.[21] Auch seine wichtigste Quelle, »Die religiöse Poesie der Juden in Spanien« von Michael Sachs[22], ist aus diesem Forscherkreis hervorgegangen. Vor diesem Hintergrund werden die folgenden Teilinterpretationen an exemplarischen Passagen aus Heines Gedicht nicht zuletzt sichtbar machen, welche Bedeutung das wechselseitige Verhältnis von Literatur und Wissenschaft für Heines literarischen Entwurf eines jüdischen Orients hatte, der das spätantike Babylon und das maurische Spanien auf Jerusalem hin orientiert. Zu diesem Zweck gilt es zunächst, die Gedächtnisstruktur des Textes anhand seines wichtigsten Intertextes, des 137. Psalms, herauszuarbeiten.

Gedenken und Geschichte – Der 137. Psalm

Das Gedicht »Jehuda ben Halevy« beginnt mit der Erinnerung an den Urtypus der hebräischen Melodie, nämlich mit einem deutlich markierten Zitat des 5. und des 6. Verses aus Psalm 137[23], die so umgestellt sind, dass sie in der Nennung Jerusalems kulminieren:

> »Lechzend klebe mir die Zunge
> An dem Gaumen, und es welke
> Meine rechte Hand, vergäß' ich
> Jemals dein, Jerusalem –«

> Wort und Weise, unaufhörlich
> Schwirren sie mir heut' im Kopfe,
> Und mir ist als hört' ich Stimmen,
> Psalmodierend, Männerstimmen –
> (130, V. 1–8)[24]

Der berühmte babylonische Exilpsalm taucht in Heines Werk mehrfach auf.[25] Hier greift Heine gerade die beiden Verse heraus, in denen der Psalmist aus der Gemeinde heraustritt und die heilige Stadt Jerusalem direkt anspricht. Die drastische synekdochale Körperlichkeit steht in Kontrast zu der vagen Erinnerung an den Psalm in der zweiten Strophe: »Das eherne Erinnerungsgebot der ersten Strophe weicht mit der zweiten Strophe einer Reminiszenz dessen, der sich nur noch sehr unscharf an die kanonischen Stimmen der Tradition erinnern kann. Aus der Erinnerung an Jerusalem wird die Erinnerung an die Liturgie der Synagoge.«[26]

Dieses traumhafte Erinnern des Psalms führt zu einer rhetorischen Suche nach dem titelgebenden Jehuda ben Halevy, der sich in den folgenden Strophen durch sein Dichterantlitz von den anderen bärtigen »Traumgestalten« und »Gespenster[n]« abhebt: »Aber ihn hab' ich erkannt«, seine Augen »sahn mich an so schmerzlich forschend« (130, V. 11–20). Der wechselseitige und ebenbürtige Erkennungsprozess der zwei Dichter, der durch eine dreifache Variation betont und metrisch durch wechselnde Betonungen der Personalpronomen »ihn« und »ich« nachvollzogen wird (130, V. 16, V. 17 und V. 21), konstituiert eine Abgrenzung von dem nur dunkel erinnerten Kollektiv der Männerstimmen und Traumgestalten. Wolfgang Preisendanz hat argumentiert, dass Heine mit diesem »mnemotechnischen Heraufbeschwören« einer einzelnen Gestalt aus psalmisch evozierten Stimmen einen »von jeher zum Memoria-Konzept gehörenden Topos« an den Anfang seines Gedichtes setze[27], und auch von anderen Interpreten ist Heines Gedicht als ein der (jüdischen) Memorialkultur verpflichtetes gelesen worden.[28] Das Gedicht beschränkt sich jedoch nicht auf das Erinnern und Gedenken. Jehuda ben Halevy tritt als historisch greifbare Gestalt aus der traumhaften liturgischen Erinnerung des jüdischen Schicksals hervor und wird im weiteren Verlauf des Textes zum lyrischen Ich in eine historisch bestimmbare Beziehung gesetzt: »Seit Jehuda ben Halevy / ward geboren, sind verflossen / Sieben hundert fünfzig Jahre –« (130, V. 26–28).

In diesem Übergang vom Psalmzitat über eine vage liturgische Erinnerung bis hin zu der historischen Persönlichkeit Halevy wird nicht antike Gedächtniskunst praktiziert, sondern die Transformation vom jüdischen Gedächtnis zur jüdischen Geschichte literarisch nachvollzogen. Diesen Wandel hat Yosef Hayim Yerushalmi in seinem einflussreichen Buch »Zachor« mit dem Beginn der modernen jüdischen Geschichtsschreibung des Culturvereins in den 1820er Jahren verortet und als Wandel von einer Pflege der überlieferten rabbinischen Literatur und zyklisch erneuertem Gedenken an die biblische Geschichte in der synagogalen Liturgie hin zu einer historisch-kritischen Erforschung jüdischer, vor allem nachbiblischer Quellen beschrieben.[29] Heines Gedicht changiert zwischen diesen beiden Umgangsweisen mit der Vergangenheit, die beide – das Gedächtnis in Form des 137. Psalms und die Geschichte in Gestalt des spanisch-jüdischen Dichters Halevy – auf Heines Berliner Zeit im Culturverein zurückgehen. Denn nicht nur haben die Wissenschaftler des Judentums den besagten Schritt von Gedächtnis zu Geschichte vollzogen; Heines Briefe an Moser zeigen zugleich, wie eng der 137. Psalm für ihn mit diesem Kreis und dieser Zeit verbunden war.[30] Erinnerung und geschichtliche Verortung werden aufs Engste aufeinander bezogen und reflektieren so eine Umbruchsphase des deutsch-jüdischen Geschichtsbewusstseins.

Worin genau liegt aber die besondere Faszinationskraft des 137. Psalms? Dieser Frage soll mit einem Sprung zum zweiten Teil des Gedichts nachgegangen werden, wo der 137. Psalm erneut aufgegriffen wird. Nun spricht der Psalmist für die Gemeinde über die eigene Vergangenheit:

> Bey den Wassern Babels saßen
> Wir und weinten, unsre Harfen
> Lehnten an den Trauerweiden –
> Kennst du noch das alte Lied?
>
> Kennst du noch die alte Weise,
> Die im Anfang so elegisch
> Greint und sumset, wie ein Kessel,
> Welcher auf dem Herde kocht?
> (135 f., V. 181–188)

Die erneute Aufforderung zum Erinnern wird nun als Frage durch einen Parallelismus betont, der die im 18. Jahrhundert entdeckte poetische Struktur der Psalmen aufgreift. Das Pathos der Beschreibung des Psalmanfangs als »elegisch« wird gleich darauf durch einen Vergleich mit dem ›Greinen‹ und ›Sumsen‹ eines Kessels, »welcher auf dem Herde kocht,« gebrochen. Diese häusliche Kochmetaphorik bleibt nicht auf einen witzigen Stilbruch beschränkt, sondern versinnbildlicht den Spannungsaufbau des 137. Psalms von der anfänglichen kollektiven Erinnerung bis zum abschließenden Fluch gegen Babel in den folgenden Strophen (136, V. 189–204) auf eigenwillige Weise durch eine Übertragung auf das lyrische Ich, das als eine hybride Kombination von Ahasver, Lazarus und Hiob erscheint[31] und durch diese extreme motivische Aufladung mit Leidensfiguren zum Träger Welt- und Dichter-, vor allem aber dreitausendjährigen ›Judenschmerzes‹ wird:

> Lange schon, jahrtausendlange
> Kocht's in mir. Ein dunkles Wehe!
> Und die Zeit leckt meine Wunde,
> Wie der Hund die Schwären Hiobs.
> (136, V. 189–192)

Nach zwei retardierenden Strophen kulminiert die so aufgebaute Spannung in einer Explosion als Zusammenführung des Bildes des überkochenden Kessels, des in Zorn ausbrechenden, motivisch aufgeladenen Ichs und des Fluchs am Ende von Psalm 137:

> Tolle Sud! Der Deckel springt –
> Heil dem Manne, dessen Hand
> Deine junge Brut ergreifet
> Und zerschmettert an der Felswand.
> (136, V. 205–208)

Das Psalmzitat ist hier nicht als solches gekennzeichnet und folgt doch zusammenhanglos, durch einen Bindestrich und Versunterteilung getrennt, auf das konkrete Überkochen und den im selben Bild transportierten Wutausbruch. Die Anrede der »Tochter Babel« in der lutherischen Übersetzung des Psalms wird in Heines Gedicht mit der Anrede »deine junge Brut« (136, V. 207) zur Leerdeixis reduziert und legt dadurch eine Applikabilität der Anrede auf den Leser nahe. Diese Brisanz im Umgang mit der Übertragbarkeit des psalmischen Fluchs auf eine Sprechsituation zwischen dem jüdisch codierten lyrischen Ich und dem (nichtjüdischen) Leser ist vielen Interpretationen entgangen.[32] Eine vergleichbare Radikalität findet sich nur in Heines frühem, nicht zur Veröffentlichung bestimmten Gedicht »An Edom!«, das er am 25. Oktober 1824 an Moser schickt.[33]

Heines auffallende Faszination für den Psalm 137 ist keineswegs nur eine persönliche Vorliebe. Vielmehr könnte man – wenn auch aufgrund der dünnen Forschungslage unter Vorbehalt – von einer Mode eben dieses Psalms insbesondere in deutsch-jüdischen Kreisen sprechen.[34] Nicht nur weisen Heines Briefe an Moser auf die identifikatorische Bedeutung des Psalms für die Gruppe des Culturvereins hin, auch literarisch steht Heines Aufnahme des Psalms 137 nicht isoliert. Lord Byrons »Hebrew Melodies« (1815), auf die sich Heines Zyklustitel »Hebräische Melodien« bezieht, verarbeiten inhaltlich und formal die Psalmen, konzentrieren sich aber auffallend auf Psalm 137.[35] Eben dieser Gedichtzyklus Byrons löste in der deutsch-jüdischen Literatur die bereits erwähnte »Flut von Judenschmerz-Dichtungen« aus[36], an deren Anfang Salomon Ludwig Steinheims über 12000 Verse umfassendes Epos »Sinai. Gesänge von Obadiah, dem Sohne Amos« (1823) steht, in dem der 137. Psalm gleich zu Beginn aufgegriffen wird:

> Ach, wie lange warest du stumm, meine Harfe!
> Ach, wie lange warst du betrübt, meine Seele!
> In den Hallen des Fremdlings schwiegen die Lieder,
> Auf unheiligem Boden die Feyergesänge,
> Seit wir an Babylons Bächen saßen und weinten,
> Und an die Weiden der Bäche die Harfen hingen.[37]

Ob direkte Beeinflussungen vorliegen, wird sich kaum klären lassen.[38] Viel wichtiger scheint, dass das Zusammentreffen von Psalm 137, Byrons »Hebrew Melodies« und der Darstellung von ›Judenschmerz‹ in Steinheims »Sinai« und fast dreißig Jahre später in Heines »Hebräischen Melodien« auf einen diskursiven Zusammenhang verweist. Heines Gedicht lässt sich damit als später Endpunkt dieser ›Judenschmerz‹-Dichtungen und zugleich als ihre Überwindung im Zeichen eines neuen jüdischen Geschichtsverständnisses verstehen.

Auf babylonischem Boden – Der 137. Psalm und die Hagada

Vor diesem Hintergrund wird deutlich, dass die Beobachtung, Heine sei besonders in seiner »Matratzengruft« ein intensiver Bibelleser gewesen[39], zum Verständnis der Funktion des Psalms in Heines Gedicht nicht ausreicht, zumal es höchst ungewöhnlich ist, dass wie bei Heine alle drei Bestandteile des Psalms – die Kollektivklage, die Einzelrede und der Fluch – zitiert werden.[40] Es soll im Folgenden gezeigt werden, dass der Psalm in »Jehuda ben Halevy« über seine Funktion als jüdischer Gedächtnistext hinaus als orientalische Poesie poetologische Verweisfunktion erhält. Der 137. Psalm entfaltet im Gedicht, gestützt durch den Zyklustitel »Hebräische Melodien«, einen jüdischen Modus der Rede, der durch seine Zugehörigkeit zur seit Ende des 18. Jahrhunderts als »Sammlung orientalischer Poesie und Ausdruck eines hebräischen Geistes«[41] verstandenen Bibel und durch den Verweis auf Babel orientalisch konnotiert ist.

Diese Behauptung einer orientalischen Konnotation des Psalms im Gedicht »Jehuda ben Halevy« mag zunächst etwas forciert wirken. Sie erhält aber entscheidende Plausibilität dadurch, dass der Psalm-Episode rückwirkend eine westöstliche Ambivalenz eingetragen wird. Der Ausspruch des psalmischen Fluchs führt zu Beruhigung und Erleichterung:

> Gott sey Dank! die Sud verdampfet
> In dem Kessel, der allmählig
> Ganz verstummt. Es weicht mein Spleen,
> Mein westöstlich dunkler Spleen –
> (136, V. 209–212)

Der durch eine Correctio betonte »Spleen« changiert hier zwischen einer Verharmlosung des Fluchs als exzentrische Geste einerseits und seiner Dramatisierung als Melancholie der Moderne andererseits. Auf letztere verweist das Adjektiv »dunkel,« das neben der semantischen Nähe zur Melancholie auch einen Bogen zum Ausruf »Ein dunkles Wehe!« (136, V. 190) schlägt, der sich auf jahrtausendelangen jüdischen Schmerz bezieht. Mit dem zweiten Adjektiv »westöstlich,« das gerade im Rahmen von Heines Inszenierung des »Romanzero« als Überbietung des »West-östlichen Divan« Goethes[42] auf diesen verweist, wird diese jüdische Melancholie in die Nähe orientalisierender Literatur gerückt.

Dass der hier entworfenen jüdischen Melancholie eine west-östliche Ambivalenz inhärent ist, lässt sich auch durch einen kleinen intertextuellen Verweis belegen. Während in Luthers Bibelübersetzung, die Heine in Ausgaben von 1827 und 1835 benutzte[43], im 137. Psalm die Kinder Babels an einem »Felsen« zerschmettert werden sollen, findet sich eine »Felswand« (136, V. 208) wie in »Jehuda ben Halevy« in einem der berühmtesten Gedichte Heines überhaupt, dessen west-östliche Thematik in einer Zeit des »sprunghaften Anstiegs des Leseinteresses am orientalischen Raum« erheblich zu seiner Popularisierung beitrug[44] und für deutsche Juden des 19. Jahrhundert einen auffallenden identifikatorischen Wert hatte[45]:

> Ein Fichtenbaum steht einsam
> Im Norden auf kahler Höh'.
> Ihn schläfert; mit weißer Decke
> Umhüllen ihn Eis und Schnee.
>
> Er träumt von einer Palme,
> Die, fern im Morgenland,
> Einsam und schweigend trauert
> Auf brennender Felsenwand.
> (DHA I, 164)

Angesichts der vielfältigen intertextuellen Verweise auf das eigene Werk im Gedicht »Jehuda ben Halevy«[46], der Bezugmöglichkeit des Fichtenbaumtraums vom Morgenland auf das Adjektiv »westöstlich« und der zum Zeitpunkt der Entstehung des »Jehuda ben Halevy« bereits fast dreißigjährigen deutsch-jüdischen Gebrauchsgeschichte des Fichtenbaum-Gedichts scheint die Behauptung eines intertextuellen Verweises an dieser Schlüsselstelle legitim, zumal gerade die »Felswand« (136, V. 208) durch den Reim auf »Hand« (136, V. 206) in dem ansonsten weitgehend reimlosen Gedicht heraussticht, wie auch »Morgenland« und »Felsenwand« im Fichtenbaum-Gedicht den einzigen Endreim bilden. Der west-östliche Spleen des Jehuda-Gedichts und der in das Psalmzitat verschachtelte Verweis auf den west-östlichen Traum des Fichtenbaum-Gedichts beziehen jüdische Identität auf den Orient und machen so die dem zusammengesetzten Adjektiv »westöstlich« inhärente semantische Spannung zum Kern jüdischer Melancholie. Wenn man der west-östlichen Kulturdifferenz dieser jüdisch konnotierten Melancholie, die mit dem Intertext des Psalms verhandelt wird, Heines Definition von (jüdischer) Poesie als »Schmerzlust« (134, V. 140) an die Seite stellt, dann zeigt sich, wie im Gedicht »Jehuda ben Halevy« eine sowohl emotionell als auch kulturell verstandene jüdische Differenzpoetik exponiert wird. Das Gedicht setzt so ein vielfältiges poetologisches Verweisungsspiel zwischen morgenländischer Imagination und deutsch-jüdischer Selbstverortung in Gang, dem nun mit Blick auf die Hagada – einen anderen babylonisch-jüdischen Text – genauer nachgegangen werden soll.

Die in den Psalmen so singuläre konkrete Ortsbenennung ›Babel‹ ist polysem, sie ruft ein schillerndes Bedeutungsspektrum auf, das weit über die vom Psalm her ableitbare Bedeutung als Ort des jüdischen Exils hinausweist. Wie im Folgenden gezeigt werden soll, wird in »Jehuda ben Halevy« nicht nur der Topos Babylons als Ort der Hurerei (143, V. 417–419) aufgegriffen, sondern Babylon wird vor allem im ersten Teil des Gedichts, vor der Nennung Babels im Psalmzitat, als gemeinsamer Nährboden der rabbinischen Schriften und der hängenden Gärten der Semiramis zum orientalisch konnotierten, positiv besetzten Ursprungsort jüdischer Poesie gemacht.

Im Rahmen der Schilderung von Jehudas Ausbildung werden im ersten Teil des Gedichts über zwanzig Strophen hinweg Halacha und Hagada, die beiden Hauptzweige der rabbinischen Tradition, einander gegenüber gestellt. Während die Halacha als »Fechterschule« der »dialektischen Athleten / Babylons und Pumpedithas« (132, V. 69–71) zunächst vergleichsweise kurz umrissen wird, erfährt die »blühende Hagada« (134, V. 128) eine ausführliche Würdigung als ein »Garten, hochphantastisch« (132, V. 87) und Inbegriff von Poesie, in der eine Vielzahl von Genres und großen Empfindungen versammelt sind. Der von dieser Würdigung ausgehende Vergleich der Hagada mit den durch visuelle, auditive und olfaktorische Elemente sinnlich aufgeladenen hängenden Gärten der Semiramis (133, V. 101–116) wird mit einem topographisch identischen Ursprung legitimiert: Wie Hagada und Halacha von den Rabbinern in Babylonien begründet wurden, so sind die hängenden Gärten der Semiramis »ebenfalls dem Boden / Babylons entsprossen weiland« (132, V. 89f.). Über Babylon als dem aus jüdischer Perspektive wahrgenommenen Ort des Exils hinaus macht Heine das altorientalische Babylon so zugleich zum Sinnstifter einer sinnlich-orientalischen jüdischen Poesie der nachbiblischen Zeit.

Diese Beschreibung der Hagada und ihr Vergleich mit den hängenden Gärten der Semiramis ist insofern höchst bemerkenswert, als sie entgegen Heines in seinem Werk immer wieder aufgegriffener Vorstellung des Judentums als einer asketischen Nazarenerreligion[47] das Panorama eines sinnlich-poetischen Judentums entwerfen. Insbesondere diese Beschreibung ist es auch, die die deutsch-jüdischen Forschungen zur nachbiblischen jüdischen Literatur als ihre Voraussetzung ausweist.[48] Das weit verzweigte hagadische Material wurde zum ersten Mal von Leopold Zunz in seinem bedeutenden Werk »Die gottesdienstlichen Vorträge der Juden« (1832), das Heine 1829 seinem Verleger Cotta zur Veröffentlichung empfohlen hatte (vgl. HSA XX, 352), gewürdigt und erforscht.[49] Zunz betont in einem anderen Zusammenhang auch, dass die hebräische Sprache zur Zeit des maurischen Spanien noch »eine lebende, verstandene und ausgebildete« gewesen sei[50], und der den Wissenschaftlern des Judentums nahestehende protestantische Theologe Franz Delitzsch verlängert die Vitalität der hebräischen Sprache gar mit einem Seitenhieb auf Herder, der nicht gewusst habe, dass die hebräische Sprache nicht etwa eine Mumie sei, sondern »in unsterblicher Jugendfrische fortlebe«, bis in die Jetztzeit.[51]

Für Heines Gedicht ist – über diese Würdigung einer lebendigen nachbiblischen hebräischen Text- und Sprachtradition hinaus – wichtig, dass das philologische Wissen der jungen deutsch-jüdischen Wissenschaft durch den Vergleich mit dem altorientalischen mythenberankten Garten der Semiramis an ein orientalistisches Wissen gekoppelt wird. So versteht auch Maren R. Niehoff Heines Darstellung der Hagada als eine mit Zunz' wissenschaftlicher Arbeit vergleichbare Pionierleistung im Bereich der Dichtung, indem er sie »zum ersten Mal als eine orientalisch-weibliche Art von Poesie« beschrieben habe.[52] Mit seinen »schönen alten Sagen, / Engelmährchen und Legenden / Stille[n] Märtyrerhistorien, / Festgesänge[n], Weisheitsprüche[n]« und »Hyperbeln« (134, V. 129–133) erscheint die Hagada als poetisch-orientalisch-sinnliche Fundgrube und Fluchtraum für Jehuda, aus dessen dichterischer Meisterschaft seine aufklärerisch-dichterische Führungsrolle für das Volk Israel abgeleitet wird. Nicht nur wird er als »Stern und Fackel seiner Zeit, / Seines Volkes Licht und Leuchte« (134, V. 154 f.) bezeichnet. Ausgehend von dieser Symbolik kann darüber hinaus seine Führerschaft mit Gottes nächtlicher Leitung in Form einer Feuersäule (1. Mose 13, 21–22) gleichgesetzt werden: Jehuda war

> Eine wunderbare, große
>
> Feuersäule des Gesanges,
> Die der Schmerzenskarawane
> Israels vorangezogen
> In der Wüste des Exils.
> (134 f., V. 156–160)

Die Genitivmetapher »Wüste des Exils« impliziert nicht nur Übertragbarkeit auf jede Form des Exils, sondern vollzieht den Übergang vom nachbiblischen Babylon in den biblischen Orient, von einem landschaftlichen Extrem (blühender Garten) zum anderen (Wüste). Die beiden Extreme Oase und Wüste spiegeln die Dichotomie des sinnlich-blühenden, poetisch produktiven Babylon und der Stadt Jerusalem, die im Gedicht als »der Zerstörung Jammerbildniß« (138, V. 275) und »Wüsteney« (139, V. 302) beschrieben wird. Die Verbindung zwischen dem blühendem Babylon und der Ruine Jerusalem ist das jüdische Gedächtnis: Die auf babylonischem Boden entstandene jüdische Poesie ist durch das Gebot des Gedenkens an Zion eng auf die »Wüsteney« Jerusalem und ihre glorreiche Vergangenheit bezogen. Das folgende Kapitel wird zeigen, dass durch eben dieses Bindeglied – das Gedächtnis – auch Spanien als kultureller Grenzraum zwischen Abend- und Morgenland im Gedicht auf Jerusalem verwiesen wird und poetische Produktivität aus Zionliebe schöpft.

Der spanisch-jüdische Orient im Spielfeld orientalistischen Wissens

Mit seiner Huldigung des »großen Goldzeitalter[s] / Der arabisch-althispanisch / Jüdischen Poetenschule« (150, V. 654–656) partizipiert das Gedicht an einer deutsch-jüdischen Faszination für die spanisch-jüdische Vergangenheit, die zwar bereits für die jüdische Aufklärung Inspiration und Legitimation gewesen war, doch erst im frühen 19. Jahrhundert zum wirkungsmächtigen Mythos eines goldenen jüdischen Zeitalters in Spanien avancierte. Ismar Schorsch hat bereits 1989 deutlich gemacht, dass dieser Mythos in vier wichtigen Bereichen zugleich seinen Ausdruck findet: in der Liturgie in Form einer Bevorzugung der sephardischen Aussprache des Hebräischen, in der Synagogenarchitektur in Form des sogenannten maurischen Stils, in der Literatur unter anderem bei Heine und Ludwig Philippson sowie in der deutsch-jüdischen Wissenschaft.[53]

Wie bereits an Heines literarischer Darstellung der Hagada deutlich wurde, ist die junge deutsch-jüdische Wissenschaft Bedingung und Inspiration für das Gedicht »Jehuda ben Halevy«. Heine hat die jüdische Poesie des spanischen Mittelalters 1850 dank dieser Forschungen für sich entdeckt.[54] Die Gründe für das auffallende Interesse der Wissenschaftler des Judentums am mittelalterlichen Spanien sind neben der Hochschätzung des sephardischen Judentums gegenüber dem ashkenasischen, das sich auch bei Heine wiederholt findet[55], unter anderem in der Identifikation mit dem Wissenschaftsideal dieser Zeit gesucht worden.[56] Es lassen sich einige Hinweise darauf finden, dass darüber hinaus die ambivalente Stellung zwischen Morgenland und Abendland wichtig für die deutsch-jüdische Spanienfaszination war. Zunz wählt nicht zufällig eine orientalische Topographie für die Legitimation seines Forschungsschwerpunkts Spanien, das den Historiker in der »deutsch-polnischen Barbarei« wie eine »freundliche Oase« anblicke[57], und in dem ersten Versuch einer zusammenhängenden jüdischen Geschichte von Isaac Markus Jost wird eine Verwandtschaft von Juden und Sarazenen im Sinne einer Fremdheit gegenüber der westlichen Kultur durch die ihnen gemeinsame »orientalische Haltung« behauptet.[58]

Darüber hinaus ist nicht nur Heines spätestens seit den 1820er Jahren bestehendes Interesse am mittelalterlichen Spanien, sondern auch die Spanienfaszination der Wissenschaftler des Judentums bei allen Umwertungen und Abgrenzungen undenkbar ohne die grundsätzlichen Auf- und Umwertungen und das allgemeine Interesse an Spanien in der Epoche der Romantik. So ist auch das jüdische Spanien in Heines Gedicht in ein komplexes Gewebe romantischer Motive und orientalischer Topoi eingebettet.

Heine partizipiert zum einen an der Aufwertung Spaniens und spanischer Dichtung, die mit Herders »Cid« ihren Anfang genommen hatte und für die Romantiker nicht allein in der Idealisierung des mittelalterlichen Rittertums lag, sondern ihren Reiz, wie August Wilhelm Schlegel in seiner 20. Vorlesung sagt, gerade »in der Verbindung von hohem begeistertem Ernst in Gefühlen, die eigentlich aus dem Norden abstammen, mit dem lieblichen Anhauch des Südens und dem blendenden Pomp des Orients« entfaltete.[59] Zum anderen aber konkurriert Heine mit diesem romantisch imaginierten Spanien, indem er ein anderes, jüdisch konnotiertes Dichtungskonzept an die Stelle des ritterlichen Minnesangs setzt. Denn während Jehuda in den Rang großer europäischer Lyrik gehoben wird, behält er durch das Verfahren der Analogie zugleich eine Alterität, die an seiner Art zu lieben exemplifiziert wird. Die dreifache Negation »keine Laura«, »keine Chatelaine«, »keine Kußrechtskasuistin« (138, V. 261–169) leitet auf Jehudas »Herzensdame [...] besonderer Art« (138, V. 259 f.) hin:

> Jene, die der Rabbi liebte,
> War ein traurig armes Liebchen,
> Der Zerstörung Jammerbildniß,
> Und sie hieß Jerusalem.
> (138, V. 273–276)

Die Personifikation Jerusalems als »traurig armes Liebchen« wird den erotisch-eleganten Frauen des mitteleuropäischen Mittelalters »im Blütenschmuck der Jugend« (138, V. 266) gegenübergestellt. Jehudas Zionliebe und -sehnsucht gründet nicht in eigener Anschauung, sondern in Vorstellungen und Erzählungen, die mit dem »Wort Jerusalem« (138, V. 280) aufgerufen werden können: »Dichtersehnsucht! ahnend, träumend / Und fatal war sie« (140, V. 339 f.). Das zur »Wüsteney« gewordene Jerusalem, »wo Waldteufel, Werwolf, Schakal / Ihr verruchtes Wesen treiben« (139, V. 302–304), wird als Ruine biblischer Idyllenlandschaft geschildert. »Hier und da« taucht ein »zerlumpter Knecht der Wüste« auf, der »sein höckriges Kamehl / In dem hohen Grase weidet« (139, V. 309–312); »auf der edlen Höhe Zions« liegen »nur noch graue Trümmer,« die »von Unkraut überwuchert« sind (140, V. 313–318). Das »Goldzeitalter« der spanisch-jüdischen Poesie, wie es von Jehuda verkörpert wird, ist ebenso auf Zion bezogen wie die auf babylonischem Boden entstandene Dichtung.

Während der Unterschied hier entlang einer Grenze zwischen lebensfreudiger sinnlicher Liebe und verzehrender poetischer Zionsliebe verläuft, wird die Gottesliebe Solomon Ibn Gabirols im letzten Teil des Gedichts »Jehuda ben Halevy« mit dem orientalischen Motiv der Liebe zwischen Nachtigall und Rose[60] beschrieben und demonstrativ in eine feindliche, gespenstische christlich-gotische Umgebung gestellt, wenn Gabirol als »fromme Nachtigall, / Deren Rose Gott gewesen« (156, V. 839 f.) in der »Dunkelheit der gotisch / Mittelalterlichen Nacht« (156, V. 843 f.) seine Liebeslieder singt:

> Unerschrocken, unbekümmert
> Ob den Fratzen und Gespenstern,
> Ob dem Wust von Tod und Wahnsinn,
> Die gespukt in jener Nacht –
> (156, V. 845–848)

Indem Heine die historische Reconquista mit Schauerromantik koppelt und zur feindlichen Umgebung Gabirols macht, wird dem romantischen Mittelalterideal ein jüdisches Modell gegenübergestellt, welches das in der Romantik beliebte orientalische Motiv mit einer jüdischen Gottesliebe besetzt.

Die jüdische Poesie des maurischen Spanien wird jedoch nicht nur gegen das romantische Spanienbild in Stellung gebracht, sondern im vierten Teil des Gedichts in einer Polemik gegen den als französisch ausgewiesenen Kanon orientalistischen Wissens noch einmal dezidiert als Gegenentwurf formuliert, wenn die »Lakunen / Der französischen Erziehung« (150, V. 643 f.) moniert werden. Das gesamte Gedicht wird in dieser stark selbstreflexiven Passage als Projekt der Vermittlung eines neuen, alternativen Wissens vorgestellt; ein als Poesie lebendiger jüdischer Orient wird einer ägyptisch und chinesisch codierten Erstarrung entgegengesetzt: Dem »großen Goldzeitalter / Der arabisch-althispanisch / Jüdischen Poetenschule« (150, V. 658–660) stehen »Merovinger Schattenkön'ge«, »alte Mumien, ausgestopfte / Pharaonen von Egypten« und »die Zopfmonarchen Chinas, / Porzellanpagodenkaiser« gegenüber (150, V. 649–654).

Die zahlreichen Analogien, Übersetzungsversuche und didaktischen Erklärungen in diesem Gedicht weisen ebenso wie seine Brüche und sprunghaften

Assoziationen auf das Problem der Anbindbarkeit eines solchen gerade erst durch eine junge deutsch-jüdische Wissenschaft entdeckten und von Heine dezidiert als Gegenentwurf vorgestellten spanisch-jüdischen Orients an die deutschsprachige Literatur dieser Zeit hin. Meïr Aron Goldschmidt reagiert mit seiner Bemerkung, dass das Gedicht auf Nichtjuden wirke, »als ob einer aus einem Lexikon lernen soll, was Weihnachten ist« (zitiert nach DHA III/2, 870), wie wohl auch mancher heutige Leser irritiert auf die aus diesem Vermittlungsproblem resultierenden didaktischen Tendenzen des Gedichts. Gerade durch die Diskrepanz zwischen scheiternden Vermittlungsakten und großen poetologischen Entwürfen, die sich aus deutsch-jüdisch-orientalischen Grenzbereichen und Genealogien herschreiben, reproduziert das Gedicht die kulturellen Spannungen, die es zu integrieren versucht.

Das Gedicht »Jehuda ben Halevy« würdigt eine gerade erst von der Wissenschaft entdeckte babylonisch-jüdische und spanisch-jüdische Poesie, die ihre diskursgeschichtliche und poetische Faszinationskraft nicht zuletzt aus einer westöstlichen Ambivalenz erhält, die Heines Gedicht insgesamt strukturiert. Entgegen sowohl der kategorischen philosemitischen Orientalisierung jüdischer Dichtung zum Beispiel bei Franz Delitzsch[61] als auch entgegen einer Orientalisierung mit judenfeindlichen Implikationen entfaltet das Gedicht aus einer transkulturellen Poesie heraus ein Verweissystem, das sich einer eindeutigen Festlegung des Jüdischen auf Orient oder Okzident entzieht, den Grenzbereich zwischen beiden aber umso präsenter hält.

Heine entwirft eine deutsch-jüdische Orientordnung, deren identifikatorischen Bezugspunkt die jüdische Poesie des maurischen Spanien darstellt, die wiederum – ebenso wie die poetisch produktive jüdische Peripherie in Babylon – auf das schweigende Erinnerungszentrum Jerusalem hin orientiert ist. Zwischen jüdischem Gedenken und jüdischer Geschichte entfaltet Heine mit »Jehuda ben Halevy« eine jüdische Differenzpoetik des Westöstlichen und der Schmerzlust. Sein Text ist damit ein bedeutendes Zeugnis für eine historisch bedingte deutsch-jüdische Orientimagination, die ganz wesentlich durch west-östliche Schwellenräume strukturiert und poetisch motiviert ist.

Die hier unternommene Analyse von exemplarischen Passagen aus Heines »Jehuda ben Halevy« konnte damit zeigen, dass ein Blick auf die diskursiven Korrelationen von jüdischen und orientalischen Dingen im 19. Jahrhundert sowohl für die Heine- als auch für die Orientalismus-Forschung wichtige Anregungen bieten kann, denen es weiter nachzugehen lohnt.

Anmerkungen

¹ Vgl. insbesondere Orientalism and the Jews. Hrsg. von Ivan Davidson Kalmar und Derek J. Penslar. Hanover, London 2005. Vgl. auch »Im vollen Licht der Geschichte«. Die Wissenschaft des Judentums und die Anfänge der kritischen Koranforschung. Hrsg. von Dirk Hartwig, Angelika Neuwirth u. a. Würzburg 2008; The Jewish Discovery of Islam. Studies in Honour of Bernard Lewis. Hrsg. von Martin Kramer. Tel Aviv 1999; sowie die Beiträge von Klaus Herrmann, Björn Siegel und Gregor Pelger in: Orient als Grenzbereich? Rabbinisches und außerrabbinisches Judentum. Hrsg. von Annelies Kuyt und Gerold Necker. Wiesbaden 2007.

² Gerhart Hoffmeister: Granada und Jerusalem oder »Poesie-Orient« versus Real-Orient. Referenzbeziehungen zwischen Heine, Arnim und Byron. – In: Heinrich Heine und die Romantik. Heinrich Heine and Romanticism. Erträge eines Symposiums an der Pennsylvania State University. Hrsg. von Markus Winkler. Tübingen 1997, S. 159–172, hier S. 165.

³ Mounir Fendri: Halbmond, Kreuz und Schibboleth. Heinrich Heine und der islamische Orient. Hamburg 1980, S. 75. Vgl. auch Fendris Behauptung, Heine sei »schließlich Jude und als solcher ein ›Orientaler‹« (ebd., S. 9).

⁴ Joseph A. Kruse: Heinrich Heine und der Orient. – In: Der Deutschen Morgenland. Bilder des Orients in der deutschen Literatur und Kultur von 1770 bis 1850. Hrsg. von Charis Goer und Michael Hoffmann. München 2008, S. 165–178, hier S. 168. Ähnlich auch Mirjam Weber: Der »wahre Poesie-Orient«. Eine Untersuchung zur Orientalismus-Theorie Edward Saids am Beispiel von Goethes »West-östlichem Divan« und der Lyrik Heines. Wiesbaden 2001, S. 82.

⁵ Vgl. insbesondere Andrea Polaschegg: Der andere Orientalismus. Regeln deutsch-morgenländischer Imagination im 19. Jahrhundert. Berlin 2005.

⁶ Polaschegg [Anm. 5], S. 168. Vgl. auch Urpoesie und Morgenland. Johann Gottfried Herders »Vom Geist der Ebräischen Poesie«. Hrsg. von Daniel Weidner. Berlin 2008.

⁷ Polaschegg [Anm. 5], S. 166.

⁸ Ludwig Börne: Briefe aus Paris. Hrsg. von Alfred Estermann. Frankfurt a.M. 1986, S. 581.

⁹ Rahel Varnhagen: Gesammelte Werke. Hrsg. von Konrad Feilchenfeldt, Uwe Schweikert und Rahel E. Steiner. München 1983, Bd. 1, S. 43.

¹⁰ Vgl. Horst Denkler: Das »wirckliche Juda« und der »Renegat«. Moses Freudenstein als Kronzeuge für Wilhelm Raabes Verhältnis zu Juden und Judentum. – In: The German Quarterly 60 (1987), S. 5–18, hier S. 10.

¹¹ Hartmut Steinecke: Salomon Ludwig Steinheim (1789–1866) – eine der »literarischen Notabilitäten« des Vormärz. – In: Jüdische Literatur in Westfalen. Vergangenheit und Gegenwart. Hrsg. von Hartmut Steinecke und Günter Tiggesbäumer. Bielefeld 2002, S. 69–88, hier S. 73.

¹² Joel Jacoby: Klagen eines Juden. Mannheim 1837, S. 39.

¹³ In Jacobys noch im selben Jahr erschienenen »Seitenstück zu den Klagen eines Juden« ist der jüdische Sprecher als »morgenländischer Pilger« eindeutig orientalisch codiert und sich deshalb selbst ein »wunderbares Räthselbild,« während die deutschen Requisiten Eichenwald, Gräber und Heldenseelen, innerhalb derer der jüdische Sprecher sich bewegt, vertraut scheinen (Joel Jacoby: Harfe und Lyra. Seitenstück zu den Klagen eines Juden. Berlin 1837, S. 41f.). Die Verwirrung des eigenen Standpunkts äußert sich nicht mehr indirekt über eine Kollision semantischer Felder, sondern wird mit einer dominanten Ratlosigkeitssemantik explizit gemacht. Durch die klare Verteilung dringen aus dem deutschen Wald nicht mehr wie in den »Klagen eines Juden« morgenländische Märchen, sondern das feierliche Läuten der Kirchenglocke als Konversionsangebot (ebd., S. 43).

14 Werner, Bd. 1, S. 36.

15 Vgl. z. B. auch Heines Brief vom 8. Oktober 1825 an Moser: »Ich will ein Japaner werden.« (HSA XX, 215).

16 Vgl. eine ganz ähnliche Formulierung ebenfalls an Moser im August des Vorjahres: »Wär ich ein Deutscher – und ich bin kein Deutscher, siehe Rühs, Fries a v O – so würde ich Dir über dieses Thema lange Briefe, große Gemüthsrelationen schreiben [...]« (HSA XX, 106).

17 Im zitierten Brief bedient sich Heine mit der Anspielung auf die »Lettres Persanes« Montesquieus für seine Reaktion auf die zeitgenössische Judenfeindschaft des aufklärerischen anderen Blicks und spielt zugleich mit dem folgenden Ausruf »O Firdusi! O Dschami! O Saadi! wie elend ist Eur Bruder!« (HSA XX, 137) auf die Würdigung dieser Dichter in Goethes »Westöstlichem Divan« an.

18 Vgl. Eli Bar-Chen: Weder Asiaten noch Orientalen. Internationale jüdische Organisationen und die Europäisierung »rückständiger« Juden. Würzburg 2005.

19 Julius Fürst: Vorwort. – In: Der Orient 1 (1840), 1. Quartalsheft, Sp. 5–8.

20 Vgl. Nahum N. Glatzer: Einleitung. Das Werk von Leopold Zunz. – In: Leopold Zunz. Jude – Deutscher – Europäer. Ein jüdisches Gelehrtenschicksal des 19. Jahrhunderts in Briefen an Freunde. Hrsg. von Nahum N. Glatzer. Tübingen 1964, S. 3–72. Vgl. auch Kurt Wilhelm: Zur Einführung in die Wissenschaft des Judentums. – In: Wissenschaft des Judentums im deutschen Sprachbereich. Ein Querschnitt. Hrsg. von Kurt Wilhelm. Tübingen 1967, Bd. 1, S. 3–58; Christian Wiese: Wissenschaft des Judentums und protestantische Theologie im wilhelminischen Deutschland. Ein Schrei ins Leere? Tübingen 1999.

21 Vgl. Ruth Wolf: Versuch über Heines »Jehuda ben Halevy«. – In: HJb 18 (1979), S. 84–98, hier S. 84f.; Edith Lutz: Der »Verein für Cultur und Wissenschaft der Juden« und sein Mitglied H. Heine. Stuttgart u. a. 1997.

22 Michael Sachs: Die religiöse Poesie der Juden in Spanien. Berlin 1845. Zu Sachs vgl. Margit Schad: Rabbiner Michael Sachs. Judentum als höhere Lebensanschauung. Hildesheim 2007.

23 Dass Roger F. Cook diese Verse für ein Zitat der Zionide Judah Halevis halten kann, obwohl der Psalm sogar den Titel seiner Monographie ziert, scheint mir nicht zuletzt ein Beweis für die Macht der textuellen und motivischen Überblendungen des Gedichts zu sein, die im Folgenden herausgearbeitet werden. Vgl. Roger F. Cook: By the Rivers of Babylon. Heinrich Heine's Late Songs and Reflections. Detroit 1998, S. 310.

24 Das Gedicht wird zitiert nach DHA III, 130 ff. unter Angabe von Seiten- und Verszahl im laufenden Text.

25 Vgl. u. a. in »Ludwig Börne. Eine Denkschrift« (DHA XI, 22).

26 Aleida Assmann: Erinnerungsräume. Formen und Wandlungen des kulturellen Gedächtnisses. München 1999, S. 120.

27 Wolfgang Preisendanz: Memoria als Dimension lyrischer Selbstrepräsentation in Heines »Jehuda ben Halevy«. – In: Memoria. Vergessen und Erinnern. Hrsg. von Anselm Haverkamp und Renate Lachmann. München 1993, S. 338–358, hier S. 340.

28 Vgl. Markus Hallensleben: Heines »Romanzero« als Zeit-Triptychon. Jüdische Memorliteratur als intertextuelle Gedächtniskunst. – In: HJb 40 (2001), S. 79–93; Christhard Hoffmann: History versus Memory. Heinrich Heine and the Jewish past. – In: Heinrich Heine's Contested Identities. Politics, Religion, ans Nationalism in Nineteenth-Century Germany. Hrsg. von Jost Hermand und Robert C. Holub. New York 1999, S. 25–48.

29 Vgl. Yosef Hayim Yerushalmi: Zachor. Erinnere Dich! Jüdische Geschichte und jüdisches Gedächtnis. Aus dem Amerikanischen von Wolfgang Heuss. Berlin 1982. Für einen Überblick

der Kritik an Yerushalmis Thesen und ihrer Weiterentwicklung in den letzten dreißig Jahren vgl. die Beiträge in The Jewish Quarterly Review 97 (2007).

[30] Vgl. zum Beispiel in Bezug auf das Schicksal des Vereins und seine Mitarbeit darin Heines Brief an Moser vom 9. Januar 1824: »Verwelke meine Rechte wenn ich deiner vergesse Jeruscholayim‹ sind ungefähr die Worte des Psalmisten, u es sind auch noch immer die meinigen« (HSA XX, 133); und vom 23. April 1826: »Ich erinnere mich, der Psalm ›wir saßen an den Flüssen Babels‹ war damals Deine Force, und Du rezitirtest ihn so schön, so herrlich, so rührend, daß ich jetzt noch weinen möchte, und nicht bloß über den Psalm« (HSA XX, 239).

[31] Vgl. Gunnar Och: In der Spur des Ewigen Juden. Heinrich Heine und das Ahasver-Motiv. – In: Verborgene Lesarten. Neue Interpretationen jüdisch-deutscher Texte von Heine bis Rosenzweig. Hrsg. von Renate Heuer. Frankfurt a.M. 2003, S. 98–119.

[32] Vgl. DHA III, 911, wo es heißt, dass in der Kochmetaphorik eine »positiv gefärbte Verwendung [...] vorherrschend« und der Fluch am Ende des Psalms als Ausdruck des »Glück[s] eines frühen Todes« zu verstehen sei. Dass der Kommentar diesen Teil des Gedichts gründlich missversteht, hat auch Inge Rippmann bemerkt. Vgl. Inge Rippmann: »Sie saßen an den Wassern Babylons«. Eine Annäherung an Heinrich Heines »Denkschrift über Ludwig Börne«. – In: HJb 34 (1995), S. 25–47, hier S. 46, Anm. 19. Sie unterstellt allerdings, dass Heine Jehuda die Schlussverse des Psalms »nachdichten« lasse (ebd., S. 31). Prawer verallgemeinert den psalmischen Fluch zu einem »outburst of rage against the corruptions of the contemporary world« (Siegbert Salomon Prawer: Heines Jewish comedy. A study of his portraits of Jews and Judaism. Oxford 1983, S. 574).

[33] »Ein Jahrtausend schon und länger, / Dulden wir uns brüderlich, / Du, du duldest daß ich athme, / Daß du rasest dulde Ich. / Manchmal nur, in dunkeln Zeiten, / Ward dir wunderlich zu Muth, / Und die liebefrommen Tätzchen / Färbtest du mit meinem Blut! / Jetzt wird unsre Freundschaft fester, / Und noch täglich nimmt sie zu; / Denn ich selbst begann zu rasen, / Und ich werde fast wie Du« (HSA XX, 177).

[34] Vgl. Michael S. Friedlander: »Jenseits des Stroms«. Sehnsucht, Ambivalenz und das jüdische Bild von Babylon. – In: Babylon. Mythos. Ausstellungskatalog. Hrsg. von Moritz Wullen und Günther Schauerte. Berlin 2008, S. 191–206.

[35] Vgl. besonders die Gedichte »Oh! Weep for Those« und »By the Rivers of Babylon We Sat Down and Wept«. Vgl. Lord George Gordon Byron: The Complete Poetical Works. Hrsg. von Jerome J. McGann. Oxford 1981, Bd. 3, S. 288–311.

[36] Steinecke [Anm. 11], S. 73.

[37] Salomon Ludwig Steinheim: Sinai. Gesänge von Obadiah, dem Sohne Amos. Altona 1823, S. 3.

[38] Obwohl nicht belegt werden kann, dass Heine Steinheims »Gegenstück zu Klopstocks berühmtem *Messias* aus jüdischer Sicht« (Steinecke [Anm. 11], S. 73) kannte, ist dies keineswegs unwahrscheinlich, da Heine 1823 und 1827, also genau zur Entstehungszeit des Epos und der Herausgabe einer stark veränderten und gekürzten Fassung, in Hamburg in denselben Kreisen wie Steinheim verkehrte (vgl. Joseph A. Kruse: Steinheim und Heine. Assimilation oder jüdisches Selbstbewußtsein. – In: »Philo des 19. Jahrhunderts«. Studien zu Salomon Ludwig Steinheim. Hrsg. von Julius H. Schoeps, Anja Bagel-Bohlan u.a. Hildesheim 1993, S. 177–193, hier S. 181). Heine hatte zu dieser Zeit bereits einige Gedichte Byrons übersetzt und teilte also Steinheims Interesse an Byrons Dichtungen.

39 Vgl. Peter Guttenhöfer: Heinrich Heine und die Bibel. – In: Heinrich Heine und die Religion. Ein kritischer Rückblick. Hrsg. von Ferdinand Schlingensiepen und Manfred Windfuhr. Düsseldorf 1998, S. 35–47, hier S. 37.

40 Die Schlussverse bleiben nicht nur bei Byron und Steinheim ungenannt, auch in musikalischen und bildnerischen Bearbeitungen kommen sie selten vor. Vgl. Dieter Scholz: Das Babylon-System. Gefangenschaft, Klage und Rebellion von den Nazarenern bis zu den Rastafari. Zur Rezeption von Psalm 137. – In: Babylon. Mythos. Ausstellungskatalog. Hrsg. von Moritz Wullen und Günther Schauerte. Berlin 2008, S. 181–190, hier S. 183.

41 Vgl. Polaschegg [Anm. 5], S. 165. Vgl. auch Jan Loop: »Von dem Geschmack der morgenländischen Dichtkunst«. Orientalistik und Bibelexegese bei Huet, Michaelis und Herder. – In: Urpoesie und Morgenland [Anm. 6], S. 155–183.

42 Vgl. Robert Steegers: »Mein westöstlich dunkler Spleen«. Heines »Romanzero« als »Feuerwerk zur Goethefeyer«. – In: Goethe im Vormärz. Hrsg. von Detlev Kopp und Hans-Martin Kruckis. Bielefeld 2004, S. 71–108.

43 Vgl. Eberhard Galley: Heinrich Heines Privatbibliothek. – In: HJb 2 (1962), S. 96–116, hier S. 110.

44 Vgl. Ludwig Ammann: Östliche Spiegel. Ansichten vom Orient im Zeitalter seiner Entdeckung durch den deutschen Leser 1800–1850. Hildesheim u. a. 1989, S. 3. Vgl. zum Fichtenbaum-Gedicht auch ebd., S. 62.

45 Vgl. Hans-Jürgen Schrader: »Fichtenbaums Palmentraum«. Ein Heine-Gedicht als Chiffre deutsch-jüdischer Identitätssuche. – In: The Jewish Self-Portrait in European and American Literature. Hrsg. von Hans Jürgen Schrader, Elliott M. Simon und Charlotte Wardi. Tübingen 1996, S. 5–44.

46 Vgl. z. B. ein Zitat aus »Atta Troll« (V. 469) und den Verweis auf Heines »Reisebilder« (V. 495).

47 Vgl. noch die Beschreibung Israels, die Heine drei Jahre später in den »Geständnissen« gibt (DHA XV, 45 f.).

48 Vgl. Regina Grundmann: Haggada als Poesie – Poesie als Offenbarung. Heinrich Heines Transformation der rabbinischen Überlieferung. – In: HJb 45 (2006), S. 223–235; Ismar Schorsch: Das erste Jahrhundert der Wissenschaft des Judentums (1818–1919). – In: Wissenschaft vom Judentum. Annäherungen nach dem Holocaust. Hrsg. von Michael Brenner und Stefan Rohrbacher. Göttingen 2000, S. 11–24, hier S. 12.

49 Vgl. Glatzer [Anm. 20], S. 30; »Aggadah«. – In: Encyclopaedia Judaica. Hrsg. von Fred Skolnik. Detroit u. a. ^{2}2007, Bd. 1, S. 454–464, hier S. 460; Sachs [Anm. 22], S. 148; vgl. auch Christoph Schulte: Vorwort. – In: Hebräische Poesie und jüdischer Volksgeist. Die Wirkungsgeschichte von Johann Gottfried Herder im Judentum Mittel- und Osteuropas. Hrsg. von Christoph Schulte. Hildesheim u. a. 2003, S. 7–14, hier S. 7 f.

50 Leopold Zunz: Ueber die in den hebräisch-jüdischen Schriften vorkommenden hispanischen Ortnamen. – In: Zeitschrift für die Wissenschaft des Judenthums 1 (1823), S. 114–176, hier S. 128.

51 Franz Delitzsch: Zur Geschichte der jüdischen Poesie vom Abschluss der heiligen Schriften Alten Bundes bis auf die neueste Zeit. Leipzig 1836, S. VI.

52 Maren R. Niehoff: Heine und die jüdische Tradition. – In: »Ich Narr des Glücks«. Heinrich Heine 1797–1856. Bilder einer Ausstellung. Hrsg. von Joseph A. Kruse. Stuttgart, Weimar 1997, S. 318–324, hier S. 318. Missverständlich ist Niehoffs Formulierung insofern, als

die Poesie in Heines Gedicht in Gegenüberstellung zur männlich konnotierten Wissenschaft weiblich konnotiert ist und nicht etwa aufgrund ihrer Verortung im Orient.

53 Ismar Schorsch: The Myth of Sephardic Supremacy. – In: Yearbook of the Leo Baeck Institute 34 (1989), S. 47–66.

54 Vgl. den Bericht von Meïr Anton Goldschmidt in: Werner, Bd. 2, S. 186.

55 Vgl. dazu Mark H. Gelber: The Noble Sephardi and the Degenerate Ashkenazi in German-Jewish and German-anti-Semitic Consciousness. Heine, Langbehn, Chamberlain. – In: Confrontations / Accommodations. German-Jewish Literary and Cultural Relations. Hrsg. von Mark H. Gelber. Tübingen 2004, S. 45–56.

56 Vgl. für Belege dieser These z. B. Leopold Zunz: Die gottesdienstlichen Vorträge der Juden, historisch entwickelt. Ein Beitrag zur Alterthumskunde und biblischen Kritik, zur Literatur- und Religionsgeschichte [1832]. Hrsg. von N. Brüll. Frankfurt a.M. 1892, S. 465; sowie Sachs [Anm. 22], S. 163.

57 Zunz [Anm. 52], S. 127 f.

58 Isaac Markus Jost: Geschichte der Israeliten seit der Zeit der Maccabäer bis auf unsere Tage, nach den Quellen bearbeitet. Berlin 1826, Bd. 6, S. 6 f.

59 August Wilhelm Schlegel: Sämmtliche Werke. Hrsg. von Eduard Böcking. Nachdruck der Ausgabe von 1846. Hildesheim, New York 1971, Bd. 6, S. 64 f. Vgl. auch Friedrich Schlegel: Kritische Friedrich-Schlegel-Ausgabe. Hrsg. von Ernst Behler. Hrsg. von Hans Eichner. München u. a. 1961, Bd. 6, S. 262 f.

60 Das Liebesverhältnis zwischen Nachtigall und Rose taucht über zwanzigmal in Heines Werk auf. Vgl. den Überblick in Michael Birkenbihl: Die orientalischen Elemente in der Poesie Heinrich Heines. – In: Analecta Germanica. Hermann Paul zum 7. August 1906. Dargebracht von Anton Glock u. a. Amberg 1906, S. 263–322, hier S. 281–287; sowie Weber [Anm. 4], S. 97–99. Unbegreiflicherweise geht Norbert Oellers in seinem Aufsatz über »Rosen und Nachtigallen in Heines Lyrik« nicht auf die dezidiert persische Herkunft des Motivs und seine Bedeutung für die orientalisierende Dichtung ein. Vgl. Norbert Oellers: Mehrfacher Schriftsinn. Rosen und Nachtigallen in Heines Lyrik. – In: HJb 29 (1990), S. 129–146.

61 Vgl. exemplarisch: »In der jüdischen Poesie ist eine orientalische Pflanze in alle Länder der Erde versetzt worden. Diese Pflanze ist überall, ohne je ihre morgenländische Natur ganz zu verläugnen, zu der ergiebigsten Fruchtbarkeit gediehen. Der Orient exilirt mitten im Occident; aus den Thränen seines Heimweh's quillt die jüdische Poësie. Morgenländisches Volks- und Schriftthum ist im jüdischen Volke als ein fremdartiges, unzerstörbares, unauflösliches Element in die Abendlande herübergekommen« (Delitzsch [Anm. 53], S. VII).

»Seine Nerven werden krankhaft überreitzt.« Zum Diskurs über den effeminierten Juden in Heinrich Heines »Lutezia«[1]

Von Anne Stähr, Berlin

Heinrich Heines Reflexionen des Judentums, seine jüdischen Porträts und theoretischen Auseinandersetzungen mit jüdischer Identität stellen ein prominentes und bis heute kontroverses Feld der Heine-Forschung dar. In Bezug auf Heines Selbstpositionierung als Jude hat sich die Diagnose der Ambivalenz weitgehend durchgesetzt. So benennt Trilse-Finkelstein Heines Judentum als den »Urgrund aller Widersprüche«[2]. Auch Schnell betont Heines stetige Referenz auf die »große Weltzerrissenheit« (DHA XIII, 60) als die »bestimmende Signatur seiner Zeit«[3], in deren Zentrum die jüdische Identität oder die Zuschreibung einer solchen steht. Das jüdische Thema gilt folglich in der Forschung als ein Leitmotiv der Texte Heines. So ist Voigt darin zuzustimmen, dass die vielfältigen Außenseiterpositionen, in denen sich Heine oft gegen seinen Willen findet, dazu führen, dass sein Judentum nicht als ein »Teilaspekt neben anderen Teilaspekten«[4] betrachtet werden kann, sondern als konstitutiv für sein Werk angesehen werden muss.

Unterrepräsentiert gegenüber einer biographischen und textimmanenten Literaturforschung sind – bezogen auf Heines Texte – diskurstheoretisch und kulturwissenschaftlich orientierte Untersuchungsansätze, die den Fokus auf die Korrespondenz der Literatur mit den zeitgenössischen Diskursen über ›das Jüdische‹ richten. Aktuell sind Verschiebungen in der Literaturwissenschaft zu beobachten, die von den jüngeren Disziplinen der *Gender Studies* und der *Cultural Studies* Impulse erhalten und verstärkt die Frage nach »dem Zusammenhang von Literatur und Wissen in ihren historischen Spezifikationen«[5] in den Vordergrund stellen. Ausgehend vom Paradigma des *New Historicism*, literarische Texte seien in einem intertextuellen Prozess mit den sie umgebenden kulturellen Feldern verknüpft, stehen innerhalb dieser Methodik nicht länger die Subjektpositionen des schreibenden Ich im Mittelpunkt des Forschungsinteresses, sondern vielmehr »die Webstellen, an denen das Kunstwerk mit seiner zeitgenössischen Kultur verwoben ist«.[6]

Der vorliegende Beitrag möchte jene Webstellen zwischen der »Lutezia« und dem Wissen über ›das Jüdische‹ in den Blick nehmen, wobei besonders die geschlechtlichen Implikationen von Interesse sind, die das Bild des männlichen Juden im Verlauf des 19. Jahrhunderts zunehmend prägen. Diese sind, so die Ausgangsthese der Analyse, in literarischen und nicht literarischen Texten der ersten Hälfte des 19. Jahrhunderts bereits implizit, auch wenn die Explizifierung des (gedachten) Zusammenhangs zwischen jüdisch und geschlechtlich deviant erst für die zweite Hälfte des 19. Jahrhunderts und die Jahrhundertwende im europäischen Raum belegbar ist.[7] *Gender* hat als Analysekategorie der Literaturwissenschaft spätestens seit dem *Cultural Turn* nach Renate Hof die »Wirksamkeit der Relation der Geschlechter für das gesamte Gebiet der Kultur hervorgehoben«[8] und ist für eine Untersuchung der »Lutezia« mit der Forschungsperspektive ›Kultur als Text‹ äußerst produktiv.

Einleitend werden die sich seit der Wende vom 18. zum 19. Jahrhundert in Europa etablierenden Diskurse über ›das Jüdische‹ kurz in den Blick genommen, innerhalb derer ein Prozess der zunehmenden Effiminierung des männlichen Juden zu beobachten ist. Insbesondere dessen Sexualisierung und die Wirkungsmächtigkeit des Pathologischen für dessen Bild sind hierbei von Interesse. Daran anschließend wird versucht, diese Figuration in Heinrich Heines »Lutezia« sichtbar zu machen, indem ihre Funktion für die jüdischen Porträts aufgezeigt und ihre theoretische Rekonstruktion an konkrete Textstellen rückgebunden wird. Die Analyse konzentriert sich auf die Darstellung des Baron Rothschild, des Komponisten Meyerbeer, die Polemik gegen Joseph Dessauer sowie die Figur des »Nasenstern«.

I.

Schon zu Beginn des 19. Jahrhunderts, als der Begriff der ›Rasse‹ noch nicht explizit auf ›das Jüdische‹ angewandt wird, etabliert sich ein Diskurs über den männlichen jüdischen Körper, der ihn als ›den anderen‹, von der Norm abweichenden Körper markiert. Der gleiche Ausschlussmechanismus ist in Bezug auf den weiblichen (nicht jüdischen) Körper zu verzeichnen. So weist Gilman darauf hin, dass beispielsweise die Literatur über die weibliche Prostituierte im 19. Jahrhundert zunehmend deren Genitalien als abweichend von denen ›normaler‹ Frauen begreift und Vergleiche zu der Ausprägung der Geschlechtsteile der ›Hottentottin‹ heranzieht. Deren Genitalien und Gesäß wiederum dienen während des gesamten 19. Jahrhunderts als konstituierend für die ›schwarze Frau‹ und werden seit dessen Beginn als Attraktionen in Pariser Salons ausgestellt.[9] Analog dazu stigmatisiert der Diskurs den jüdischen Körper durch den Vorwurf der Devianz, wenn seine Sexualität als degeneriert und pathologisch markiert wird, ähnlich jener der Prostituierten. Zusätzlich gelten im 19. Jahrhundert nach Gilman Hysterie und Hämorrhoiden als typisch jüdische Krankheitsbilder, vornehmlich unter der ostjüdischen Bevölkerung[10] – eigentlich ›typisch weibliche‹ Leiden, die eine Pathologie des Unterleibs als Ursache für geistige Degeneration annehmen. Die Verknüpfung von antijüdischen Klischees mit sexualisierten Merkmalen und der Anspielung auf Geschlechtskrankheiten, die ›der Jude‹ als spezialisierter Vertreter des degenerierten Großstädters mit sich herumträgt, wird hier nur allzu deutlich. Nach Grießhaber-Weninger

> [...] decken sich die Entwicklungen innerhalb des Rassediskurses und der Geschlechtsdebatte vom Ausgang des 18. bis zum Ausgang des 19. Jahrhunderts in einigen wesentlichen Kernpunkten: Beide bewegen sich von einer genealogischen Klassifikation zu einer biologischen, und beide hierarchisieren ihren Elementenkatalog unter einer Dominanten. [...] Die Debatten decken sich also an dem Punkt, wo eine ausgrenzende und für geringerwertig erachtete Menschengruppe (Frauen, nicht-weiße Rassen) durch vermeintlich wissenschaftliche Erklärungsmodelle gewissermaßen als von Natur aus dem (weißen) Mann untertan deklariert werden. Hinzu kommt, daß sich Definitionsversuche von Rasse und Geschlecht häufig gegenseitig durchdrungen haben [...].[11]

Kreis sieht Ansätze für die ideologische Verschränkung von Geschlecht und Judentum schon im frühen Mittelalter und stellt überzeugend dar, durch welche gedanklichen Prozesse ›der Jude‹ schon lange vor dem 19. Jahrhundert in die stets sexuell pervertiert gedachte Nähe von Teufel, Hexe und Krankheitsüberträger rückt:

> Indem das symbolische Universum des christlichen Sittensystems die Sexualität in all ihren Perversionen antijüdisch besetzte und multimedial unter das Volk brachte, schuf es in »den Juden« eine Phantasievorlage, die das heimliche und öffentliche Ausleben aller eigenen Sadismen und Perversionen erlaubte. Je mehr die Sexualität auf diesem zwiespältigen Weg verdrängt und verpönt wurde, desto eruptiver brach sie immer wieder in allen erdenklichen Formen des Judenhasses aus dem Unbewussten hervor und ließ all das blutige Realität werden, was dem virtuellen Juden mit der unantastbaren Autorität göttlicher Offenbarung angedichtet worden war.[12]

Nach Uerlings wiederum fungiert eine solche Überlagerung von kultureller und sexueller Differenz als Übertragungssystem eines vertrauten Musters auf eine ›neue Ordnung‹, als Legitimation von Machtverhältnissen und letztlich als Selbstdefinition in der Gestalt der Definition des ›Anderen‹.[13]

II.

Auch wenn Heinrich Heine selbst als Zielscheibe der antijüdischen Ideologie des 19. Jahrhunderts gelten muss, schreibt er gerade deswegen nicht außerhalb des Diskurses über ›das Jüdische‹, sondern übernimmt jüdisch und geschlechtlich codierte Stereotype und modifiziert diese in seinen Texten. Dieser Prozess führt dazu, dass Wissen über ›Geschlecht‹ und Wissen über ›das Jüdische‹ in der »Lutezia« eine strukturbildende Funktion einnehmen und in Interrelation« mit den kulturellen Erzählungen der Zeit Heines treten.

Als intertextuelle Klammer für alle fünf Beispielporträts in der »Lutezia« muss zunächst Heines Platen-Polemik in »Die Bäder von Lukka« herangezogen werden, denn hier legt der Autor 1929 den Grundstein für seine jüdischen Personenporträts im späteren Feuilleton. Heine bedient sich für diese späteren Satiren gleichsam aus einem zuvor angelegten Bildarchiv, in dem ›sexuelle Abweichung‹ in der Form von Homosexualität[14], Krankheit und Judentum schon einmal von ihm zusammengedacht worden sind.

August von Platen führt in seiner Komödie »Der romantische Ödipus« (1829) einen Angriff gegen den jüdischen Dichter Heine, indem er die Figur ›Nimmermann‹ sprechen lässt:

> Sein Freund, ich bin's; doch möcht' ich nicht sein Liebchen seyn;
> Denn seine Küsse sondern ab Knoblauchsgeruch.
> [...]
> Mein Heine! Sind wir nicht ein Paar Genies?
> Wer wagt zu stören, Süßer, uns den süßen Traum?[15]

Daraufhin entwirft Heine in seiner Novelle die Figur des Grafen Gumpelino als Vertreter der jüdischen Dekadenz mit homosexuellen Zügen. Diese gibt nach Sparr »der Literaturgeschichte bis heute Rätsel auf«[16], denn die explizite Verknüpfung von deviant gedachter Sexualität und Judentum wäre nicht notwendig gewesen, um eine wirksame Polemik zu installieren. In Platens Satire findet im Negativbild des Juden wiederum durch die Anrede Heines als »Süßer« eine homosexuelle Konnotation des Adressaten statt. Hans Mayer begründet diese bemerkenswerte gegenseitige Integration der jeweiligen Feindposition mit einer »Selbstidentifikation des Angreifers mit dem Angegriffenen«.[17]

Gumpelino wird nach und nach mit körperlichen Attributen ausgezeichnet, die jüdische und homosexuelle Negativassoziationen im Wechselspiel integrieren. So verfügt die Figur zunächst über die obligatorische jüdische Nase, sie hat nach Derks

> [...] den berühmten *Synagogenschlüssel* im Gesicht, an dem man einen Juden nach landläufiger Meinung vorgeblich erkennen soll, eine *Uniform* des auserwählten Volkes. Allerdings besitzt Gumpelino ein überdimensioniertes Exemplar, sodass Mathilde den Doktor warnt: dahinter muss ein Bedrohliches lauern.[18]

Eben diese Nase wird im phallischen Sinn zum Sexualinstrument, wenn Gumpelino damit nach einem Abrutschmanöver zwischen den Brüsten von Signora Laetizia »herumrudert« (DHA VII, 98), wonach sein »Antlitz in schwitzender Selbstwonne« (DHA VII, 101) glänzt, ein demonstrativer Hinweis auf Ersatz-Geschlechtsverkehr. Dieser ist nicht normativ-heterosexuell, weil Signora Laetizia durch eine komplexe Folge von Anspielungen in den Bereich des sexuell Devianten, des Analen und somit uneindeutig Geschlechtlichen gerückt wird, wie Derks ausführlich zeigt.[19]

Dies wird vom Erzähler in »Die Bäder von Lukka« durch die Abführmittelszene weiter ausgebaut. Hier geht das Anale eine explizite Intersektion mit dem getauften Juden ein: So wird nach Derks »[...] die Analogie der Verabreichung eines Abführmittels und der Taufe instrumentalisiert, um das sich im Folgenden entfaltende metaphorische wie reale Bildfeld der Analität fest anzubinden [...].«[20] Dies erreicht der Text insbesondere durch den gewollten Versprecher, nach dem es sich bei dem Mittel um »Glaubensalz« (DHA VII, 121) handelt, weiterhin durch Heine'sche Wortneuschöpfungen wie »Diarrhetikus« und »Antipodex« (DHA VII, 118) sowie durch diverse Fäkalanspielungen auf die erwartete nächtliche Wirkung des Mittels.

III.

»Die Bäder von Lukka« selbst nehmen die Referenz auf Rothschild vor; Hirsch Hyazinth wird folgendes in den Mund gelegt: »Glaubensalz macht alle Menschen gleich; und wenn Rothschild Glaubensalz einnimmt, fühlt er dieselbe Wirkung wie das kleinste Maklerchen.« (DHA VII, 121) Die »Lutezia« greift nun diese Anspielung auf, wenn Heine den Baron wiederholt in einen Bereich der Fäkalkrankheit hineinschreibt, wobei immer auch die zweite Dimension des Abführmittelmotivs, nämlich die Kritik an der Konversion, in der Darstellung Rothschilds Gewicht hat. So ist Baron Rothschild nach Heine »[...] zwar nicht zur christlichen Kirche aber desto eifriger zur christlichen Küche übergegangen [...]« (DHA XIII, 60), womit sich der Autor auf den französischen Koch Marc Antoine Carême bezieht, den Rothschild beschäftigt. Der unkritische Assimilierungsprozess der französischen Juden, den Heine in der »Lutezia« leitmotivisch verurteilt, wird hier durch das kulinarische Bild ironisiert. In einigen späteren

Artikeln ruft er ein anderes Bild auf, dessen Anspielungsgehalt auf die »Bäder von Lukka« unwillkürlich deutlich wird und das mehrmals die Fäkalmetaphorik des Grafen Gumpelino für die Figur des Baron Rothschild übernimmt. So heißt es beispielsweise im Artikel XXII:

> Die Rente, welche am Tage schon zwey Prozent gefallen war, purzelte noch zwey Prozent tiefer. Herr v. Rothschild, wird behauptet, hatte gestern Zahnschmerz; andre sagen Colik. Was wird daraus werden? Das Gewitter zieht immer näher. In den Lüften vernimmt man schon den Flügelschlag der Walkyren. (DHA XIII, 94)

Die Person des Bankiers wird hier zunächst als eine Art Finanzbarometer funktionalisiert, an dessen physischen Reaktionen die Situation der Börse stets ablesbar ist. Heine erwähnt das unklare Krankheitsbild nach dem Prinzip des Hörensagens wie nebenbei, vor der Folie der »Bäder von Lukka« gewinnt aber die Kolik eine Prägnanz, die sich durch die Wiederaufnahme des Bildes in einem weiteren »Lutezia«-Artikel verfestigt:

> Herr von Rothschild, welcher seit einiger Zeit etwas unpäßlich schien, ist jetzt wieder ganz hergestellt, und sieht gesund und wohl aus. Die Zeichendeuter der Börse, welche sich auf die Physiognomie des großen Barons so gut verstehen, versichern uns, daß die Schwalben des Friedens in seinem Lächeln nisten, daß jede Kriegsbesorgniß aus seinem Gesichte verschwunden, daß in seinen Augen keine elektrischen Gewitterfünkchen sichtbar seyen [...]. Er niese sogar den Frieden. [...] Herr von Rothschild ist in der That der beste politische Thermometer; ich will nicht sagen Wetterfrosch [...]. Vor mehreren Jahren, als ich mich einmal zu Herrn von Rothschild begeben wollte, trug eben ein galonirter Bedienter das Nachtgeschirr desselben über den Corridor, und ein Börsenspekulant, der in demselben Augenblick vorbey ging, zog ehrfurchtsvoll seinen Hut ab vor dem nächtlichen Topfe. (DHA XIII, 122 f.)

Heine verknüpft in seinen Rothschild-Darstellungen ironisch die Motivstränge Geld, Judentum, Assimilationskritik und Fäkalbild. Was im »nächtlichen Topfe« dem Spekulanten so anbetungswürdig erscheint, ist das Endprodukt der rezessionsbedingten Kolik, die wiederum stark an die Nacht erinnert, in der in »Die Bäder von Lukka« Gumpelino nach dem Genuss des »Glaubensalzes« die von Hyazinth prophezeiten Folgeerscheinungen zeigt:

> Hernach hören Sie selbst wie es in Ihnen herumkullert, und es ist Ihnen etwas kurios zu Muth und Sie legen sich zu Bett, [...] Sie stehen wieder auf, und Sie legen sich wieder, und stehen wieder auf, und so fort, und den andern Morgen fühlen Sie sich leicht wie ein Engel mit weißen Flügeln, und Sie tanzen vor Gesundeswohlheit, nur ein bißchen blaß sehen Sie dann aus [...]. (DHA VII, 121f.)

Dass diese Darstellungstechnik ›des Jüdischen‹ in der »Lutezia« kein Zufall ist, kann mit der Analyse weiterer jüdischer Figuren deutlich gemacht werden. So ist die Satire auf den jüdischen Komponisten Giacomo Meyerbeer besonders aufschlussreich, die Heine in seinen Artikel XXXIII zum Pariser Salon einflicht:

> Die zahlreichen Verehrer und Bewunderer des bewunderungswürdigen Meisters sehen mit Betrübniß, wie der Hochgefeyerte bey jeder neuen Produkzion seines Genius sich mit der Sicherstellung des Erfolgs so unsäglich abmüht, und an das winzigste Detail desselben seine besten Kräfte vergeudet. Sein zarter, schwächlicher Körperbau muß darunter leiden. Seine Nerven werden krankhaft überreizt, und bey seinem chronischen Unterleibsleiden wird er oft von der herrschenden Cholerine heimgesucht. (DHA XIII, 129)

Tatsächlich litt Meyerbeer sein Leben lang unter einer Darmerkrankung, sein Tod wurde wahrscheinlich durch einen Darmverschluss ausgelöst.[21] Die ausdrückliche Erwähnung seiner Krankheit in der »Lutezia« evoziert jedoch im Zusammenhang mit dem oben analysierten Motiv der Unterleibskrankheit nachhaltig ein effeminiertes Bild des jüdischen Mannes, wie es sich im Diskurs der ersten Hälfte des 19. Jahrhundert zu etablieren beginnt. Während Lukas davon ausgeht, dass der »gezähmte, an Sexualhemmung leidende und dergestalt latent neurotisierte männliche Held«[22] allgemein zu einem Typus der Literatur seit 1840 wird, sieht Kreis die Verweiblichung und Krankmachung der männlichen Figur als eine Spielform der Genese des Antisemitismus im 19. Jahrhundert an. Er begründet die zunehmende Analpolemik gegen Juden mit einem diskursiven Verschränkungsprozess, innerhalb dessen sich der Vorwurf religiös-kultureller Abweichung mit dem sexueller Devianz vermischt.[23] Gilman wiederum zieht eine Verbindungslinie vom Diskurs über den ›männlichen Hysteriker‹ zum pathologisierten männlichen Juden, dessen konstitutionelle Schwäche besonders ›typisch weibliche‹ Unterleibskrankheiten begünstigt.[24]

Heine schreibt diesen Diskurs in der »Lutezia« weiter, wenn er Meyerbeers Darmerkrankung in einen Zusammenhang mit der Tatsache bringt, dass seine »Nerven […] krankhaft überreizt« seien, ein direkter Verweis auf das sich in der ersten Hälfte des 19. Jahrhunderts konstituierende ›Wissen‹ über neurologisch bedingte Leiden. Eder hat zunächst dessen zunehmende Relevanz für eine Pathologisierung ›des Weiblichen‹ nachgewiesen: Die

> […] Vorstellungen vom Genital-Nerven-System der Frau gingen auf eine medizinische Theorie zurück, die ab den 1820er Jahren in ganz Europa unter dem Terminus »Spinal-Irritation« Eingang in den medizinischen Codex fand: Mit ihr wurde die (Über-)Reizung des Rückgrats bzw. dessen zentraler Nervenleitungen als Ursache für diverse physische und vor allem psychische Krankheiten festgelegt.[25]

Diese Idee überträgt sich schnell vom ›Weiblichen‹ auf das ›männliche Jüdische‹ insofern, als beides Kategorien der Devianz sind, die das ›kranke Andere‹ vom ›gesunden Einen‹ trennen sollen. Gereizte Nerven etablieren sich als Anzeichen für verschiedenste Pathologien, die einige Jahrzehnte später explizit das Krankheitsbild der Hysterikerin, der Prostituierten und des syphilitischen (jüdischen) Künstlers prägen. Einen solchen Zusammenhang weist Mosse in Bezug auf die Entwicklung der Neurologie im späten 19. Jahrhunderts nach:

> Die sexuelle Dimension des Rassismus war eng mit der forensischen Medizin und dem neuen Fach der Sexualkunde verknüpft, das sich um die Jahrhundertwende etablierte. Jetzt entwickelte die Medizin Verallgemeinerungen über Juden und Homosexuelle. Jean-Martin Charcot, der berühmte Pariser Psychiater und Spezialist für Hysterie, schrieb in den achtziger Jahren des 19. Jhs., dass Juden eine Neigung zu Geisteskrankheit, Neurasthenie und Nervosität zeigten. Für diese Krankheiten seien sie wegen der konstitutionellen Schwäche ihres Nervensystems anfällig.[26]

Während Heine seine »Lutezia«-Artikel verfasst, also gut vierzig Jahre früher, deutet sich eine solche Verschränkung der Diskurse bereits an, die in seine Texte hineinwirken. Seine Satiren auf jüdische Männer geraten ihm zu Korrespondenzfiguren für die Diskurse über Hysterie, Krankheit und Judentum. In der folgenden Darstellung Meyerbeers wird die Intensität der Fäkalassoziationen noch einmal gesteigert:

> Der Geisteshonig, der aus seinen musikalischen Meisterwerken träufelt und uns erquickt, kostet dem Meister selbst die furchtbarsten Leibesschmerzen. Als ich das letzte Mahl die Ehre hatte, ihn zu sehen, erschrak ich über sein miserables Aussehen. Bey seinem Anblick dachte ich an den Diarrhöen-Gott der tatarischen Volkssage, worin schauderhaft drollig erzählt wird, wie dieser bauchgrimmige Kakodämon auf dem Jahrmarkte von Kasan einmal zu seinem eigenen Gebrauche sechstausend Töpfe kaufte, so daß der Töpfer dadurch ein reicher Mann wurde. (DHA XIII, 129 f.)

Was es mit diesem lautmalerischen »Kakodämon« auf sich hat, kann laut Hansen nicht mehr rekonstruiert werden[27], allerdings erinnert der »Diarrhöen-Gott« auffällig an den »Diarrhetikus« in »Die Bäder von Lukka« und das dort praktizierte, in einem (homo-)sexuellen Bezugsrahmen stattfindende nächtliche Abführen.

Im zweiten Teil der »Lutezia« porträtiert Heine den Liederkomponisten Joseph Dessauer und stellt diese männliche jüdische Figur in eine Reihe mit Hirsch Hyazinth, Graf Gumpelino, Baron Rothschild und Giacomo Meyerbeer, wenn er als dessen hervorstechendste Eigenschaft den Hang zu »Durchfall« und »Melancholik« betont, letztere eine Wortneuschöpfung bestehend aus »Melancholie« und »Kolik«.[28] Erneut wird dieses Krankheitsbild für Heines Satire instrumentalisiert, und wiederholt geht es eine Verschränkung mit den Stereotypen ›des Jüdischen‹ ein:

> Vorteilhafter ausgerüstet im materiellen und industriuesen Sinne ist der alte Dessauer, welcher [...] eine Oper komponirt. Den Text liefert ihm Herr Scribe, dem vorher ein hiesiges Banquierhaus Bürgschaft leistet, daß bey etwaigem Durchfall des alten Dessauer ihm [...] eine namhafte Summe als Abtrittsgeld oder Dedit ausbezahlt werde. Er hat in der That Recht sich vorzusehen, da der alte Dessauer, wie er uns täglich vorwimmert, an der Melancholik leidet. [...] Er ist nicht der preußische alte Dessauer, und dieser Name ist nur ein nom de guerre oder vielleicht ein Spitzname [...] ob seinem ältlichen katzenbucklicht gekrümmten und benauten Aussehen. Er ist ein alter Jüngling, der sich schlecht konservirt. Er ist nicht aus Dessau, im Gegentheil er ist aus Prag, wo er im israelitischen Quartier zwey große reinliche Häuser besitzt; auch in Wien soll er ein Haus besitzen und sonstig sehr vermögend seyn. [...] doch die Clique, welche für Mozart, Beethoven und Schubert schwärmt, ließ ihn nicht aufkommen; man verstand ihn nicht, was schon wegen seiner kauderwälschen Mundart und einer gewissen näselnden Aussprache des Deutschen, die an faule Eyer erinnert, sehr erklärlich. [...] Dabey litt er an Hämorrhoiden, auch Harnbeschwerden, und er bekam, wie er sich ausdrückt, die Melancholik. [...]. (DHA XIV, 53)

Die dominanten Aspekte des effeminierten und als deviant stigmatisierten Juden sind hier vereint: Die Unterleibskrankheiten Hämorrhoiden, Kolik und Infektion der Harnwege verknüpft mit der Melancholie[29], aus der nur wenige Jahre später die weiblich konnotierte Hysterie im psychopathologischen Diskurs erwächst, die körperliche Beeinträchtigung, welche das antijüdische Stereotyp der beschädigten Physiognomie des Juden aufruft[30] und darüber hinaus dessen verbale Inkompetenz durch den jiddischen Dialekt, die durch das Attribut der »faulen Eyer« eine sexuelle Impotenz andeutet.

Im weiteren Verlauf der Polemik verweist Heine noch einige Male auf die »Melancholik« Dessauers, die dieser einsetzt, um einflussreiche Mitmenschen zu einer mitleidsmotivierten Förderung seiner Liedkompositionen zu bewegen. Unter diesen ist auch eine Gönnerin, die Heine folgendermaßen vorstellt:

> Er hat sogar eine alte vaterländische Gans gefunden, die aus Mitleid einige Lobreklamen im sentimental flauesten Deutsch-Französisch für ihn geschrieben, und gleichsam durch gedruckten Balsam seine Melancholik zu lindern gesucht hat. Wir müssen die brave Person um so mehr rühmen, da nur reine Menschenliebe, Philanthropie, im Spiele, und der alte Dessauer schwerlich durch sein schönes Gesicht die Frauen zu bestechen vermöchte. Ueber dieses Gesicht sind die Meinungen verschieden; die Einen sagen, es sey ein Vomitif, die Andern sagen, es sey ein Laxatif. (DHA XIV, 54f.)

In einem nicht gedruckten Entwurf hat Heine eine Ergänzung vorgesehen, die Dessauers jüdische Identität wiederum mit einer assoziierbaren beschädigten Sexualkompetenz, verursacht durch dessen Beschneidung, verbindet: »In der That die Mademoiselle Paris glich der Samaritanerin, als sie, ohne vorhautliches Préjugé, Joseph Dessauer mit ihrem Geisteswasser tränkte.« (DHA XIV, 598) Schließlich perfektioniert der Text das anale Motiv, indem er den Rückschluss auf das

Gesicht Dessauers zieht. Dessen Hässlichkeit regt das Gegenüber gemäß der Termini »Vomitiv« und »Laxativ« (zwei Variationen des »Gaubenssalzes«) entweder dazu an, sich zu übergeben oder den Darm zu entleeren. Der Autor selbst kann sich nach eigener Aussage nicht entscheiden, welche Variante zutreffender ist, und beschreibt es als ein »fatales Dilemma« (DHA XIII, 55). Die Ironie funktioniert hier schließlich gemäß der Tradition, die Heine ausgehend von »Die Bäder von Lukka« in der »Lutezia« weiterführt, auf der Basis einer Fäkalmetaphorik, die sowohl jüdisch als auch geschlechtlich codiert ist und den Diskurs über ›das Jüdische‹ nicht unterläuft, sondern im Gegenteil ihrerseits mit neuen Bildern und Assoziationsketten auflädt.

IV.

Einen etwas anderen Schwerpunkt erhält das Schreiben über ›das Jüdische‹ schließlich im Porträt des Bankiers Siegmund Jakob Stern[31], der an mehreren Stellen der »Lutezia« parodiert wird. Die erste Erwähnung vollzieht sich in direktem Anschluss an die Nachttopfszene in den Gemächern Rothschilds. Heine macht sich hier laut Hansen die redaktionelle Praxis, Namen durch das Symbol * unkenntlich zu machen, ironisch zu eigen[32]:

> Als ich einst dem Herrn * erzählte, daß ich mit dem Baron Rothschild in den Gemächern seines Comptoirs en famille zu Mittag gespeist, schlug jener mit Erstaunen die Hände zusammen, und sagte mir, ich hätte hier eine Ehre genossen, die bisher nur den Rothschilds von Geblüt oder allenfalls einigen regierenden Fürsten zuteil geworden, und die er selbst mit der Hälfte seiner Nase einkaufen würde. Ich will hier bemerken, daß die Nase des Herrn *, selbst wenn er die Hälfte einbüßte, dennoch eine hinlängliche Länge behalten würde. (DHA XIII, 123)

Wieder muss auf die Korrespondenz des »Lutezia«-Artikels mit der Physiognomie des Grafen Gumpelino in »Die Bäder von Lukka« verwiesen werden. Die lange Nase fungiert als wiedererkennbares Stereotyp des männlichen Juden und eröffnet gleichzeitig die mögliche Kongruenz von Nase und Geschlechtsorgan. Heine etabliert in seinen Texten eine Differenz zwischen ›jüdisch‹ und ›nicht jüdisch‹ und verankert diese gleichsam gut sichtbar in Gestalt der ›Judennase‹ im Gesicht seiner jüdischen Männerfiguren.

Mit der bildhaften Verknüpfung von Geschlecht und Judentum geht Heine in der »Lutezia« eine Korrespondenz mit den Diskursen über ›das Jüdische‹ ein, die sich seit dem Beginn des 19. Jahrhunderts herausbilden und ihre Wirkung bis in die Gegenwart hinein entfalten. Die Untersuchung einzelner Artikel der

»Lutezia« zeigt, dass das kulturell-ideologische Bildmaterial über ›das Jüdische‹ Heines Schreiben beeinflusst hat. Insbesondere die sexuellen Aufladungen und geschlechterideologischen Implikationen der jüdischen Imagines weisen darauf hin, dass die erste Hälfte des 19. Jahrhunderts einen qualitativen Einschnitt der antijüdischen Ideologie in Europa markiert, in Folge dessen Judentum zunehmend als biologisierte und später explizit rassistische Kategorie begriffen wird. Gemeinsam mit weiteren deviant gedachten Personengruppen wie Homosexuellen, Prostituierten oder Geisteskranken verortet der Diskurs ›den Juden‹ in einem gesellschaftlichen Außenbereich, in dem Heines jüdische Figuren Gumpelino, Rothschild, Dessauer, Meyerbeer und »Nasenstern« wie selbstverständlich ihre Plätze einnehmen.

Anmerkungen

1 Seit Januar 2008 entsteht an der Humboldt-Universität zu Berlin im Rahmen des Graduiertenkollegs »Geschlecht als Wissenskategorie« eine Dissertation der Verfasserin mit dem vorläufigen Arbeitstitel »Ironische Inszenierung von Geschlecht in Heinrich Heines ›Lutezia‹«. Der vorliegende Beitrag greift einige Aspekte auf, die im ersten Kapitel des Projekts ausführlich dargestellt werden.
2 Joachanan Trilse-Finkelstein: Heinrich Heine. Gelebter Widerspruch. Berlin 2001, S. 8.
3 Ralf Schnell: Heinrich Heine zur Einführung. Hamburg 1996, S. 11.
4 Jürgen Voigt: O Deutschland, meine ferne Liebe. Der junge Heinrich Heine zwischen Nationalromantik und Judentum. Bonn 1993, S. 13.
5 Inge Münz-Koehnen/Wolfgang Schäffner: Unruheherd Literaturwissenschaft. Eine Einführung. – In: Masse und Medium. Verschiebungen in der Ordnung des Wissens und der Ort der Literatur 1800/2000. Hrsg. von Inge Münz-Koehnen und Wolfgang Schäffner. Berlin 2002, S. 14–22., hier S. 14.
6 Moritz Baßler: New Historicism, Cultural Materialism und Cultural Studies. – In: Konzepte der Kulturwissenschaft. Theoretische Grundlagen – Ansätze – Perspektiven. Hrsg. von Ansgar und Vera Nünning. Stuttgart/Weimar 2003, S. 132–155, hier S. 134.
7 Erst 1903 erscheint beispielsweise Otto Weiningers »Geschlecht und Charakter«, worin ›das Jüdische‹ und ›das Weibliche‹ ausdrücklich miteinander verklammert werden.
8 Renate Hof: Kulturwissenschaften und Geschlechterforschung. – In: Nünning (Hrsg.) [Anm. 6], S. 329–350, hier S. 332.
9 Vgl. Sander L. Gilman: Rasse, Sexualität und Seuche. Stereotype aus der Innenwelt der westlichen Kultur. Hamburg 1992, S. 126 ff.
10 Vgl. ebd., S. 196 f.
11 Christl Grießhaber-Weninger: Rasse und Geschlecht. Hybride Frauenfiguren in der Literatur um 1900. Köln u. a. 2000, S. 14 f.
12 Rudolf Kreis: Antisemitismus und Kirche. In den Gedächtnislücken deutscher Geschichte mit Heine, Freud, Kafka und Benjamin. Reinbek bei Hamburg 1999, 155.
13 Vgl. Herbert Uerlings: Das Subjekt und die Andere. Zur Analyse sexueller und kultureller Differenz. – In: Das Subjekt und die Anderen. Interkulturalität und Geschlechterdifferenz

vom 18. Jahrhundert bis zur Gegenwart. Hrsg. von Herbert Uerlings, Karl Hölz und Victoria Schmidt-Linsenhoff. Berlin 2001, S. 19–54, hier S. 20.

[14] Die Verwendung des Begriffs der Homosexualität für den Zeitraum der ersten Hälfte des 19. Jahrhunderts ist insofern problematisch, als die Forschung annimmt, dass hier noch der Begriff der Sodomie vorherrschend ist, der deviante Sexualitäten zusammenfasst und sich nicht auf gleichgeschlechtliche Praktiken spezialisiert. Vgl. hierzu Hekma: »Sodomy was the name, taken from the Bible, for an unmentionable sin that was defined as any lustful act which could not result in procreation within marriage. From the thirteenth century, it was not only a sin but also a capital crime. Sodomy included extramarital heterosexuality, non-vaginal sexual acts, all forms of same-sex behaviour, bestiality, masturbation and so forth. The best-known examples of persecution of sodomy were directed against males having anal sex with other males.« Hekma, Gert: Same-sex relations among men in Europe, 1700–1990. In: Eder, Franz X./Hall, Lesley/Hekma, Gert (Hg.): Sexual Cultures in Europe. Themes in Sexuality. Manchester 1999, 79–103, hier 79. Der vorliegende Beitrag verwendet den Begriff Homosexualität nur für die literarische Inszenierung von männlicher Homosexualität und bemüht darüber hinaus Begriffe wie ›sexuell deviant‹ oder ›geschlechtlich uneindeutig‹.

[15] August Graf von Platen: Der romantische Ödipus. – In: Sämtliche Werke in zwölf Bänden. Hrsg. von Max Koch und Erich Petzet. Leipzig [o. J.], Bd. 10, S. 165.

[16] Thomas Sparr: Die Erfindung des Homosexuellen. Ein Motiv der Wissenschaft und Literatur des 19. Jahrhunderts. – In: Nachmärz. Der Ursprung der ästhetischen Moderne in einer nachrevolutionären Konstellation. Hrsg. von Thomas Koebner und Sigrid Weigel. Opladen 1996, S. 256–272, hier S. 258.

[17] Hans Mayer: Außenseiter. Frankfurt a.M. 1979, S. 221.

[18] Paul Derks: Die Schande der heiligen Päderastie. Homosexualität und Öffentlichkeit in der deutschen Literatur 1750–1850. Berlin 1990, S. 534.

[19] Vgl. ebd., S. 537 ff.

[20] Ebd., S. 543.

[21] Vgl. DHA XIII, 1568.

[22] Wolfgang Lukas: ›Weiblicher‹ Bürger vs. ›männliche‹ Aristokratin. Zum Konflikt der Geschlechter und der Stände in der Erzählliteratur des Vor- und Nachmärz. – In: »Emanzipation des Fleisches«. Erotik und Sexualität im Vormärz. Jahrbuch des Forum Vormärz Forschung 5. Redaktion Gustav Frank und Detlev Kopp. Bielefeld 1999, S. 223–26, hier S. 259.

[23] Kreis [Anm. 12], S. 144.

[24] Vgl. Gilman [Anm. 9], S. 195 ff.

[25] Franz X. Eder: Kultur der Begierde. Eine Geschichte der Sexualität. München 2002, S. 144.

[26] George L. Mosse: Die Geschichte des Rassismus in Europa. Frankfurt a.M. 1990, S. 14.

[27] Hansen erklärt, dass die tatarische Volkssage nicht identifizierbar ist und dass in Heines Spätwerk eine Häufung von Anspielungen auf Exkremente zu verzeichnen ist. Vgl. DHA XIII, 1568.

[28] Die Erläuterungen zur DHA weisen auf dessen leitmotivische Verwendung im darauffolgenden Text hin. Vgl. DHA XIV, 617.

[29] In der französischen Version der »Lutèce« wird der Zusammenhang zwischen psychischer Erkrankung und physischer Determination des Unterleibs noch deutlicher konstruiert: »[…] il souffrait d'un mal mystérieux dans les intestins de son âme […]« (DHA XIV, 188).

[30] Vgl. z. B. Gilmans Ausführungen zum »Judenfuß«: Gilman [Anm. 9], S. 195.

[31] Hansen vermutet, dass sich dessen Identität hinter dem »Nasenstern« verbirgt. Vgl. DHA XIII, 1488.
[32] Vgl. ebd.

Zwischen den Zeilen
Ein Versuch über Heine als Leser des »Globe«[1]

Von Nina Bodenheimer, Paris

Als Heine zu Beginn der 1830er Jahre in Paris ankam, zeigte er anfangs ein reges Interesse an der saint-simonistischen Bewegung, welches sich unter anderem durch seine aufmerksame und regelmäßige Lektüre des »Globe«, seit September 1830 Presseorgan der Gruppe, auszeichnete.[2] Der Deutsche kam in den Genuss eines kostenlosen Abonnements der Tageszeitung – ein aus Propagandazwecken recht verbreitetes Privileg, auch wenn man die Zustellung manchmal anmahnen musste.[3] Heine war bereits in Deutschland auf die Saint-Simonisten und ihren religiösen Eifer aufmerksam geworden[4], und auch den »Globe« kannte er schon seit geraumer Zeit.[5] Nach seiner Ankunft in Paris verlor er nun keine Zeit und stellte sich zwei Tage später, am 21. Mai 1831, bei Michel Chevalier in der Redaktion der Zeitung vor. In den darauf folgenden Monaten sollten beide Parteien, der deutsche Dichter und die saint-simonistische Zeitung, voneinander profitieren können: Der »Globe« sprach von Heine, und Heine sprach von den Saint-Simonisten – vor allen Dingen in Deutschland[6], wo die kosmopolitische Sekte Mitstreiter für ihre »Heilige Allianz der Völker« rekrutieren wollte.[7]

I. Heine im »Globe«

Am 22. Mai 1831 (N° 142) erschien im »Globe« ein kurzer Artikel, der Heines Ankunft in Paris meldete. Er fiel so euphorisch aus, dass Heine, der die Redaktion dem Text zufolge am Vortag besucht hatte, bei der Formulierung möglicherweise seine Hände im Spiel hatte.[8] Am 6. Juli registrierte man dann im »Globe« N° 187 das Verbot der Schrift »Kahldorf über den Adel«, für die Heine ein Vorwort geschrieben hatte. Ein paar Monate später, am 18. Dezember 1831 (N° 352) zitierte man es beiläufig als eine Manifestation des erwachenden deutschen Genies.[9] Eine Rezension folgte ein paar Tage später in der N° 359 vom 25. Dezember 1831. Bei näherer Ansicht dieser nicht signierten Rezension und eines begleitenden Artikels im »Globe« vom 2. Januar 1832 (N° 2) zu den Auszügen einer Übersetzung von Heines »Gemäldeausstellung in Paris«[10] fällt auf, dass die erste Annäherung zwischen den Saint-Simonisten und Heine fast schon symbiotische Züge annahm – so nah schien der Deutsche ihren Ideen –, wie auch die folgende Passage unterstreicht:

> Es gibt Menschen, die durch ein glückliches Privileg ebenso gut Künstler wie Denker sind; die eine progressive Idee verstehen können und zugleich die Gabe haben, sie durch enthusiastischen und poetischen Ausdruck zum Leben zu erwecken. Solche Männer sind dazu gemacht, die Größe des saint-simonistischen Kunstverständnisses zu begreifen. Mit größter Zufriedenheit registrieren wir heute einen solchen, wirklich außergewöhnlichen Fall. Der Schriftsteller, der uns so gut begriffen hat, ist ein Deutscher und sein Name ist allen unseren Lesern bekannt: es handelt sich um Heinrich Heine.[11]

In diesen Sätzen scheinen sämtliche Grenzen zwischen Deutschland und Frankreich bzw. »deutsch« und »französisch« zu verwischen; und ganz im Gegensatz zu anderen Gruppierungen, in welche Heine sich integrieren wollte, wurde ihm bei den Saint-Simonisten sein Deutschtum nicht zur Last gelegt, wie es in elitären Pariser Kreisen schon manchmal üblich war.[12] Die Saint-Simonisten schmückten Heine in besagter Rezension zum »Kahldorf« (No 359 vom 25. Dezember 1831) sogar mit französischen Attributen, indem sie ihn mit Helden des revolutionären und oppositionellen Frankreichs verglichen und explizit in ihr kosmopolitisches Projekt einbezogen.

> Heine kann großartig und schrecklich sein, ohne jedoch jemals seine Eleganz und seinen Geist zu verlieren. Der Zorn Mirabeaus gesellt sich hier zur leichten und geistreichen Ironie Paul-Louis Couriers. [...] Wenn sich Deutschland und Frankreich wirklich bald die Hände zur Heiligen Allianz der Völker reichen sollten, so wie wir es glauben, dann wartet auf Heine eine schöne Mission in diesem großen Werk. Mit einem so scharfen Verstand und einem so poetischen Herzen kann er sich nur zu den Männern des Fortschritts und der Zukunft gesellen.[13]

Man muss allerdings berücksichtigen, dass diese Lobreden auf Heine in die Zeit nach dem bedeutendsten saint-simonistischen Schisma fallen: Im November 1831 zerbrach nämlich jeglicher Konsens zwischen den beiden »Päpsten« der saint-simonistischen Religion, Prosper Enfantin und Saint-Armand Bazard. In Folge einer Meinungsverschiedenheit bezüglich der Rolle der Frau innerhalb der saint-simonistischen Religion und Hierarchie verließ Bazard die Gruppe – im Gefolge einige andere einflussreiche Mitglieder wie Pierre Leroux, Hyppolite Carnot, Jean Reynaud, Jules Lechevalier und Abel Transon.[14] Die Bewegung verlor somit ihre politische und republikanische »Fraktion« und sollte sich in der Folge immer mehr in einer neuen Religiosität verlieren, sektenartig organisiert um den »Père Suprême« Prosper Enfantin, der nunmehr die »unglaubliche Vermessenheit hatte [...], sich für einen Gottmenschen, die Inkarnation des Messias zu halten.«[15]

Um das »Aussterben« seiner Bewegung zu verhindern, musste Enfantin nun aber die entschwundenen Mitglieder ersetzen. Die Ankunft des deutschen Dichters musste ihm also insofern günstig erscheinen, als er und sein Gefolge sich nicht nur im Ruhm ihres illustren Sympathisanten sonnen, sondern Heine zudem als direktes Bindeglied nach Deutschland einsetzen konnten. Unser Dichter war mit seinen rhetorischen Fähigkeiten für Enfantin ein ideales Mittel zum Zweck, Deutschland für die saint-simonistischen Ideen zu gewinnen, ohne inhaltliche Konzessionen machen zu müssen. Man sollte nämlich nicht vergessen, dass die Saint-Simonisten – allem Kosmopolitismus zum Trotz – ein sehr ambivalentes Verhältnis zu Deutschland hatten, das sich in erster Linie durch eine latente Arroganz auszeichnete, und dass sie es im Rahmen der deutsch-französischen Völkerverständigung nicht für nötig hielten, wirkliches Interesse für die Angelegenheiten ihres östlichen Nachbarn aufzubringen. Philippe Régnier bemerkt in einer seiner Arbeiten bezüglich der saint-simonistischen Rezeption der deutschen Philosophie:

> Es scheint als könnten sich die Saint-Simonisten nur im Rahmen einer möglichen Wiederverwendung im französischen Kontext für die deutsche Philosophie interessieren. Ihre theoretischen Importe sind durch die jeweiligen Umstände und Vorgaben bereits fremdbestimmt und werden in Folge in ihrem Sinn begrenzt und umorientiert.[16]

Dieser Aspekt ist insofern wichtig, als Heine sich des Zusammenhangs zwischen dem Schisma und dem Interesse der Saint-Simonisten an seiner Person anscheinend nicht bewusst war. In diesem Sinne beginnt das große Missverständnis zwischen dem Deutschen und Prosper Enfantin bezüglich der »Geschichte der Religion und der Philosophie in Deutschland« vielleicht schon hier.[17]

Aber wie dem auch sei, Heine zeigte just in diesem Zeitraum nach der Rezension des »Kahldorf« und der »Gemäldeausstellung« ein großes Interesse am Saint-Simonismus und nahm in den darauf folgenden Wochen an mehreren saint-simonistischen Versammlungen teil – er war auch vor Ort, als die Polizei am 22. Januar 1832 den großen Saal in der rue Taitbout gewaltsam räumen ließ. Es ist also keine wirkliche Überraschung, dass der Leser Heine in seinen Exemplaren des »Globe« Spuren hinterließ – und zwar konzentriert auf die zwei Monate zwischen dem 25. Dezember 1831 und dem 25. Februar 1832.

II. Heine – ›aktiver‹ Leser des »Globe«

Das Heinrich-Heine-Institut in Düsseldorf ist im Besitz der Nachlassbibliothek Heines, die ungefähr 300 Bücher und 50 Zeitungen, die er mehr oder minder regelmäßig las, umfasst.[18] Vom »Globe« sind 125 Nummern vorhanden, datiert zwischen dem 13. Juni 1831 (N° 164) und dem 20. April 1832 (N° 110, die letzte Ausgabe der Zeitung).[19] Von diesen 125 Nummern enthalten nur zehn Exemplare Lesespuren Heines; er hatte entweder ganz simpel einen für ihn interessanten Artikel mit einem Kreuz markiert[20] oder ganze Passagen mit einem Bleistift an der Seite angestrichen. Die besagten Nummern sind für das Jahr 1831 die 269, 359 und die 363, für das Jahr 1832 die 2, 28, 40, 47, 50, 53 und die 56. Von den zehn Passagen werden bereits vier im Apparat der DHA (XII, 801) vermerkt, da diese besonderen Einfluss auf die Niederschrift der »Französischen Zustände« gehabt hätten – nämlich die Nummern 40, 47, 53 und 56 des »Globe«, alle vier vom Februar 1832.[21] Auch wenn Heine keine konkreten Anmerkungen hinterlassen hat, die seine komplizierte Beziehung zu den Saint-Simonisten und zum Saint-Simonismus ein wenig erleuchten könnten[22], so bleibt doch die Möglichkeit eines Versuchs, Parallelen zwischen den angestrichenen Stellen, Heines Werken und der jeweiligen Pariser Aktualität zu ziehen.

Wie bereits erwähnt, konzentrieren sich die von Heine markierten Stellen auf einen Zeitraum von ziemlich genau zwei Monaten im Winter 1831/1832, mit Ausnahme der ersten aus dem »Globe« vom 26. September 1831 (N° 269) – vielleicht eine Art Startsignal für Heine, sich im Rahmen des Saint-Simonismus engagieren zu wollen. Danach folgt drei Monate lang nichts, bis zur besagten Ausgabe mit der Rezension des »Kahldorf« Ende Dezember 1831, deren Beginn Heine übrigens in seinem persönlichen Exemplar anstrich – anscheinend gefiel er ihm:

> Ein Spartaner sagte eines Tages zu einem unglücklichen Panegyriker des Herkules: »Du preist ihn, wohlan! Wer zürnt ihm?« Wenn man diese Sätze in ihrem Sinn umdreht, könnten sie genau auf den Autor des hier vorgestellten Werkes passen.[23]

III. September 1831: bei Gefallen mehr

Beugen wir uns zunächst über den bereits erwähnten »Globe« vom 26. September 1831. Der Artikel ist das Editorial über die saint-simonistische Religion, die »Predigt vom 18. September von Jean Reynaud«[24], gehalten im Laufe einer Versammlung, an der Heine nach Mendes Heine Chronik nicht teilgenommen hatte[25] – er war zu diesem Zeitpunkt noch sporadischer Leser des »Globe«. Der Inhalt dieser Predigt – die mit drei ganzen Spalten zu den »großen« zählt – be-

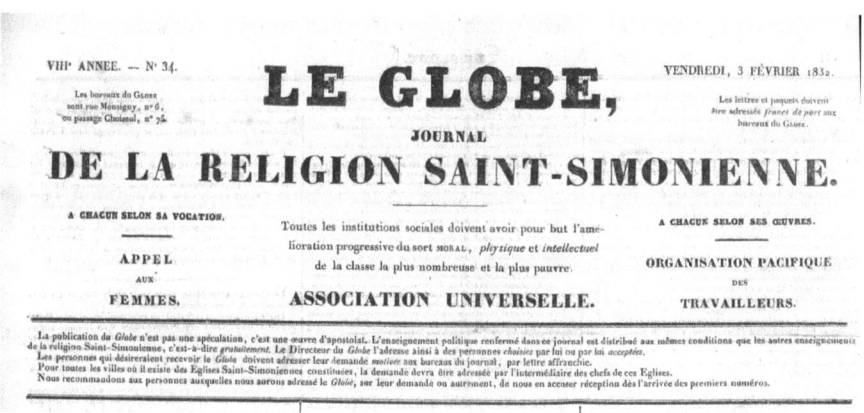

Kopfzeile des »Globe«

schäftigt sich hauptsächlich mit der Misere des Proletariats und der Immobilität der sozialen Zustände. Unter den von Heine markierten Stellen findet sich die folgende – wenn man so will, ein gelungenes Resümee der saint-simonistischen Doktrin und auch von Heines eigenem Standpunkt:

> Was nützen dem Menschen schon seine angeborenen natürlichen Fähigkeiten? Durch grobschlächtige Arbeit werden sie bereits im Keim erstickt und somit daran gehindert, sich leichtsinnig emporzuschwingen. Leichtsinnig deshalb, weil jene, die der Gesellschaft neue Wege öffnen und sich eine neue Existenz erschaffen möchten – stolz und ihrer Kraft bewusst, die unveränderte Kondition ihrer Väter verachtend – von den schrecklichsten Abgründen umgeben sind.[26]

Hier bietet es sich an, eine Parallele zu Heines Einleitung zu »Kahldorf über den Adel« zu ziehen: Das Werk war den Saint-Simonisten ja dem Namen nach bekannt, und sie wussten auch um seine politische Brisanz – siehe »Globe« vom 6. Juli 1831 (No 187). In Heines Text findet man folgende Aussage zum Los des prärevolutionären französischen Proletariats, die frappierend an die oben zitierte saint-simonistische Predigt erinnert:

> Die unteren Classen waren geistig verwahrlost, und durch den engherzigsten Despotismus von jedem edlen Emporstreben abgehalten. (DHA XI, 135 f.)

Beide Parteien beschreiben somit eine vertikale Bewegung, von oben kommend und alles weiter unten liegende, entgegen seiner Natur, lähmend. Im Zeichen der Aufklärung und der »modernen« Philosophie – nennen wir sie hier der Einfachheit halber idealistisch und deutsch – fassten Heine und die Saint-Simonisten die Geschichte aber als teleologischen Fortschritt auf, der folglich von unten emporsteigt und nicht anders herum. Unter diesem Gesichtspunkt erscheinen das »Ancien Régime« und sein Despotismus als völlig illegitim und unnatürlich. Zugleich verbietet dieser Standpunkt den absoluten Bruch mit der Vergangenheit mittels einer Revolution als ultimative Lösung, denn schließlich soll das Alte das Neue gebären. Hier entsteht übrigens ein neues Missverständnis zwischen Heine und den Saint-Simonisten. Heine fürchtete sicherlich die Gewalt und Grausamkeit einer Revolution, aber im Gegensatz zu den Saint-Simonisten gestand er ihr zumindest einen Nutzen im Namen des allgemeinen Fortschritts zu. Denn wenn Heine, grob gesagt, das Königtum bekämpfen wollte – und der Zweck heiligte hier die Mittel –, so versuchten die Saint-Simonisten, die Könige auf ihre Seite zu ziehen. Prosper Enfantin erklärt diese Haltung ganz wunderbar in seinem einzigen und berühmten Brief an den deutschen Dichter:

> Bedenkt, dass die Könige unserer Tage keine Davids, und keine Salomons sein können, also in einem König und Prophet. Lassen Sie uns nicht Gegenwart und Zukunft verwechseln, es gibt immer noch zwei Herrschaftsarten auf dieser Welt: die der Könige und die der Propheten. [...] Diese beiden werden sich nicht in einem ultimativen Kampf begegnen, sie würden nämlich beide untergehen, und die Menschheit mit ihnen, denn der Sieger könnte nicht die Zukunft regieren, diese verlangt nämlich einen pazifistischen Herrscher, und keinen blutverschmierten Henker.[27]

Aber trotz dieser inhaltlichen Abweichungen decken sich Heines Anschauungen im Großen so sehr mit denen der Saint-Simonisten, dass man davon ausgehen muss, dass beide Parteien auf die gleichen Quellen zurückgreifen, die offensichtlich im deutschen Idealismus anzusiedeln sind – namentlich bei Lessing und Hegel, um nur diese beiden zu nennen.[28]

Hier fehlt der Platz, um dieses ergiebige Thema in seinen Details besprechen zu können, weswegen wir uns auf eine grobe Übersicht beschränken.[29] Wir wissen, dass Heine seinen Lessing schätzte – er bekannte, dieser sei »in der ganzen Literaturgeschichte derjenige Schriftsteller [...], den ich am meisten liebe« (DHA VIII, 135). Lessing kündete in seiner »Erziehung des Menschengeschlechts« – eine Schrift, die übrigens von dem Saint-Simonisten Eugène Rodrigues ins Französische übertragen und 1832 im Anhang des »Nouveau Christianisme« publiziert wurde[30] – das kommende dritte Evangelium an; mit der Präzisierung, dass der Fortschritt kein Automatismus sei, sondern vom Menschen auf der selben Höhe reflektiert und überdacht werden muss.[31] Es ist bekannt, dass die Saint-Simonisten die Erziehung des Proletariats zu ihren Prioritäten zählten, und Heine selbst äußerte sich dazu 1834 in seiner Schrift »Zur Geschichte der Religion und Philosophie in Deutschland« wie folgt:

Was helfen dem Volke die verschlossenen Kornkammern, wozu es keinen Schlüssel hat? Das Volk hungert nach Wissen, und dankt mir für das Stückchen Geistesbrod, das ich ehrlich mit ihm theile. (DHA VIII, 13)

Was Hegel betrifft, ist die Sache ein wenig komplizierter: Heine hatte vielfältige Berührungspunkte mit der hegelianischen Philosophie, er dachte gewiss, bei den Saint-Simonisten einige hegelianische Momente wieder zu finden und somit eine direkte Verbindung zu ihrer Ideologie herstellen zu können. Hegel war aber innerhalb der Gruppe keine Referenz, mit der man sich schmückte, sondern eine, die man versteckte – und Hegel wird somit in der »Exposition de la doctrine« unter den deutschen Einflüssen nicht genannt, im Gegensatz zu Herder, Lessing oder Kant.[32] Zugleich war der Einfluss Hegels auf die Philosophie der Sekte so evident[33], dass die kategorische Ablehnung Enfantins nicht glaubwürdig war[34] – ein weiterer Grund des späteren Missverständnisses zwischen Saint-Simonisten und Heine.

Im Laufe dieser Übergangs- und Orientierungsperiode, die Heine zu Beginn in Paris zwangläufig durchlebte, dachte unser Dichter also Gemeinsamkeiten zwischen seinen Idealen und denen der Saint-Simonisten gefunden zu haben. Er hatte allerdings zunächst keine Eile, sich auch persönlich zu den Sektierern zu gesellen, ganz so, als wollte er ein verbindliches Engagement vermeiden, um sich alle Wege offen halten zu können.[35]

IV. »Französische Zustände«: Heine unter Saint-Simonisten von Dezember 1831 bis Februar 1832

Im Heine-Institut muss man nun ein ganzes Trimester des »Globe« durchblättern, um eine weitere Lesespur des inzwischen abonnierten Heine zu finden. Die Saint-Simonisten erlebten zu dieser Zeit einige Turbulenzen, ausgelöst von dem Weggang Bazards. Die Idee, dass die Elogen auf Heine – die erst wirklich mit der Rezension des »Kahldorf« am 25. Dezember 1831 beginnen – zumindest teilweise aus dem Wegfall eines der Köpfe und einiger Gründungsmitglieder der Bewegung resultierten, scheint also nicht völlig abwegig zu sein. Was Heine betrifft – der im Pariser Kontext immer noch als Neuankömmling behandelt werden muss –, so schien er dem Ruf zu folgen und begann, im darauf folgenden Monat mehreren saint-simonistischen Versammlungen beizuwohnen.

Vier Tage nach der Rezension des »Kahldorf«, also am 29. Dezember 1831 (»Globe« N° 363), interessierte sich Heine für einen Artikel über »Les industriels, les femmes et les artistes«, gezeichnet G. Cazavan[36], und er markierte die folgende Passage mit einem Bleistiftstrich:

> Wir haben verkündet, das moralische, physische und intellektuelle Los der unglücklichsten Klasse verbessern zu wollen, und dass die unglücklichste Klasse die der Arbeiter, der Künstler und der Frauen ist. Wir sagen auch, dass diese drei Gruppen in einer engen Beziehung stehen, und sich solidarisch verbunden sind [...]. Man bemerkt sofort das bestehende Band zwischen der Frau und den schönen Künsten, und zwischen den schönen Künsten und der Industrie [...].[37]

Das Thema bezieht sich natürlich auf die ideologischen Neuerungen, die Enfantin seiner Bewegung verordnet hatte – als Künstler fühlte Heine sich angesprochen und versuchte, sich mit dem neuen Kurs vertraut zu machen.

Am 2. Januar 1832 – besagter »Globe« enthält auch eine auszugweise französische Übersetzung seines Korrespondenzberichts »Gemäldeausstellung in Paris« – markierte Heine mit einem Tintenstrich einen Ausschnitt aus einer Rezension »Sur le cours d'histoire de M. Saint-Marc-Girardin«[38] (gezeichnet P. Rochette[39]), der sich mit der notwendigen Versöhnung von Geist und Materie beschäftigt:

> Die Menschheit kann ebenso wenig ihre Existenz in einem schäbigen Hinterzimmer beenden, wie sie sich [...] prächtigen Orgien hingeben kann, die wegen ihrer chaotischen Sentimentalitäten zur Unfruchtbarkeit verdammt sind. Die Menschheit muss im Tempel ebenso ihre materiellen, als auch ihre sensuellen und intellektuellen Bedürfnisse vereinen.[40]

Es war vor allen Dingen diese scharfe Kritik des Katholizismus zugunsten des Sensualismus, die Heine zu den Saint-Simonisten hinzog.[41] Die Spuren, die Heines Bleistift um den Artikel »Morale – Protestation contre la morale chrétienne – Rabelais« (nochmals G. Cazavan) hinterließ, unterlegen diese Hypothese. Diese Anstreichung im »Globe« vom 9. Februar 1832 ist in der DHA XII registriert:

> Ordnung und Harmonie können in Staat und Familie nur wieder aufblühen, wenn man die vom Christentum verworfenen Neigungen legitimiert und befriedigt. [...] Die Liebe hat eine rein sinnliche Seite [...], die das Christentum nicht anerkannt, sondern verworfen hat, ohne sie jedoch beseitigen zu können.[42]

Anscheinend war es diese Passage, die Heine im dritten Artikel seiner »Französischen Zustände« (datiert vom 10. Februar 1832) dazu anregte, die Saint-Simonisten als »Schöpfer einer neuen Welt« (DHA XII, 103) zu bezeichnen und sie sogleich explizit in Opposition zu den »Amis du peuple« zu stellen.[43] Heine hatte am 1. Februar 1832 ein Treffen dieser republikanischen Gruppierung besucht – immer noch in einer Orientierungsphase, und zudem auf der Suche nach Details aus dem politischen Leben für seine »Französischen Zustände«. »Die Versammlung roch ganz wie ein zerlesenes, klebrichtes Exemplar des Moniteurs von 1793« (DHA XII, 98), schrieb Heine anschließend. Als teleologischer Denker suchte Heine natürlich nicht in der Vergangenheit nach Lösungen zu den Problemen der Gegenwart, sondern erwartet diese in der Zukunft und kämpfte für eine neue Welt ohne ethnische und religiöse Grenzen – eine Welt, die er zu jenem Zeitpunkt in den saint-simonistischen Visionen gefunden zu haben dachte.

Eine Woche später, im »Globe« vom 16. Februar 1832 (N° 47) – in der DHA vermerkt –, wurde die Frage der sozialen Kreativität direkt mit der Religiosität verbunden. In dem Artikel »Beaux-Arts, cours d'histoire de M. Lacretelle« (gezeichnet Aigard)[44] markierte Heine folgenden Ausschnitt sehr gut sichtbar:

> […] Viele illustre Denker haben ernsthaft versucht, eine neue Gesellschaft auf dem Misstrauen zu erbauen […]. Aber so miserabel diese Grundlage auch sein mag, die atheistischen Gesetzgeber konnten ihrer Gesellschaft keine andere bieten, denn schließlich ist das Misstrauen die einzige Empfindung, die im Atheismus nicht geleugnet wird, und die sie nicht zum Lachen bringt.[45]

Eine andere von Heine markierte Passage – nicht im Kommentar der DHA verzeichnet – verweist auf einen weiteren Grund für Heines Interesse an der saint-simonistischen Religion. Es handelt sich um mehrere Abschnitte in einem Artikel mit dem Titel »Extrait d'un des enseignemens de notre père suprême Prosper Enfantin sur les relations de l'homme et de la femme« aus dem »Globe« vom 19. Februar 1832 (N° 50)[46], in dem Heine mehrere Stellen anstrich. Enfantin präsentiert hier zunächst nur seine Vision vom Rang der Frau und des »heiligen Priesterpaares« in der saint-simonistischen Kirche. Anschließend präzisiert er explizit, dass diese Kirche jedem offen steht, der aus moralischen oder Glaubensgründen von der traditionellen Kirche verstoßen wurde.

> Ich spreche vor allen Dingen zu den und für die Frauen, die die Tempel verlassen haben, um ins Theater zu gehen; die dem Beichtstuhl für die fulminante Kommunion des Tanzes abtrünnig wurden; die Clarisse, die Nouvelle Héloïse oder Corinne lesen, und die nicht einmal das Evangelium aufgeschlagen haben. […] All jene Frauen, die im christlichen Glauben nie eine Begründung für die Liebe, die Gott ihnen gab, gefunden haben. […] Ich preise den HERRN, SAINT-SIMON und MICH SELBST. GOTT weil er mir durch diese Frauen seinen ewigen Fortschrittswillen offenbart hat, SAINT-SIMON weil er mir befiehlt, das Los der ärmsten und zahlreichsten Klasse zu verbessern, und MICH, euren Vater, weil ich den Mut besitze, mich Euch und der Welt gegenüber zu stellen und all jene Männer und Frauen in den neuen Tempel zu rufen, die von der christlichen Kirche vorschnell zum Höllenfeuer verdammt wurden.[47]

Für den deutschen Juden Heine musste das ein Zeichen sein – vor allen Dingen nach seiner unglücklichen Taufe 1825, die ihm eigentlich sein »Entre Billet zur Europäischen Kultur« (DHA X, 313) verschaffen sollte und ihn im Endeffekt nur »bey Christ und Jude verhaßt« (HSA XX, 233) machte. Der Saint-Simonismus schien also diese – religiöse – Zuflucht zu sein, die er gesucht hatte. Bereits drei

Tage später, am 13. Februar 1832, markierte er ein Feuilleton mit dem Titel »De la moralité de notre époque«, in dem A. Guéroult[48] die moralistische Heuchelei der postrevolutionären Gesellschaft verdammt. Heine sollte hier erneut seine eigenen Überzeugungen wiederfinden.

> Die einzige, heute in Europa bekannte Moral ist die des Katechismus', die christliche Moral. Ihre Vorschriften sind streng, und ein rein geistiger Gott verlangt die Kasteiung der Sinne. [...] Untreue und Liebe außerhalb der Ehe sind Verbrechen, auf die das Höllenfeuer steht. Nun gibt es allein in Paris aber schon 35.000 Prostituierte und auf 24.000 legitime Geburten kommen 9000 illegitime. Es scheint, als glaube man nicht mehr an das Höllenfeuer.[49]

Es bleibt eine letzte Stelle aus dem »Globe« vom 25. Februar 1832 (N° 56), in dem Heine einen Artikel anstrich, der sich mit Jesu Verwerfung des Fleisches und der Materie beschäftigt. Dieses Pamphlet für die »Rehabilitazion des Fleisches« (DHA VIII, 160) stammt von Jean Terson[50], einem ehemaligen katholischen Priester; zumindest wurde er als solcher angekündigt, was seiner Aussage zweifellos mehr Tiefe geben sollte.

> Die Menschheit hat die Gottheit nur schrittweise erfasst und gefühlt. Zunächst manifestierte sich den Männern des Fortschritts nur Ihr materialistischer Aspekt, und dann erst Ihr geistiger. Bis Jesus war die Gottesverehrung physischer Natur, seit Jesus ist sie spiritualistisch. [...] Soll der Bann, den Jesus über das Fleisch und die Materie warf, auf die gesamte Menschheit wirken? [...] Reichtum, Glückseligkeit und Freiheit auf dieser Welt [...}, diese Devise ist göttlich, aber nicht christlich. [...] In der neuen Zeit werden all diese Fakultäten legitimiert. Das Fleisch wird nicht mehr beschmutzt werden, und auch nicht mehr verdammt.[51]

Wir sind hier an der Wurzel der saint-simonistischen Doktrin angelangt, und auch bei der Essenz von Heines religiösen Überzeugungen. Beide Parteien finden sich in ihrer Vision der evidenten und notwendigen Versöhnung von Geist und Materie wieder. Heine wird sich diesem Thema zwei Jahre später im Rahmen seiner Schrift »Zur Geschichte der Religion und der Philosophie in Deutschland« widmen, in welcher er Jean Tersons Auffassung eines teleologischen Prozesses aufnimmt und sie in einen deutschen Kontext (zurück)stellt, indem er sich auf Hegel und Lessing bezieht.

V. Epilog

Heines Enthusiasmus für den Saint-Simonismus sollte nur ein paar Wochen andauern. Bereits Mitte April äußerte unser Dichter Kritik an der von ihm bislang verteidigten Bewegung. Im »Globe« vom 11. April 1832 publizierte die Sekte nämlich einen von Michel Chevalier gezeichneten Artikel mit dem Titel »Fin du choléra par un coup d'état«, welcher diverse Anregungen, das von der Seuche gebeutelte Volk moralisch zu unterstützen, enthielt. Neben einigen zweifellos seriösen und politisch relevanten Vorschlägen finden sich auch folgende Zeilen – die einem vernünftigen Wesen ein wenig wirr erscheinen müssen:

> Jede Person mit ausreichender moralischer Standfestigkeit hat von der Geißel nichts zu befürchten. Deswegen werden wir nicht heimgesucht, die wir mit einem festen Glauben ruhig der Zukunft ins Auge sehen.[52]

Diese Ausgabe des »Globe« befindet sich nicht unter Heines persönlichen Exemplaren im Heine-Institut, man kann aber davon ausgehen, dass er den Aufsatz gelesen hat, denn er erwähnt ihn im sechsten Artikel der »Französischen Zustände«, datiert auf den 19. April 1832. Hier erscheint Heine also erstmals nicht mehr als absoluter Fürsprecher der Saint-Simonisten, sondern er lässt seine Leser verstehen, dass sich die Gruppe zu sehr der Lächerlichkeit preisgibt, als dass er sie als die Verkünder des wahrhaftigen dritten Evangeliums und eines neues Christentums verteidigen könnte. Heine zeigt sich hier radikal und kündigt an, seinen Glauben weiterhin auf Konkretes zu konzentrieren, weit weg von jeglichem mystischen Dogma: in diesem Fall auf Flanellwäsche.

> Die Saint-Simonisten rechnen zu den Vorzügen ihrer Religion, dass kein Saint-Simonist an der herrschenden Krankheit sterben könne; denn da der Fortschritt ein Naturgesetz sey, und der sociale Fortschritt im Saint-Simonismus liege, so dürfe, so lange die Zahl seiner Apostel noch unzureichend ist, keiner von denselben sterben. [...] So hat Jeder seinen Glauben in der Zeit dieser Noth. Was mich betrifft, ich glaube an Flanell. (DHA XII/1, 140)

Anmerkungen

[1] Die Arbeit an diesem Artikel und die damit verbundene Archivreise nach Düsseldorf konnten über das DFG/ANR-Forschungsprojekt »Soziale Ideen und Idealismus. Rezeptionen französischer Sozialehren im Umfeld des deutschen Idealismus« finanziert werden. Für diese Unterstützung bin ich den beteiligten Institutionen und den Leitern der französischen Seite dieses Projektes, Frau Prof. Dr. Myriam Bienenstock und Herrn Prof. Dr. Norbert Waszek, sehr dankbar.
Neben Heines persönlichen Originalexemplaren des »Globe«, die sich im Heinrich-Heine-Institut in Düsseldorf befinden, folgen alle Zitate aus der Zeitschrift dem Nachdruck Le Globe. Journal philosophique et littéraire. Journal de la doctrine de Saint-Simon. Bd. 10–12 (1830–1832). Genf 1978. Die deutschen Übersetzungen stammen von mir.
[2] Der »Globe« wurde 1824 von dem späteren Sozialisten und Saint-Simonisten Pierre Leroux (1797–1871) und dem Journalisten Paul François Dubois (1793–1874) gegründet. Während der Restauration vertrat die Zeitung einen liberalen Standpunkt und veröffentlichte unter anderem

Artikel von Victor Cousin, Charles-Augustin Sainte-Beuve, François Guizot. Die Saint-Simonisten kauften die Zeitung 1830 mit der Unterstützung von Pierre Leroux, der sich inzwischen für ihre Ideen begeistert hatte. Ab Januar 1831 erschien der »Globe« unter einem neuen Titel: »Le Globe – Journal de la doctrine de Saint-Simon«, der im August 1831 zu »Le Globe – Journal de la religion saint-simonienne« geändert wurde. Vgl. Antoine Picon: Les Saint-simoniens. Raison, imaginaire et utopie. Paris 2002, S. 82, und Henri d'Allemagne: Les Saint-Simoniens. Paris 1930, S. 180 f.

3   Heine schreibt im Februar 1832 an Michel Chevalier: »Je suis venu pour demander votre pardon que j'ai manqué au rendevous du mercredi, et puis je voudrois vous resouvenir que vous m'avez promis la continuation du Globe, qu'on ne m'apporte plus depuis 14 Jours.« (HSA XXI, 30)

4   Nach Fritz Mende hatte Heine die »Doctrine de Saint-Simon. Exposition« im Februar 1831 gelesen. Vgl. Mende, 88. Vor seiner Abreise nach Paris spielte Heine möglicherweise auf die Bedeutung, die er der neuen saint-simonistischen Religion beimaß, an, als er an Varnhagen schrieb: »ich [...] träume jede Nacht ich packe meinen Koffer und reise nach Paris, [...] ganz den heiligen Gefühlen meiner neuen Religion mich hinzugeben und vielleicht als Priester derselben die letzten Weihen zu empfangen.« (HSA XX, 435)

5   Heine erwähnt den »Globe« in einem Brief an Moses Moser vom 22. April 1828 zum ersten Mal; zu diesem Zeitpunkt handelt es sich dabei noch um ein literarisches und liberales Blatt mit breitem Publikum: »Hat die Börsenhalle die ersten Jahrgänge des Globe? und könntest Du sie für mich geliehen bekommen?« (HSA XX, 355) In seiner näheren Umgebung war es vor allen Dingen das Ehepaar Varnhagen, das den »Globe« mit Begeisterung las. Varnhagen schreibt am 16. Februar 1832 an Heine: »Ich lese täglich den Globe mit großer Spannung« (HSA XXIV, 110), und Rahel Varnhagen gesteht Heine ungefähr vier Monate später, dass »der Globe meine Nahrung, Unterhaltung Beschäftigung« war (HSA XXIV, 128).

6   Die Entstehung des Saint-Simonismus und seiner neuen Religion hatte in Deutschland zu Beginn der 1830er Jahre Kreise gezogen und wurde in liberalen und belesenen Zirkeln, die häufig bereits zuvor den »alten« »Globe« gelesen hatten, viel diskutiert. Auch die Junghegelianer interessierten sich für den Saint-Simonismus (Eduard Gans oder Karl Ludwig Michelet seien hier als Beispiele genannt). Neben Heine waren auch Wienbarg, Gutzkow oder Heinrich Laube von saint-simonistischen Ideen inspiriert, die sie in ihre eigenen literarischen und politischen Standpunkte zu integrieren versuchten. Vgl. Thomas Petermann: Der Saint-Simonismus in Deutschland. Frankfurt a.M. 1983, S. 47 ff. oder Werner Sughe: Saint-Simonismus und junges Deutschland. Berlin 1935, S. 141 ff. Ein anderes »Problem« stellt hier die Frage dar, in wie weit der Saint-Simonismus »germanisiert« war oder wurde und inwiefern Prosper Enfantin versuchte, deutsche Einflüsse auf die Metaphysik seiner Bewegung zu vertuschen. Vgl. Philippe Régnier: Les saint-simoniens et la philosophie allemande ou la première alliance intellectuelle franco-allemande. – In: Revue de Synthèse 110 (1988), S. 231–245, oder Michel Espagne: Le saint-simonisme est-il jeune hégélien? – In: Regards sur le saint-simonisme et les saint-simoniennes. Hrsg. von J. R. Derré. Paris 1986, S. 45–71.

7   Die Saint-Simonisten erklären die Rolle Deutschlands in ihrer »heiligen Allianz« in dem Artikel »Du rôle qui convient à l'Allemagne et à la Prusse en particulier« im »Globe« des 16. Juni 1831 (N° 167) wie folgt: »Il est aujourd'hui trois peuples [...] représentant plus spécialement chacun l'une des faces du développement de l'humanité, morale, industrie, science : ce sont les Français, les Anglais et les Allemands. La France représente plus particulièrement les sentiments généreux, les sympathies sociales; elle est pleine de dispositions bienveillantes pour

tous, elle est destinée à former le lien de l'association, elle est la personnification de l'amour entre les peuples, de la morale générale. [...] Mais l'Allemagne, cette grande nation éminemment destinée à représenter l'élément rationnel ou scientifique, dont les égarements mystiques et le philosophisme souvent vaporeux dénotent une haute aptitude intellectuelle à qui il ne manque qu'une direction.« Die Ähnlichkeit zwischen dieser Passage und der hegelschen Perspektive einer historischen Arbeitsteilung zwischen Deutschland und Frankreich ist frappierend. »An dieser großen Epoche in der Weltgeschichte [...] haben nur zwei Völker teilgenommen, das deutsche und das französische Volk, so sehr sie entgegengesetzt sind, oder gerade weil sie entgegengesetzt sind. [...] In Deutschland ist dies Prinzip als Gedanke, Geist, Begriff, in Frankreich in die Wirklichkeit gestürmt.« G. W. F. Hegel: Werke in zwanzig Bänden. Bd. 20: Vorlesungen über die Geschichte der Philosophie III. Stuttgart 1971, S. 314.

[8] Der Text lautet: »Le célèbre auteur allemand, docteur Heine, se trouve depuis avant-hier à Paris. C'est un de ces hommes jeunes et courageux qui, défendant la cause du progrès, ne craignent pas de s'exposer aux inimitiés des camarillas et des nobles. M. Heine, plein de verve et de franchise, a consacré sa plume à la défense des intérêts populaires en Allemagne, sans se refermer toutefois, dans une étroite nationalité. Ses Reisebilder et ses écrits sur les malheurs récents des provinces rhénanes qui l'ont vu naître, et, sur l'Histoire de la France, lui ont acquis une très grande réputation.« Globe« N° 142 du dimanche 22 mai 1831. Vgl. auch Die französische Heine-Kritik. Bd. 1: Rezensionen und Notizen zu Heines Werken aus den Jahren 1830–1834. Hrsg. von Hans Hörling. Stuttgart, Weimar 1996, S. 51.

[9] In dem Artikel mit dem Titel »De la Révolution de Goettingue« steht : »La révolution de juillet vint de tomber comme un coup de foudre au milieu de ce calme plat. »Alors« dit un patriote allemand, le spirituel Heine, le coq gaulois chanta pour la seconde fois. En Allemagne aussi il commença à faire jour ; nous nous frottâmes les yeux, nous fûmes étonnés, et nous nous demandâmes que faisions-nous pendant la longue nuit qui vient de s'écouler? » – In einer Fußnote wird hier direkt auf die »Kahldorf«-Schrift verwiesen. Vgl. auch Die französische Heine-Kritik [Anm. 8], S. 57.

[10] Die »Gemäldeausstellung in Paris« wurde zunächst als Serie im »Morgenblatt« veröffentlicht, und zwar vom 27. Oktober (Nr. 257) bis zum 16. November 1831 (Nr. 274).

[11] »Il existe des hommes qui par un heureux privilège, tiennent à la fois des artistes et des penseurs ; en même temps qu'ils savent comprendre une idée progressive, ils possèdent le don de la vivifier en l'exprimant avec enthousiasme, avec poésie. De tels hommes sont faits pour apprécier les premiers toute la grandeur des vues Saint-Simoniennes sur l'aveu de l'art. C'est avec une vive satisfaction que nous venons aujourd'hui enregistrer un de ces cas vraiment exceptionnel. L'écrivain qui nous a si bien compris est un Allemand et son nom est connu de tous nos lecteurs: c'est M. Heine.« Vgl. auch Die französische Heine-Kritik [Anm. 8], S. 63. In der selben Ausgabe hatte Heine auch eine Stelle in einem Artikel mit dem Titel »Sur le cours d'histoire de M. Saint-Marc Girardin« (gezeichnet P. Rochette) angestrichen.

[12] Wir können hier zum Beispiel Sainte-Beuve nennen – dessen Reserviertheit gegenüber Heine definitiv keine Ausnahme war –, der 1833 trocken konstatierte, dass »Herr Heine bei uns vor der Julirevolution nicht bekannt war« und er sich des Weiteren nicht viel um Heine scherte. Sainte-Beuve: Recension pour »de la France«. – In: Le National. 1833. Nr. 220. Vgl. Die französische Heine-Kritik [Anm. 8], S. 267.

[13] »Heine sait être grand et terrible sans jamais cesser d'être élégant et spirituel. C'est la colère de Mirabeau joint à l'ironie facile et spirituelle de Paul-Louis Courrier. [...] Si, comme nous le croyons, le temps est proche où l'Allemagne et la France se donneront la main pour

réaliser la sainte-alliance des peuples, une belle mission est réservée à M. Heine dans ce grand œuvre. Avec une raison aussi puissante et un cœur aussi poétique, on ne saurait prendre place ailleurs que parmi les hommes de progrès et d'avenir.«

[14] Vgl. Picon [Anm. 2], S. 136.

[15] Philippe Régnier: Späte Wiederbelebung der intellektuellen Allianz zwischen Deutschland und Frankreich: Moses Hess, Karl Ludwig Michelet und die Saint-Simonisten der *Revue philosophique et relgieuse* (1855–1857). – In: Hegelianismus und Saint-Simonismus. Hrsg. von H.-C. Schmidt am Busch u. a. Paderborn 2007, S. 159–180, hier S. 159.

[16] »Tout se passe [...] comme si les saint-simoniens ne pouvaient s'intéresser à la philosophie allemande qu'en fonction de ses possibles effets et utilisations dans le contexte français : les condition et les objectifs de leurs importations théoriques déterminent leur sens, c'est-à-dire limitent et l'orient à la fois.« Régnier: Les saint-simoniens et la philosophie allemande [Anm. 6], S. 245.

[17] Vgl. zu diesem Thema Nina Bodenheimer: Heine, Hegelianismus, Saint-Simonismus und »Zur Geschichte der Religion und Philosophie in Deutschland«. – In: HJb 47 (2008), S. 221–234.

[18] Vgl. die Übersicht und Beschreibung bei Eberhard Galley: Heinrich Heines Privatbibliothek. – In: HJb 1 (1962), S. 96–116. Die Nachlassbibliothek im Heine-Institut enthält nur sehr wenige französische Werke – unter anderem die »Scènes de la vie privée« seines Freundes Balzac oder »L'Europe et la Chine« von Michel Chevalier. Es ist allerdings sehr wahrscheinlich, dass die französischen Bücher nach seinem Tode im Besitz Mathildes blieben oder von Henri Julia verkauft wurden. Ein anderer Punkt, der ins Auge springt, ist die Anzahl der nicht aufgeschnittenen Bücher – ein Beispiel dafür wäre seine Ausgabe von Victor Cousin: Über französische und deutsche Philosophie. Aus dem Französischen von Dr. Hubert Beckers. Nebst einer beurtheilenden Vorrede des Herrn Geheimraths von Schelling. Stuttgart, Tübingen 1834. Heine scheint die Einleitung sowie den Text ab der Seite 48 gelesen zu haben, wo es um Eklektizismus geht – zwischen den beiden Stellen ist das Buch allerdings jungfräulich geblieben.

[19] Vor der N° 315 hatte Heine offenbar kein Abonnement, zu groß und regelmäßig sind die Abstände zwischen den einzelnen Ausgaben seiner Kollektion. Im Heine-Institut liegen folgende Nummern des Jahres 1931 vor: 164, 180, 227, 269, 294, 295, 302, 304, 306, 308, 310, 311, 315–365. Weiterhin schien das Abonnement Heines am 9. April 1832 zu enden; er besaß außerdem die Nummern vom 18. und vom 20. April.

[20] Das gilt für den Artikel »Littérature – Iambes par Auguste Barbier« im »Globe« vom 28. Januar 1832 (N° 28) oder »Morale – de la moralité de notre époque« (gezeichnet Ad. Guéroult) vm 22. Februar 1832 (N° 53).

[21] Der Kommentar in der DHA XII, 801 verweist auf Heines Ausspruch »Eine neue Kunst, eine neue Religion, ein neues Leben wird hier geschaffen, und lustig tummeln sich hier die Schöpfer einer neuen Welt.« (DHA XII, 103) aus dem dritten Artikel vom 10. Februar 1832, der in eine direkte Verbindung mit seiner Lektüre des »Globe« vom 9. Februar 1832 (N° 40) gestellt wird. Heine hatte in dieser Nummer mehrere Stellen des Artikels »Morale – Protestation contre la morale chrétienne – Rabelais« (gezeichnet G. Cazavan) angestrichen, wo unter anderem folgendes steht : »Là [des débauches orientales] commence la grande protestation de la chair contre l'austérité claustrale du christianisme ; protestation dont nous aurons à suivre les diverses phrases dans les chroniques, les romans et le théâtre [...]«. Tatsache ist, dass die anderen Stellen, auf die die Herausgeber des XII. Bandes der DHA (Jean-René Derré und Christiane Giesen) in diesem Zusammenhang verweisen, für den dritten Artikel nicht relevant sein können, da sie erst danach verfasst wurden. Eine Evaluation der Bedeutung dieser Passagen außerhalb der »Französischen Maler« ist also noch zu etablieren.

²² Das Thema Heine und Saint-Simonismus ist in der Forschung gewiss präsent, wird aber häufig auf die Frage reduziert, ob man Heine aufgrund seiner eigenen Äußerungen als Saint-Simonisten bezeichnen kann. Die historischen und literarischen Tatsachen sind nun aber viel zu komplex, als dass man sich nur auf diesen Aspekt der Fragestellung beschränken könnte, sondern man muss ebenso die Perspektive der Saint-Simonisten einbeziehen. Denn eine »Beziehung« setzt schließlich immer die Existenz von (mindestens) zwei verschiedenen Elementen voraus, denen Aufmerksamkeit geschenkt werden muss.

²³ »Un Spartiate dit un jour à un malencontreux panégyriste d'Hercule: »Tu le loues, eh! qui le blâme?« En retournant ces paroles en sens inverse, on pourrait les appliquer avec justesse à l'auteur de l'ouvrage que nous annonçons.« Vgl. auch Die französische Heine-Kritik [Anm. 8], S. 58.

²⁴ Heine erwähnt den Philosophen Reynaud, Absolvent der Ecole Polytechnique, nur an einer Stelle, in einem Atemzug mit Pierre Leroux. »Où en est aujourd'hui la grande encyclopédie, à laquelle travaillent avec le plus de zèle Leroux et l'excellent Reynaud?« (DHA XIV, 210)

²⁵ Heine kam demnach erst am 20. September von einem Aufenthalt in Boulogne-sur-Mer nach Paris zurück. Vgl. Mende, 92.

²⁶ »Qu'importent les capacités naturelles? La grossière occupation du métier [...] y passe bien vite un niveau qui les étouffe dans leur enfance et qui les empêche de prendre un imprudent essor. Imprudent ! car de terribles précipices environnent ceux qui, fiers de leurs forces et dédaigneux de l'immobile condition de leurs pères, veulent, au milieu de la société qui les entoure, s'ouvrir d'autres voies, se créer une existence nouvelle.«

²⁷ »[...] songez que les rois de nos jours ne peuvent pas être des David, des Salomon, rois et prophètes à la fois. Ne prenons pas le présent pour l'avenir, il y a encore deux pouvoirs dans le monde, celui des prophètes et celui des rois. [...] ces deux pouvoirs ne finiront pas par une bataille, ou bien ils périraient tous deux, et l'humanité avec eux, car le vainqueur ne pourrait régner sur l'avenir, qui ne veut qu'un maître pacifique et non un bourreau couvert de sang.« (HSA XXIV, 347)

²⁸ Wir lassen Kant hier mit Absicht beiseite, da er für Heine weniger bedeutend war, auch wenn unser Dichter natürlich unter dem Einfluss der kantischen Kritik stand.

²⁹ Wir verweisen zu diesem Thema erneut auf die Arbeiten von Philippe Régnier [Anm. 6 und 15].

³⁰ Der Saint-Simonist Gustave d'Eichthal, zunächst Schüler von Auguste Comte, wurde 1824 in Berlin von Abraham Mendelssohn auf »Die Erziehung des Menschengeschlechts« von Lessing aufmerksam gemacht. Er brachte das Werk anschließend nach Frankreich, wo er übrigens auch versuchte, die hegelianische Philosophie bei den Saint-Simonisten einzuführen. Vgl. Paola Ferruta: Les »deux mondes« saint-simoniens et la différence sexuelle: une relecture des transferts culturels franco-allemands autour de 1830. – In: L'actualité du Saint-Simonisme – Colloque de Cérisy. Hrsg. von Pierre Musso. Paris 2004, S. 252.

³¹ »Nur dass sie ihn übereilten; nur dass sie ihre Zeitgenossen die noch kaum der Kindheit entwachsen waren, ohne Aufklärung, ohne Vorbereitung, mit eins zu Männern machen zu können glaubten, die ihres dritten Zeitalters würdig wären.« G. E. Lessing: Die Erziehung des Menschengeschlechts. Stuttgart 1999, S. 29.

³² Vgl. Doctrine de Saint-Simon – Exposition, première année – Deuxième séance : Loi du développement de l'humanité, vérification de cette loi par l'histoire. Hsrg. von C. Bouglé und Élie Halévy. Paris 1924, S. 166, Anm. 2.

³³ Mehrere Saint-Simonisten hatten in den 1820er Jahren Zeit in Berlin verbracht und sich dort auch mehr oder minder mit der hegelianischen Philosophie vertraut gemacht – so zum

Beispiel Jules Lechevalier, Eugène Lerminier und Gustave d'Eichthal. Philippe Régnier widmet sich diesem Thema in seinem bereits zitierten Artikel. Vgl. Régnier: Les saint-simoniens et la philosophie allemande [Anm. 6].

34 Später machte sich Pierre Leroux über seinen ehemaligen »Père Suprême« lustig: »La France connaît bien les idées exposées par Monsieur Enfantin. Il faudra bien qu'on sache un jour que la métaphysique de M. Enfantin est positivement celle de Hegel, et que c'est à la suite de Hegel que l'école saint-simonienne s'est égarée. – L'école saint-simonienne renfermait un germe pur et divin dans sa doctrine de la perfectibilité conséquence directe de la philosophie du XVIIIe siècle ; mais elle manquait d'une métaphysique, lorsque les hégéliens lui apportèrent de Berlin la doctrine de Hegel, l'incarnation. [...] M. Enfantin, avec son génie pour la métaphysique, sa facilité d'intelligence, son désir immodéré d'application, ne fut réellement d'abord que l'éditeur de ce travail des hégéliens du saint-simonisme.« Pierre Leroux: Cours de la philosophie de Schelling. – In: Revue Indépendante. 1843, Bd. III, S. 332 f.

35 Im Herbst/Winter 1831 verbrachte Heine auch relativ viel Zeit mit Börne, dessen Pariser Appartement sich langsam in einen republikanischen Treffpunkt verwandelte – eine Entwicklung, die Heine von Anfang an misstrauisch beobachtete. Vgl. Michael Werner: Börne in Paris (1830–1837). Zum Problem der Verständigung zwischen deutscher und französischer Kultur im 19. Jahrhundert. – In: Ludwig Börne. Zum 200. Geburtstag. des Frankfurter Schriftstellers. Freiheit, Recht und Menschenwürde. Hrsg. von Alfred Estermann. Stuttgart 1986, S. 261–270, hier S. 263.

36 Die Informationen zu G. Cazavan bleiben rudimentär und schwer aufspürbar. Er hatte mehrere Artikel im »Globe« veröffentlicht, alle zum Thema der Moral in der Julimonarchie, und man kann ihn als einen Freund des sozialistischen Republikaners Auguste Blanqui (1805–1881) identifizieren. Vgl. Textes choisis d'Auguste Blanqui. Hrsg. von V. P. Volguine. Québec 1971, S. 41.

37 »Nous avons annoncé que nous venions améliorer le sort moral, physique et intellectuel de la classe la plus malheureuse, que la classe la plus malheureuse ce sont les industriels salariés, les artistes et les femmes, et nous disons que ces trois ordres ont une corrélation intime, une solidarité commune [...]. On sent bien au premier abord le lien qui unit la femme aux beaux arts, et les beaux arts à l'industrie [...].«

38 Saint-Marc Girardin (1801–1873) war ein französischer Politiker und Literaturkritiker, dazu befreundet mit Eduard Gans. Vgl. Eduard Gans – Hegelianer – Jude – Europäer. Texte und Dokumente. Hrsg. von Norbert Waszek. Frankfurt a.M. 1991, S. 49 f. Er war Mitarbeiter am »Journal des Débats« und der »Revue des deux Mondes« und wurde 1844 zum Mitglied der Académie Française gewählt.

39 Paul Rochette war ein ehemaliger Rhetoriklehrer und ein begeisterter Anhänger der saint-simonistischen Doktrinen. Er nahm später auch an der Konklave in Ménilmontant teil – als Küchenhilfe. Vgl. d'Allemagne [Anm. 2], S. 273.

40 »[...] l'humanité ne peut aller misérablement finir son existence dans une arrière-boutique, pas plus qu'elle ne peut [...] s'abandonner aux orgies brillantes, mais nécessairement impuissantes d'une sentimentalité désordonnée. Elle a à rallier dans le temple [...] les besoins matériels non moins que ceux de l'intelligence et de l'amour.«

41 Im Mai 1832 schreibt Heine an Karl August Varnhagen von Ense: »Was mich betrifft, ich interessire mich eigentlich nur für die religiösen Ideen, die nur ausgesprochen zu werden brauchten, um früh oder spät ins Leben zu treten.« (HSA XXI, 37)

42 »L'ordre et l'harmonie ne renaîtront dans l'état et dans la famille qu'à la condition de donner satisfaction aux penchants légitimes qui ont pu être méconnus par la religion chrétienne

[…]. Il existe en amour une nature sensuelle […] dont le Christianisme n'a pas senti la valeur, qu'il a anathématisée, et qu'il a toujours travaillé à comprimer sans pouvoir y réussir.«

43 Vgl. auch den entsprechenden Kommentar in DHA XII, 801.

44 Charles de Lacretelle (1766–1855) war Jurist, Journalist und Historiker. Nach der Französischen Revolution berichtete er im »Journal des Débats« über die Debatten der Nationalversammlung und wurde zwischen 1797 und 1799 wegen seiner royalistischen Ansätze eingesperrt. Man wählte ihn 1811 zum Mitglied der Académie Française und rief ihn als Historiker an die Sorbonne, wo er ab 1812 lehrte. Leider haben sich zur Person von Aigard keine Informationen gefunden. Heine erwähnt weder Lacretelle noch Aigard in seinem Werk.

45 »[…] c'est sur la défiance, c'est-à-dire sur le sentiment le plus anti-social, que d'illustres raisonneurs se sont sérieusement efforcés d'élever une société. Et quelque misérable que soit cette base, je soutiens que des législateurs athées ne pouvaient, sous peine d'inconséquence, en donner une autre à leur œuvre sans nom: car la défiance est le seul sentiment que l'athéisme ne nie pas; c'est du moins le seul qui ne le fasse pas rire.«

46 In der gleichen Ausgabe des »Globe« kündigte Olinde Rodrigues übrigens seine Trennung von Enfantin an. Rodrigues war einer der einzigen wirklichen Schüler Saint-Simons gewesen und hatte in der Gruppe die Rolle des »Religionsvaters« übernommen. Rodrigues war Enfantin zwar noch nach dem Schisma mit Bazard treu geblieben, wandte sich jedoch ab, als ihm das volle Ausmaß des enfantinistischen Libertinismus bewusst wurde. Für die Gruppe war der Weggang Rodrigues' eine finanzielle Katastrophe, da der ehemalige Bankier immer gewusst hatte, wo ein Kredit aufzutreiben war.

47 »Je parlerai donc surtout des femmes, et pour les femmes qui ont quitté le temple pour aller au théâtre, qui ont déserté le confessionnel et la sainte table pour l'éblouissante communion du bal, qui lisent Clarisse, la Nouvelle Héloïse ou Corinne, et qui n'ont jamais ouvert un Evangile. […] Toutes ces femmes n'ont jamais pu trouver dans la foi chrétienne la justification de l'amour que Dieu leur avait donné. […] J'ai glorifié DIEU, SAINT-SIMON et MOI-MEME: DIEU de m'avoir révélé dans ces femmes sa volonté éternelle de progrès […]; SAINT-SIMON de m'avoir pénétré du sentiment qui nous ordonne d'améliorer le sort de la classe la plus pauvre et la plus nombreuse, et MOI, votre père, d'avoir eu assez de courage pour me placer en face du monde et de vous-mêmes et appeler dans le nouveau temple tous les hommes et toutes les femmes que l'église chrétienne a précipité dans son enfer […].«

48 Adolphe Georges Guéroult (1810–1872) war Journalist und engagierter Saint-Simonist. Heine schien ihn zu kennen, da Guéroult ihm einen Brief von Enfantin überbrachte, wie Mathieu Aglaé in einem Brief an Heine vom 8. Dezember 1835 berichtet (vgl. HSA XXIV, 362). In Heines Werk wird er nicht erwähnt.

49 »La seule morale aujourd'hui connue en Europe c'est la morale du catéchisme, la morale chrétienne. Ses prescriptions sont sévères, le Dieu pur esprit recommande la mortification des sens […]. L'infidélité dans les mariages, l'amour hors mariage, sont des crimes auxquels le feu de l'enfer est promis. Or, à Paris seulement, la morale fait payer patente 35.000 prostituées et sur 24.000 naissance on en compte 9.000 illégitimes. Il paraît qu'on ne croit plus guère au feu de l'enfer.«

50 Jean Terson verfasste folgende Schriften für die Saint-Simonisten: »Un saint-simonien au peuple de Lyon« (1834), »Le cri du peuple« (1835) und »Mémoires d'un apôtre saint-simonien« (1979 neu aufgelegt bei F.A.O.L.). Heine erwähnt Terson nicht in seinem Werk.

51 »Ce n'est que successivement et instinctivement que l'humanité a senti et pratiqué Dieu. D'abord, c'est l'aspect matériel, puis l'aspect spirituel du grand Etre qui se sont manifestés aux

hommes du progrès. Jusqu'à Jésus c'est le culte du monde physique, depuis Jésus c'est le culte du monde intellectuel. [...] L'anathème que Jésus a lancé contre la chair et la matière [...] durera-t-il toujours sur l'humanité ? [...] Richesse, bonheur, liberté sur cette terre [...] je vous le dis, cette devise est selon Dieu, mais elle n'est pas chrétienne. [...] » Dans l'ère nouvelle [...], toutes ses facultés recevront leur légitime satisfaction. La chair ne sera plus ni salie, ni reprouvée [...].«

52 »Toute personne dont la situation morale est satisfaisante n'a rien à craindre du fléau. C'est ainsi que nous, qui avons une foi et qui contemplons l'avenir d'un œil calme, nous ne pouvons pas être atteints.«

II.

Adolphe-François Loève-Veimars als Übersetzer und Mittler Heinrich Heines

Von Leslie Brückner, Freiburg und Paris

Als Heinrich Heine im Mai 1831 nach Paris kommt, sind seine Werke in Frankreich praktisch unbekannt. Die ersten Auszüge aus Heines in Deutschland sehr erfolgreichen »Reisebildern« erscheinen ab Sommer 1832 in der renommierten »Revue des Deux Mondes«, übersetzt von Adolphe-François Loève-Veimars. Wer war jener Literat und Publizist, den Heine einmal als »eine der besten Federn Frankreichs« (HSA XXI, 46) bezeichnet? In welcher Beziehung stand er zu Heine? Welche Rolle spielte er als Übersetzer und Mittler zwischen Heine und dem französischen Publikum?

I.

Adolphe-François Loève-Veimars nimmt schon in den 1820er Jahren eine Mittlerstellung zwischen Frankreich und Deutschland ein. Seine Biographie weist zudem einige interessante Parallelen zu Heine auf. Ein französischer Zeitgenosse schreibt über ihn: »Je le soupçonnais un peu d'être Allemand; Allemand de la même manière que Henri Heine serait Français.«[1] Sehr treffend verweist dieses Zitat auf Loève-Veimars' Identität zwischen Frankreich und Deutschland, die durch seine deutsch-jüdische Herkunft geprägt ist.[2]

Adolphe-François Loève-Veimars wird 1799 oder 1801 in Paris geboren.[3] Seine Eltern sind immigrierte deutsche Juden – der ungewöhnliche Doppelname »Loève-Veimars« verweist durch die Elemente »Löw« und »Weimar« auf jüdische und deutsche Ursprünge. Nach dem Sturz Napoleons geht die Familie im Jahr 1814 nach Hamburg, wo Adolphe-François eine Zeit lang eine kaufmännische Ausbildung macht und seine Deutschkenntnisse verbessert. So absolviert er praktisch zur selben Zeit wie Heine eine Ausbildung in der Handelswelt Hamburgs.[4] Kennen gelernt haben sich die beiden jungen Männer dort allerdings nicht, zumindest gibt es keinerlei Hinweis darauf in Heines oder Loève-Veimars' Texten.

Loève-Veimars lässt sich um 1819 katholisch taufen und kehrt nach Paris zurück. Ob seine Ausreise aus Deutschland mit den Hep-Hep-Krawallen in Zusammenhang steht, ist nicht bekannt.[5] Die christliche Taufe ist, zumindest in manchen Aspekten, eine weitere Parallele zu Heines Biographie.[6] Loève-Veimars' Taufe ist ein Schritt der Anpassung an die – in seinem Fall katholische – französische Gesellschaft. Allerdings geht er auf dem Weg der Assimilation wesentlich weiter als Heine: Mit aller Kraft strebt er nach der Anerkennung als »lupenreiner« Franzose, verleugnet seine jüdische und sogar seine deutsche Herkunft konsequent vor seinen Pariser Bekannten.[7] Auch Heine hat davon vielleicht nicht gewusst.

In Paris arbeitet der junge Loève-Veimars zuerst als Angestellter im Bankhaus des deutsch-jüdischen Bankiers Delmar, den Heine später in der »Lutezia« als »aus dem Wasser gezogenen« Baron und assimilierten Konvertiten verspotten wird (DHA XIII, 53 f.). Allerdings kündigt er bald und versucht, sich als Schriftsteller zu etablieren.[8] 1822 publiziert er sein Erstlingswerk »Les Manteaux«. Sein Geld verdient Loève-Veimars im Pariser Verlagsbetrieb vor allem mit Übersetzungen aus dem Deutschen: Er überträgt geschichtliche Abhandlungen, historische Romane der damaligen Erfolgsautoren Heinrich Zschokke und Franz van der Velde und schließlich, ab 1829, das Gesamtwerk E. T. A. Hoffmanns. Diese Übersetzung ist Auslöser und Grundlage einer wahren Hoffmann-Begeisterung in Frankreich, ein wichtiger Beitrag zum deutsch-französischen Kulturtransfer.[9]

Als Übersetzer E. T. A. Hoffmanns wird Loève-Veimars zu einer bekannten Figur des literarischen Lebens in Paris. Ab 1830 macht er sich zudem als scharfzüngiger Theaterkritiker im Feuilleton der Tageszeitung »Le Temps« einen Namen. Der Zeitgenosse Maxime Du Camp beschreibt den Kritiker in seinen »Souvenirs littéraires« als Institution des literarischen Lebens in Paris:

> Parmi les fantômes qu'évoquent mes souvenirs, Lœve-Veimars fut un des plus célèbres [...]. Au spectacle, sur les promenades, on se le montrait du doigt et l'on disait: C'est lui! Pendant les entr'actes, à sa stalle d'orchestre, il se tenait immobile sous le jeu des lorgnettes et n'en était pas gêné. On s'écartait lorsque, dans les couloirs du théâtre, il passait en souriant comme un souverain auquel les hommages sont dus.[10]

So ist der Übersetzer und Publizist in den 1830er Jahren in Frankreich eine bekannte Persönlichkeit: als einflussreicher Theaterkritiker, stadtbekannter Dandy und Mitarbeiter literarischer Zeitschriften wie der »Revue de Paris« verkehrt er in den Kreisen der französischen Romantiker, in Charles Nodiers Salon im Arsenal, mit Stendhal, mit Balzac beinahe von gleich zu gleich.

II.

Am 15. Juni 1832 publiziert Loève-Veimars in der »Revue des Deux Mondes«, einer der wichtigsten literarischen Zeitschriften der Epoche, einen Auszug aus Heinrich Heines »Harzreise«. Es ist die erste französische Übersetzung aus Heines literarischem Werk: Zuvor waren in Frankreich lediglich Auszüge aus den »Französischen Zuständen« übersetzt worden (Januar und März 1832). In den folgenden Ausgaben der »Revue des Deux Mondes« erscheinen zwei weitere Übersetzungen aus Heines »Reisebildern« von Loève-Veimars: am 15. September Auszüge aus »Ideen. Das Buch le Grand« – einem Text, der für das französische Publikum wegen seiner Thematik besonders interessant ist – und am 15. Dezember Auszüge aus »Die Bäder von Lukka« und »Die Stadt Lukka«.[11] Heines »Reisebilder« ordnen sich dabei in ein zentrales Interessensgebiet der »Revue des Deux Mondes« ein, die aus einer Zeitschrift für Reiseliteratur hervorgegangen war und viele Reiseberichte publizierte.

Loève-Veimars präsentiert dem französischen Publikum den bis dahin unbekannten Autor in einem kurzen Vorwort zu seiner »Harzreise«-Übersetzung. Er stellt ihn als Vertreter einer neuen literarischen Schule der deutschen Literatur dar, deren Charakteristikum die »doctrine du désespoir de cause«, wörtlich »Doktrin der Verzweiflung«, sei. Vor allem Heines Satire auf Deutschland wertet er als Neuerung in der deutschen Literatur. Es sei das erste Mal, dass sich ein Deutscher einen so freimütigen und bissigen Spott auf jene »veralteten Gefühle« erlaube, die man in Deutschland noch »Enthusiasmus, Liebe, Patriotismus, Familienbande« nenne, die aber in Frankreich schon seit dem 18. Jahrhundert als veraltete Vorurteile betrachtet würden.

> C'est la première fois qu'un Allemand se permet une raillerie aussi franche et aussi incisive de ces choses dont on se raille depuis long-temps parmi nous, de ces sentimens vieillis dont le dix-huitième siècle a fait justice, qu'on nomme encore en Allemagne enthousiasme, amour, patriotisme, lien de famille, etc; mais que nous désignons, nous autres, sous le nom générique de préjugés.[12]

Im Gegensatz zu jenen deutschen Autoren, welche offen, aber erfolglos eine Revolution forderten, kritisiere Heine das Deutschland der Restaurationsepoche durch seine Satire. In der »Harzreise« sieht Loève-Veimars ein besonders gelungenes Beispiel dafür, da der Autor seine Deutschlandsatire hier an einem »symbolischen Ort« der deutschen Literatur ansiedelt, der dem französischen Leser schon durch Goethes »Faust« bekannt ist. In der französischen Fassung der »Harzreise« verstärkt Loève-Veimars diesen Bezug durch den Untertitel »Excursion au Blocksberg«.

Betrachten wir exemplarisch Loève-Veimars' Übertragung der »Harzreise«, so zeigt sich, dass der Übersetzer mit Heines Originaltexten sehr frei umgeht. Für die Veröffentlichung in der »Revue des Deux Mondes« hat er die »Reisebilder« erheblich, die »Harzreise« praktisch um die Hälfte, gekürzt.[13] Es handelt sich also um einen Auszug aus der »Harzreise«, ohne dass der französische Leser darauf hingewiesen würde.

Der erste große Eingriff in die Textform besteht darin, dass die in der »Harzreise« enthaltenen Gedichte nicht mit übersetzt werden. Vielleicht konnte der Übersetzer historischer Romane Heines Lyrik nicht adäquat übertragen, außerdem war es im französischen Gattungssystem der Zeit nicht üblich, in eine Reisebeschreibung Gedichte einzufügen. Durch diesen Eingriff geht formal wie inhaltlich viel verloren: Aus Heines kunstvoll verwobener Mischform aus Vers und Prosa wird in der französischen Übersetzung ein reiner Prosatext. Außerdem werden einige Anspielungen auf Personen oder kulturelle Elemente aus dem deutschen Kontext stillschweigend an das französische Publikum angepasst oder verallgemeinert, so z. B. Gottschalks »Taschenbuch für Harzreisende« (DHA VI, 89) als »le Guide du voyageur«.[14]

Auch auf stilistischer Ebene nimmt sich Loève-Veimars viele Freiheiten heraus. Heines Wortspiele werden zum Teil nachgebildet, an mancher Stelle lässt der Übersetzer aber auch besonders schwierige oder eigentümliche Wendungen weg oder vereinfacht sie.[15] Loève-Veimars hat besonders dort oft eingegriffen, wo Heine den sentimentalen Stil der deutschen Romantik parodiert. Ein Beispiel gibt der junge Enthusiast auf dem Brocken, der in schwülstigem Ossian-Stil zu seinem Freund sagt: »Meine Seele ist traurig! Komm mit mir hinaus in die dunkle Nacht!« (DHA VI, 125). Im französischen Text steht nur: »Je suis triste, sortons.«[16]

Überhaupt kürzt der französische Übersetzer viele Textstellen, die das subjektive Erleben des reisenden Ich-Erzählers betreffen. Einerseits entfallen autobiographisch getönte Stellen, die auf persönliche Erfahrungen oder konkrete Personen aus Heines Umfeld Bezug nehmen, etwa die Literaturkritik in der Walpurgisnacht oder die Justitia-Episode. Andererseits fehlen im französischen Text die vier nächtlichen Episoden: die Albträume, die den reisenden Jurastudenten in der Nacht verfolgen (Justitia-Traum, das rationale Gespenst Saul Ascher), aber auch das traumhafte Rittermärchen und Liebesabenteuer. Märchenhafte und erotische Elemente werden auch im übrigen Text gedämpft oder gekürzt. Schließlich hat der Übersetzer auch die Naturerfahrung des Ich-Erzählers verändert: Naturbeschreibungen, in denen man bei Heine nicht sofort weiß, ob der idyllisch-romantische Ton ironisch oder ernst gemeint ist, sind meist entfallen.[17] Die Tendenz, das »Subjektive« zu dämpfen, lässt sich auch auf stilistischer Ebene bemerken: Das

»Ich« des autodiegetischen Erzählers wird im Französischen oft in verallgemeinernden Wendungen wie »on« oder »nous« (»man« und »wir«) wiedergegeben.[18]

Loève-Veimars' Eingriffe bewirken einige Akzentverschiebungen zwischen dem Original und dem französischen Text. Durch die Kürzung von Abschweifungen wird Heines assoziativer Stil stärker vereinheitlicht. Indem Unheimliches, Erotisches und Romantisches wegfällt, wird der Text bis zu einem gewissen Grade rationalisiert. Heines ambivalentes Verhältnis zur romantischen Natur- und Liebeserfahrung, das sich auch in den Gedichten ausdrückt, wird im französischen Text vereinfachend in Richtung Satire verschoben. Während die emotional und subjektiv gefärbten Passagen reduziert werden, bleiben die Elemente der Reisebeschreibung – die Stationen der Reise und Beschreibungen von Sehenswürdigkeiten – sowie die Gesellschaftssatire, die Philistersatire auf die Göttinger Professoren und die Reisegesellschaft auf dem Brocken erhalten.

So wird aus Heines offener Form des »Reisebilds« in der französischen Version ein satirischer Reisebericht à la Sterne. Passend zu seinem Vorwort präsentiert Loève-Veimars dem französischen Publikum Heinrich Heine als Autor satirischer Prosa, der Dichter Heine aber, der »letzte[] Fabelkönig« der Romantik (HSA XXII, 181), bleibt dem französischen Publikum unbekannt und wird erst viel später, mit der ersten Übersetzung seiner Lyrik zugänglich.[19]

Man geht davon aus, dass sich Heine und Loève-Veimars im Sommer 1832, vermutlich nach dem Erscheinen der »Harzreise«-Übersetzung, persönlich kennen lernen. Auffällig ist jedenfalls, dass Loève-Veimars' zweite Heine-Übersetzung für die »Revue des Deux Mondes«, die »Histoire du Tambour Legrand«, wesentlich näher am Originaltext orientiert ist als die »Harzreise«. Diesmal wird der Text auch als Fragment (»Fragmens traduits de H. Heine«) bezeichnet, und der Übersetzer entschuldigt sich in einer Fußnote dafür, dass man dieses Prosastück aus Platzmangel leider nicht in voller Länge wiedergeben könne.[20] Der Übersetzer tritt in der »Revue des Deux Mondes« zunehmend zugunsten des Autors in den Hintergrund: Die »Harzreise«, obgleich »traduit de H. Heine«, erscheint im Inhaltsverzeichnis der Zeitschrift unter dem Namen »A. Loève-Veimars«, der den Text auch unterzeichnet. Die Übersetzung des »Tambour Le Grand« ist schon mit »H. Heine« unterschrieben, der dritte Text wird nicht mehr als Übersetzung, sondern einfach als »Les Bains de Lucques« von »Henri Heine« präsentiert.

In die französische Buchausgabe der »Reisebilder« (»Tableaux de Voyage«) von 1834 übernimmt Heine nur eine der drei Übersetzungen: Loève-Veimars' am Originaltext orientierte Übertragung des »Tambour Legrand«. »Die Bäder von Lukka« und die »Harzreise« lässt er neu überarbeiten. Rückblickend aber lobt er Loève-Veimars' Übertragungen für die »Revue des Deux Mondes« und lästert über den »sehr schwerfälligen Übersetzer« und das »schlechte Französisch« der Buchausgabe (vgl. HSA XXIII, 259).

Trotz der adaptierenden Übersetzungspraxis ist die Publikation von Loève-Veimars' Übersetzungen der »Reisebilder« in der renommierten »Revue des Deux Mondes« für Heine ein bedeutender Schritt, um als Prosa-Autor in Frankreich bekannt zu werden. Nun interessieren sich auch andere Pariser Zeitschriften für den deutschen Autor: In der »Nouvelle Revue Germanique« erscheint ebenfalls eine Übersetzung der »Harzreise« (1. Juli 1832), die »Revue de Paris«, in der Loève-Veimars mehrfach publiziert hatte, veröffentlicht Ende Juli die ersten beiden Kapitel der »Englischen Fragmente« (22. Juli 1832). Außerdem kann Heine weiterhin in der »Revue des Deux Mondes« publizieren: Von März bis Dezember 1834 veröffentlicht er dort die philosophiegeschichtlichen Artikel »De l'Allemagne depuis Luther«, aus denen später »Zur Geschichte der Religion und Philosophie in Deutschland« entsteht. Schließlich wird der deutsche Autor zur Mitarbeit an der neu gegründeten Zeitschrift »L'Europe littéraire« aufgefordert. In den »Geständnissen« schreibt Heine rückblickend, »daß sich bald mein Ruf in ganz Paris verbreitete, und die Direktoren von Zeitschriften mich aufsuchten, um meine Collaborazion zu gewinnen.« (DHA XV, 26) Es ist ziemlich wahrscheinlich, dass sein »verblüffende(r) Siegeszug«[21] in den Pariser Zeitschriften nicht nur – wie Heine es in den »Geständnissen« darstellt – auf einen vierschrötigen Cancan-Tänzer und dessen Damenbekanntschaften, sondern vor allem auf seine Bekanntschaft mit dem eleganten und gut vernetzten Übersetzer Loève-Veimars zurückgeht.

III.

Durch Heines Mitarbeit in der neu gegründeten Zeitschrift »L'Europe littéraire« ergibt sich eine weitere Zusammenarbeit mit Loève-Veimars. Der Übersetzer ist ebenfalls Mitarbeiter der Zeitschrift und steuert auch eigene Texte, u. a. die Erzählung »La Maréchale de Mailly«, bei. Die glanzvollen Diners, zu denen Victor Bohain, der Gründer der Zeitschrift, den erlesenen Zirkel seiner Mitarbeiter einlädt und die Heine in »Geständnisse« retrospektiv beschreibt, sind für den deutschen Dichter auch ein wichtiger sozialer Anknüpfungspunkt an das Pariser literarische Leben. Bohain bittet Heine um »einige Artikel über Deutschland in dem Genre der Frau von Staël« (DHA XV, 27) für die »L'Europe littéraire«. Heine hat die Ehre, die erste Nummer der Zeitschrift am 1. März 1833 mit seinem Artikel »Etat actuel de la littérature en Allemagne« zu eröffnen. Weitere sieben Artikel der Serie – die Keimzelle der »Romantischen Schule« – erscheinen bis zum 24. Mai 1833.

Heine verfasst die Artikelserie allerdings auf Deutsch und lässt sie von Loève-Veimars übertragen. Die französischen Versionen der Artikel entstehen laut Heine in »langstündige[m] Zusammenarbeiten« (DHA II, 207) mit dem Übersetzer. Wir können daher von einem direkten Einfluss Loève-Veimars' auf den endgültigen französischen Text ausgehen. Leider ist dieser Einfluss des Übersetzers anhand der zum Teil erhaltenen Manuskripte nicht mehr genau zu rekonstruieren[22]: Einträge von Loève-Veimars' Hand finden sich nicht; außerdem verwendete Heine die Manuskripte, die als Grundlage der Übersetzung dienten, parallel für die deutsche Ausgabe (»Zur Geschichte der neueren schönen Literatur in Deutschland«), die bei Heideloff und Campe in Paris erschien. Alle Veränderungen am Manuskript sind daher von Heine autorisiert und nicht mehr genau datierbar. Der Vergleich mit den deutschen Manuskripten beweist aber, dass die französischen Artikel für die »Europe Littéraire« sehr genau, eigentlich wortgetreu übersetzt werden. Heine übernimmt die von Loève-Veimars übertragenen Artikel dann auch in die französische Buchausgabe von »De l'Allemagne«, die 1834/35 im Verlag Renduel erscheint.[23]

Einige Briefe belegen die freundschaftliche Beziehung zwischen dem Autor und seinem ersten französischen Übersetzer. Die ersten beiden Briefe stammen vermutlich aus der Zeit der Übersetzungen für die »Revue des Deux Mondes« im Sommer 1832. Heine schreibt auf Deutsch, und Loève-Veimars versucht, auf Deutsch zu antworten – was ihm nicht besonders gut gelingt. Am Manuskript des Briefes kann man erkennen, dass Loève-Veimars die deutsche Kurrentschrift sehr unsicher schreibt und dass er einige Rechtschreibfehler macht:

> Meinetwegen lieber Freund [...]. Gehn Sie aufs Land, bey Eure schöne person, liebet Euch, küßt Euch, aber ich bitte Sie, vergeßen Sie nicht alles, und kommen Sie bey mir Monntag, um 3,4 Uhren. Ganz der Ihrige. LV (HSA XXIV, 135).

Die sprachlichen Unsicherheiten sind für einen Übersetzer deutscher Literatur durchaus ein interessanter Befund – allerdings muss die geringe Verbreitung deutscher Sprachkenntnisse in Frankreich während der Restaurationsepoche berücksichtigt werden.[24] Später schreibt Loève-Veimars seine Briefe an Heine lieber auf Französisch. Der Umgangston ist freundschaftlich: Er schreibt »Mon cher Heine« und unterzeichnet mit »mille amitiés«. In einem Brief erinnert Loève-Veimars den Autor an den Treffpunkt für einen gemeinsamen Ausflug und droht ihm scherzhaft: »Demain mercredi à midi, ne l'oubliez pas, poète que vous êtes! Si vous y manquez, je m'en vengerai en vous faisant dire des bêtises dans vos articles.« (HSA XXIV, 238)[25]

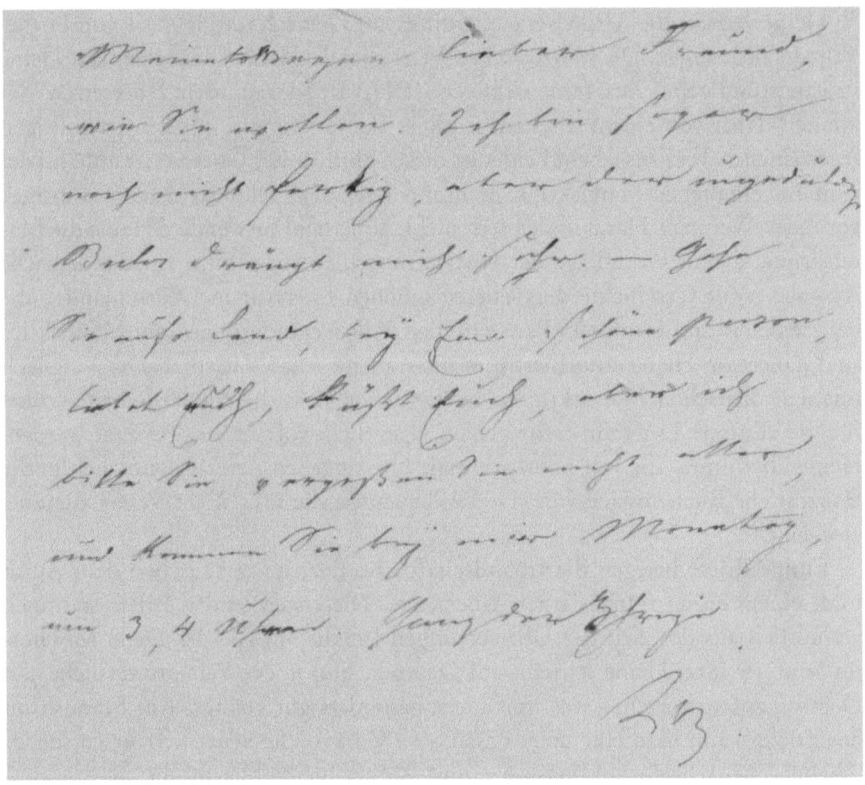

Brief von Adolphe Loève-Veimars an Heinrich Heine, Juli oder August 1832. Heinrich-Heine-Institut, Düsseldorf

Zur Zeit der Zusammenarbeit für die »L'Europe Littéraire« wird Heine seinerseits als Mittler für Loève-Veimars tätig: In einem Brief an Baron Johann Friedrich von Cotta vom 1. Januar 1833 empfiehlt er den Journalisten als Auslandskorrespondenten für die Augsburger »Allgemeine Zeitung«:

> Diese Aufsätze sind nicht von mir, sondern von Herren Loëwe-Weimars, der als eine der besten Federn Frankreich geschätzt wird und den Sie vielleicht aus seinen literarischen Feuilletons im Temps kennen. Ich erachtete es für höchst vortheilhaft ihn mit der Allg. Zeitung in Verbindung zu setzen, indem er, vermittelst seiner höchstbedeutenden Verbindungen politisch am besten unterrichtet ist, in bewegten Zeiten durch besondere Correspondenz sehr schätzbar und in dieser windstillen Zeit durch Mittheilung seiner französischen Artikel sehr nützlich seyn kann. (HSA XXI, 46 f.)

Tatsächlich druckte die »Allgemeine Zeitung« einen Artikel aus Loève-Veimars' Serie »Briefe über französische Staatsmänner«. Ein dauerhafter Vertrag, den Heine hier vorschlägt, wurde meines Wissens nicht geschlossen.

Die Zusammenarbeit zwischen Heine und seinem ersten Übersetzer endet im Mai 1833 mit einem Streit. Es geht um einen Plagiatsvorwurf: Loève-Veimars hatte die Übersetzungen aus der »Revue des Deux Mondes« im Mai 1833 als »morceaux imités de Heine« in seine Sammlung »Le Népenthès« übernommen. Ein Rezensent der »L'Europe Littéraire« wirft dem Übersetzer nun vor, Heine zu plagiieren.[26] Heine ist daraufhin so verärgert, dass er in einem wütenden Brief das Manuskript zu dem 9. Artikel der Serie »Etat actuel de la littérature en Allemagne« zurückfordert und droht, die Zusammenarbeit abzubrechen. Heines Brief ist leider verschollen, aber Loève-Veimars' Antwortbrief ist erhalten. Er versucht, den Autor der »Reisebilder« zu versöhnen, distanziert sich von dem Vorwurf in der »L'Europe littéraire« und sendet den Artikel zurück, den er noch nicht übersetzt hat. Am Ende seines Briefes schreibt er versöhnlich: »S'il vous reste un peut d'esprit vous viendrez me voir et causer amicalement de tout ceci.« (HSA XXIV, 237)[27]

Wollte Loève-Veimars wirklich einen Teil des Ruhmes für sich beanspruchen? Oder hat Heine hier überreagiert?[28] Gab es vielleicht noch ein anderes Problem, etwa dass Loève-Veimars seine Übersetzungen nicht termingerecht fertig stellte? Heine bricht jedenfalls die Zusammenarbeit mit Loève-Veimars ab und sucht sich für seine französische Gesamtausgabe einen anderen Übersetzer. Im Rückblick bezeichnet er den Streit allerdings als »Mißverständniß von seiner Seite und Stolz« (DHA II, 928). Der persönliche Kontakt scheint auch nicht ganz abgebrochen zu sein, denn Heine schickt Loève-Veimars im Juli 1834 sein Porträt als Gips-Medaillon. Dieser bedankt sich mit einer Anspielung auf den steinernen Gast im »Don Juan«:

> Je me plains de ne plus vous voir, et je ne veux pas être traité comme Don Juan. Je compte bien que vous viendrez un peu autrement que sous forme de statue.« (HSA XXIV, 268)[29]

IV.

Loève-Veimars schlägt bald darauf neue Wege ein: Er profiliert sich als politischer Publizist für die »Revue des Deux Mondes« durch scharfe Angriffe auf zeitgenössische Politiker.[30] Der Premierminister Adolphe Thiers reagiert 1836 auf einen diffamierenden Artikel, indem er den scharfzüngigen Publizisten mit einer angeblichen diplomatischen Mission ins ferne Sankt Petersburg entsendet. Während des zweiten Thiers-Kabinetts 1840 – als auch Heine die später umstrittene

Staatspension bewilligt wird – wird Loève-Veimars zum französischen Generalkonsul in Bagdad ernannt, wo er acht Jahre verbringt. Nach der 1848er Revolution wird er schließlich nach Caracas, Venezuela entsandt und stirbt 1854 auf einem Heimaturlaub in Paris.[31]

Damit kommen wir zu dem vielleicht interessantesten Dokument in der Beziehung zwischen Heine und Loève-Veimars: 1855, mehr als zwanzig Jahre nach ihrer Bekanntschaft, verfasst Heine eine biographische Skizze über den kurz zuvor verstorbenen Übersetzer und Diplomaten.[32] Der Text entsteht zunächst als Reaktion auf einen sehr negativen Nachruf auf Loève-Veimars, den Jules Janin am 20. November 1854 im Feuilleton des »Journal des Débats« veröffentlicht hatte.[33] Heine greift Janins Vorwürfe zum Teil wörtlich auf und verteidigt seinen ersten Übersetzer gegen die posthumen Angriffe. So stellt er Loève-Veimars' unechten Baronstitel, den Janin ihm scharf vorwirft, als harmlose Spielerei und »Muth seiner Eitelkeit« (DHA II, 209) dar und betont die republikanische Gesinnung des Übersetzers. Vielleicht hatte Heine vor, seinen Text als Nachruf in einer Pariser Zeitschrift zu veröffentlichen, vielleicht sollte der Textentwurf Teil eines Vorworts werden.[34] Zur Publikation kam es zu Heines Lebzeiten nicht mehr, aber die 16 mit Bleistift beschriebenen Manuskriptseiten sind in der französischen Nationalbibliothek erhalten.[35]

Heines Textentwurf beginnt mit der Übersetzungsproblematik. Rückblickend beschreibt er die Zusammenarbeit mit Loève-Veimars an den Artikeln für die »L'Europe littéraire«:

> Als ich das Übersetzungstalent des seligen L<oève> W<eimars> für verschiedene Artikel benutzte, mußte ich bewundern, wie derselbe während solcher Collaborazion mir nie meine Unkenntniß der französischen Sprechgewohnheiten oder gar seine eigne Linguistische Ueberlegenheit fühlen ließ. Wenn wir nach langstündigem Zusammenarbeiten endlich einen Artikel zu Papier gebracht hatten, lobte er meine Vertrautheit mit dem Geiste des französischen Idioms so ern<st>haftig, so scheinbar erstaunt, daß ich am Ende wirklich glauben mußte Alles selbst übersetzt zu haben, um so mehr, da der feine Schmeichler sehr oft versicherte er verstünde das Deutsche nur sehr wenig. Es war in der That eine sonderbare Marotte von L. W., daß derselbe, der das Deutsche eben so gut verstand wie ich, dennoch allen Leuten versicherte, er verstünde kein Deutsch. (DHA II, 207 f.)

Hier zeigt sich beispielhaft Heines schwieriges Verhältnis zu seinen Übersetzern: Der beste Übersetzer ist der, der seine Sprache ganz dem Autor unterordnet, seine Mitarbeit höflich leugnet und dem Autor das Gefühl gibt, »Alles selbst übersetzt« zu haben. Heines spätere Übersetzer Edouard Grenier und Saint-René Taillandier bestätigen diese Tendenz. Beide beschreiben, dass Heine zwar geistreich Französisch sprach und viele Feinheiten der Sprache beherrschte, dass er im Schriftlichen aber zeitlebens auf die Hilfe eines Übersetzers angewiesen war. Trotzdem erhielt er die Fiktion, Autor seiner französischen Texte zu sein, in Frankreich wie in Deutschland erfolgreich aufrecht und leugnete die Übersetzungsleistung anderer – wie sich auch am Streit mit Loève-Veimars gezeigt hatte.[36] Es ist eine interessante Umkehrung: Während der »deutsche Dichter« Heine im Umgang mit seinem französischen Publikum vorgibt, das Französische genau so gut zu beherrschen wie das Deutsche, inszeniert sich sein Übersetzer Loève-Veimars, »der das Deutsche ebenso gut verstand wie ich« als Franzose und versucht, nicht nur seinen deutsch-jüdischen Migrationshintergrund, sondern sogar seine Deutschkenntnisse zu verbergen.

In der nachgelassenen biographischen Skizze zu Loève-Veimars hat Heine die »sonderbare Marotte« seines Übersetzers satirisch überformt, indem er ihm einen Diener zur Seite stellt, der die Selbstinszenierung seines Herrn als eine Art Zerrspiegel umkehrt:

> Er hieß Gottlieb, trank viel Bier, roch außerordentlich stark nach Tabak [...] und beh\<au\>ptete der französ\<ischen\> Sprache unkundig zu seyn, im Gegensatz zu seinem Herren, der sich, wie ich oben erwähnt, immer ein *air* gab als verstünde er kein Wort Deutsch. Nebenbey gesagt, trotz seinem radebrechenden Französischen und seiner Germanismen, ich hatte Mr. Gottlieb, der durchaus ein Deutscher seyn wollte in Verdacht, niemals schwäbische Orig\<i\>nal-Klöse gegessen zu haben und gebürtig zu seyn aus Meaux, Departement de Seine & Oise. (DHA II, 208)

Während der Übersetzer Loève-Veimars sich als französischen Baron inszeniert, stellt sein Diener Gottlieb sich, dem zeitgenössischen Klischee entsprechend, mit Tabak und Bier absichtlich als ungelenker Deutscher dar. Das Paar erinnert an Heines donquichoteskes Herr-Diener-Gespann Gumpelino/Hyazinth in den »Bädern von Lukka«, die ebenfalls versuchen, durch Rollenspiel ihren deutsch-jüdischen Hintergrund zu verbergen.

Angeregt durch Loève-Veimars' diplomatische Karriere in Bagdad schweift Heines Phantasie nun von Frankreich und Deutschland in den Orient. Vom »phantastischen Zauber« (ebd., 209) Bagdads verführt, erzählt er ein Märchen aus 1001 Nacht, das von der Freigebigkeit eines arabischen Prinzen handelt.[37] Das Bild jenes märchenhaften orientalischen Prinzen verschmilzt dabei mit Heines Vorstellung von Loève-Veimars als Konsul in Bagdad:

> Niemand hat jemals dort mit größerer Klugheit und Würde die Ehre Frankreichs vertreten und eben bey den Orientalen war seine natürliche Prunksucht am rechten Platze und er imponirte hier durch Verschwendung und Pracht. Wenn er in seiner Litière oder in einem verschlossenen reichgeschmückten Palanquin, durch die Straßen von Bagdad getragen ward, umgab ihn seine Dienerschaft in den abentheuerlichsten Costumen, einige Dutzend Sklaven aus allen Ländern und von allen Farben, Bewaffnete in den sonderbarsten Armatu-

ren, Pauken- Zinken- und Tamtam-Schläger die auf Kamehlen oder reich carapazionirten Maulthieren sitzend einen ungeheuren Lerm machten, und dem Zuge voran ging ein langer Bursche der in einem Kaftan von Goldbrokat stak, auf dem Haupte einen indischen Turban trug, der mit Perlenschnüren, Edelsteinen und Marabutfedern geschmückt und dieser hielt in der Hand einen langen goldnen Stab womit er das andringende Volk forttrieb während er in arabischer Sprache schrie: Platz für den allmächtigen weisen und herrlichen Stellvertreter des großen Sultan Ludwig Philipp. (ebd., 209f.)

In einer imaginären Orientreise schwelgt Heine in der synkretistischen Ausschmückung der exotischen Szene und spielt mit Stereotypen über arabische Herrscher und orientalische Pracht. Mitten in diesem phantastischen Orient knüpft er wieder an den Beginn des Textes an und lässt den Diener Gottlieb als vermeintlichen Araber und Afrikaner noch einmal auftreten:

Jener Anführer des Gefolges war aber kein anderer als unser Mr. Gottlieb, der diesmal nicht mehr einen Deutschen, sondern einen Egypter oder Ethiopen vorstellte, diesmal auch vorgab keine einzige von allen europä<i>schen Sprachen zu verstehen und gewiß in den Straßen von Bagdad noch weit mehr Spektakel machte als in der friedlichen Rue-des Pretres zu Paris. (ebd., 210)

Heine treibt hier Loève-Veimars' Vexierspiel mit Identitäten auf die Spitze: Im Dilemma zwischen deutsch-jüdischer und französischer Identität wird der Orient zu einem phantastischen ›dritten Raum‹, in dem neue Identitäten imaginiert werden. Das Motiv des orientalischen »Abenteuerreisenden« tritt in Heines Texten der 1850er Jahre – wie Michel Espagne herausgearbeitet hat[38] – mehrfach auf: mit Fürst Pückler-Muskau in der Vorrede zur »Lutezia« und in der Person des Großonkels Simon van Geldern, den Heine in den »Memoiren« seinen »morgenländschen Doppelgänger[]« (DHA XV, 73) nennt. Den Übersetzer Loève-Veimars verbindet er ebenfalls verwandtschaftlich mit dem Orient, wenn er die »Ritter der arabischen Wüste« als dessen »Ahnherrn« bezeichnet (DHA II, 209). In diesem orientalischen Motiv lässt sich eine Anspielung auf Heines jüdische Herkunft entdecken, vielleicht auch ein versteckter Hinweis auf Loève-Veimars' Herkunft.

Heinrich Heine gestaltet aus seinem ersten Übersetzer Loève-Veimars, der ihm als Mittler im deutsch-französischen Kulturtransfer der 1830er Jahre so wichtige Dienste geleistet hatte, in diesem späten Textfragment eine literarische Figur. Der Orientreisende und Diplomat wird für den bettlägerigen Dichter 1855 eine Figur mit autobiographischen Zügen, die ihm die imaginäre Reise in einen phantastischen Orient ermöglicht.

Anmerkungen

[1] Henri Blaze de Bury: Mes Souvenirs de la Revue des Deux Mondes. – In: Revue Internationale (Rom) XVII, 1888, S. 317–341, hier S. 318.

[2] Zur Rolle der deutsch-jüdischen Immigranten im Kulturtransfer zwischen Deutschland und Frankreich vgl. Michel Espagne: Les juifs allemands de Paris à l'époque de Heine. La translation ashkénaze. Paris 1996.

[3] Eine Geburtsurkunde ist nicht erhalten. Das älteste biographische Lexikon (Biographie universelle et portative des contemporains, Hrsg. von Rabbe, Vieilh de Boisjolin, Sainte-Preuve, Paris 1830, Bd. 4), sowie Loève-Veimars Personalakte der Legion d'honneur nennen 1799. Andere biographische Lexika und neuere Autoren gehen von 1801 aus. Alle Lexika und Dokumente bestätigen den Geburtsort Paris.

[4] Zu Heines Aufenthalten in Hamburg 1815–1819 vgl. Joseph A. Kruse: Heines Hamburger Zeit. Hamburg 1972, S. 27 ff.

[5] Zu den antisemitischen Ausschreitungen gegen Juden in Hamburg während der sog. Hep-Hep-Krawalle im August 1819 vgl. Helga Krohn: Die Juden in Hamburg 1800–1850. Frankfurt a.M. 1967.

[6] Zu Heines Taufe 1825 vgl. Jan-Christoph Hauschild und Michael Werner: »Der Zweck des Lebens ist das Lebens selbst.« Heinrich Heine. Eine Biographie. Köln 1997, S. 97 ff.

[7] 1840 schreibt er an F. Buloz: »Je vous supplie encore si on m'attaque de répondre, et si c'est sur la nationalité qu'on conteste à Benjamin Constant [...], ce mot seulement qui est un fait: M. L.-V. est né de parents qui étaient naturalisés Français et établis à Paris, dix ans avant la réunion sous l'empire de leur pays à la France'.« Marie-Louise Pailleron: François Buloz et ses amis. La vie littéraire sous Louis-Philippe. Correspondances inédites de François Buloz, Alfred de Vigny, Brizeux, Sainte-Beuve, Mérimée, George Sand, Alfred de Musset, etc. Paris 1919, S. 298.

[8] »Quand je le connus, il venait de quitter le bureau d'une maison de banque, celle du Prussien, le baron Delmar, où il avait un petit emploi.« Hippolyte Auger: Mémoires d'Auger. Paris 1891, S. 269.

[9] Zu Loève-Veimars' Rolle in der französischen Hoffmann-Rezeption vgl. Elizabeth Teichmann: La Fortune d'Hoffmann en France, Genf 1961; Wayne Conner: Loeve-Veimars, »Translator« of Reality. – In: Revue de Litterature Comparee 45 (1971), S. 394–99; Michel Espagne: La Fonction de la traduction dans les transferts culturels franco-allemands aux XVIIIe et XIXe siècles: Le Problème des traducteurs germanophones. – In: Revue d'Histoire Littéraire de la France 97 (1997), S. 413–427, Ilaria Biondi: Dai »Werke« ai »Contes fantastiques«. Loève-Veimars traduttore di Hoffmann. Diss. Bologna 2007.

[10] Maxime Du Camp: Souvenirs littéraires. Paris 1906, Bd. 1, S. 189–293 (»Unter den Geistern der Vergangenheit, die ich in meinen Erinnerungen beschreibe, war Loève-Veimars einer der berühmtesten [...] Im Theater, auf den Promenaden, wies man mit dem Finger auf ihn hin und sagte: »Das ist er!« In den Theaterpausen stand er unbewegt unter den Blicken der Operngläser in seiner Loge, ohne dadurch verlegen zu werden. Man machte ihm Platz in den Fluren des Theaters, wenn er lächelnd vorüber schritt, wie ein König, dem Ehrerbietung gebührte.«).

[11] Excursion au Blocksberg et dans les montagnes du Hartz. Traduit de l'allemand de H. Heine. – In: Revue des Deux Mondes, Bd. 6, 15. Juni 1832, S. 605–634; Histoire du Tambour Legrand. – In: Revue des Deux Mondes, Bd. 7, 1. September 1832, S. 592–622; Les Bains de Lucques. – In: Revue des Deux Mondes, Bd. 8, 15. Dezember 1832, S. 703–733. Im folgenden zitiert nach: Die französische Heine-Kritik. Bd. 1: Rezensionen und Notizen zu Heines Werken aus den Jahren 1830–1834. Hrsg. von Hans Hörling. Stuttgart, Weimar 1996, S. 83–130.

12   Die französische Heine-Kritik [Anm. 11], S. 83 f. (»Zum ersten Mal erlaubt sich ein Deutscher so freimütigen und bissigen Spott über jene Dinge, die wir unter uns seit langem verspotten, diese veralteten Gefühle, die das 18. Jahrhundert schon Lügen gestraft hat, die man aber in Deutschland noch Enthusiasmus, Liebe, Patriotismus, Familienbande, etc nennt; die wir anderen aber mit dem allgemeinen Begriff als ›Vorurteile‹ bezeichnen.«)

13   In der DHA füllt die »Harzreise« 58 Seiten, in der »Revue des Deux Mondes« 30 Seiten.

14   Die französische Heine-Kritik [Anm. 11], S. 87.

15   Ein Beispiel: Die Statuen am Goslarer Rathaus sehen bei Heine aus wie »gebratene Universitätspedelle« (DHA VI, 99), Loève-Veimars lässt das einfach weg, vgl. Die französische Heine-Kritik [Anm. 11], S. 94.

16   Die französische Heine-Kritik [Anm. 11], S. 101.

17   Vgl. z. B. »Freylich, fehlt im Herzen des Beschauers...« (DHA VI, 91), morgendliche Natur (ebd., 113), Sonnenaufgang am Brocken (ebd., 127 f.).

18   Z.B.: »auf dem Weg traf ich meistens Krämer«: »Derrière Nordheim [...] on marche au milieu de marchands ambulans.« (DHA VI, 87; Die französische Heine-Kritik [Anm. 11], S. 87).

19   Erstmals 1848 mit Gerard de Nervals Lyrik-Übersetzungen in der »Revue des Deux Mondes«.

20   »La longueur de ce morceau nous empêche de le donner dans toute son étendue.« (Die französische Heine-Kritik [Anm. 11], S. 105).

21   Alfred Schellenberg: Heinrich Heines französische Prosawerke. Berlin 1921, S. 13 (»Soviel sich auch gegen Loewe-Weimars sagen läßt, dieser etwas verblüffende Siegeszug Heines [in den Pariser Zeitschriften] geht letzten Endes auf ihn zurück.«). Vgl. auch Jost Hermand im Kommentar der DHA: »Doch trotz aller Mängel muß gerade diese Publikation [der Reisebilder] für Heine eine wichtige Etappe seines allmählichen Bekanntwerdens in Paris gewesen sein. Denn Loève-Veimars war nicht irgendwer, sondern eine der wichtigsten Figuren der literarischen Szene in Paris [...].« (DHA VI, 685)

22   Vgl. die Übersicht zu den verschiedenen Standorten der als Übersetzungsgrundlage verwendeten Reinschrift und die entsprechenden Manuskriptbeschreibungen in HSA VIII K, 37 ff. Die in der französischen Nationalbibliothek befindlichen Manuskriptteile konnte ich im Original einsehen (Bibliothèque Nationale Française /Manuscrits Occidentaux/ Fonds allemand 384/ Papiers Heine/ Fols. 1–36).

23   Interessanterweise wird Loève-Veimars in dem Vertrag zwischen Heine und seinem Verleger Renduel vom 26. Dez. 1833 auch namentlich genannt: »art. 5. M. Heine se fait fort de garantir M. Renduel de toute réclamation tant de la revue des deux Mondes que de l'Europe littéraire et de Mr Loeve-Veimars, traducteur d'une partie de cet ouvrage, ainsi que de tout autre.« (HSA XXI, 73) Der Verleger sichert sich also gerade gegen Forderungen des Übersetzers auf »Co-Autorschaft« der Texte ab.

24   Vgl. Paul Lévy: La langue allemande en France. Lyon 1952, S. 260 ff.

25   »Morgen, Mittwoch Mittag, vergessen Sie es nicht, Dichter der Sie sind! Wenn Sie nicht kommen, werde ich mich rächen und Sie in ihren Artikeln lauter Dummheiten sagen lassen.«

26   C. F. [d. i. Jean-Gabriel Cappot genannt Capo Feuillides]: Caractères et Paysages, par M. Philarète Chasles. – Le Nepenthes, par M. Loève-Weimars. – In: L'Europe Littéraire, Nr. 42, 5. Juni 1833, S.. 169–170. Vgl. Die französische Heine-Kritik [Anm. 11], S. 211.

27   »Wenn Ihnen ein bisschen Geist geblieben ist, dann kommen Sie zu mir und lassen Sie uns freundschaftlich darüber reden.«

[28] Füllner weist in diesem Zusammenhang auf Heines Streit mit seinem späteren Übersetzer Richard Reinhardt hin, in dem es ebenfalls um die Frage ging, dass der Übersetzer namentlich erwähnt werden wollte. Vgl. Bernd Füllner: Richard Reinhardt, Informant von Marx, Sekretär Heines, Übersetzer und Kaufmann. – In: »... und die Welt ist so lieblich verworren.« Heinrich Heines dialektisches Denken. Festschrift für Joseph A. Kruse. Hrsg. von Bernd Kortländer und Sikander Singh. Bielefeld 2004, S. 433–445, hier S. 436. Zur Beendigung der Zusammenarbeit mit Loève-Veimars vgl. auch DHA VIII, 512f.

[29] »Ich bedaure, dass ich Sie nicht mehr sehe und möchte nicht wie Don Juan behandelt werden. Ich rechne also damit, dass sie auch einmal anders als in Form einer Statue zu mir kommen.«

[30] Mit der politischen »Chronique de la quinzaine« und den »Lettres sur les Hommes d'Etat de la France«.

[31] Vgl. Personalakte im Archiv des französischen Außenministeriums, Überblick bei Teichmann [Anm. 9], S. 191 ff.

[32] Bibliothèque Nationale, Fonds allemand 387, Papiers Heine, Fol. 13–28. Vgl. die Manuskriptbeschreibung in DHA II, 923 ff. und die detaillierte Darstellung der Handschrift in Michel Espagne: Übersetzung und Orientreise: Heines Handschriften zum Loeve-Veimars-Fragment. – In: Euphorion 78 (1984), S. 127–142.

[33] Jules Janin: Les Heures de travail d'Eugène Pelletan (1). La vie et la mort de M. Loève-Weimar. – In: Journal des Débats, 20. November 1854.

[34] Im Manuskript finden sich einige später durchgestrichene Zeilen, die darauf hindeuten, dass Heine einen positiven Nachruf auf Loève-Veimars als Gegenstück zu Janin schreiben wollte: »Love-Veimars welcher unlängst gestorben, hat in der Tagespresse nach seinem Tode viele Verunglimpfungen erdulden müssen und ich [...] kann nicht umhin bey der zufälligen Erwähnung seines Namens, eben in dieser Revue, wo er sich mir einst so freundlich erwiesen hat, [...] seinem Andenken einige Worte des Wohlwollens zu widmen. [...] die Nachricht seines Todes betrübte mich tief, [...] u nachträglich werfe ich heute eine Blume auf sein Grab; er hat wahrlich nicht verdient daß man [...] Nesseln darauf streute, er der im Leben so liebenswürdig und wohlwollend war und dabey so geistreich und feinsinnig.« (DHA II, 927f.; BN [Anm. 32] Fol. 15).

[35] In der DHA wird der Text zusammen mit dem ersten Blatt über Taillandier als ‹Entwurf einer Vorrede zu ›Poëmes et Légendes‹, 2. Teil, 1855› gedruckt (DHA II, 207–211). Ernst Elster ordnet das Textstück anders an und führt es als »Loeve-Veimars« (Fragment)« (Heinrich Heine: Sämtliche Werke. Hrsg. von Ernst Elster. Kritisch durchgesehene und erläuterte Ausgabe. Bd. 7. Leipzig, Wien o. J., S. 395–399). Tatsächlich lassen die Manuskriptseiten verschiedene Anordnungen zu, m. E. sollte aber im Titel auf jeden Fall deutlich werden, dass es sich um eine biographische Skizze zu Loève-Veimars handelt.

[36] Vgl. Edouard Grenier in Werner I, 497f. und ebd., S. 608f. sowie das Zeugnis Saint-René Taillandiers in Werner II, 390f.

[37] Zur Identifikation des von Heine literarisch überformten Märchens vgl. Mounir Fendri: Halbmond, Kreuz und Schibboleth. Heinrich Heine und der islamische Orient. Hamburg 1980, S. 161f.

[38] Vgl. Espagne: Übersetzung und Orientreise [Anm. 32], S. 136 ff.

Heine wird vertont:
Wächst da zusammen, was zusammengehört?[1]

Von Terence James Reed, Oxford

»Musik […] überstieg uns.«
Rilke, 7. Duineser Elegie

Der Fall Heine lädt förmlich dazu ein, auf das Verhältnis von Lyrik und Musik schlechthin einzugehen. Heine ist nach Goethe der am meisten vertonte aller deutschen Dichter: Es liegen an die 3000 Einzelvertonungen seiner Gedichte vor, allein schon von »Du bist wie eine Blume« weit über 200 Stück. Das ist ein weites Feld, aber auch kein unproblematisches. Zwar leitet sich schon das Wort Lyrik vom griechischen Wort für Leier ab, bei den Griechen wie im deutschen Mittelalter wurden Gedichte gesungen bzw. durch Musik begleitet. Sie gehören also anscheinend von jeher zusammen. Doch bilden Gedicht und Gesang keineswegs das reine Idyll, wie man es sich gemeinhin denkt. Da ist oft fruchtbare Wechselwirkung, aber auch Divergenz, sogar Disharmonie. Daher das Fragezeichen im Titel: Ob die beiden Momente ohne weiteres zusammengehören und glatt zusammenwachsen?

Die beabsichtigte Provokation beruht nicht auf musiktechnischen und musiktheoretischen Fachkenntnissen, sondern auf dem Blickwinkel des Literaturmenschen, der bei aller Liebe zur Musik und insbesondere zum deutschen Liedgut von dem Grundsatz ausgeht, dass das Gedicht ebenso wichtig ist wie die Musik, dass es gleichsam eigene Rechte hat und nicht bloß Anlass zu schönen Melodien ist – ja, dass man durch Vertonung die Schönheit und den Sinn des Geschriebenen ebenso leicht stören wie sie auf eine höhere Ebene heben kann. Schließlich verbindet jedes Lied nicht nur die Impulse zweier kreativer Künstler, bekanntlich einem Menschenschlag von ausgeprägtem Eigensinn, sondern es soll auch die Forderungen zweier grundverschiedener Künste verbinden und möglichst miteinander versöhnen, die ihre je eigene Ästhetik haben. Kein Wunder, wenn sie einander manchmal in die Quere kommen.

Diese Reibung herausstellen zu wollen, ist nicht der gängige Gesichtspunkt. Dem Gedicht wird gern – so ist auf jeden Fall mein Eindruck – die untergeordnete Rolle zugeteilt. Der Liebhaber schwärmt für Lieder, meint aber vor allen Dingen die Melodien. Das liegt sicherlich daran, dass bei der Aufführung die musikalische Schönheit unmittelbarer zugänglich, das heißt, sinnlich wahrnehmbar ist. Texte dagegen, auch lyrische, sprechen (vereinfacht gesagt) den Verstand an. Insoweit zwischen den beiden Künsten Divergenz, Kompromiss oder gar Konflikt vorhanden sind, will ich ausgleichend dem Wort das Wort reden. Auf die rein praktischen Probleme des Hörens und Verstehens von gesungenen Texten komme ich später zurück.

Man stelle sich erst einmal die Frage, ob der Autor sein Gedicht überhaupt vertont sehen wollte. Dass es als eine besondere Ehre angesehen worden wäre, ist (soweit ich sehe) nirgends belegt. Denn »die Wirkung durch den Text allein, ohne die Hilfsmittel von Vertonungen oder Illustrationen, [ist wohl] jedem Dichter die nächstliegende Form der Beziehung zum Publikum«[2], so Joseph Kruse in der Einleitung zu Günter Metzners zwölfbändigem Nachschlagewerk »Heine und die Musik«. Allerdings ist auch die »Wirkung durch den Text allein« nicht problemfrei, denn jede Lektüre ist eine Interpretation, das Gedicht ist insofern gleichsam eine Partitur, der durch den Akt des Verstehens Leben eingehaucht werden muss. Das ist schon kompliziert genug. Aber gerade deswegen ist es zweifelhaft, ob dem Dichter der verkomplizierende Faktor der Vertonung überhaupt willkommen sein wird. Das hat Martin Walser in seinem Roman »Ein liebender Mann« drastisch verneint, indem er sich in Goethes Lage als Rezipienten seiner eigenen vertonten Lieder versetzt. Er stellt sich vor, wie Goethe Schuberts Vertonungen von »Nur wer die Sehnsucht kennt« und »Erlkönig« in Gesellschaft vortragen hört und im inneren Monolog darauf reagiert. Schubert gehe ganz anders ans Werk als Goethes alter Freund Zelter (der seinerseits den unbekannten Schubert mit einer Handbewegung abgetan haben soll):

> Er war mit Zelters Vertonungen durchaus zufrieden. Seinetwegen hätten seine Gedichte nicht vertont werden müssen. Jetzt war er doch irritiert. Das ging sehr weit, was mit ihm veranstaltet wurde.

Das schon zum Mignon/Harfner-Lied. Aber erst zu »Erlkönig«:

> Goethe merkte, dass er sich nicht wehren konnte. Ihm war es nicht recht, dass diese Musik sich des Textes so bemächtigte, dass der Text nur noch ein Anlass war für ungeheure, eigentlich dämonische Gesten. Tongesten. Schmerzraserei. Wieder dachte er an Zelters einfache Dienlichkeit. Zelter wollte den Text vortragen. Dieser Schubert wollte einem die Seele aus dem Leib reißen, und dazu war ihm der Text nichts als ein Anlass. Der kam ihm gerade recht.[3]

Das ist schön provokant imaginiert und auch nicht völlig unauthentisch. Goethe schreibt nämlich 1821 an Marianne von Willemer:

> [...] selten ist der Dichter durchdrungen [das heißt wohl: selten wird sein Gedicht richtig verstanden] und man lernt dabey nur etwa den Kunstcharakter und die Stimmung des Componisten kennen. Doch habe ich auch da manches Schätzenswerthe gefunden, in dem man sich vielmal abgespiegelt sieht, [das klingt schon ein bisschen versöhnlicher, aber dann heißt es weiter eher kritisch] zusammengezogen, erweitert, selten ganz rein. Beethoven [jetzt wieder versöhnlich] hat darin Wunder getan [...].[4]

Eine entschiedene Skepsis wegen der Kompatibilität der beiden Künste findet sich überraschenderweise auch auf Komponistenseite. Von Brahms ist die Äußerung überliefert, lediglich bei einem einzigen Goethe-Gedicht, Suleikas »Was bedeutet die Bewegung« aus dem »West-östlichen Divan«,[5] seien »Goethesche Worte durch die Musik wirklich noch gehoben worden. [...]. Sonst kann ich das«, so Brahms weiter, »von keinem anderen Goethe-Gedicht behaupten. Die sind alle so fertig, da kann man mit Musik nicht an.«[6] Man stutzt: Wirklich von keinem anderen? Gerade vom »Erlkönig« nicht oder von »Gretchen am Spinnrade«?

Bei Äußerungen zu einzelnen Gedichten bzw. Vertonungen geht es manchmal noch expliziter hart auf hart, mit unglaublichen Fehlurteilen auf beiden Seiten. Hugo Wolf zum Beispiel hält Heines »Der Tod, das ist die kühle Nacht«, diese stark atmosphärisch-mysteriöse Meditation über Leben und Tod, für »ein geschmack-, inhalts- und stimmungsloses Gedicht«.[7] Im Gegenzug hat Heine ausgerechnet über Mendelssohns Vertonung seines Gedichts »Auf Flügeln des Gesanges« in Gesellschaft abschätzig geurteilt, es sei »keine Melodie drin«. »Da es aber nur aus Melodien besteht,« kommentiert im Rückblick einer seiner Gesprächspartner, »rätselten wir lange, welche Art von Melodie einem Dichter gefallen kann, wenn er seine eigenen Verse gesungen hört.«[8] Beide Kommentare gehen uns schwer ein, wenn wir das von Heine verschmähte Lied Mendelssohns und das von Wolf verschmähte Gedicht Heines auch nur im Gedanken hören bzw. lesen. Hugo Wolf muss man übrigens lassen, dass er dafür plädiert hat, den Text eines Lieds vorzulesen, bevor es gesungen wurde. So konnte man Gedicht und Vertonung immerhin einmal als annähernd ebenbürtig ansehen.

Es gibt selbstverständlich auch Fälle, wo Dichter und Komponist, Wort und Musik perfekt miteinander harmonieren. In der ersten Nummer der »Dichterliebe«, »Im wunderschönen Monat Mai«, wird's Ereignis. Sprache wie Melodie bringen die Sehnsucht des Liebenden denkbar einfach und unmaniert zum Ausdruck, so dass es kaum nötig oder möglich erscheint, überhaupt etwas dazu zu sagen. Vielleicht aber doch dies, dass die Musik die im Gedicht evozierte Liebesgeschichte mit anderen Mitteln weiter erzählt. Die letzten Worte des Gedichts – »Da hab ich ir ge-

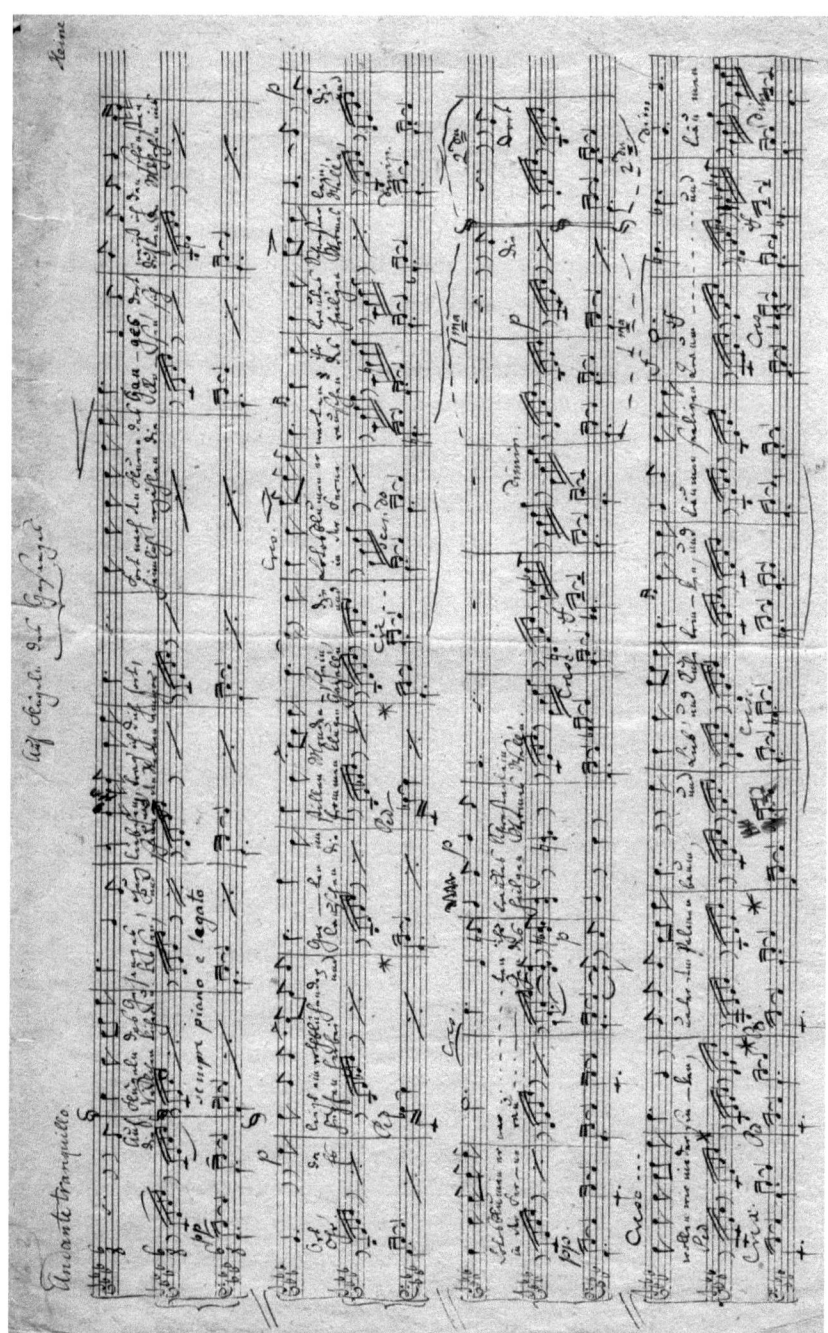

Felix Mendelssohn Bartholdy, »Auf Flügeln des Gesanges«, op. 34/2 (nach Heinrich Heine, 1834/1835). Eigenhändiges Musikmanuskript. Heinrich-Heine-Institut, Düsseldorf

standen / Mein Sehnen und Verlangen« (DHA I, 134), klingen entscheidend-entschieden. Mit ihrem leicht fallenden Rhythmus scheinen sie einen Abschluss zu markieren: Die Liebeserklärung ist glücklich erfolgt, man atmet auf, ein *happy end* scheint in Aussicht gestellt. Die Vertonung hingegen scheint mit ihrer am Schluss steigenden Linie und dem im Nachspiel unvollendet schwebenden Klavierpart eine noch nicht erfüllte Hoffnung und Erwartung anzudeuten, es bleibt ein Hangen und Bangen. Nichts ist abgeschlossen, der Schluss ist erst der Anfang. Realistisch-unromantisch gesagt, was Schumann wohl nicht gedanklich ausgeformt so vorgeschwebt hat: Mit der Arbeit an der Liebesbeziehung geht es da erst los! Auf die genialen Klaviernachspiele der »Dichterliebe« generell komme ich noch zurück.

Da sind schon etliche Stichworte beisammen, über die sich nachdenken lässt: einerseits der Dienst des Komponisten am Gedicht, sodann die Selbständigkeit des Gedichts als etwas Fertiges, an das die Musik nicht einmal heranreichen könne; andererseits die Wehrlosigkeit des Dichters dem gegenüber, was man mit seinem Gedicht anstellt, als da sind: Zusammenziehung, Erweiterung, Dämonisierung. Beides folgt ebenso offenkundig aus der Tatsache, dass das Gedicht als erstes da ist, »prima la parola«. Es ist eben eine *Vor*lage, die den Komponisten inspirieren mag, so dass er sich alle Mühe gibt, dem Zauber der Worte gerecht zu werden. Es ist aber auch ein Stoff, etwas ihm Ausgeliefertes, mit dem er anfangen kann, was er will. Das kann zu Änderungen führen, die aus dem Gedicht etwas erkennbar anderes machen. So mag »prima la parola« zwar im chronologischen Sinn gelten, das kann jedoch die Musik jederzeit umstoßen und einen wesentlichen Primat behaupten: »prima la musica«. Das will sie zumeist ja auch, und zwar nicht bloß aus persönlichem Geltungsbedürfnis des einzelnen Komponisten, sondern wegen der formalen Forderungen der Musik, der Strukturprinzipien, die der musikalischen Form an sich innewohnen.

Dafür ein anderes Beispiel aus der »Dichterliebe«, der dramatische Höhepunkt des Zyklus, »Ich grolle nicht«. Zunächst fällt auf, dass Schumann die Strophenform von Heines Gedicht total zerschlägt: Das Lied ist durchkomponiert. Heine benutzt die allereinfachste, die Volksliedstrophe, der er lebenslang fast ausschließlich treu geblieben ist: Vierzeiler mit jambischen oder trochäischen Versen, zumeist mit Kreuzreim, gern auch mit Paarreim. Wenn der Komponist dieses Vierermuster passiv übernahm, bestand die Gefahr musikalischer Monotonie. Wie war da formal etwas Vielfalt einzubringen? Schumann beweist in anderen Liedern des »Dichterliebe«-Zyklus eine beeindruckende Ingeniosität in der Art, wie er die musikalische Form strophenintern variiert. Hier als Extremfall hält er sich nicht einmal an Heines inhaltliche Einteilung, sondern er fasst die emotionalen Phasen der Handlung in einer Weise auf, die mit den Strophen gar nicht koinzidiert, er bricht diese auf und setzt die Teile anders zusammen:

Ich grolle nicht, und wenn das Herz auch bricht,	Ich grolle nicht, und wenn das Herz auch bricht,
Ewig verlor'nes Lieb! ich grolle nicht.	Ewig verlornes Lieb! ewig verlornes Lieb!
Wie du auch strahlst in Diamantenpracht,	Ich grolle nicht, ich grolle nicht.
Es fällt kein Strahl in deines Herzens Nacht.	
	Wie du auch strahlst in Diamantenpracht,
Das weiß ich längst. Ich sah dich ja im Traum,	Es fällt kein Strahl in deines Herzens Nacht,
Und sah die Nacht in deines Herzens Raum,	Das weiß ich längst.
Und sah die Schlang', die dir am Herzen frißt,	
Ich sah, mein Lieb, wie sehr du elend bist.	Ich grolle nicht, und wenn das Herz auch bricht.
(DHA I, 151)	Ich sah dich ja im Traume,
	und sah die Nacht in deines Herzens Raume,
	Und sah die Schlang, die dir am Herzen frißt,
	Ich sah, mein Lieb, wie sehr du elend bist,
	Ich grolle nicht, ich grolle nicht.

Durch die Umstellungen verschiebt sich auch der Sinn. Der Wortinhalt des Gedichts wird nicht verändert, aber die Sinneinheiten werden anders verbunden. Auch herrscht ein bestimmtes Motiv – »ich grolle nicht« – durch mehrfache Wiederholung (sechsmal bei Schumann statt zweimal bei Heine, zweimal statt einmal mit dem Zusatz »Und wenn das Herz auch bricht«!) viel stärker und dramatischer vor. Beim Benutzen eines gewöhnlichen Programmhefts, wo immer nur Heines Originalfassung abgedruckt wird, sieht bzw. hört man leicht über diese Divergenz hinweg, meint, Heines Text sei einfach übernommen worden. Die Umgestaltung springt jedoch in die Augen, wenn man sich das Layout der beiden Texte in Parallele auch nur anschaut, ohne sie zu lesen, Heines Text neben Schumanns Text. Man darf es so formulieren, denn was Schumann vertont hat, ist zusehends ein anderes Gedicht. Und durch beide Mittel, Zerschlagung der Strophen wie Wiederholung des einen Motivs, wird in Schumanns Text das psychologische Bild des nicht grollen wollenden Liebhabers und das Verständnis der geschilderten Situation ein subtil anderes.

Worum handelt es sich? Bei Heine ist es eindeutig ein Rachegedicht. Der Sprechende hält sich für sein Leiden an der nicht erwiderten Liebe durch das Wissen schadlos, dass auch die Dame bei allem gesellschaftlichen Prunk im Inneren elend ist. Indem sie ihn verließ und eine bessere Partie heiratete, hat sie sich unglücklich gemacht. Das Elend der Dame ist bei Heine sehr viel stärker herausgestellt als das Leiden des unglücklichen Liebhabers, über das er ja nicht grollen will. Bei Schumann hingegen fällt das Licht viel stärker auf den Mann. Indem sich das ›längst‹ im 5. Vers (»lääängst...«) ausdehnt, wird die Dauer der männlichen Grübelei pathetisch hervorgehoben, ohne dass (wie bei Heine) das Wissen mit dessen Quelle, dem Traum, verbunden wird. (»Das *weiß ich* längst.

Ich *sah dich ja* im Traum...«). Der bei Heine feste Kausalzusammenhang wird auseinander gerissen, und zwar durch eine weitere Wiederholung des »ich grolle nicht«, mitsamt Zusatz »Und wenn das Herz auch bricht«. Die Formel wird immer mehr zum gewaltsamen Refrain.

Um ein übriges zu tun, endet das Lied mit einer weiteren Wiederholung des Motivs »Ich grolle nicht«, einer doppelten obendrein. Gerade dadurch mag sich jedoch beim Hörer der Zweifel einschleichen. Bekanntlich wirkt der Mensch umso weniger überzeugend, je häufiger er etwas leugnet. »Qui s'excuse, s'accuse!« Grollt er ihr wirklich nicht? Oder will er sich selbst nur eben gewaltsam davon überzeugen? Wie dem auch sein mag, am Schluss fällt das Licht oder vielmehr der Schatten bei Heine auf die Dame, bei Schumann dagegen auf den Mann.[9] Schumann hat einen im Grunde neuen Text geschaffen, der andere Akteure in einer anderen Konstellation darstellt. (Schumanns Text wäre, nebenbei gesagt, als für sich stehendes Gedicht unmöglich!) Das Prinzip ist klar: *Ver*tonung ist immer unvermeidlich *Be*tonung. Denn jeder Text, auch und gerade ein Gedicht, besitzt eine feine Sinnstruktur, bei der jede Einzelheit zählt und jede Unterbrechung, Umstellung oder Wiederholung wesentliche Beziehungen und Implikationen zu stören oder zu zerstören droht.

Das ist keineswegs als Kritik an Schumann gemeint. Der Komponist hat die Situation, diese leicht andere Situation, wunderbar dramatisiert, man kann schon sagen, erst voll mit den rhythmischen Pulsen des Lebens gefüllt. Vor allen Dingen hat das Durchkomponieren von Heines eher gelassen klingenden symmetrischen Strophen den zackigen Phasenverlauf eines ganz anders stürmischen Innenlebens neu entwickelt.

Es stellt sich aber die Frage, ob Schumann diese andere Konstellation, das neue Verständnis vom Sprechenden und seiner Situation eigentlich wollte? Ob beim Komponieren die Frage nach dem Sinn überhaupt vorrangig war? Oder lag die Veränderung nicht vielmehr an dem Hang der Musik, eigene Wege zu gehen, starke Motive herauszustellen, diese zu wiederholen, eben weil sie stark und aufregend sind? Der Wortlaut des ursprünglichen Gedichts wäre dann ein Anlass, eine Plattform, ein Sprungbrett für die Tonfolge, die auf Steigerungsmöglichkeiten angelegt ist, vor allem auf den Schluss hin. Heines Gedicht klingt ja bemerkenswert sanft aus – alle Kraft ist kurz und bündig in den Worten »wie sehr du elend bist« enthalten. Man kann sich vorstellen, wie der Liebende sie zum Trost vor sich hin murmelt. Dem Komponisten jedoch, oder vielmehr der musikalischen Kunst als solcher, genügt das nicht. Die Art und Weise, wie Worte die Dinge fassen, ist ihr einfach zu knapp, zu nüchtern, die Wirkung ist für den Gesang zu flüchtig. Es muss verweilt, es muss (salopp gesagt) ein bisschen darauf herumgeritten werden. Auch lässt sich die musikalische Bewegung, einmal in Gang gekommen, so leicht nicht bremsen.[10]

Diese Eigenschaft der Worte, dass sie Dinge konzis und endgültig aussagen, ist auch für den Schriftsteller ein Problem. Literatur ist diejenige Kunst, die dem Alltag am nächsten liegt, wo Worte in erster Linie dazu dienen, Sinn klipp und klar mitzuteilen. Um zu Dichtung zu werden, müssen sie erst auf eine Ebene gehoben werden, wo die Nüchternheit des abgegriffenen Mediums zurückgelassen und aus Sinn Gefühl geschaffen wird. Auf der Ebene des Gefühls aber bewegt sich die Musik schon ihrem Wesen nach bereits. Sprache arbeitet mit bestimmten Bezeichnungen, Musik hingegen mit semantisch nicht bestimmbaren Lauten, die lediglich (das ist allerdings viel) Gefühl ausdrücken. Lyrik ist im Grunde eine Kunst des Expliziten[11], Musik eine Kunst des Impliziten. Vereinfachend gesagt: Sprache ist durch zusammengedrängten Sinn kommunikativ, Musik durch sich entfaltendes Gefühl expressiv. Im engeren Wortsinn *bedeutet* Musik nichts: Man kann schon mit Heine sagen, ich weiß nicht, was soll es bedeuten. Das ist paradoxerweise ihre Stärke, um die so mancher Schriftsteller sie beneidet hat.

Das Thema kann bei Goethe und Schubert weiter verfolgt und variiert werden:

Goethe:

Über allen Gipfeln
Ist Ruh',
In allen Wipfeln
Spürest du
Kaum einen Hauch.
Die Vögelein schweigen im Walde
Warte nur, balde
Ruhest du auch.

Schubert:

Über allen Gipfeln
Ist Ruh',
In allen Wipfeln
Spürest du kaum einen Hauch
Die Vöglein schweigen,
Schweigen im Walde
Warte nur, warte nur
Balde
Ruhest du auch.
Warte nur, warte nur
Balde
Ruhest du auch.

Goethes Wortgebilde ist vollkommen wie kaum ein zweites Gedicht: kurz aber nicht karg, sanft aber fest, unaufdringlich aber nicht vage. Es überblickt mühelos auf kleinstem Raum alle Reiche der Natur: Stein, Pflanze, Tier, Mensch; Tag, Nacht; Tätigkeit, Rast, eventuell sogar Leben und Tod. Wohl kein Gedicht der Weltliteratur fasst so konzis so viel Wesentliches zusammen. Jedes Wort mehr müsste stören, erst recht eine Wiederholung des schon Gesagten. Das Gedicht ist, wie Brahms zu Goethes Lyrik gesagt hat, »fertig«. Damit kann sich jedoch die Musik wiederum nicht zufriedengeben. Schubert hätte auch nach dem ersten »Ruhest du auch« aufhören können. »Warte nur« hat er zwar bereits einmal wiederholt, aber es wäre trotzdem ein nahezu perfektes Lied geworden. Er kann es jedoch nicht lassen, und zwar weniger (wie man vermuten kann), um dem Hörer mit dem ominös noch zweimal wiederholten »Warte nur« die enge Interpretation auf den Tod hin aufzuerlegen (was aber eben auch die Folge ist), sondern es ging ihm doch wohl eher darum, nicht schroff abzubrechen, sondern bei der schönen Melodie zu verweilen. Sie passt ja als solche perfekt zu Goethes abendlicher Stimmung, will möglichst ausgekostet werden – um den Preis jedoch, dass das zart Andeutende, das bereits den Worten innewohnte, durch Wiederholung breitgetreten wird.

Schubert ist ja auch generell ein ebenso großer Wiederholer wie melodischer Erfinder, etwa in den Klaviersonaten, wo er seinen Melodien durch Reprisen den ganzen Saft ihrer Schönheit auspresst. So mancher hingerissene Hörer sähe sich ungern darum gebracht. Nur wird bei Wiederholungen im Fall eines Lieds der Text unvermeidlich mitgeschleppt. Das stellt einen Übergriff auf das Hoheitsgebiet der Lyrik dar, die in solch herausragenden Exemplaren wie »Über allen Gipfeln...« ein eigenes Höchstmaß an Ausdruckskraft erreicht hat, und zwar gerade durch die Lakonik. Gelegentlich hat ein Dichter frontal gegen das kompositorische Wiederholungsprinzip protestiert: so der große Lyriker des Viktorianischen England, Tennyson, der angesichts der Vertonung seiner Gedichte ärgerlich gefragt hat: »Warum lässt man mich dasselbe immer dreimal sagen?«

Im Unterschied dazu weiß Schumann oft dort aufzuhören, wo der Appetit am stärksten ist, etwa in den »Kinderszenen«, wo bezaubernde Melodien kaum aufgeschienen sind, da sind sie nach wenigen Sekunden schon verschwunden. Bei der Vertonung anderer Texte der »Dichterliebe« findet er oft den idealen Kompromiss. Was am Gedicht noch angedeutet, ausgesagt, ausgedrückt, ihm ausgepresst werden soll, wird statt durch Wortwiederholung durch ein meisterhaft gehandhabtes wortloses Klaviernachspiel verwirklicht. Die zusätzlichen schöpferischen Energien, mit denen das Werk des Dichters den Komponisten gleichsam aufgeladen hat, setzen sich unmittelbar in Musik um, den Worten kann nichts weiter passieren![12]

Freilich hat auch die Lyrik eigene Formen der Wiederholung: Rhythmus, Metrik, Strophe, Reim, Leitmotiv sind unentbehrliche poetische Mittel. Allein, die willkürliche musikalische Wiederholung ist zumeist mit der Struktur und dem Sinn des Gedichts inkompatibel. Dort allerdings, wo der Komponist ein schon im Gedicht wiederholtes Motiv aufgreift und rhythmisch potenziert, kann die Wirkung sensationell sein: Man denke an das Wort »zerrissen« in der 8. Nummer der »Dichterliebe« (»Und wüßten's die Blumen, die kleinen...«): »Sie hat ja selbst zerrissen, / Zerrissen mir das Herz« (DHA I, 134) – worauf ein stürmisches Klaviernachspiel die aufgestaute Bitterkeit des Liebhabers heraus lässt. Und wenn das Gedicht selber von Hause aus ein in dramatischem Kontext gesungenes Lied mit

Refrain ist, gehen Lyrik und Musik erst recht harmonisch zusammen. Goethes / Schuberts »Gretchen am Spinnrade« ist dafür das perfekte Beispiel.

Noch ein letzter Aspekt der Beziehung zwischen Dichter und Komponist darf nicht aus den Augen verloren werden. Ein Liederzyklus wie »Dichterliebe« hat eine eigene Einheit, die lange nicht die des Dichters ist. Sie beruht auf Auswahl, also auf Bevorzugung und Ausklammerung. Schumann hat aus dem »Lyrischen Intermezzo«, einem der vier Hauptteile von Heines erster Gedichtsammlung, dem »Buch der Lieder«, der 65 Gedichte umfasst, sechzehn Stücke ausgewählt. Ausgelassen wurde praktisch der ganze ironische Aspekt, der weltmännische Humor, die bewusst eingesetzte saloppe Umgangssprache, die gesellschaftliche Satire, etwa über die großbürgerliche Gruppe, die am Teetisch vollmundig moralisch über die Liebe spricht bei offenkundigem Unwissen oder Verdrängung des Sinnlichen, über das der Dichter und seine Geliebte Bescheid wissen – alles eben Markenzeichen des skeptischen, antiromantischen Heine. Was in Schumanns »Dichterliebe« von Heine bleibt, ist das Romantische in Reinkultur, wie es dem neunzehnten Jahrhundert eher mundete. Solch relativer Tunnelblick ist auch eine Betonung. Es ist kein Dienst am ganzen Dichter, höchstens an bestimmten Strängen seines Werks. Aber man kann doch schwerlich das gesamte Corpus eines Lyrikers vertonen! Erwähnenswert ist auf jeden Fall die Leistung – man kann schon sagen: der Kraftakt – des kaum bekannten, aber kürzlich auf CD neu eingespielten Johann Hoven (Pseudonym eines gewissen Vesque von Püttlingen).[13] Dieser Jurist und Freizeitkomponist hat den umfangreichsten Hauptteil von Heines »Buch der Lieder«, »Die Heimkehr«, ganze 88 Gedichte, vollständig vertont. Die Kompositionen lassen sich auch durchaus neben denen Schumanns hören. Ein derartiges Maß an Rezeptivität, an Aufnahmebereitschaft gegenüber einem dichterischen Werk als ästhetischer Einheit ist so bewundernswert wie selten.

Genug von den Problemen der Dichter und Komponisten – das Konzertpublikum hat bei Liedern auch eigene Probleme! Wie soll, wie kann man einen gesungenen Text verstehen und erst dadurch das Lied in seiner Doppelnatur genießen? Schon die beiden Verben ›verstehen‹ und ›genießen‹ enthalten *in nuce* die Schwierigkeit. Die Musik *genießt* man ohne weiteres; um aber den Text zu *verstehen*, muss man sich anstrengen, allein schon weil Gedichte an sich selbst bereits anspruchsvolle Texte sind. Die Sprache mag an der Oberfläche einfach erscheinen, wie bei Goethe und Heine, doch sind die inneren Zusammenhänge und die Wirkungen der Form raffiniert. Sie sind beim Hören nicht unbedingt im Flug zu erhaschen, man braucht Zeit und Reflexion, um sie nachzuvollziehen. Auch bei einer Dichterlesung, wo Musik nicht dazu oder dazwischenkommt, reicht das einmalige Hören erfahrungsgemäß nicht, um hinter alle Subtilitäten der Texte zu kommen. Gedichte gehören gelesen! Beim gesungenen Lied wird das Verständnis der Worte – selbst bei vollkommenem Vortrag – durch wechselnde Betonung, wechselndes Tempo, Trennung oder Zerdehnung der Silben, noch erschwert. Hinzu kommen die Akustik des Saals, die Nähe zu Sängerin oder Sänger, der Grad der Sprachkenntnisse des Zuhörers bzw. die Güte der Übersetzung im Programmheft. Wie genau kann man etwa das von Brahms gelobte sprachlich-emotional anspruchsvolle Suleika-Gedicht beim einfachen Hören nachvollziehen?

Und a propos Programmheft: Wie soll man es damit halten? Den gedruckten Text mit den Augen verfolgen, wodurch der Blick von der Bühne, von Gestik und Körpersprache der Vortragenden abgelenkt wird? Oder lieber auf Sängerin und Sänger schauen und optimistisch aufs spontane Verstehen hoffen? Oder völlig resignieren und der Melodie lauschen, was das Lied zu sinnlicher Stimmungsmusik, ja glattweg zu einer Vocalise herabwürdigen würde, bei der die Stimme bloß Instrument wäre? Man darf sogar entmutigt fragen, ob die Gattung Lied letztlich überhaupt praktikabel ist. Der amerikanische Humorist Ambrose Bierce hat in »Des Teufels Wörterbuch« die Malerei als die Kunst definiert, Leinwandflächen vor dem Wetter zuzudecken und der Kritik auszusetzen. Wäre das Lied in ähnlich skeptischem Sinn eine Kunstform, die von der Illusion lebt, Wort und Weise hätten überhaupt etwas miteinander zu tun?

Oder sind Lieder gar im Grunde eher dazu da, gesungen als gehört zu werden? Ist es vielleicht so, dass nur wer das Lied singt, vollkommen imstande ist, Text und Melodie im gleichen Maß zu empfinden? Für den Zuhörer scheint auf jeden Fall die nächste Annäherung die zu sein, den Text des Lieds auswendig zu kennen. Ein englischer Deutschlehrer meiner Bekanntschaft hat mit seinen Schülern vor Konzertbesuchen die betreffenden Texte wochenlang im Unterricht bis zum Auswendigkennen intensiv studiert. So waren sie in der Lage, unverwandt auf die Bühne zu schauen, Gesicht, Gehör und Verständnis zu verbinden, genießend zu verstehen, verstehend zu genießen.

Abschließend sind ein paar Worte über die Oper nicht fehl am Platz, weil das der großformatigste Versuch ist, Worte mit Musik auszusöhnen. Vom unmittelbaren Verstehen eines Opernlibrettos kann kaum die Rede sein, denn sobald zwei Menschen einander ansingen oder gar vier Personen unisono den Aktschluss feiern, geht der Text unvermeidlich verloren. Seit einiger Zeit haben die Opernhäuser Obertitel eingeführt. Die sind hilfreich, lenken aber wiederum von der Handlung auf der Bühne ab – und weh dem, der aus einem Sitzplatz weit nach vorne emporschauen muss, er wird mit steifem Nacken nach Hause gehen! Opern sind allerdings, anders als Lieder, gewöhnlich aus der mehr oder weniger engen Zusammenarbeit von Librettist und Komponist hervorgegangen – der Text lag also nicht als selbständiges Werk schon vor, das erst später der Allmacht eines Musikers ausgeliefert war. Man denke an die in jedem Sinn beispielhafte Partnerschaft von Hugo von Hofmannsthal und Richard Strauss, in deren Briefwechsel einigermaßen freundlich nach beidseitig befriedigenden Lösungen gesucht wird. Dennoch schwelt es gelegentlich unter der höflichen Oberfläche. Strauss findet Hofmannsthals Texte mitunter »zu zahm, zu geziert und zaghaft und zu lyrisch.«[14] Das sagt er ihm auch auf den Kopf zu. Der Musik von Strauss sagt Hofmannsthal im Gegenzug (dies allerdings nur Dritten gegenüber) »eine fürchterliche Tendenz zum Trivialen, Kitschigen« nach. Er beklagt sich sogar, Strauss habe seinen Text »mit dicker Musik zugedeckt«![15] Strauss denkt im Grunde eben theatralisch, er will das Publikum hinreißen, das schaffen Hofmannsthals feine poetische Nuancen nun einmal nicht. Der Dichter muss am Ende nachgeben. »Prima la musica.«

Auf eine alte Oper von Salieri mit diesem Titel »Prima la musica e poi le parole«[16] geht ein späteres Bühnenwerk von Richard Strauss zurück. Die Kammeroper »Capriccio« behandelt die Rivalität von Komponist und Dichter. Zwischen ihnen und damit zwischen ihren Künsten soll eine schöne Gräfin entscheiden, in die beide verliebt sind. Andere Personen sind ihr amusischer Bruder und ein Theaterdirektor. Dieser wünscht sich eine Oper, bei der die konkurrierenden Künste einen Kompromiss schließen sollen. Der Text des Librettisten Clemens Krauss wiederholt bzw. nimmt in witzigen Formulierungen so ziemlich alle im Vorhergehenden zur Sprache gekommenen Punkte vorweg.[17]

»Prima la musica« ist natürlich die Losung des Komponisten Flamand, »Prima le parole«, die des Dichters Olivier. Die Gräfin will sich über die Rivalität der beiden nicht den Kopf zerbrechen: »Nicht will ich denken, nur lauschend genießen.« Wen soll sie denn begünstigen? »Wohl keinen von beiden«, sagt sie, »denn hier zu wählen hieße verlieren.« Dennoch scheint die Musik die Oberhand zu haben: »Wer hört auf die Worte, wo Töne siegen!«, so der Direktor. Und die Gräfin: »Die Worte der Dichter schätze ich hoch – doch sagen sie nicht alles, was tief verborgen.«

Der Dichter steht hilflos da, während sein Werk vertont wird. Umso mehr bekommt eben er zu sagen, zu klagen:

Mein schönes Gedicht mit Musik übergossen! / Ich wußt' es, er zerstört meine Verse. / Das schöne Ebenmaß ist dahin. / Vernichtet der Reim – die Sätze zerstückelt, / Willkürlich zerlegt in einzelne Silben, / In kurz und lang ausgehaltene Töne!/ Sie nennen es ›Phrase‹, die Herrn Musikanten. / Wer achtet nun noch auf den Sinn des Gedichts? /Die schmeichelnden Töne, sie triumphieren! /Der Glückliche! / Auf meiner Worte Stufen steigt er zu leichtem Sieg. / Ich überlege, ob das Sonett nun von ihm oder von mir. / Ist es nun ihm eigen, oder noch mein?

Für den Grafen, der höchstens ein durchschnittlicher Zuhörer ist, macht das alles nichts aus: »Ob der Text gut oder schlecht, ist ohne Bedeutung. / Niemand kann ihn verstehen.« Ein Diener im Hintergrund erst recht nicht. Ihm scheint das geradezu der Zweck der Vertonung zu sein: »Man singt, damit man den Text nicht versteht.« Worauf sein Kollege ergänzt: »Das ist auch sehr notwendig, sonst zerbricht man / Sich über den verworrenen Inhalt den Kopf.« Am Ende triumphiert keiner von beiden Künstlern, sondern eben die Oper – wie in einer Oper zu erwarten war. »Aber« – wir wollen abschließend wieder Heine zitieren – »ist das eine Antwort?«

Anmerkungen

¹ Der Aufsatz geht auf einen Vortrag in der Reihe »Musikgespräche« des Collegium Europaeum Jenense zurück, bei dem junge Künstler aus Karl Kammerlanders Liederklasse an der Hochschule für Musik Franz Liszt, Weimar, die besprochenen Lieder gespielt und gesungen haben: Mari Miyamoto und Shiyo Mitsuura, Klavier, Hellen Cho, Sopran, und Florian Götz, Bariton. Die für den Germanisten ungewöhnliche Zusammenarbeit und den besonderen Genuss verdanke ich der Anregerin beim Vorstand des Collegiums, Frau Dr. Claudia Zwiener.

² Joseph A. Kruse: Zum Geleit. – In: Günter Metzner: Heine und die Musik. Bibliographie der Heine-Vertonungen in 12 Bänden. Tutzing 1989–1994. Bd. 1, S. 1–2, hier S. 1 f.

³ Martin Walser: Ein liebender Mann. Reinbek 2008, S. 62. Später ist von Schuberts »anmaßender Musik« (ebd., S. 84) die Rede.

⁴ Goethe an Marianne von Willemer, 12. Juli 1812. Die Entstehung von Goethes Werken. Hrsg. von Katharina Mommsen. Bd. 3. Berlin 2006, S. 238. Es handelt sich um die Egmont-Musik Beethovens.

⁵ Eigentlich im Ursprung wohl ein Gedicht von Marianne Willemer, wie später bekannt wurde.

⁶ Im Gespräch mit Georg Henschel, zitiert bei Metzner [Anm. 2] Bd. 2, S. 281.

⁷ Metzner [Anm. 2], Bd. 1, S. 25.

⁸ Charles Hallé, zit. n. Metzner [Anm. 2], Bd. 5, S. 451.

⁹ Dass die unglückliche Liebesgeschichte im darauf folgenden Gedicht des Heine'schen Zyklus weitergeht, steht auf einem anderen Blatt, da dieses Gedicht nicht zu Schumanns Auswahl gehört.

¹⁰ Noch tiefer schürfend sind die Spekulationen des englischen Lyrikers Wyston Hugh Auden in einer Huldigung an Strawinsky: »Die musikalische Imagination des Menschen scheint sich fast ausschließlich von seinen Primärerlebnissen abzuleiten – von der unmittelbaren Erfahrung des eigenen Körpers, von dessen Anspannungen und Rhythmen, von den Vorgängen des Begehrens und Wählens – und herzlich wenig zu tun zu haben mit der Erfahrung der Außenwelt, die ihm seine Sinne zutragen.« W. H. Auden: The Dyer's Hand and Other Essays. London 1975, S. 467.

¹¹ Selbstverständlich klingt bei Gedichten vieles implizit und assoziativ mit, aber eben ausgehend von einem Kern semantisch expliziten Sinns.

¹² Meisterhafte Nachspiele gibt es auch im »Liederkreis«, zum Beispiel bei »Schöne Wiege meiner Leiden.« Beim späten Schumann kann es sich allerdings anders verhalten, etwa in der Vertonung der Goethe'schen Mignon-Lieder oder des Requiems der Heloïse für Abälard, wo überreichlich wiederholt wird.

¹³ 2000–2001 bei der Plattenfirma Signum erschienen, mit dem Tenor Markus Schäfer und dem Pianisten Christian de Bruyn. CD 1: ASIN B00004R9D4 (2000); CD 2: ASIN B000050640 (2000); CD 2: ASIN B00005IABF (2001).

¹⁴ Brief von Strauss an Hofmannsthal vom 13. August 1909. Richard Strauss und Hugo von Hofmannsthal: Briefwechsel. Zürich 1955, S. 69.

¹⁵ Die beiden Zitate bei Marcel Reich-Ranicki: Also spielen wir Theater. – In: Frankfurter Allgemeine Zeitung, 14. 6. 2003.

¹⁶ Dort handelt es sich um eine aufgefundene alte Partitur, zu der ein Text benötigt wird – also ausnahmsweise schon chronologisch ›prima la musica‹. Ein grotesker Parallelfall, der gerade Heine und Schumann betrifft, stammt aus finsterster Zeit: Die Nationalsozialisten wollten bekanntlich Heine von der deutschen Kultur auslöschen. Die Verbreitung seiner Schriften konnten sie durch Zensur und Verbot zu verhindern suchen. Wie war es aber mit den Heine-Vertonungen Schumanns? Sollte man das Opfer bringen, fortan von Aufführungen dieser beliebten Lieder ganz absehen? Man hat als Ausweg versucht, Schumanns Melodien neue, ›arische‹ Texte unterzulegen. Angesichts der Ergebnisse und der Gefahr hämischer Kommentare dazu aus dem Ausland hat Goebbels eingelenkt. Solche ›Umdichtungen‹ seien ›in keiner Weise zu fördern‹. Vgl. Hartmut Steinecke: »Schluss mit Heinrich Heine!« Der Dichter und sein Werk im nationalsozialistischen Deutschland. – In: HJb 47 (2008), S. 173–205, hier S. 188 ff.

¹⁷ Alle Zitate nach dem Heft der CD-Einspielung unter der Leitung von Wolfgang Sawallisch, EMI Great Recordings of the Century, Remastering 2000.

Revolutionsgesänge?
Hanns Eislers Chorlieder nach Heinrich Heine

Von Arnold Pistiak, Potsdam

> Phantasie führt zur Konstruktion, Konstruktion führt zur Phantasie. Das ist in der Musik ein Widerspruch, der unter einem Hut steckt.[1]

Heine – Eisler? Diese Zusammenstellung, die in der Heineliteratur kaum jemals, in der Eislerliteratur gelegentlich vorgenommen wird[2], leuchtet womöglich nicht unmittelbar ein und muss sich jedenfalls auf ihre Gründe hin befragen lassen. Folgende Andeutungen mögen zunächst genügen: In den letzten Jahren habe ich immer wieder versucht, über die Beziehungen zwischen Dichtung und Musik in einigen jener Stücke nachzudenken, die mir besonders wichtig sind.[3] Nicht erst in diesem Zusammenhang fiel mein Blick auf jene vier Kompositionen, in denen Hanns Eisler auf Texte von Heine zurückgegriffen hat: »Drei Männerchöre« op. 10 und das Lied »Verfehlte Liebe« (»Zuweilen dünkt es mich«).[4] Die vorliegenden Überlegungen mögen als ein weiterer und wiederum höchst subjektiver Versuch verstanden werden, der Souveränität und Einzigartigkeit, der Originalität von Wort und Ton nachzuspüren – in Werken, die ich für gelungen halte, für wichtig, für schön: die mir, mit einem Wort (einem in den meisten Theoriediskursen geflissentlich übergangenen Wort): Genuss vermitteln. – Es kommt etwas anderes hinzu: Vielen scheint heute nicht daran gelegen zu sein, sich mit den linken Utopien des 19. und 20. Jahrhunderts zu beschäftigen. Zu brutal, zu schmerzhaft ging die nackte, raue Wirklichkeit mit den Hoffnungen, Entbehrungen, ja, mit den unerhörten Opfern um, die, auf nicht weniger gerichtet als auf die Befreiung des »Menschengeschlechts«, heute, scheint's, allzu oft schamhaft verschwiegen werden. Wozu also an den Eisler der 20er Jahre des vorigen Jahrhunderts erinnern? Gewiss nicht, um einer Neuauflage stattgehabter wirklicher oder besser: vermeintlicher proletarischer Revolutionen das Wort zu reden. Nichts also von nostalgischer Verklärung – aber auch nichts von dem anachronistisch gewordenen Preis einer vermeintlich »holden Kunst«, den der junge Schubert schmerzlich-schön angestimmt hatte, in den er aber wenige Jahre später, als er seine Heinelieder schrieb, gewiss nicht vorbehaltlos eingestimmt hätte. Vor allem aber: Nichts von jener Legende, die seit 1989 dem verunsicherten »Volk« permanent vorgesetzt wird: der Legende, dass sich mit dem Untergang des sogenannten Kommunismus grundsätzliche gesellschaftliche Veränderungen der heutigen Welt erübrigen würden.

»Ich hab ein neues Schiff bestiegen«[5]

Es gehört gleichsam zum guten Ton, bei einem Blick auf Heines Lyrik folgende Passage aus seinem Vorwort zur zweiten Auflage des »Buchs der Lieder« zu zitieren:

> [...] für die Schwäche dieser Gedichte mögen vielleicht meine politischen, theologischen und philosophischen Schriften einigen Ersatz bieten.
> Bemerken muß ich jedoch, daß meine poetischen, eben so gut wie meine politischen, theologischen und philosophischen Schriften, einem und demselben Gedanken entsprossen sind, und daß man die einen nicht verdammen darf, ohne den andern allen Beyfall zu entziehen. (DHA I, 566)[6]

Das galt nicht nur rückwirkend für das »Buch der Lieder«, es galt auch für den neuen Schub der Radikalisierung Heines, der sich um 1840 vollzog – und gerade davon sprechen die »Neuen Gedichte«. Hatte sich die Konzeption der »sozialen Revolution«, der »neuen Doktrin« bereits in den 30er Jahren herausgebildet, so bestand das Neue darin, dass Heine es jetzt unternahm, diese Konzeption offensiv zu vertreten. Es gibt eine briefliche Äußerung Heines, die diesen Vorgang besonders signifikant belegt, gemeint ist der Brief vom 7. November 1842 an Heinrich Laube. Im Anschluss an das gegen die Kritiker des Börne-Buches gerichtete Bekenntnis zu Revolution und Fortschritt[7] folgt eine programmatische Formulierung, die im Grunde nicht nur einen, sondern zwei Adressaten hat – den vormaligen wie neuen Redakteur der »Zeitung für die elegante Welt« einerseits, den Dichter Heine andererseits:

> Liebster Freund! Wir dürfen nicht die preußischen Doktrinäre spielen, wir müssen mit den hall*ischen* Jahrbüchern und mit der Rheinischen Zeitung harmoniren, wir müssen unsre politischen Sympathien und socialen Antipathien nirgens verhehlen, wir müssen das Schlechte beim rechten Namen nennen und das Gute ohne Weltrücksicht vertheidigen [...]. (HSA XX, 36)

Wie Heines Leben und Schaffen in den folgenden Jahren beweisen, ist dieser Brief tatsächlich Ausdruck eines Wendepunkts; er belegt, dass es sich bei dem Umbau der »taktischen« Eckpunkte um einen mit klarem Bewusstsein vollzogenen Prozess handelte; er belegt übrigens auch, dass bei diesem Prozess etwa Feuerbach,

Marx und Ruge durchaus eine Rolle spielten – aber nicht in dem Sinne einer persönlichen Bekanntschaft. Es scheint vielmehr die Haltung der genannten Publikationsorgane gewesen zu sein, der Gegensatz zu den euphorischen Äußerungen der liberalen Oppositionsliteratur, das Grundsätzliche, Entschiedene, Kluge, sachlich Abwägende, das Heine für sich einnahm, ihn beflügelte. Hier etwa dürften die wesentlichen Ursachen für die späteren persönlichen Beziehungen zu Marx und den Mitarbeitern der Zeitschrift »Vorwärts!« liegen.

Der Titel »Neue Gedichte« weist also darauf hin, dass es sich nicht nur um einen Gedichtband handelt, der in traditionellem Sinn neu ist, um einen Nachfolger des »Buchs der Lieder«, sondern vor allem darauf, dass Heine etwas grundsätzlich Neues unternommen hatte. Mochten sich die »Neuen Lieder« noch als nuancierte Fortschreibung des »Buchs der Lieder« verstehen lassen, so ging das bei den anderen Abteilungen der »Neuen Gedichte« (»Verschiedene«, »Romanzen«, »Zur Ollea«, »Zeitgedichte«) nicht mehr: Bei aller Anknüpfung an Goethes Liebeslyrik legte Heine beispielsweise mit den »Verschiedenen« etwas literaturgeschichtlich völlig Neues, bislang Einmaliges, Originäres vor: Der Kern dessen bestand in der Verschmelzung der gegen Ende der 20er Jahre erreichten Positionen Heines mit dem Pantheistischen, dem, wenn man verkürzt sagen darf: Saint-Saimonistischen und dem Radikal-Aufklärerischen; er führte zu jener wachsenden philosophischen, politischen und ästhetischen Radikalisierung, die das Pariser Werk Heines kennzeichnet. Bodo Morawe hat diese komplexen Vorgänge in seinen Untersuchungen eindringlich, umfassend und detailliert dargestellt.[8]

Charakteristisch für die Lyrik und Versepik der ›aktivistischen‹ Phase Heines, die, was die Lyrik angeht, Ende 1841 / Anfang 1842 beginnt und sich mit wachsender Radikalität bis zu ihrem bislang wenig erforschten dramatischen Abbruch im Januar 1845 fortsetzte, war vor allem Heines Selbstbewusstsein als Sänger der sozialen Revolution: Es äußerte sich unüberhörbar in seinen Bemühungen, ein »neues« Lied zu dichten, und enthält ein untrennbares Zusammenspiel von Abgrenzung und Identifizierendem, von Satirisch-Groteskem und »neuem« Ton. Denn tatsächlich ist das, was als Gegensatz erscheint, als Ausdruck einer unablässig beschworenen Heine'schen »Ambivalenz«, lediglich ein *scheinbarer* Gegensatz: In Wirklichkeit ist der *neue* Ton auch in den satirischen Gedichten hörbar, er äußert sich in ihnen freilich nicht direkt, unvermittelt, bekenntnishaft, sondern vermittelt. Dabei waren es nun gerade Zeitgedichte, die den ersten und wichtigsten ästhetischen Beleg für den weltanschaulichen und politischen Neuansatz Heines darstellen: die Gedichte »Die Tendenz«, »Das Kind« und »Verheißung«, die im Januar 1842 in Laubes »Zeitung für die elegante Welt« in Leipzig erschienen – noch vor Heines Ankündigung vom 28. Februar 1842, er wolle nun unbedingt einen Krieg mit Preußen führen, vor dem soeben zitierten Brief an Laube und vor dem Erscheinen der ersten Fassung des »Atta Troll« im März 1843. Der Vorgang erhellt, dass die entscheidende poetische Wende spätestens Ende 1841 vollzogen worden sein muss, und er bedeutet: Die neue Phase der künstlerischen Produktion Heines begann mit radikal akzentuierter satirischer Kritik; in ihr schrieb Heine die meisten jener Korrespondentenberichte, die später in »Lutezia« eingehen würden; in ihr knüpfte Heine freundschaftliche Beziehungen zu dem jungen Marx und beteiligte sich mit den »Lobgesängen auf König Ludwig« an jenem ersten, aber sofort verbotenen Band der »Deutsch-Französischen Jahrbücher« (März 1844), in dem auch Marx' »Zur Kritik der Hegelschen Rechtsphilosophie« stand.[9] Übrigens wird in der Heineliteratur Heines Zusammenarbeit mit Marx wie auch sein Verhältnis zum »Vorwärts!« immer wieder als ziemlich gering veranschlagt. Dabei wäre offensichtlich das Gegenteil angemessen: Denn es war der »Vorwärts!«, in dem Heine nicht nur die erste Fassung seines »Wintermährchens« nachdrucken ließ, sondern auch einige besonders scharfe, schneidende, aggressive Zeitgedichte, z. B. »An den Nachtwächter«, »Die armen Weber«, »Doktrin« und »Erleuchtung«.[10]

*

Als Eisler 1924/25 die drei Heinechöre schrieb[11], war er seinerseits dabei, ein »neues Schiff« zu besteigen; auch er befand sich an einer entscheidenden Wegmarke seines Lebens. Denn nicht nur, dass er zu wenig bekannten Heinegedichten griff, ist interessant und aufregend, sondern auch, dass wir hier Eisler auf dem Weg treffen, der ihn, was die Funktionssetzung der eigenen Musik angeht, von seinem Lehrer Schönberg weg und hin zu seiner Beteiligung an der linken (der ›revolutionären‹) Berliner Musik- und Theaterszene führte. Hinter sich hatte er seine Jugendjahre in einer musischen linken Intellektuellenfamilie[12], die Teilnahme am Krieg, eine Fülle eigener Kompositionen[13], eine mehr oder weniger sporadische Tätigkeit als Dirigent verschiedener Wiener Arbeiterchöre[14], die kaum zu überschätzenden Lehrjahre als Schüler Schönbergs, dessen zustimmende Äußerungen zu seiner Klaviersonate Nr. 1, deren erste öffentliche Aufführung und den Abschluss eines Vertrages mit der Wiener Universal Edition. Und – wie man bei einem Intellektuellen dieser Jahre ohne weiteres voraussetzen darf – Eisler muss über eine umfassende Heinekenntnis verfügt haben. Denn Heines Popularität bei der Linken war unübersehbar – sei es im Zusammenhang mit der Entfaltung der Arbeiterbewegung, sei es als bewusster Gegenpol zu dem Strom reaktionärantisemitischer Äußerungen in der Öffentlichkeit.[15] So gesehen, war es geradezu zwangsläufig, dass Eisler auf die Dichtung Heines aufmerksam wurde – und sich eben nicht dem »Buch der Lieder« zuwandte, sondern der neuartigen, aggressiven politischen Dichtung Heines. Eislers Wahl fiel auf die Gedichte »Die Tendenz«, »Der Wechselbalg« und »Die Britten zeigten sich sehr rüde«. Dabei entstammen »Die Tendenz« und »Der Wechselbalg« – die Vorlagen für Eislers »Männerchöre nach Heine 1« und »3« – der Abteilung »Zeitgedichte« der »Neuen Gedichte«. »Die Britten zeigten sich sehr rüde«, das Mittelstück der drei Chöre, wurde erst 1857 von Adolf Strodtmann aus dem Nachlass Heines unter dem Titel »1649–1793–????« veröffentlicht und fand sich unter diesem Titel auch in den Heineausgaben von Ernst Elster oder Oskar Walzel, auf die Eisler vermutlich zugriff.

Was Eislers Umgang mit bereits vorliegenden poetischen Texten angeht, so sei zunächst auf die bekannten, faszinierenden Äußerungen verwiesen, die Hans Bunge dem Komponisten in langen Gesprächen entlockte, protokollierte und herausgab. Auf die Frage Bunges, ob Eisler »irgendwelche Prinzipien bei einer solchen Auswahl und Zusammenstellung« habe, antwortete dieser mit Hinweisen auf seine eigene »künstlerische« Methode: »Das heißt, man liest ein Gedicht und versucht – ohne Barbar zu sein – , das zusammenzufassen, was einem heute wichtig erscheint.«[16] Das war 1961 – es entspricht aber jener in den zwanziger Jahren ausgeprägten Bereitschaft vieler Künstler zum respektlos-souveränen Umgang mit fremden Texten, zum Montieren, zum »Umfunktionieren« des vorliegenden Materials. Und es entspricht präzise auch Eislers Umgang mit Heines Gedichten in ›unseren‹ drei Chorliedern – der Auswahl dieser Gedichte gerade aus dem Korpus der »Zeitgedichte« Heines, der Veränderung der originalen Reihenfolge der Gedichte wie einzelner Worte; der Auslassung von Versen und dem Hinzufügen anderer. Zudem veränderte und vereinheitlichte Eisler grundsätzlich die Titel: Aus »Die Tendenz« wurde bei ihm der lapidar klingende Titel »Tendenz (Sangesspruch)«; aus »1649–1793–????« (»Die Britten zeigten sich sehr rüde«) wurde »Utopie«, aus »Der Wechselbalg« – »›Demokratie‹«. Aber weder das Autograph noch der Druck verweisen auf die genaue Herkunft der ausgewählten Texte: Eisler kam es offensichtlich darauf an, aus den von ihm erarbeiteten Textfassungen und seiner Musik eigenständige Kunstwerke zu schaffen.

Dass Eisler zu Heines »Zeitgedichten« griff, lässt überdies aufhorchen; diese Wahl verleiht den Kompositionen von vornherein den Zauber des Besonderen; ja, sie ist geradezu einzigartig: Während Günter Metzner in seiner 1994 abgeschlossenen Bibliographie der Heine-Vertonungen 4579 Titel nach Gedichten aus dem »Buch der Lieder« und immerhin 1571 zu den »Neuen Gedichten« insgesamt nachwies, zählte er nur 27 Lieder nach Texten der »Zeitgedichte« (das bezieht sich auf elf der vierundzwanzig »Zeitgedichte«, der größere Teil – also dreizehn – blieb Metzner zufolge unvertont). Zu den drei Texten, die Eisler aufgriff, »Die Tendenz«, »Der Wechselbalg« und »Die Britten zeigten sich sehr rüde«, lagen Metzner neben den Werken Eislers im ganzen zwei weitere Kompositionen vor.[17] Dies mag erklären, weshalb Gerhard Höhns »Heine-Handbuch« keine Hinweise zu Vertonungen der »Zeitgedichte« (und zu Heines später Lyrik überhaupt) enthält. Und auch in literatur- wie in musikwissenschaftlichen Darstellungen zu Heine bzw. zu Eisler werden die Heine-Kompositionen Eislers zwar mehrfach angesprochen, führen aber doch ein eher marginales Dasein.

Heinrich Heine: Die Tendenz[18]

Hanns Eisler: Drei Männerchöre
(nach Heinrich Heine) – 1
[Erstdruck:] Tendenz (Sangesspruch)

Deutscher Sänger! sing' und preise
Deutsche Freyheit, daß dein Lied
Unsrer Seelen sich bemeistre
Und zu Thaten uns begeistre,
In Marseillerhymnenweise.

Deutscher Sänger! Sing und preise,
daß dein Lied
unsrer Seelen sich bemeistre
in Marseillerhymnenweise.
und zu Taten uns begeistre!

Girre nicht mehr wie ein Werther,
Welcher nur für Lotten glüht –
Was die Glocke hat geschlagen
Sollst du deinem Volke sagen,
Rede Dolche, rede Schwerter!

Sey nicht mehr die weiche Flöte,
Das idyllische Gemüth –
Sey des Vaterlands Posaune,
Sey Kanone, sey Kartaune,
Blase, schmettere, donn're, tödte!

Sei nicht mehr die weiche Flöte,
das idyllische Gemüt!
Sei des Vaterlands Posaune,
Sei Kanone, sei Kartaune,
Blase, schmettere, donnre, töte!

Blase, schmettre, donn're täglich,
Bis der letzte Dränger flieht –
Singe nur in dieser Richtung,
Aber halte deine Dichtung
Nur so allgemein als möglich.

Heinrich Heine: Die Britten zeigten
sich sehr rüde
(nur 4. Und 5. Strophe)

Hanns Eisler: Drei Männerchöre
(nach Heinrich Heine) – 2
[Erstdruck:] Utopie

Franzosen und Britten sind von Natur
Ganz ohne Gemüth; Gemüth hat nur
Der Deutsche, er wird gemüthlich bleiben
Sogar im terroristischen Treiben.
Der Deutsche wird die Majestät
Behandeln stets mit Pietät.

Gemüt hat nur
der Deutsche, er wird gemütlich bleiben
sogar beim Aufruhrtreiben.
Der Deutsche wird die Majestät
Behandeln stets mit Pietät.

In einer sechsspännigen Hofkarosse,	In einer sechsspännigen Hofkalesche,
Schwarz pannaschirt und beflort die Rosse,	schwarz panaschiert, beflort die Rosse,
Hoch auf dem Bock, mit der Trauerpeitsche,	hoch auf dem Bock mit der Trauerpeitsche
Der weinende Kutscher – so wird der deutsche	der weinende Kutscher; so wird der deutsche
Monarch einst nach dem Richtplatz kutschirt	Monarch einst auf den Richtplatz geführt
und unterthänigst guillotinirt.	und untertänigst guilliotiniert.
Heinrich Heine: Der Wechselbalg	Hanns Eisler: Drei Männerchöre (nach Heinrich Heine) – 3 [Erstdruck:] »Demokratie«
Ein Kind mit großem Kürbiskopf,	Ein Kind mit großem Kürbiskopf,
Hellblondem Schnurrbart, greisem Zopf,	mit blondem Schnurrbart, greisem Zopf,
Mit spinnig langen, doch starken Aermchen,	mit spinnig langen, doch starken Ärmchen,
Mit Riesenmagen, doch kurzen Gedärmchen, –	mit Riesenmagen, doch kurzen Gedärmchen;
Ein Wechselbalg, den ein Corporal,	die schönste Gelegenheit zum Verrat!
Anstatt des Säuglings, den er stahl,	Der Wechselbalg, der uns bezaubert hat,
Heimlich gelegt in unsre Wiege, –	die Spottgeburt aus Dreck und Feuer,
Die Mißgeburt, die mit der Lüge,	die allen Bürgern unselig teuer,
Mit seinem geliebten Windspiel vielleicht,	Nicht brauch ich das Ungetüm zu nennen!
Der alte Sodomiter gezeugt, –	Ihr sollt es ersäufen!
Nicht brauch' ich das Ungethüm zu nennen –	Ihr sollt es verbrennen!
Ihr sollt es ersäufen oder verbrennen!	

»Deutscher Sänger!«

Heines Sprecher – im Selbstverständnis der »Neuen Gedichte« ein Mann – stellt Forderungen an einen zeitgenössischen Dichter. Die Anrede – »Deutscher Sänger!« – mag noch unverfänglich klingen, die unmittelbare Fortführung hingegen – »sing' und preise / Deutsche Freyheit« – wie auch das sarkastische, bissig-ironische Schlussurteil (»Aber halte Deine Dichtung / Nur so allgemein als möglich«) fassen die Richtung der Kritik bündig zusammen und zeigen, wie diese Rede aufzufassen ist: als Spott. Man fügt dem Heine der »Neuen Gedichte« gewiss kein Unrecht zu, wenn man vermutet, dass diese Verse die Grundrichtung seiner Kritik an einer Reihe von ›Tendenzdichtern‹ angibt. Verspottet wird eine zum »Du« verallgemeinerte Reihe deutscher zeitgenössischer Dichter, die – im Selbstverständnis des Sprechers – in modisch-aktueller Weise und unter Anknüpfung an die Große Revolution (»Marseillerhymnenweise«) nicht nur zum Kampf gegen die »Dränger« aufriefen, sondern die wähnten, dass ihre lodernden Verse unmittelbar dazu führen könnten, dass »der letzte Dränger flieht«. Wie der Satz gemeint ist, darüber belehren den Leser auch die Kontext-Gedichte sowie insbesondere

»Atta Troll«. Mit »Georg Herwegh« verspottete Heine etwa Herweghs Versuch, Friedrich Wilhelm IV. für die »deutsche Freyheit« zu gewinnen und zu begeistern – einen Versuch mithin, der mit der Ausweisung Herweghs aus Preußen endete. Heine, 1846 im »Vorwort« zu »Atta Troll« rückblickend:

> Damals blühte die sogannte politische Dichtkunst [...]. Es erhub sich im deutschen Bardenhain ganz besonders jener vague, unfruchtbare Pathos, jener nutzlose Enthusiasmusdunst, der sich mit Todesverachtung in einen Ocean von Allgemeinheiten stürzte [...]. (DHA IV, 10)

Aber es waren nicht nur Teile der »sogenannten politischen Dichtkunst«, die in Heines »Tendenz« wie überhaupt in den »Zeitgedichten« satirisch enthüllt, angegriffen und verlacht wurden. Im Weiteren zielte der Kern des Angriffs auf Blindheit, Servilität, Untertanengeist, auf das Ausklammern konkreter politischer oder gar sozialer Grundfragen, Ziele und Forderungen; auf die Aufrechterhaltung von Illusionen hinsichtlich etwa der Wirkung von Kunst die Unangemessenheit der revolutionären Worte im Verhältnis zu den wirklichen Ergebnissen; auf nationalistische Positionen und Aktionen (Feindschaft gegenüber Frankreich und gegenüber den Juden). Anders gesagt: Der Angriff richtete sich auf das Fehlen gerade jener Positionen, die Heine in seine »Zeitgedichte« neu einbrachte – die ihnen also ihr einmaliges Gepräge, ihre durchaus neuartige literaturgeschichtliche Dimension verleihen. Berücksichtigt man zudem das Verhältnis der Dichtung Heines zu seinen »politischen, theologischen und philosophischen Schriften« dieser Jahre, betrachtet das alles nicht isoliert, sondern im Zusammenhang, so wird klar, dass Heine mit seiner Distanz gegenüber dem »deutschen Bardenhain« sich durchaus nicht gegen ›links‹ abgegrenzte. Sondern umgekehrt: Diese Angriffe, diese Abgrenzungen entsprachen Heines avanciertem Kunstverständnis, *und* sie transportierten gerade solche Inhalte, die zur Tradition und zum Selbstverständnis der europäischen Linken gehörten und gehören.

»Die Tendenz« heißt das Gedicht bei Heine – Eisler verzichtete jedoch auf den bestimmten Artikel und nannte sein Stück lediglich unbestimmter und damit allgemeiner: »Tendenz«. Und er erweiterte den Titel um einen bemerkenswerten Zusatz: »Sangesspruch«.[19] Er übernahm die erste und dritte Strophe – strich also nicht nur die satirische zweite, sondern auch die letzte Strophe mit dem abgrenzenden, verallgemeinernden Schlussurteil (»Aber halte deine Dichtung / Nur so allgemein als möglich«). Zudem aber hat Eisler in seinen nun nur noch zweistrophigen Text zwar alle Verse der ersten Strophe Heines übernommen, hat aber deren Reihenfolge vertauscht, so dass nun »Taten« den Abschluss bilden. Diese »Taten« werden am Schluss des Liedes wiederholt: »Blase, schmettre, donnre, töte!«, und dann noch einmal, von dem Vorhergehenden abgesetzt: »töte!« – Sowohl der textliche als auch der musikalische Umgang Eislers mit dem Gedicht »Tendenz« stellt meines Erachtens den Hörer vor eine wichtige und höchst interessante Frage: Hat der Komponist die satirische Stoßrichtung des Heinegedichts aufgenommen, fortgesetzt? Haben wir ein satirisches Lied vor uns? Handelt es sich also um eine direkte Anknüpfung an Heine? Ist es ein spöttisches (oder auch subtil-ironisches) Verlachen einer Haltung, die bereits von Heine verlacht / kritisiert wurde, aber dessen ungeachtet weiterlebte in einer Reihe von »Tendenzliedern« der Arbeiterbewegung?[20] Handelt es sich bei dem Zitat aus der »Internationale« um eine abgrenzende, distanzierende Parodie, ja um eine Karikatur? Einzelne unzweifelhaft groteske Abschnitte im zweiten und dritten der Heinechöre Eislers deuten darauf hin. Und auch in »Tendenz« selbst mögen die übernommene Anrede »Deutscher Sänger!«, die extreme Tenorlage wie auch die Singe-Anweisungen »(sehr warm)« (T. 7) oder auch: »mit größter Kraft« (T. 40) nach hohem Pathos klingen.

Oder aber handelt es sich hier um eine absichtliche Umkehrung der Intention Heines? Hielt Eisler den Heine'schen Spott über »nutzlosen Enthusiasmusdunst« im Österreich wie im Deutschland der 20er Jahre für unangemessen, hat ihn bewusst ausgeklammert? Hat er das Zitat aus der »Internationale« ernst genommen? Ich neige zu dieser Annahme. Eislers Komposition orientiert sich m. E. in Haltung wie Aufbau an der von ihm vorgenommenen drastischen Veränderung des Heine-Textes. Schon diese Grobkonstruktion scheint mir nicht auf eine ironische Groteske zu verweisen, sondern auf aggressiven Ernst. Zudem wird der ganze Chorsatz durch das einleitende rhythmische Grundmotiv (T. 1 f. ♩♩♩|♩♩) geprägt, das nichts anderes ist als eine Variation des Kopfmotivs der »Internationale«; indem es im Laufe des Stücks sowohl verkürzt als auch, insbesondere in den letzten Takten, verbreitert wird (T. 37 ff. ♩♩|♩♩|♩♩|♩♩|♩♩), bestimmt es den Gestus des Stückes in hohem Maße. Beide Teile des Liedes enden mit großen dynamischen Anläufen und weisen insofern eine deutliche konstruktive Parallelität auf: Wird das Ende des ersten Teils (der ersten Textstrophe mit den Worten »zu Taten uns begeistre!«, T. 10 ff.) durch das in großer Steigerung vorgetragene, keineswegs verzerrte Kopfmotiv der »Internationale« (*marschmäßig, pesante, fortissimo* schreibt Eisler vor) bestimmt, so wird dieser *Fortissimo*-Schluss am Ende des Stücks noch überboten durch ein dreifaches *forte* und die Anweisung »Mit größter Kraft«: und dies zu der Forderung »töte!«. Zusammen mit der latenten Polyphonie, den unaufgelösten dissonierenden, terzgeschichteten Klängen, einem zweimal auftretenden Quartakkord, kurz, einer harmonischen Vielfalt, die sich daraus ergibt, dass traditionelle (quasi spätromantische) Einzelklänge auftreten, die aber nicht auf (erkennbare) tonale Zentren hin organisiert sind, ergibt sich meines Erachtens eine Ernsthaftigkeit, die dem originalen Untertitel »Sangesspruch« entspricht und sich als bekenntnishafte Gesamthaltung verstehen lässt.

»Gemüt hat nur der Deutsche«

Für seinen zweiten Heinechor bedient sich Eisler eines Textes aus Heines Nachlass. Im Unterschied zu der Sammlung »Zeitgedichte« in den »Neuen Gedichten« ist »Die Briten zeigten sich sehr rüde« wahrscheinlich erst *nach* der Niederlage der Revolution von 1848, mithin unter weitgehend veränderten geschichtlichen Bedingungen entstanden. Aber wenn das Gedicht auch nicht zu jenen gehört, die Heine unter dem Gattungsbegriff »Zeitgedichte« zusammengestellt hatte, so dürfen wir es wohl doch seiner Anlage und Struktur wegen als ein solches betrachten – mit Einschränkungen, wie gleich zu zeigen sein wird. Denn die Heine'sche Kritik »so allgemein als möglich« dürfte gerade dieses Gedicht nicht treffen, gehört es doch zu den entschiedensten, den unverhülltesten politischen Gedichten, die Heine geschrieben hat. Mindestens zweimal hatte er versucht, derartige Gedichte in seine Lyriksammlungen einzuschmuggeln: »Die armen Weber« waren im »Vorwärts!« erschienen – aber aus dem Manuskript zum »Romanzero« warf es Campe heraus. Ausgesprochen listig ging der Dichter dann mit »Lass' die heil'gen Parabolen« um, scheint mir: Er hielt das Gedicht zunächst zurück, fügte es dann aber einer nachträglichen Sendung an den Verlag bei und brachte es so in seinem letzten Gedichtzyklus »Gedichte. 1853 und 1854« unter.[21] Andere, zu denen auch »unser« Gedicht gehört, versuchte er zwar, an die Öffentlichkeit zu bringen, verzichtete aber von vornherein darauf, sie in seine Gedichtbände zu integrieren (weshalb wir ihnen besondere Aufmerksamkeit widmen sollten – siehe »Schloßlegende«, »Lied der Marketenderin«, »Das Hohelied«, »Citronia«, »Unbequemer neuer Glauben«, »Zur Teleologie«).

Der erste Teil des fünfstrophigen Gedichts »Die Briten zeigten sich sehr rüde« besteht aus drei Strophen, die jeweils an »terroristisches Treiben« (Vers 22) erinnern: an die Hinrichtungen von Karl I. Stuart (30.1.1649), von Louis XVI. und von Marie Antoinette. Aber Heines reflektierender Sprecher redet davon wie von historischen Exempeln. Ohne jedes Mitleid und ohne Anklage zählt er die Ereignisse auf; von der Königsebene spricht er im Bänkelsängerton und unter Verwendung von Knittelversen in einer spöttisch-unbeteiligten Sprache, nüchtern-kühl, ja, zynisch:

> Noch schlimmer erging's der Marie Antoinette,
> Denn sie bekam nur eine Charette [...].

Welch Kommentar zu den großen europäischen Revolutionen des 17. und 18. Jahrhunderts! Ein Kommentar, der die Akzeptanz der drei Hinrichtungen unmissverständlich einschließt und mithin nicht weniger enthält als die Rechtfertigung gewaltsamer revolutionärer Mittel. Das Ärgste aber kommt noch. In den beiden Schlussstrophen entfaltet Heine einen probeweisen Blick nach Deutschland und in die Zukunft: Der Sprecher ist sich sicher, dass die immer wieder angekündigte umfassende deutsche Revolution kommen werde. Nicht *ob* sie komme, ist die Frage: sie lautet vielmehr, *wie* sie sich vollziehen werde (der gängige Titel mit vier Fragezeichen stammt ja nicht von Heine, sondern vom Herausgeber Strodtmann). Die lockere, schnoddrige Antwort dürfte auch heute noch viele Leser schockieren: Heine bezweifelt derartige Entwicklungen nicht etwa, sondern er äußert im Gegenteil die durchaus nicht eingeschränkte Erwartung, dass eine vergleichbare »terroristische« Revolution *auch* in Deutschland stattfinden werde – aber mit einer spezifisch deutschen Besonderheit, »unterthänigst«: Im Unterschied zu Ludwig Capet werde der »Monarch« nicht in einem »Fiaker«, sondern einer noblen »sechsspännigen Hofkarosse« zu seiner Hinrichtung gefahren, und der gemütvolle Kutscher werde dabei weinen. Selbst die Guillotine der Robespierre-Zeit wird explizit benannt! Wahrhaft ein »sanglantes«[22] Stück!

Und ein desillusioniertes. Gehörten die »Neuen Gedichte« in Zugehörigkeit wie Abgrenzung zu dem Strom der gesellschaftskritischen Vormärzgedichte, so formulieren »Die Briten zeigten sich sehr rüde« einen nachrevolutionären Kommentar: Er ist Ausdruck des Heine'schen Selbstverständnisses, das die Ereignisse der Gegenwart wahrnimmt und sie nüchtern bewertet, und er reflektiert die Enttäuschungen von 1848/49; deshalb die Skepsis, die Bitternis und, schärfer noch als in den Gedichten von 1842/44, der Hang zu mitleidslosem Spott; deshalb der groteske, bis ins Zynische gehende Ton, der hier wie in den Spätschriften überhaupt mit wechselnden Akzentuierungen angeschlagen wird; deshalb der Verzicht auf das Auffordernde, Aktivistische, Losungshafte zugunsten einer nun eher skeptischen Zurückhaltung und der Einnahme einer Beobachterrolle. Eine seiner bittersten Stellungnahmen zum Ausgang der Revolutionsjahre 1848/49 hat Heine 1851 in seinen von Trauer geprägten dritten Gedichtband, »Romanzero«, eingefügt:

> Gelegt hat sich der starke Wind,
> Und wieder stille wird's daheime;
> Germania, das große Kind,
> Erfreut sich wieder seiner Weihnachtsbäume. (DHA III, 117)

Aber gleichzeitig enthalten die nachrevolutionären Werke – der »Romanzero« und die unveröffentlichten Gedichte sowie das Wunderwerk der »Vermischten Schriften« (mit der »Lutezia«, an der Heine jahrelang intensiv gearbeitet hatte[23]) – die nicht aufgegebene Hoffnung, dass auch in Deutschland die Monarchie abgeschafft werden würde – »einst«. Und so gehören auch »Die Briten zeigten sich sehr rüde« zum Revolutionsdiskurs, den Heine seit den 30er Jahren permanent führte – nicht nur in seinen »politischen, theologischen und philosophischen Schriften«, sondern eben auch in seinen poetischen Texten. Immer wieder ging es darin um Berechtigung und Notwendigkeit revolutionärer Gewalt. Dieser Diskurs äußerte sich *vor* der Revolution etwa in der respektlosen Rede des Erzählers gegenüber Barbarossa, in der Ansprache an die »Mitwölfe«, in der sorgfältig vorbereiteten Hinrichtung des Bären Atta Troll[24]; er äußerte sich *nach* der Revolution in neuen grundsätzlichen Überlegungen – trotz den erlebten Enttäuschungen, den eigenen Ängsten und den immer wieder artikulierten Warnungen. Dabei ging es nicht etwa um ›Königsmord‹, wie »Die Britten zeigten sich sehr rüde« wohl suggerieren könnten, sondern um die betont langfristige Vorbereitung einer »socialen« Revolution. Auch der »gemütvolle« Deutsche werde eine »sociale« Revolution durchführen, sagt Heine nicht nur in diesem Gedicht; und sie ist für ihn undenkbar nicht nur ohne Vernunft, Stärke, Kühnheit, Entschlossenheit, »Disciplin« (DHA XV, 52), sondern auch ohne den konsequenten Einsatz militärischer Machtmittel. Heine schreibt mit Blick auf die Februarrevolution von 1848:

[...] es wäre den Franzosen besser ergangen, wenn sie entschiedenen Bösewichtern in die Hände gefallen wären, die energisch und konsequent gehandelt und vielleicht viel Blut vergossen, aber etwas Großes für das Volk gethan hätten. (DHA XV, 190)

Viel Blut! Derartige Positionen bilden den Hintergrund für die in den späten Texten etablierten großen historischen Parallelen: für Moses, Jesus, Luther, für Napoleon und Lassalle, für Germanen und Juden.

Warum aber hat Eisler dieses Gedicht für seine Heinechöre ausgewählt? Darüber gibt es keine Zeugnisse. Interesse verdient allerdings der Umstand, dass Eisler es geschrieben hat, *nachdem* die Monarchie in Österreich wie in Deutschland abgeschafft worden war: Was bei Heine ein Vorausblick war, wird bei Eisler zum Rückblick. So hätte es sein können, ja sein sollen – Eislers Aufnahme der Heineverse machen aus diesen eine rückwärts gewandte Utopie. Zwar war die Republik etabliert, aber das alte System existierte in vieler Hinsicht weiter – in Österreich wie in Preußen-Deutschland. Anders gesagt: Eine soziale Revolution im Sinne Heines, auf die sich Eisler hätte beziehen können, hatte es 1918/19 weder in Österreich noch in Deutschland gegeben. Sie hat es, nicht ganz nebenbei bemerkt, bis heute nicht gegeben. Aber hieß das für Eisler, heißt das heute, dass in Heines Visionen nichts steckte als utopisches Hoffen?

Das Stück beginnt leise. *pianissimo, p, dolce* schreibt Eisler für den ersten Teil (T. 16: bis »Pietät«) des Liedes vor. Die musikalischen Abschnitte orientieren sich ganz traditionell an den Texteinschnitten; sie sind jeweils zweiteilig mit deutlicher Mittelzäsur und appellativem Schlussteil. Erst ab T. 24 (bei »einst auf den Richtplatz geführt«) setzt dann der nach Heines Vorbild extrem verdichtete Schlussabschnitt ein: ein rasches *crescendo*, das durch Lautstärke, Melodie, Artikulation und Stimmführung herausgehobene Wort »untertänigst«, das durch ein wiederum rasches und starkes *crescendo* wie durch die Anweisungen *sffz* und *(abreißen)* hervorgehobene Wort »guillotiniert« – und schließlich die Wiederholung von »guillotiniert« im tiefen Bass – nun aber kontrastiert durch die im dreifachen *piano* sowie im Falsettgesang vorzutragende Erinnerung an das vorangestellte Motto und die grotesken *glissandi* in den einleitenden Takten, die das Wort »Gemüt« komisch-distanziert behandeln. – Mit Blick auf diesen Schluss weist Albrecht Dümling auf Eislers Umgang mit dem Dominantseptimenakkord hin, »einem der abgegriffensten, gerade auch in deutschen Männerchören sehr beliebten Mittel musikalischer Gefühligkeit. Der Schluss ironisiert die Idee einer deutschen Revolution noch weiter im weiträumigen Gegenüber von ›*guillotiniert*‹ – in tiefster Basslage – und – ›*Gemüt*‹ – in höchstem Falsett.«[25] Aber es scheint mir nicht glücklich, innerhalb der zahlreichen, sehr verschieden strukturierten Septakkorde der drei Chöre einen einzelnen Typus – den Dominantseptimenakkord – besonders hervorzuheben, ihn gewissermaßen zu isolieren und an ihm »Ironie« festzumachen. In meinem Verständnis ließe sich »Utopie« vielmehr verstehen als ein an Mozarts Opern geschulter Versuch, Widersprüchliches musikalisch gleichzeitig darzustellen. Auch nicht um Ambivalenz handelt es sich hier meines Erachtens, sondern um die Verbindung zweier Haltungen, die zwar eine gemeinsame Wurzel haben (die Reflexion über deutsche Zustände), die aber sehr Verschiedenes, einander Ergänzendes ausdrücken: groteske satirische Kritik an dem »Gemütvollen«, an politikfernem Verhalten einerseits, andererseits den als Gewissheit vorgetragenen Glauben, dass es auch in der Zukunft grundsätzliche gesellschaftliche Veränderungen geben werde. So gesehen, stellt dieser Chor zugleich nicht weniger dar als ein ins 20. Jahrhundert geholtes und mit neuestem musikalischem Material ausgeführtes ästhetisches Kunststück: Beide Seiten – das Distanzierende wie das Identifizierende – sind auch in Heines Gedicht vorhanden, treten aber den Möglichkeiten der Literatur entsprechend nacheinander auf. Eisler jedoch vereint sie spezifisch musikalisch in den Schlusstakten *eines* Liedes.

»Ein Kind mit großem Kürbiskopf«

In enger Nachbarschaft zu »Die Tendenz« steht Heines kurzes Gedicht »Der Wechselbalg«. Eine »Allegorie auf Preußen« nannte Fritz Erler dieses in jeder Hinsicht groteske poetische Bild zu Recht.[26] Wohl nur der bis heute selten veröffentlichten »Schloßlegende« vergleichbar, ist es einer der schonungslosesten Angriffe Heines auf Preußen. Die ungeheuerlichen Vorwürfe richten sich nicht nur gegen das preußische Verwaltungs- und Militärsystem, attackieren nicht nur den damals schon legendären »Großen Fritz«: Sondern indem sie den Staat als »Ungetüm« und »Mißgeburt« bezeichnen, stellen sie die Legitimität Preußens überhaupt in Frage. Im Gegensatz zu dem unmittelbar folgenden »Der Kaiser von China« beschränkt sich »Der Wechselbalg« nicht darauf, Friedrich Wilhelm IV. satirisch abzuführen, sondern gipfelt in der ernsthaft-imperativischen Forderung, wie sie sich in der Lyrik Heines höchst selten findet, das falsche Kind zu vernichten: »Ihr sollt es ersäufen oder verbrennen!«

Die Verbindung des Satirischen mit der praktischen Forderung, den »Wechselbalg« zu vernichten, erhält zusätzliche Brisanz durch »Das Kind«, das als »Zeitgedicht« XIV dem »Wechselbalg« (XVI) vorangeht: »Das Kind« enthält zwei wesentliche Seiten der »neuen Doktrin«: zum einen den Spott, ja Hohn über das Unheidnische, Unsansculottische der »Jungfrau Germania«, zum anderen aber den völlig undistanzierten, identifikatorischen Preis jenes »hübschen« Schützen, der »einst«, und zwar »in höchster Lust«, Preußen vernichten werde. Denn wie die »Rheinischen Vogelschützen« in »Deutschland. Ein Wintermährchen« den Vogel, »der mir so tief verhaßt«, töten würden (DHA IV, 97), werde auch dieses »Bübelein« wie »Gott Amur« den preußischen »doppelköpfigen« Adler abschießen, dabei jedoch taktisch vorsichtig vorgehen: Angesichts von »Witterung, Moral und Polizey« werde er seine Aktion nicht unbekleidet ausführen wie der antike Gott, noch »sich ohne Hos' und Kleid / Zeigen als Sanskülott«, sondern die tödlichen Schüsse »leiblich bekleidet« – taktisch verhüllt also! – abgeben. Amor als »Sanskülott«! War Heines Abgrenzung von dem »deutschen Bardenhain« lachend, distanzierend, auch höhnisch, aber nur gelegentlich vernichtend (die sorgfältig vorbereitete Hinrichtung Atta Trolls), so wird hier der politische Angriff auf Preußen – auf das Monarchistische, Feudale – geradezu mit Brutalität vorgetragen. Es versteht sich, dass dies kein zufällig unterlaufenes Bild ist: Dahinter steht die Konzeption des geschichtlichen (Hegel'schen) Fortschritts, mit der die »Zeitgedichte« eröffnet werden (»Doktrin«) und enden (»Nachtgedanken«).

Wie an den anderen ausgewählten Gedichten nimmt Eisler auch an »Der Wechselbalg« starke textliche Veränderungen vor. Jetzt spricht er von der Gegenwart in Österreich wie in Deutschland um 1925 – jetzt konkretisiert er die Situation, die dadurch eingetreten ist, dass grundsätzliche gesellschaftliche Veränderungen nach 1918/19 weitgehend ausgespart wurden. Eisler, der sich schon als Soldat gegen die Kriegsmaschine des mit Preußen verbündeten Österreich gewandt hatte, nimmt den von Heine artikulierten Hass auf Preußen auf und schließt sich ihm an. Wohl fürchtend, dass das Wort »Demokratie« missverständlich sein könnte, schließt er den Titel nicht in der handschriftlichen Partitur, wohl aber in der Druckfassung in Anführungsstriche ein.[27] Damit setzt er zugleich einen Akzent, der die spezifische Bindung des Gedichts an Preußen stark reduziert. Lediglich die ersten vier Verse folgen nahezu Wort für Wort dem Original, die weiteren Verse sind umgedichtet. Wie abgrundtief Eislers Verachtung des bürgerlichen Staates war, zeigt besonders das integrierte (unwesentlich veränderte) Zitat aus Goethes »Faust«[28], das Fausts Distanzierung von Mephistopheles drastisch ausdrückt: »Du Spottgeburt aus Dreck und Feuer«. Ein Mosaiksteinchen nur im Rahmen des kurzen Gedichts, aber eben doch: eine wesentliche gedankliche Ausweitung, die zudem korrespondiert mit dem Vers »die schönste Gelegenheit zum Verrat!« Diesen Vers, der der grundsätzlichen Attacke auf »Altdeutschland« eine zusätzliche aggressive Note verleiht, hat Eisler wahrscheinlich selbst gedichtet. Sehr wichtig ist auch die Abgrenzung von »allen Bürgern«! Zu denen zählt sich der Sprecher nicht mehr – obgleich er ja zugibt, selbst auch »bezaubert« gewesen zu sein. Schließlich der Höhepunkt: die Verwandlung der Aufzählungsstruktur in dem ohnehin unglaublichen Schlussvers Heines (»Ihr sollt es ersäufen oder verbrennen!«) in zwei aufeinanderfolgende selbstständige Losungen: »Ihr sollt es ersäufen! Ihr sollt es verbrennen!«. Diesen Zuwachs an aggressiven Wendungen, wir sollten es nicht übersehen, verlieh Eisler Heines Text deutlich vor seiner Bekanntschaft und Zusammenarbeit mit Brecht, deutlich auch, bevor Brecht selbst begann, politisch eingreifende Texte zu schreiben.

Auch das dritte Chorlied folgt dem Modell der beiden vorangehenden und ist wie diese auf den Schluss hin komponiert: zunächst leise, wie huschend, sind der erste und zweite Teil des Chores angelegt – aufgeraut durch das *forte* zu »starken Ärmchen« (T. 9 f.), die grotesk anmutenden großen Intervalle zu den Worten »spinnig«/ »langen« und »Riesenmagen« (T. 7 ff.) sowie durch das schöne dreinschlagende *forte* im ersten Bass, wodurch das Wort »teuer« (T. 26) zunächst hervorgehoben, dann aber von den anderen Stimmen *piano* und *ppp* wiederholt und somit entschieden karikiert wird. Ab T. 27 folgt der davon deutlich abgesetzte Schlussabschnitt. Er endet wie die Schlüsse in »Tendenz« und »Utopie« mit einer kraftvoll-aggressiven, eindringlichen, gleichsam fordernden Steigerung und führt das Stück musikalisch zum Höhepunkt: durch eine Verlangsamung des Tempos / die Aufgabe des polyphonen Gesangs zugunsten einer homophon-monolithischen Satzweise / die Akzentuierung der appellativen Forderung »Ihr sollt es« (Sekundreibungen, Verwendung von Vierteltriolen, Reihung dissonierender terzgeschichteter Vierklänge) / schließlich durch einen erneuten Anlauf vom *piano* zu dem mit *sfffz* (!) gezeichneten Schlussakkord, der die an den Bauernkrieg erinnernde Forderung »Ihr sollt es ersäufen! Ihr sollt es verbrennen!« abschließt. Mit der in das Kopfmotiv der »Internationale« verwandelten »Marseillerhymnenweise«

ebenso korrespondierend wie mit den Losungsworten »töte« und »guillotiniert«, fasst der Schluss des dritten Chores die wirkliche ›Tendenz‹ der drei Einzelchöre, ja der ursprünglichen Gedichte Heines zusammen: Nichts mehr von bloßer Abgrenzung von »Tendenzliedern«, nichts von lediglich geistreichem Spott, nichts von bloßer grotesker Karikatur, nichts von Bürgerlichkeit!

*

Die drei Heinechöre sind mit hoher Wahrscheinlichkeit vor dem berühmt gewordenen »Eisenbahngespräch« und Eislers Auseinandersetzung mit Arnold Schönberg entstanden.[29] Wir können sie also verstehen als eine vorweggenommene Antwort auf Schönbergs berechtigte Forderung, Neues, Anderes nicht nur anzukündigen, sondern es auch zu tun. Anders gesagt: Nicht irgendwelche Äußerungen, sondern die Chöre selbst belegen, dass Eisler, als er die drei Heinetexte in Musik setzte, eine individuelle, konzeptionelle ›Vorgabe‹ gehabt haben muss, die darauf zielte, in seinem Musizieren eine durchaus neue Haltung einnehmen und über den bürgerlichen Konzertbetrieb hinausgehen zu wollen, etwas sozial *und* ästhetisch Avantgardistisches zu schaffen.

In textlicher Hinsicht hat Eisler das, was sich bei Heine auf die Jahre unmittelbar vor und nach 1848 bezog, in das 20. Jahrhundert geholt. Was da getötet / vernichtet / guillotiniert werden sollte, das waren nicht mehr die durch den Wiener Kongress oder den Revolutionsversuch von 1848 geschaffenen politischen Strukturen, gegen die sich Heine leidenschaftlich gewandt hatte, sondern das auch nach der Abschaffung der Monarchien in Deutschland und Österreich allgegenwärtig nachwirkende Philosophische, Ideologische, Politische. Dieses »Ungetüm« zu vernichten – das, sagen die Texte von und »nach« Heine wie auch die Musik Eislers – wäre wirklich demokratisch, das wäre nicht ›Demokratie‹, sondern: Demokratie. Damit nimmt Eisler – immer an Heine anknüpfend – zu den aktuellen Fragen um 1925 eine eigenständige Haltung ein, die den Umbau der Gesellschaft im Geiste kämpferischer Demokratie einfordert. Besonders erstaunlich sind (für mich) die dramatisch-militanten Schlusswendungen in allen drei Chören: »töten« – »guillotinieren« – »ersäufen« und »verbrennen«. Gewiss, bei diesen Texten handelt es sich nicht um politische Gebrauchsanweisungen, nicht um Zeitungsartikel oder Propagandaschriften, sondern um poetische Bilder, die poetisch-kunstgemäß verstanden werden müssen, also nicht überbeansprucht werden dürfen. Dennoch: dass es sich angesichts der musikalischen Struktur der Chöre, aber auch der politisch bewegten Zeit wie des weiteren Weges Eislers hier um eine ›jakobinische‹ Haltung handelt, die einschneidende gesellschaftliche Veränderungen fordert und bereit ist, dafür auch extreme Gewalt einzusetzen, scheint mir kaum bezweifelbar zu sein.

Zugleich sind die Heinechöre ein deutlicher Ausdruck von Eislers Versuch, die Errungenschaften avancierter ›hoher‹ Musik zu verbinden mit dem für ihn wichtigen und ihm seit langem bekannten Strom traditioneller Arbeitermusik. Auch insofern stellen die Heinechöre einen wirklichen Wendepunkt im Schaffen Eislers dar, und sie ermöglichen einen Blick auf seine neuartige, höchst komplizierte Situation. Denn einerseits standen die politische Aggressivität seiner Chöre und das sich hierin äußernde Funktionsverständnis von Musik in scharfem Gegensatz zum Selbstverständnis Schönbergs, seiner ›Schule‹ und den Normen und Traditionen der etablierten Richtungen der bürgerlichen Musikkultur der 20er Jahre wie auch im Gegensatz zu einem bedeutenden Teil der Arbeitergesangbewegung: zu jenem Teil, der weitgehend bürgerlich-sozialdemokratisch geprägt war und der zudem vieles mit dem von Heine stigmatisierten »Enthusiasmusdunst« gemein hatte.[30] Andererseits aber drückte sich in den Heinechören das Anliegen Eislers aus, dem Arbeitergesang neue (›revolutionäre‹) Inhalte zu verleihen, ohne dabei jedoch die erreichte kompositorische Höhe der bürgerlichen Musik aufzugeben. In diesem Zusammenhang ist der ursprüngliche Untertitel »Sangesspruch« von besonderem Interesse. Er bezieht sich logisch nur auf das erste Lied – aber, durch die Struktur des Ganzen vermittelt, letztlich doch auch auf die drei Chöre insgesamt. Unabhängig davon, ob eine direkte Verbindung mit Eislers Chorleitertätigkeit in Wien bestand oder nicht, ob die Chorlieder für Anton Weberns Wiener Chor »Freie Typographie« bestimmt waren[31] oder ob Eisler sie schon im Hinblick auf seine Zeit in Berlin geschrieben hatte, gleichsam als ›Einstand‹: Die in den Heinechören eingeforderte kämpferische Haltung wird nicht erst in Eislers späterem Schaffen, sondern bereits hier, in der Komposition *dieser* Chöre eingelöst. Nicht distanzierend-grotesk tritt Eisler den von ihm erstellten Texten gegenüber (die infolge der massiven Veränderungen Eislers eben keine Heinetexte mehr sind), sondern engagiert und bekenntnishaft. Genauer: Nicht vom einzelnen Detail, sondern von der Haltung des Ganzen her gesehen, lässt sich feststellen, dass Eisler das Grotesk-Spöttisch-Satirische vermindert und das auch bei Heine durchscheinende Bekenntnishafte, Kämpferische betont. Nun ist das Bekenntnishafte nicht eben eine Dimension, die sich heute großer Akzeptanz erfreut.[32] Aber in meinem Verständnis handelt sich um eine Dimension, die nicht nur zu den ursprünglichen, sondern auch zu den wesentlichen Seiten von Kunst gehört. Wenn man in Eislers Heinechören lediglich einen Angriff auf die traditionelle (wesentlich sozialdemokratisch geprägte) Arbeitersängerkultur sieht, so mag eine derartige Auffassung aus der Vorstellung erwachsen, dass es prononciert Bekenntnishaftes bei Eisler um 1925 noch nicht gegeben haben könne – eine Vorstellung, die durch die grotesken Kompositionen Eislers jener Jahre gewiss gestützt werden könnte: die aber eben doch im Widerspruch zu dem Korpus der drei Heinechöre und ihrer musikalischen Gesamtanlage zu liegen scheint. Zudem sei daran erinnert, dass die bisherigen (opusgebundenen) Kompositionen gewiss nicht unverbindlich waren.[33] Indem Eisler seine drei Chorstücke – seine ersten Chöre überhaupt! – als politisch eingreifende Männerchöre schrieb, verhielt er sich, wie Brecht später wohl sagen würde, »realistisch«: Er knüpfte in gattungsmäßiger wie aufführungspraktischer Hinsicht gerade an die existierende und gefestigte Tradition des Männergesangs an, bediente sich existierender Strukturen und suchte sie seinen musikalischen wie sozialen Intentionen dienstbar zu machen. Freilich: noch ist es das lehrende Ich, das den zu Belehrenden gegenübersteht – in Heines »Zeitgedichten« wie in Eislers Heinechören. Aber so wie Heine schon vor der Revolution gelegentlich die Tradition religiöser ›Wir-Gedichte‹ aufgegriffen und umfunktioniert hat (»Die schlesischen Weber«; »Symbolik des Unsinns«), so wird auch Eisler wenige Jahre nach seinen Heinechören und in der Tradition der »Marseillaise«, der »Internationale« und anderer internationaler Arbeiterlieder zu politischen Wir-Gedichten greifen und ihnen »geben, was des Eislers ist«. Dabei bedeutete die Orientierung auf den Arbeitergesang für Eisler aber eben nicht die Nivellierung des Niveaus, sondern war Bestandteil seines Bemühens, eine Kunst zu schaffen, bei der eine intendierte und für unabdingbar gehaltene soziale Funktion unlösbar verknüpft war mit einem hohen technischen Standard. Auch in seinem Umgang mit den drei ausgewählten und veränderten Texten der »Neuen Gedichte« war Eisler offensichtlich bestrebt, sich als *der* zu zeigen, dessen Klaviersonate op. 1 Schönberg zur Darbietung wie zum Druck empfohlen hatte.

So knüpft Eisler an Heines Überwindung von »nutzlosem Enthusiasmusdunst« an: nicht nur durch seinen Griff nach den »Zeitgedichten«, sondern vor allem durch seine anspruchsvolle, zeitgemäße, »artistisch« vollendete Musik, die – wiederum in der Tradition Heines – zwar das Plakative vermeidet, wohl aber das Appellative bewahrt. Die bis heute offensichtlich einmalige, konzentrierte Auswahl poetischer Texte aus Heines »Zeitgedichten« und deren partielle Umdichtung, die parallele Struktur der drei Stücke, ihre gedankliche Geschlossenheit und auffordernd-appellierende Grundhaltung, die sorgfältige Anlage jeder einzelnen Stimme wie der vier Stimmen insgesamt/ die elastischen, immer affektgeladenen Melodien, die nicht tonal gebundene harmonische Anlage mit einer Fülle von Dissonanzen, die aber an entscheidenden Stellen durch zumeist terzgeschichtete Akkorde dennoch vorübergehend eine tonale Grundierung erhält, der geistvolle, beherrschte Umgang mit der ganzen Bandbreite der einem a capella Chor zur Verfügung stehenden Lautstärken, der stimmige Wechsel homophoner und polyphoner Abschnitte, der Verzicht auf die Verwendung der Dodekaphonie zugunsten anderer, gleichfalls ›moderner‹ Gestaltungsprinzipien: Dies alles kündet von Eislers hohem Kunstanspruch. Eislers artistische Behandlung von Text und

Musik berechtigen überdies, hier nicht von einer Summierung von Einzelstücken, sondern von einem Zyklus, womöglich sogar von einer an ein musikalisches Triptychon gemahnenden Gesamtkonzeption zu sprechen.[34]

Insofern ist es wohl auch nur bedingt gerechtfertigt, die Männerchöre als Übergangswerk zu bezeichnen: Gewiss, die Chöre entstanden in einem Feld von Übergängen (von ›Entgrenzungen‹) im Leben Eislers – von Wien nach Berlin, von der bürgerlichen zur proletarischen Musikszene, von dem Umgang mit avanciertem Material bürgerlicher Musikkultur zu der Erfindung des nicht weniger avancierten, spezifisch Eisler'schen Materials (das nicht auf seinen Kampfmusikstil reduziert werden darf). Und doch verführen Bezeichnungen wie »Übergangswerk« womöglich dazu, die besondere, mutige, kühne, höchst artistische Kunstleistung zu nivellieren, die hier vorliegt. Denn es handelt sich zuvörderst um ein eigenständiges Werk, um ein Werk des Aufbruchs. Mit den drei Männerchören op. 10 beginnend, wird Eisler nun jahrelang – bis zu den beiden Suiten für Orchester (1930/31, op. 23 und 24) – nur mehr wortgebundene Musik mit Opusnummern versehen. Und er wird auch weiterhin an Heine anknüpfen – nicht ausdrücklich, aber unüberhörbar: 1927 oder 1928 entstehen in Berlin »Vier Stücke für gemischten Chor«.[35] Aus dem »Sangesspruch« ist nun ein »Vorspruch« geworden. Dessen Beginn: »Werte Anwesende! Wir singen heute nicht, was Sie zu hören gewohnt sind. Sie brauchen nicht zu erschrecken! Wir singen heute etwas ganz anderes!«. Dieses Andere ist gerade nicht das Lied von der Loreley, das zitiert wird, sondern die »Forderung des Tag's«: der politische Kampf, darauf gerichtet, »eine Welt zu gewinnen«. »Auch unser Singen muss ein Kämpfen sein«, heißt es dann – in anderer musikalischer Diktion als in der der Heinechöre und doch mit ihr verwandt: Und diese ästhetische Prämisse des Heine der »Neuen Gedichte« wurde nun zu einer bestimmenden Prämisse der Ästhetik Eislers.

Freilich: hätten Eislers Wiener Chöre, hätte selbst Anton Weberns Chor diese Stücke singen können, singen wollen? Wer würde / könnte sie heutzutage singen? Und muss man / sollte man die drei Männerchöre nach Heine wirklich so singen, wie es die Interpretation des Rundfunkchors Leipzig unter Horst Neumann vorführt? Und wie werden potenzielle heutige oder morgige Hörer oder Sänger fertig mit jenem Motiv, das als ein zentrales Motiv nicht nur in dem ersten der Heinechöre auftritt, sondern immer wieder in Eislers Werk erscheinen wird, mit dem Kopfmotiv der »Internationale«? Gibt es Menschen, die diese Chöre auch heute, in unserer Zeit der furchteinflößenden globalen Zuspitzungen hören oder gar singen wollen? Fragen über Fragen – die ich an Sie, verehrte Leserin, verehrter Leser, weiterreiche.

Anmerkungen

[1] Nathan Notowicz: »Wir reden hier nicht von Napoleon. Wir reden von Ihnen!« Gespräche mit Hanns Eisler und Gerhart Eisler. Übertragen und hrsg. von Jürgen Elsner. Berlin 1971, S. 167.

[2] Vgl. Albrecht Betz: Lust an politischer Satire: Drei Männerchöre nach Heinrich Heine. – In: ders.: Hanns Eisler. Musik einer Zeit, die sich eben bildet. München 1976, S. 56–60; Albrecht Dümling: »Ich kenn' es wohl, Dein Mißgeschick«. Eisler und Heine zwischen revolutionärem Aufbruch und lyrischem Ich. – In: Von Dichtung und Musik II. Heinrich Heine und seine Komponisten. Eine Veröffentlichung der Internationalen Hugo-Wolf-Akademie für Gesang, Dichtung, Liedkunst e. V. Stuttgart, Tutzing 1995, S. 112–130; Fred Fischbach: Hanns Eisler. Le musicien et la politique. Bern, Berlin u. a. 1999, S. 127–135; Wilhelm Zobl: Hanns Eislers Verhältnis zur Tradition: Aspekte der Ausarbeitung einer marxistischen Erbetheorie in der Musik; dargestellt bis 1933. Diss. A. Humboldt Universität Berlin 1978, S. 27 ff. Vgl. auch kurze Bemerkungen bei: Jürgen Elsner: [Einführung]. – In: Eisler 3 (NOVA 8 85 011, Berlin 1971); Manfred Grabs: Eisler und die Agit-Prop-Bewegung. – In: Symposium »Der Gesang in den Kämpfen unserer Zeit – Traditionen, Methoden, Wirkungsfelder«. Hrsg. von Winfried Stanislau. Leipzig 1987, S. 56–60; Manfred Grabs: Hanns Eisler. Kompositionen – Schriften – Literatur. Ein Handbuch. Leipzig 1984, S. 10 u. 75; Fritz Hennenberg: Hanns Eisler. Leipzig 1986, S. 24; Eberhardt Klemm: Hanns Eisler. Für Sie porträtiert. 3. Aufl. Leipzig 1988, S. 12 f.; ders.: [Einführung]. – In: Hanns Eisler. Chöre. NOVA 8 85 094, Berlin 1976; Günter Mayer: [Einführung]. – In: Hanns Eisler. Chöre. Berlin Classics 0092362BC: Chöre, S. 11–17, hier S. 13; Jürgen Schebera: Eisler – eine Biographie in Texten, Bildern und Dokumenten. Mainz 1998, S. 34 u. 50; Wilhelm Zobl: Einiges zur Arbeit Hanns Eislers in den Wiener Arbeiterchören. – In: Hanns Eisler heute. Berichte – Probleme – Beobachtungen. Akademie der Künste der DDR. Arbeitsheft 19. Berlin 1974, S. 36–41; ders.: Zu den Chorwerken Hanns Eislers. – In: Symposium [Anm. 2], S. 38–42.

[3] Vgl. Arnold Pistiak: »Ich liebe« oder: Füchsin, Natter, Teufelin. Anmerkung zur Figurenentwicklung in »Così fan tutte«. – In: Galerie. Revue culturelle et pédagogique 23 (2005) H. 4, S. 487–514; ders.: »Gebändigt? Ungebändigt?« Überlegungen zum Verhältnis von Beethoven und Goethe. – In: Bonner Beethoven-Studien 6 (2007), S. 115–146; ders.: »Singen in finsteren Zeiten«. Erinnerung an Hanns Eislers Kantaten auf Texte von Ignazio Silone und Bertolt Brecht. – In: Galerie. Revue culturelle et pédagogique 27 (2009) H. 2, S. 167–198; ders.: Heimkehr als Aufbruch. Feststellungen und Lesarten zu Schuberts Heineliedern. – In: HJb 48 (2009), S. 90–115.

[4] »Verfehlte Liebe« (»Zuweilen dünkt es mich«) aus Heinrich Heine: »Unterwelt« (DHA II, 99); Hanns Eisler: Lieder und Kantaten. Bd. 2. Leipzig 1957, S. 64. – Auf dieses Lied gehe ich hier nicht ein. Vgl dazu Dümling: »Ich kenn' es wohl, Dein Mißgeschick« [Anm. 2].

[5] »Ich hab ein neues Schiff bestiegen« aus Heinrich Heine: »Lebensfahrt« (DHA II, 117).

[6] Zu den »Neuen Gedichten« sei hier lediglich summarisch verwiesen auf Höhn ³2004, S. 95–115.

[7] »[...] ich, der ich vielleicht der entschiedenste aller Revoluzionäre bin, der ich auch keinen Fingerbreit von der graden Linie des Fortschrittes gewichen, der ich alle großen Opfer gebracht der großen Sache – ich gelte jetzt für einen Abtrünnigen, für einen Servilen!« (HSA XXII, 36).

[8] Morawes ebenso grunsätzliche wie unverzichtbare Beiträge zu zentralen Fragen der Heineforschung liegen nun auch konzentriert vor. Vgl. Bodo Morawe: Citoyen Heine. Das Pariser Werk. 2 Bde. Bielefeld 2010.

⁹ Vgl. DHA II, 142 ff.; vgl. die Briefe Heines an Ruge (7.1.1844, HSA XXII, 93) und an Campe (20.2.1844, HSA XXII, 96f.).

¹⁰ In der »Rheinischen Zeitung«, der »Zeitung für die elegante Welt« und dem »Vorwärts!« wurden in den Jahren 1842 bis 1844 vierzehn der insgesamt 24 Gedichte der Abteilung »Zeitgedichte« veröffentlicht (»Zeitgedichte« 1, 6, 7, 10, 13, 14, 15, 17, 18, 19, 20, 21, 22, 24). Vgl. die Übersicht in DHA II, 684. Höchst interessante, anschauliche Erinnerungen an die Atmosphäre in der Redaktion des »Vorwärts!« teilt Heinrich Börnstein in seinen Memoiren mit. Indem er sich ausdrücklich auf Ruge, Marx, Heine, Herwegh, Bakunin und Weerth bezieht, vermerkt er: »In diesem Zimmer kamen nun zu den Redaktions-Sitzungen zwölf bis vierzehn Menschen zusammen, die theils auf Bett und Koffern sitzend, theils stehend oder herumgehend, alle furchtbar rauchten, dabei mit der größten Aufregung und Leidenschaftlichkeit debattirten. Die Fenster konnte man nicht aufmachen, weil sich sonst bald ein Volksauflauf auf der Straße gebildet hätte, um die Ursache dieses heftigen Schreiens zu erfahren [...].« Heinrich Börnstein: Fünfundsiebzig Jahre in der Alten und Neuen Welt. Memoiren eines Unbedeutenden [1881]. Hrsg. u. mit einer Einleitung in englischer Sprache von Patricia A. Herminghouse. Reprint. New York u. a. 1986, Bd. 1, S. 351. Sicherlich kann dieser Bericht, fast vier Jahrzehnte nach jenen Redaktionssitzungen verfasst, keinen Anspruch auf Detailgenauigkeit erheben. Aber er wird auch nicht völlig frei erfunden sein.

¹¹ Eisler gibt die Entstehungszeit der Heinechöre mit 1924 an (vgl. Eisler: Lieder und Kantaten [Anm. 2], S. 149); den Angaben des ausgezeichneten Eisler-Kenners Manfred Grabs zufolge sind sie jedoch erst im Frühjahr 1925 in Wien entstanden (vgl. Grabs: Hanns Eisler [Anm 2], S. 358). – Die Datumsangabe auf der Handschrift (Akademie der Künste Berlin, Hanns Eisler Archiv: Signatur 1147) ist nur für Tag und Jahr eindeutig: 31. und 1925; die durch einen Knick in der Handschrift nicht lesbare Monatsangabe lässt – bei Schreibung der Monate mit römischen Zahlen – zumindest folgende Möglichkeiten offen: II, III, VI, VII, VIII, XI, XII. Das bedeutet im Grunde, dass das ganze Jahr 1925 für die Komposition in Frage kommt. Berücksichtigt man, dass Eisler sich bereits im Frühjahr mit dem Gedanken trug, nach Berlin zu ziehen, dass er im Sommer seinen Umzug vorbereitete und ab Mitte September 1925 in Berlin lebte, so scheint der Gedanke nicht abwegig, dass der heimliche Adressat der Chöre nicht Wien war, sondern Berlin. – Hingewiesen sei auf eine Vermutung, die Eberhardt Klemm geäußert hat. Demnach könnten die drei Chöre, zumindest der zweite, nicht 1925, sondern erst 1926 entstanden sein, also nach dem »Eisenbahngespräch« und der Auseinandersetzung mit Schönberg (vgl. Klemm: [Einführung], [Anm. 2]). Aber ich sehe nichts, was diese Vermutung bestätigen könnte. Klemm hat sie auch nicht wiederholt. – Zur Situation der Arbeitermusikbewegung in Berlin vgl. Jürgen Elsner: Der Einfluß der Arbeitermusikbewegung auf die Kampfmusik Hanns Eislers. – In: Beiträge zur Musikwissenschaft 6 (1964), S. 301–307; Jürgen Schebera: Eisler [Anm. 2], S. 34 u. 50.

¹² In den Eisler-Mitteilungen 43 (14. Jg., Februar 2007), S. 1–27, finden sich wichtige Informationen über Eislers Familie. Hingewiesen wird u. a. auf die musikalische häusliche Atmosphäre, Eislers frühen Musikunterricht und erste Kompositionen (1912), auf die »entschiedene Kriegsgegnerschaft« der drei Geschwister. – Eislers Sohn Georg Eisler zufolge wurden seine Lieder op. 2 zu Hause gespielt und geprobt. Vgl. Hanns Eisler der Zeitgenosse. Positionen – Perspektiven. Materialien zu den Eisler-Festen 1994/95. Hrsg. von Günter Mayer. Leipzig 1997, S. 94f. Vgl. auch Zobl: Hanns Eislers Verhältnis zur Tradition [Anm. 2]), S. 27ff.

¹³ Vgl.: Grabs, Hanns Eisler [Anm. 2], S. 356ff. sowie ders.: Zum Frühwerk. – In: Hanns Eisler heute [Anm. 2], S. 26–36; Zobl: Hanns Eislers Verhältnis zur Tradition [Anm. 2], S. 58ff.

¹⁴ Vgl. Zobl: Hanns Eislers Verhältnis zur Tradition [Anm. 2], S. 140–144; ders.: Einiges zur Arbeit Hanns Eislers in den Wiener Arbeiterchören. – In: Hanns Eisler heute [Anm. 2],

S. 36–41; ders.: Zu den Chorwerken Hanns Eislers. – In: Symposium. Der Gesang in den Kämpfen unserer Zeit [Anm. 2], S. 38–42.

[15] Vgl. Heine und die Nachwelt: Geschichte seiner Wirkung in den deutschsprachigen Ländern. Texte und Kontexte, Analysen und Kommentare. Hrsg. von Dietmar Goltschnigg und Hartmut Steinecke. Bd. 1, 2. Berlin 2006, 2008; Ute Kröger: Der Streit um Heine in der deutschen Presse 1887–1914: ein Beitrag zur Heine-Rezeption in Deutschland. Aachen 1989; Paul Peters: Die Wunde Heine. Zur Geschichte des Heine-Bildes in Deutschland. 2. Aufl. Bodenheim 1997.

[16] Hanns Eisler: Gespräche mit Hans Bunge. »Fragen Sie mehr über Brecht«. Übertragen und erläutert von Hans Bunge. Fotomechanischer Nachdruck der ersten Aufl. 1975. Leipzig 1979 (ders.: Gesammelte Werke Bd, III/7), S. 219. – Ernst Fischer bezeichnete Eisler als »bedeutenden Schriftsteller«. Ders.: Eisler und die Literatur. – In: Sinn und Form. Sonderheft Hanns Eisler. 1964, S. 248–270, hier S. 262.

[17] Günter Metzner: Heine in der Musik. Bibliographie der Heine-Vertonungen. Tutzing 1989–1994. Bd. 11, S. 531. – Nachweise der Kompositionen der drei Lieder: »Die Tendenz« (vertont von Hanns Eisler, Heinrich Huber, Peter Janssens, vgl. ebd., Bd. 9, S. 343 f.); »Der Wechselbalg« (nur von Eisler vertont, vgl. ebd., Bd. 10, S. 28); »Die Britten zeigten sich sehr rüde« (nur Eisler, vgl. ebd., Bd. 10, S. 84).

[18] Die Heinegedichte »Die Tendenz«, »Der Wechselbalg« und »Die Britten zeigten sich sehr rüde« werden zitiert nach DHA II, 119 f. und DHA II, 122 sowie DHA III, 325. Texte und Noten der »Drei Männerchöre (nach Heinrich Heine)« werden zitiert nach Hanns Eisler: Lieder und Kantaten. Bd. 5, Leipzig 1961, S. 149–154.

[19] So in der Originalausgabe. In der Ausgabe von 1961 strich Eisler nicht nur die Überschrift »Tendenz«, sondern auch den Zusatz »(Sangesspruch)«.

[20] Den Forschungen Wilhelm Zobls verdanken wir hierzu wichtiges Material (vgl. Anm. 14). Vgl. auch Christian Glanz: Hanns Eisler. Werk und Leben. Wien 2008, S. 70 f.

[21] Vgl. die Briefe von Campe an Heine (24.9.1851, HSA XXVI, 323) und von Heine an Campe (22.4.1854, HSA XXIII, 327).

[22] Heine an Campe (HSA XXII, 91).

[23] Vgl. dazu Heinrich Heine: Vermischte Schriften. Nachdruck der Ausgabe Hamburg 1854. Hrsg. u. eingel. von Arnold Pistiak. Hildesheim 2004; Arnold Pistiak: »Lutezia lesen? Ein Brief.« – In: »... und die Welt ist so lieblich verworren.« Heines dialektisches Denken. Festschrift für Joseph A. Kruse. Hrsg. von Bernd Kortländer und Sikander Singh. Bielefeld 2004, S. 399–408; Zu Heinrich Heines Spätwerk »Lutezia«. Kunstcharakter und europäischer Kontext. Hrsg. von Arnold Pistiak u. Julia Rintz Berlin 2007.

[24] Vgl. DHA IV, 126 ff., 116 ff. und ebd., 35.

[25] Dümling: »Ich kenn' es wohl, Dein Mißgeschick« [Anm. 2], S. 119 f.

[26] Heinrich Heine: Werke und Briefe in zehn Bänden. Hrsg. von Hans Kaufmann. Berlin, Weimar 1980, Bd. 1, S. 538.

[27] Vgl. Akademie der Künste Berlin, Hanns Eisler Archiv: Signaturen 988, 1147 und 1776.

[28] J. W. Goethe: Faust. Der Tragödie Erster Teil, Vers 3536: »Du Spottgeburt von Dreck und Feuer!«

[29] Vgl. dazu Albrecht Dümling: Hanns Eisler und Arnold Schönberg. – In: Hanns Eisler der Zeitgenosse. Positionen – Perspektiven. Materialien zu den Eisler-Festen 1994/95. Hrsg. von Günter Mayer. Leipzig 1997, S. 30–40.

[30] Eisler grenzte sich wenig später von diesen Tendenzen auch in Aufsätzen ab. Vgl. ders.: Fortschritte in der Arbeitermusikbewegung. – In: ders: Musik und Politik. Schriften 1924–1948.

Textkritische Ausgabe von Günter Mayer. 2. Aufl. Leipzig 1985, S. 113–116. – Zu den Verhältnissen in Wien vgl. auch Glanz: Hanns Eisler [Anm. 20], S. 70.

[31] Nach Glanz: Hanns Eisler [Anm. 20], S. 70, war Weberns Chor durchaus leistungsfähig.

[32] Eine auffällige Ausnahme stellt folgende Arbeit dar: Hanns-Werner Heister: Selbstgespräch und Ansprache an die Menschheit. Zur Bekenntnismusik im 20. Jahrhundert. – In: ders.: Vom allgemeingültigen Neuen. Analysen engagierter Musik: Dessau, Eisler, Ginastera, Hartmann. Hrsg. von Thomas Phleps und Wieland Reich. Saarbrücken 2006, S. 9–27.

[33] Vgl. etwa op. 2 (»Sechs Lieder für Gesang und Klavier«); op. 5 (»Palmström. Studien über Zwölftonreihen«); op. 11 (»Zeitungsausschnitte für Gesang und Klavier«). Vgl.: Manfred Grabs: Zum Frühwerk. – In: Hanns Eisler heute [Anm. 2], S. 26–36.

[34] Vgl. auch Dümling: »Ich kenn' es wohl, Dein Mißgeschick'« [Anm. 2], S. 122; er spricht von »Zyklus«, Betz weist auf »Längsverbindungen« hin. Betz: Lust an politischer Satire [Anm. 2], S. 58.

[35] Eisler: Lieder und Kantaten. Bd. 5 [Anm. 18], S. 155–159.

III.

»Fiat Justitia et pereat mundus!«
Zum Thema ›Recht‹ im literarischen Werk Karl Immermanns

Von Peter Hasubek, Göttingen

I.

Im vierten Kapitel des dritten Buches von Immermanns »Reisejournal«[1] (1833) wird eine aufschlussreiche Geschichte erzählt, die auf engem Raum die Problematik von Immermanns Verhältnis zu seinem Beruf als Jurist und dessen Umsetzung in einem fiktiven Text zeigt. Geschildert wird ein Gesprächskreis, der nach der Manier von Boccaccios »Decamerone«, Goethes »Unterhaltungen« oder Tiecks »Serapionsbrüdern« arrangiert ist. Äußerer Anlass ist die Furcht vor dem Auftreten der Cholera in Magdeburg 1831. Man verbringt die Zeit mit dem Erzählen von Geschichten – ein nicht besonders origineller Einfall Immermanns, wie er selbst konzediert –, um auf diese Weise die Angst vor der Krankheit zurückzudrängen.

Der »Fremde« erzählt ein Beispiel aus seiner juristischen Praxis, denn er ist (wie Immermann) Jurist, der durch ein »Mißverständnis« ins Kriminalfach geraten ist. An seiner Erzählung sind drei ineinander verschachtelte Ebenen zu erkennen. Die erste, biographische Ebene betrifft das eigene Lebensschicksal des »Fremden«. Er hatte bald erkannt, dass er »nimmermehr für dieses Fach geboren« (165) sei. Er fühlt sich in seinem Beruf wie eine »tote Maschine«, aller »Frohsinn und Hoffnung« haben ihn verlassen, so dass ihm seine »ganze Existenz zur Last war« und er einer »schrecklichen Zukunft« entgegengeht. Der Verzweiflung nahe, wird er mit einem juristischen Fall konfrontiert, der ihn innerlich bewegt und bei dem er für Gerechtigkeit kämpfen will. Auf der zweiten Ebene wird der Fall einer »jungen Verwandten« erzählt, die einen »alten, reichen Mann in seinen letzten Lebensjahren« gepflegt hat, nach dessen Tod in dem Testament aber völlig leer ausgeht, was in den Augen aller Menschen der kleinen Stadt als eine große Ungerechtigkeit empfunden wird. Der »Fremde« übernimmt es, Gerechtigkeit für die »junge Verwandte« herzustellen. Der Erfolg oder Misserfolg in dieser Sache wird von dem »Fremden« als Maßstab seiner juristischen Fähigkeiten und als Entscheidungshilfe für seine weitere juristische Tätigkeit verstanden. Bei den Ermittlungen gelingt es ihm nicht, die kriminellen Machenschaften der geschickt operierenden Erbschleicher aufzudecken. Indes begegnet er in diesem Zusammenhang dem »Großherzog«, einem »großen Freunde der Kunst« (170). Die persönliche Zuneigung zu dem kunstliebenden Fürsten löst das biographisch-berufliche Problem des »Fremden«, da er im Dienst des Großherzogs eine Tätigkeit ausüben kann, die ihn befriedigt, ja sogar glücklich macht. Die Kriminalgeschichte der zweiten Ebene wird nicht zu Ende geführt, wohingegen die persönliche Geschichte des Erzählers (erste Ebene) ein respektables, positives Ende erreicht. In einem »heitren Nachspiel« wird auch die Geschichte des »jungen Verwandten« zu einem glücklichen Schluss gebracht. (171f.)

Die dritte Ebene muss durch den Leser selbst aus Textelementen der beiden anderen Partien rekonstruiert werden. Die Geschichte des Fremden ist zugleich auch die Geschichte Immermanns selbst, wie aus Andeutungen hervorgeht. Immermann ist, wie der »Fremde«, ein höchst unglücklicher Jurist, der seinem Berufsfeld entfliehen möchte. Es ist auch aufschlussreich, dass der Fremde keinen Namen trägt und deshalb um so leichter als Identifikationsfigur für Immermanns eigene Berufsproblematik dienen kann. Die Worte des fremden Erzählers über den Beginn seines »eigentliches Lebens« könnten auch Immermanns eigene Äußerungen sein:

> Wie mein Gebieter dieses geschaffen, das möchte ich nicht durch Worte, sondern lieber durch die Tat zeigen. Denke ich der Erniedrigung, welche meiner gewartet hätte, wenn er nicht wie ein rettender Gott zu mir getreten wäre, so faßt mich noch jetzt ein Beben. Denn es gibt für den Mann nur ein Unglück: im Zwiespalte leben, zwischen innrem Berufe, und äußrer Zwangspflicht. (171)

Dieser in das »Reisejournal« eingefügte fiktive Text ist ein Bewältigungsversuch der Berufsproblematik Immermanns im Medium literarischer Gestaltung.

II.

Es gibt nur wenige Autoren in der deutschen Literatur, in deren Werk das Thema ›Recht‹ eine so herausragende Rolle spielt wie in dem Œuvre Karl Immermanns. Beginnend mit der frühen Tragödie »Das Thal von Ronceval« (1822) und endend mit »Münchhausen. Eine Geschichte in Arabesken« (1838/39) trifft man in nahezu allen Texten des Dichters (außer in der Lyrik) Aspekte von Recht und Gerechtigkeit an, wie die rechtshistorische Forschung wiederholt bemerkt hat.² Die Rechtsthematik wird dabei meist den Gegebenheiten der literarisch verarbeiteten historischen Epoche entnommen bzw. angenähert. Goethe, ebenfalls ausgebildeter Jurist wie Immermann, greift rechtsthematische Aspekte zum Beispiel in »Wilhelm Meisters Lehrjahren« und im »Faust« auf, bei Kleist werden juristische Themen und Zustände schwerpunktmäßig in der Erzählung »Michael Kohlhas« und dem Lustspiel »Der zerbrochne Krug« dargestellt. Der promovierte Jurist Heinrich Heine bewies zeitlebens eine Abneigung gegen das juristische Fach, und demzufolge begegnet man rechtlichen Aspekten in seinem Werk weniger häufig als bei Immermann. Freilich muss bei Heine streng geschieden werden zwischen rechtlichen und politischen Aspekten. Für seine Einstellung zu seinem Beruf und zur Jurisprudenz stehe nur ein Beispiel für viele mögliche in den Briefen aus dem ›verfluchten‹ »Nest-Göttingen« vom 7. März 1824 an Rudolf Christiani: »Noch immer kenne ich die Titel der skottschen Romane und die Novellen des Bockaz oder Tiecks viel besser als die Titel und Novellen im Corpus Juris.« (HSA XX, 148) Rückblickend hat Heine seine Einstellung zum Jus als eine historische Erscheinung in seinen »Memoiren« zusammengefasst:

> Von den sieben Jahren die ich auf deutschen Universitäten zubrachte vergeudete ich drey schöne blühende Lebensjahre durch das Studium der römischen Kasuistik. Welch ein fürchterliches Buch ist das Corpus Juris, die Bibel des Egoismus. Wie die Römer selbst blieb mir immer verhaßt ihr Rechtskodex. Diese Räuber wollten ihren Raub sicherstellen und was sie mit dem Schwerte erbeutet suchten sie durch Gesetze zu schützen; deßhalb war der Römer zu gleicher Zeit Soldat und Advokat. Wahrhaftig jenen Dieben verdanken wir die Theorie des Eigenthums, das vorher nur als Thatsache bestand, und die Ausbildung dieser Lehre in ihren schnödesten Consequenzen ist jenes gepriesene römische Recht, das allen unseren heutigen Legislazionen, ja allen modernen Staatsinstituten zu Grunde liegt, obgleich es im grellsten Widerspruch mit der Religion, der Moral, dem Menschengefühl und der Vernunft. Ich brachte jene gottverfluchten Studien zu Ende, aber ich konnte mich nimmer entschließen von solcher Errungenschaft Gebrauch zu machen, und vielleicht auch weil ich fühlte daß Andre mich in der Advokasserie und Rabulisterey leicht überflügeln würden, hing ich meinen juristischen Doktorhut an den Nagel. (DHA XV, 64)

Von 1819 bis 1825 studierte Heine Jura in Bonn, Göttingen, Berlin und erneut Göttingen, wo er 1825 promovierte. Freilich wurden die juristischen Studien oft genug durch den Besuch anderer Lehrveranstaltungen zurückgedrängt. In den meisten Fällen beziehen sich Heines Äußerungen zum Thema ›Recht‹ auf satirisch-polemische Seitenhiebe gegenüber juristischen Zeitgenossen. In dem »Traum«, ja Albtraum, in der Nacht in Osterode auf der »Harzreise« entwirft Heine ein satirisch-polemisches Szenarium der juristischen Fakultät der Universität Göttingen, lässt die »gewaltige Themis« und als Gefolge die Professoren der juristischen Fakultät der Gegenwart und früherer Zeiten aufmarschieren, die sich im Erzählen von »juristischen Witzen«, im Vortragen von »neu ergrübelten Systemchen, oder Hypotheschen, oder ähnlichen Mißgebürtchen des eigenen Köpfchens« gefallen, bis Themis diesen Spuk durch ein Machtwort beendet, welches den Ausbruch des Chaos zur Folge hat, wobei die »Decke des Saales krachte« und »die Bücher« »von ihren Brettern« herab »taumelten«. Entscheidend ist jedoch nicht dieses Spektakel allein als satirische Verarbeitung Göttinger Erfahrungen, sondern die Konsequenz, die Heine daraus zieht, indem er in den »historischen Saal« flieht und sich hier den »heiligen Bildern« des »belvederischen Apolls und der mediceischen Venus«, also der »Schönheitsgöttinn« zu Füßen wirft (DHA VI, 88 f.). Dieser krassen Absage an das Jus und die Flucht in die Kunst, die Literatur, entspricht auch der andere »tolle Traum« in der Nacht im Brockenhause von der »juristischen Oper« »Falcidia« mit dem »erbrechtlichen Text von Gans, und Musik von Spontini«, der ebenfalls mit »Posaunen, Tamtam, Feuerregen« (DHA VI, 127) endet.[3] Als Gegenbild zu diesen furios-kritischen Schilderungen könnte etwa jene eher genrebildartige Darstellung von »Old Bailey« in den »Englischen Fragmenten« gelten (vgl. DHA VII, 228 ff.). Freilich geht es Heine dabei weniger um das Thema ›Recht‹ in England als um die Reaktionen des Publikums auf einen vor dessen Augen ablaufenden Prozess. Als Heine Anfang April 1824 den Freund Immermann in Magdeburg besuchte, werden sie vermutlich ihre Anschauungen über das Jurastudium ausgetauscht haben. Die Ähnlichkeit der Ansichten beider Dichter ist verblüffend, wie aus den folgenden Darstellungen hervorgehen wird.

Die breite Streuung des Themas ›Recht‹ im Werk Immermanns berechtigt zu der These, dass von seiner Tätigkeit als Jurist auch sein Werk profitiert hat, d. h. Motive, Themen und auch Strukturen von Rechtsordnungen und -praktiken Einfluss auf sein Schaffen genommen haben. In diesem Sinne schrieb Immermann am 24. April 1824 über seine juristische Tätigkeit, nachdem er in Magdeburg seinen Dienst als Kriminalrichter aufgenommen hatte, an den Freund Ferdinand Gessert:

> Bey vielem Höchstunerfreulichen hat dieses Geschäft doch auch manches Interessante, es ist unglaublich, welche lächerliche seltsame und abgeschmackte Wege das Verbrechen auf Erden geht […]. Hierüber so wie über den mannigfachen Zusammenhang der Schuld mit dem Zufall gewinne ich manche Wahrnehmung, u so kann denn das, was mancher Wohlwollende als meine Pönitenz betrachtet, selbst für mein dichterisches Streben von Nutzen seyn.[4]

Dieser Satz hat leitmotivische Gültigkeit für das gesamte literarische Schaffen Immermanns.

Das Thema ›Recht‹ in Leben und Werk Immermanns gliedert sich in verschiedene Felder, die zusammenhängen bzw. miteinander in Wechselwirkung stehen. Der erste Aspekt betrifft Immermanns Ausbildung zum Juristen, seine juristische Laufbahn sowie seine besonderen Leistungen als Jurist, also das beruflich-biographische Feld. Über seine Ausbildung und juristische Laufbahn herrscht in der Forschung weitgehend Klarheit, ebenso über die Wunschvorstellungen, die mit Immermanns Karriere im Laufe von zwanzig Jahren beruflicher Tätigkeit verbunden waren.[5] – Der zweite Aspekt betrifft Immermanns mentale Einstellung zu seiner Tätigkeit als Jurist. Es ist bekannt, dass Immermann durch die familiäre Situation als junger Mensch gezwungen wurde, Jura als Brotberuf zu studieren. Zeitlebens stand er trotz ausgezeichneter Examina im Konflikt mit dem Beruf und bemühte sich, eine seinen wirklichen Interessen (Literatur, Theater) gemäße Tätigkeit zu erlangen bzw. seine Arbeitsbedingungen zugunsten seiner Neigung zu verbessern, was ihm aber nicht gelang. Die Auseinandersetzung zwischen Pflicht und Neigung zieht sich über viele Jahre hin und hat zeitweise zum Zerwürfnis mit seiner Familie geführt. In biographischen Darstellungen über Immermann wird dieser Aspekt wiederholt thematisiert. – Einen letzten, wichtigen Bereich bildet die Umsetzung rechtsgeschichtlicher, rechtstheoretischer Probleme und rechtspraktischer Verfahrensweisen in seinen literarischen Texten. Die erwähnte Vielseitigkeit dieses Stoffbereichs in Drama, Roman, Erzählung, Reisebericht und Autobiographie ist bislang nur teilweise Gegenstand von wissenschaftlichen Untersuchungen gewesen, so dass sich hier noch ein weites Betätigungsfeld öffnet. Deshalb wird sich auch die vorliegende Studie überwiegend mit dem dritten Aspekt beschäftigen.

1953 erschien die breit angelegte Darstellung von Eugen Wohlhaupter im zweiten Band seiner »Dichterjuristen«. Wohlhaupters Arbeit ist in zwei Teile[6] gegliedert. Auf der Basis einer breiten Lektüre der Werke Immermanns verfolgt Wohlhaupter im zweiten Abschnitt seiner Untersuchung mit dem Titel »Volk, Staat und Recht im literarischen Werk Immermanns« die Rechtsthematik in den Texten Immermanns seit den Gedichten und den frühen Tragödien (1822) bis zum Spätwerk »Münchhausen« (1838/39), einschließlich der juristischen Schriften. Er entdeckt dabei nahezu in jedem Werk juristische Aspekte von mehr oder weniger bedeutender Relevanz für die Textkonstitution. Ohne auf Einzelheiten hier eingehen zu können, sei bemerkt, dass Wohlhaupters Methode sich im Wesentlichen auf die Nennung und inhaltliche Nachzeichnung der rechtlichen Aspekte beschränkt, Ansätze zur Interpretation der Probleme bleiben die Ausnahme. Bei der Aufbereitung des Materials orientiert sich Wohlhaupter überwiegend an den Biographien von Gustav zu Putlitz[7] und Harry Maync[8]. Wohlhaupter bedauert selbst, dass er auf das (damals noch) unveröffentlichte Briefwerk und die Tagebücher Immermanns nicht zurückgreifen konnte. Darüber hinaus enthält seine Arbeit eine Vielzahl von Hinweisen und Anregungen, die bisher in der Forschung nicht wahrgenommen wurden, besonders was den Bereich des Rechts in Immermanns literarischem Werk anbetrifft.[9]

Waltraud Maierhofer[10] fragt in ihrem Beitrag »Immermann als ›Poet und Kriminaljurist‹« nach der Bedeutung rechtsthematischer Aspekte in Immermanns Erzählungen »Der neue Pygmalion« und »Der Karnaval und die Somnambüle«, wobei sich allerdings erstere als weniger ergiebig für Maierhofers Thematik erweist. An dem »Karnaval« erkennt Maierhofer, teilweise im Anschluss an Friedrich Sengle[11], Juristisches in Motiven und Struktur der Erzählung. Bei der Wahrheitsfindung des »überparteilichen«, »zeugenverhörenden Erzählers« (Sengle) spielen Verfahrensweisen des Gerichtsprozesses eine Rolle: Anzeige, Anklage, Kläger, gerichtliches Verhör, Protokoll, Depositionen, Schuldfrage, Geständnis, Eid, Verteidigung.[12] Der Perspektivenwechsel mit der Darstellung des Geschehens aus der Sicht von vier Beteiligten sowie die analytische, »inquirierende Technik« ahme die juristische Wahrheitssuche nach. Die Erzähltechnik dieses Textes zeige außerdem Ansätze zur Schilderung des Zeittypischen und markiere somit einen Schritt weg vom romantischen Erzählen.

Bei »Münchhausen« hat die Forschung wiederholt auf die juristischen Aspekte des Romans, besonders der Teile, die populär als »Oberhof«-Roman bezeichnet werden, hingewiesen. Am ausführlichsten und eindringlichsten hat 1997 Heiner Lück die Rechtsthematik des Romans unter die Lupe genommen.[13] Thematisch unterscheidet Lück drei Schwerpunkte: 1. die Feme als Gerichtsorganisation, 2. das Schwert Karls des Großen, 3. das Freigericht als Gerichtsstätte. Die rechtshistorischen Befunde werden zu den einzelnen Erzählzusammenhängen in Immermanns Roman in Beziehung gesetzt. Eine Interpretation der Phänomene klammert Lück indes bewusst aus.[14] Im Anschluss an Lücks Ausführungen wären etwa die Fragen zu stellen: Warum greift Immermann so bewusst auf Rechtsordnungen der Tradition zurück (und behandelt moderne Ordnungen nur am Rande)? Wie wirkt sich die Rechtsthematik auf die Figurenkonzeption und -konstellation aus? Welche Bedeutung haben die verschiedenen Rechtsordnungen für das Romangeschehen und die Struktur der »Oberhof«-Teile?

In der Folge soll die Rechtsthematik im Werk Immermanns an zwei Texten erläutert werden: An der »Alexis«-Trilogie (1832) und an dem Roman »Die Epigonen« (1836).

III.

Immermanns »Alexis«-Trilogie (1832) hat bisher nur wenig Aufmerksamkeit in der Forschung auf sich gezogen, obwohl sie als seine wichtigste Arbeit auf dem Gebiet des Dramas gilt. Die zentrale Rechtsthematik im zweiten Teil – »Das Gericht zu Sankt Petersburg« – wurde bisher nur marginal erörtert, ein triftiger Grund, sich mit diesem Werk zu beschäftigen, wobei den Fragen nach der Schuld des Alexis, der Manipulation des Rechts durch Personen und Institutionen sowie den Konsequenzen, die sich für den Handlungsspielraum des Herrschers ergeben, besondere Beachtung gewidmet wird.

In der politischen Wirklichkeit Russlands der Jahre 1700 bis ungefähr 1720 agieren zwei Kontrahenten, die ihrem Wesen nach nicht unterschiedlicher sein können.[15] Der Zar Peter der Große, Inhaber der Macht, ein Gewaltmensch, der rücksichtslos über Leichen geht, der seine Gegner brutal hinrichten lässt. Er war ein Herrscher, dem die Erneuerung Russlands, die Modernisierung des Staates und Lebens, wie er sie in den westlichen Staaten Europas kennen gelernt hatte, für sein Land höchst erstrebenswert erschien. Sein Sohn Alexis (1680–1718) wurde als Kind fern dem Vater von der religiös und kirchlich eingenommenen Mutter Eudoxia, die von Peter zugunsten der Nachfolgerin Katharina in ein Kloster verbannt worden war, verweichlichend, religiös frömmelnd und an den alten Werten orientiert erzogen. Unter dem Druck der übermächtigen Vaterfigur, den Sohn nämlich zu seinem Ebenbild als fortschrittlichen Herrscher zu bilden, entwickelt sich Alexis zu einem heuchlerischen, verschlossenen, misstrauischen, feigen, unterwürfigen, teilweise auch brutalen Menschen. Ein Übriges vollbringt die Gesellschaft, in die er gerät, indem sie ihn zu einem ausschweifenden Lebenswandel und zur Trunksucht verleitet. Der Konflikt mit dem Vater entfernte ihn von diesem und näherte ihn in Moskau der Gegenpartei, den Traditionalisten und Reaktionären an, die das alte Russland wiederherstellen wollten. In den beiden Kontrahenten prallen die Macht- und Interessenverhältnisse Russlands aufeinander: Peter, der Vertreter des Neuen, Modernen, Alexis, religiös gestimmt, der Anhänger des ›alten Russland‹ mit seinen althergebrachten Werten.[16]

In seinem Trilogie »Alexis« hat Immermann diese politischen Grundkonstellationen weitgehend getreu nachgebildet, wenngleich er sich als Dichter die Freiheit nimmt, von der historischen Wahrheit abzuweichen, wie er in dem Brief an Ludwig Tieck vom 18. Juli 1831, anknüpfend an die Vorrede seiner Übersetzung (1826) des »Ivanhoe« von Walter Scott, ausführt.[17] – Wir beginnen mit der letzten Szene (V, 6) des ersten Teils (»Die Bojaren«) der Trilogie, in der Peter und Alexis aufeinander treffen, nachdem Peter den Sohn von dessen Flucht nach Italien mit Hilfe von Intrigen zurückgeholt hat. Alexis steht unter dem Verdacht, den

Umsturz mit Hilfe der altrussischen Partei der Bojaren geplant zu haben. Peter bedrängt vor allem auch die Ahnung, dass sein Sohn keineswegs die Absicht habe, in seine Spuren zu treten und sein Lebenswerk fortzusetzen. Alexis wird als das Gegenteil eines Kriegshelden dargestellt, er hasst den Krieg. In der historischen Wirklichkeit wie auch bei Immermann war Alexis nur das zögerliche Werkzeug jener altrussischen Partei und seiner von dem Zaren verstoßenen Mutter Eudoxia, eigenes Interesse an der Macht entwickelte er nur in geringem Maße. Deshalb fühlt er sich gegenüber den Vorwürfen des Vaters als unschuldig. Er bezichtigt sich selbst: »Zu feig war ich für Zepterraub.«[18] Die Hoffnung, dass die jahrelangen Auseinandersetzungen mit dem Vater durch eine große Geste von diesem nun beendet würden, erweist sich als »Traum« (368). Vielmehr fordert ihn Peter zur Flucht auf, was einem Bekenntnis seiner Schuld gleichkäme. Diesem Ansinnen widerspricht Alexis vehement und greift den Vater verbal an: »[...] ich will Gericht! [...] Ich will Reichsgericht / Um – Rebellion und Hochverrat. [...] Diese Nacht / Hat mich erzogen! In der Mutter Antlitz / Sah ich der Furie Blick! Der Vater steht / Bis an den Hals in Blut, und höhnt den Sohn!« (370) Aber der Sohn weiß auch, worauf er sich einlässt. Er weiß, dass die Gerichte bestechlich sind und nicht »Wahrheit und Recht« (367) an den Tag bringen; er weiß, dass sein Vater die Gerichte seines Landes allein schon kraft seiner Stellung dominiert. Und er weiß vor allem, dass am Ende sein Tod (»Alexis' Leiche«) steht. Aber: Pathetisch, mit heroischer Geste aufbegehrend, zugleich verblendet und von Hybris bestimmt, beendet Alexis, der Entsagende, seine Replik:

> Nicht sehn' ich mich nach meines Mädchens Brust,
> Nicht dürst' ich nach der Luft, dem Licht der Welt,
> Nicht schmacht' ich nach dem Sakrament des Herr!
> Ich sehne mich, ich dürste, schmachte, lechze
> Nach Fesseln, Schranken, Ladung, Frage, Spruch! (371)

Alexis argumentiert hier idealistisch, mit wenig Sinn für die realpolitische Situation. Deshalb kann Peter seine Rede auch abwertend mit dem Begriff »Großmutsstreiche« erledigen. – »Die Bojaren« enden, gleich vielen Szenen und Akten bei Schiller, mit einem höhepunktartigen Wort Peters: »Ihr werdet Moskau morgen früh verlassen. / Gericht von Petersburg, nimm deinen Gang!« (372)

Nach dieser Schlüsselszene entwickelt sich der Text konsequent zu einem Drama des Rechts und der Gerechtigkeit, ein Thema, das leitmotivisch bereits im Titel des zweiten Teils der Trilogie »Das Gericht von St. Petersburg« zum Ausdruck kommt. Über das Drama stellt der Gefolgsmann Peters, Jaguschinsky, plakativ den Satz: »Das erste Gut des Menschen ist sein Recht.« (382) Im Hinblick auf diese Thematik ist Immermanns Stück ein höchst interessanter und wichtiger Text, der besonders den Juristen aus vielerlei Gründen fasziniert haben muss. Aus Platzgründen[19] können hier nur diejenigen Szenen behandelt werden, die sich zentral mit der Rechtsproblematik beschäftigen: I, 4, IV, 3 und IV, 6.[20] Die rechtlichen Bedingungen im Russland des frühen 18. Jahrhunderts sind so, wie sie in feudalistischen Staaten um diese Zeit zu sein pflegten: Der Landesherr ist auch der oberste Gerichtsherr, der sich gegebenenfalls über die Gesetze seines Landes hinwegsetzen und der niemals Gegenstand oder Mithandelnder eines Gerichtsprozesses sein konnte. Für Alexis wird von dem Herrscher Peter ein Reichsgericht zusammengerufen, dessen Mitglieder vom Zaren bestimmt werden. Damit ist von vornherein die Parteilichkeit des Gremiums gegeben und das Ergebnis vorbestimmt. In der Szene I, 4 agiert der alte Staatsrat Tolstoi als Widersacher Peters[21] und vertritt überraschend die Meinung, dass Alexis unschuldig sei. Und verstärkend wiederholt er: »In unserem Gebiet büßt nur die Tat. / Unschuldig ist der Prinz. Auf deinen Zorn / Wag' ich's, zu wiederholen.« (387) Die Unschuld des Prinzen ergibt sich aus der Feststellung, dass Alexis nur Werkzeug der Bojaren war und selbst keinen Umsturz plante. Tolstois Argumentation erscheint als Unbotmäßigkeit gegen den absoluten Herrscher, die sich Tolstoi auf Grund seines Alters und seiner langjährigen Tätigkeit scheint erlauben zu dürfen. Indes zeigt der weitere Verlauf, dass Tolstoi der eigentliche Drahtzieher des Geschehens ist, der letztlich doch für den Tod des Alexis eintritt. In der Szene I, 4 sieht Tolstoi bereits klar, in welch fatale Situation Peter geraten wird, denn »Dein Gericht / Hat nur die Wahl: zu morden, [also den unschuldigen Alexis hinzurichten] oder aber / Geschehn zu lassen, daß das Vaterland / Mit Blut und Wunden seinen Spruch verklage.« Und Tolstoi verstärkt dieses Omen noch: »Zwei Geister gehen um: Der Haß, die Liebe. / Die Liebe ruft mit letzter Kraft: ›Alexis!‹ / Und wen der Haß ruft, brauch' ich nicht zu sagen.« (388) Die Rechtsfindung wird hier zu einem Politikum, und Peter gerät in einen Widerspruch des Handelns, durch welchen er so oder so falsch handelt und schuldig wird. Wenn nämlich der unschuldige Alexis verurteilt und hingerichtet wird, dann droht der Aufstand des Volkes, das von Alexis die Erleichterung der durch die harte Gewaltherrschaft Peters entstandenen Bedingungen erwartet, und der altrussischen Partei, was Peter auf jeden Fall vermeiden muss, weil ihm dadurch der Verlust der Herrschaft droht. Tolstois Argumentation erweist sich als schlüssig, wenn er fortfährt, dass der Streit somit einzig eine Angelegenheit zwischen Vater und Sohn sei und deshalb nicht vor das Gericht gehöre, das in seinen Augen ohnehin ein »seltsames Gericht« (389) ist. Ein Vater-Sohn-Konflikt, den der Vater selbst lösen soll! Wenn Tolstoi gegen Peter argumentiert, dass Alexis' Ansicht, ohnehin das Reich zu erben, da dieser Anspruch für den Sohn nicht verfällt, nur eine »Meinung« sei, die keinesfalls mit dem Tod bestraft werden dürfe, so ist das eher eine Rechtsauffassung, die von Immermann aus der ersten Hälfte des 19. Jahrhunderts in die Vergangenheit interpoliert zu sein scheint. Diese Ausführungen zeigen bereits, wie entscheidend die Rechtsthematik in den Geschehensablauf des Dramas eingreift.

In der Szene IV, 3, der wichtigsten Szene im Hinblick auf die Rechtsthematik, erhält diese eine weitere Dimension. Wiederum handelt es sich um eine Auseinandersetzung zwischen Tolstoi und Zar Peter, die teilweise den Charakter eines juristischen Streitgesprächs annimmt. Es geht um die juristisch spitzfindige Unterscheidung zwischen der Position Peters als allmächtiger Zar, der nicht vor dem Gericht, das er selbst eingesetzt hat, aussagen kann, und seiner rechtlich weniger bedeutenden Funktion als »Admiral« der Flotte, die es nach Tolstoi ermöglicht, Peter vor Gericht zur Aussage zu zwingen. Ziel dieses juristischen Taktierens seitens Tolstois ist es, dem Zaren, dem gegenüber er eine Abneigung, wenn nicht gar Hass verspürt, als Herrscher zu schwächen, ja zu demütigen. Zunächst scheint es um juristische Quisquilien zu gehen: Zuständigkeiten, Grenzen, Bestimmungen. Die Szene entwickelt sich jedoch zu einem Machtkampf zwischen beiden. Zar Peter ist verwundert, dass Tolstoi ihn als »Admiral« in den Zeugenstand vor Gericht geladen hat und nicht als »Zar«. Tolstoi klärt ihn auf: »Wer jedoch / Vermag was wider Majestät? Deshalb / Verhandl' ich eben mit dem Admiral.« (449) Nur in der Funktion als Admiral kann Peter dem herrschenden Rechtsbegriff zufolge vor dem Reichsgericht, das er selbst bestellt hat, aussagen bzw. klagen. Tolstoi zwingt ihn nun durch Argumente (zum Beispiel durch frühere Äußerungen Peters), die Rolle des Admirals vorübergehend anzunehmen, was Peter zunächst verweigert. Um sein Ziel zu erreichen, greift Tolstoi zu theatralisch wirksamen Mitteln[22] und führt Peter gleichsam vor ein fiktives Tribunal. Indem sich Zar Peter immer wieder auf seine Herrscherrolle und seine Machtposition beruft, verweist Tolstoi auf Peters eigene frühere Aussage (I, 4): »»Vergeßt, daß Euch ein Zar beherrscht, / Welcher Peter heißet!« – Worte waren es, Worte leer! / Wenn es die Mühe nicht lohnt, freilich da gelten wir, / Aber im ernsteren Streit spielet mit Worten Ihr nur! / Laß mich von hinnen, Zar, denn ich erkenne dich jetzt!« (452) Das ist ein deutlicher Angriff des Untertanen auf den Herrscher. Peter, in die Enge getrieben, greift zu seinem letzten Mittel und bietet Tolstoi als Bestechung den Andreasstern als höchste Auszeichnung an, die dieser aber ablehnt. Der juristische Disput zwischen dem Staatsrat und dem Kaiser endet mit einer Niederlage Peters: Es bleibt ihm kein Argument mehr übrig, er erklärt sich schließlich bereit, als »Admiral« in den Zeugenstand des Gerichts von St. Petersburg zu treten. »Der Zeuge wird kommen, und du sollst durchaus / Den Willen haben. Ich nachher gedenke / Den meinigen zu haben« (453), raisonniert Peter für sich. Die Schwächung seiner Position kompensierend, tröstet sich Peter mit dem Gedanken, dass sein Werk sogar über der Person des Herrschers steht.

Die Rechtsthematik steht als zentrales und handlungstreibendes Element im Zentrum des Stückes und erreicht in der Szene IV, 4, der Gerichtsszene, mit der Verurteilung des Alexis ihren Höhepunkt. Neben der Verurteilung des Alexis zum Tode durch die Zeugenschaft des Vaters[23] auf Grund einer rechtlichen Lappalie (Alexis habe in einem Punkt nicht die Wahrheit gesagt, um seine Mutter vor Verfolgung zu schonen) bringt die Szene IV, 4 eine massive Kritik von Alexis an dem Regime Peters, seinem Rechtsystems und dessen Exponenten, die als korrupt und verbrecherisch hingestellt werden.[24] Alexis dreht den Spieß um, tritt als Kläger auf und klagt seine »Richter« massiver Vergehen an. Er wagt das und kann das wagen, weil er einmal sich als der Unschuldige glaubt, und zum zweiten, weil er sich als der einzige »Freie« im Staate Peters wähnt, während alle anderen abhängig sind von Peter und seiner Gunst und den politischen Umständen. Was hier auf der Textebene gezeigt wird, kann als Protest Immermanns gegen Machtanmaßung und Machtmissbrauch des monarchischen Staates auch noch seiner Zeit gelesen werden. Solche Textpassagen mögen der Grund gewesen sein, weshalb die Aufführung des Stückes in Berlin aus politischen Gründen verweigert wurde. – Freilich: Die »Siegeshoffnung« des Alexis verkehrt sich in die »Vernichtung« (466) des Zarensohns durch ein »Schandurteil«, das »[g]emein und niederträchtig« (469) ist, wie sich Peter später selbst eingesteht. Letzten Endes gerät durch die Art der Schuldzuweisung und die Verfahrensweise der Gerichtsprozess zur Farce.

Schon hier wird deutlich, dass die eigentliche tragische Figur des Stückes Zar Peter ist, wie Immermann auch selbst betont: »Der Zwiespalt also zwischen Peter und seiner Welt [...] bildet den tragischen Gedanken der Dichtung.«[25] Näher ausgeführt wird das in der Szene IV, 6 zwischen Peter und der Intrigantin Katharina. Sie öffnet Peter die Augen über seine wahre Situation, sie führt ihn durch »tief Gespräch zur Wahrheit« (478). Peter weiß von der Unschuld seines Sohnes und gesteht, dass er an seiner Stelle nicht anders gehandelt hätte. Jetzt erkennt er, dass es sein Fehler war, das Reichsgericht einzusetzen, denn in diesem Augenblick war Alexis verloren (und Peter auch). Aber welche »Wahrheit« gewinnt Peter tatsächlich im Gespräch mit Katharina, und folgt er ihr in seinem Handeln? Es ist nicht die Wahrheit des Rechts, denn dann müsste er Alexis rehabilitieren und die Richter verurteilen (»Ein Unrecht wird geheilt nur durch das Recht [...] Du mußt ihn sterben lassen, oder mußt / Die Richter richten«; 476), sondern die Wahrheit der politischen Notwendigkeit, die ihm erlaubt, vor den Augen des Volkes das Gesicht zu wahren und politisch als Herrscher zu überleben. Der Zar entscheidet sich deshalb für den Tod des Sohnes (»Ich muß mich seiner entledigen«; 477). Aber der Tod darf nicht den Anschein der Hinrichtung haben. Deshalb bringt Peter Alexis (im Stück Immermanns) selbst um (mit Gift), so dass der Eindruck entsteht, er sei eines natürlichen Todes (»Schlagfluß«, 500) gestorben. – Die Historiker nehmen eher einen Tod als Folge der Folter während und nach dem Prozess an.

Zar Peter in seiner Position als unumschränkter Herrscher wird durch den Prozess gegen seinen Sohn in der Wahrnehmung seiner Möglichkeiten als oberster Gerichtsherr eingeschränkt und geschwächt durch die spitzfindige, aber logisch nicht zu widerlegende Taktik des Staatsrates Tolstoi und in der Folge davon durch sein eigenes kurzsichtiges Handeln durch die Einsetzung des Reichsgerichts, wodurch er in seiner Handlungsfreiheit rechtlich und politisch in die Enge getrieben wird. Das Verfahren gegen Alexis wird ein Unrechtsprozess, bei dem das im Wesentlichen unschuldige Opfer Alexis wegen unbedeutenden Verschuldens wider besseres Wissen Tolstois und Peters zum Tode verurteilt wird. Das ›Recht‹ als wahrheitsfindende und urteilende Kraft wird entmachtet und zum Instrument der Politik degradiert.

IV.

Wie sehr Immermann unter seiner beruflichen Misere gelitten haben muss, zeigt ein weiteres literarisches Porträt seiner selbst aus der ersten Hälfte der dreißiger Jahre, das zeitlich nicht weit entfernt von jenem eingangs zitierten Beispiel entstanden sein wird. Seine Romangestalt Hermann in den »Epigonen« weist Züge auf, die Immermanns Lebensproblematik eindeutig wiedererkennen lassen. In einer »Herzensergießung« (30)[26] erleichtert sich Hermann, Einzelheiten seines Lebens erzählend, gegenüber dem Herzog. Hermann ist wie Immermann 1796 geboren, er hat als Siebzehnjähriger an den Befreiungskriegen teilgenommen und wurde wie Immermann Jurist.[27] Seinem Vater werden Härte und »Strenge« nachgesagt (wie auch Immermanns Vater). Auf die Frage des Herzogs, ob er seine Tätigkeit noch ausübe, antwortet Hermann mit innerer Entrüstung: »"Nein, Ew. Durchlaucht, in dieser Anstellung bin ich gottlob! nicht mehr."« Durch Reisen hat sich Hermanns Weltkenntnis erweitert und vertieft, so dass ihm sein bisheriger Beruf nicht mehr genügt, er kann nicht mehr »mit erheucheltem Ernste« protokollieren und expedieren.

> Anfangs, solange mir die Handgriffe noch neu waren, trieb ich die Sache wie einen mechanischen Scherz, bald aber ergriff mich die furchtbarste Langeweile, und ein unergründlicher Ekel an meinen Tagen, welche sich in diesem trocknen Nichts dürr und farblos verzettelten. [...] Die unendlichen, müden Sessionen! Kein Blick aus der quetschenden Grube in die lichte Tageshelle des Geistes, alles umbaut mit Kabinettsbefehlen, Paragraphen, Instruktionen, Akten, Tintefässern, Sandbüchsen! [...] Zum ersten Male in meinem Leben war ich unglücklich, und als ich das recht empfunden hatte, fragte ich mich: »Warum bist du es denn?« (29 f.)

Konsequent führt Hermann den Befreiungsschlag und löst sich von seinem Beruf. Das kann er im Unterschied zu Immermann problemlos tun, da er aus wohlhabenden Verhältnissen stammt.

> Da tat ich mit beiden Füßen einen großen Schritt in die Freiheit, und als ich die Tore der Marterstadt hinter mir hatte, jauchzte ich laut, wie Orestes, als die Furien von ihm abließen, und – ich schäme mich des Bekenntnisses nicht – ich habe mich zu Boden geworfen, und habe die grüne Erde geküßt, der ich nach der Fahrt durch ein wüstes Papiermeer nun erst wieder anzugehören glaubte. Nein, Ew. Durchlaucht, ich bin nicht mehr Referendarius! Ich überlasse das Metier den geistigen Nihilisten, deren ganzer Stolz darin besteht, eine Sache mehr abgemacht und aus der Welt geschafft zu haben, während der geringste Handwerker sich freut, ein sichtbares Produkt von seiner Hände Arbeit in die Welt setzen zu können. (30)

Einen solchen »Schritt in die Freiheit« hat Immermann nie gewagt, konnte ihn auch nicht wagen. Aber die Begründung, Radikalität und Emotionalität, mit der der Erzähler Hermann seine Entscheidung treffen lässt, verweist deutlich auf Immermanns eigene, um 1833/34 besonders prekäre und brisante Einstellung zu seinem juristischen Beruf, die er in seinem großen Bekenntnisbrief vom 11. September 1834 seinem Bruder Ferdinand und im weiteren Sinne der ganzen Magdeburger Familie gegenüber mit den Worten umreißt:

> Nicht erst seit Kurzem, wie Du wohl weißt, sondern seit mehreren Jahren ist es mein innigster, Tag und Nacht genährter Wunsch gewesen, mein Justizamt zu verlassen. Ich habe dasselbe keineswegs gewählt, sondern dieser sogenannte Beruf ist mir durch den Tod unsres Vaters und unsre hülflose Armuth damals aufgezwungen worden. [...] Ich will über diesen Punkt, der mir die bittersten Qualen bereitet hat, von denen Niemand etwas wissen kann, der nicht auf eine ähnliche grausame Weise geprüft worden ist, nicht weitläufig reden und meine Fassung behalten. Es genüge Dir, zu wissen, daß ich schon vor 2 Jahren und seitdem stündlich mir sagte: Es geht nicht mehr. Dieß ist ein Wort, das, wenn es kein Schwächling ausspricht, sondern ein Mann, der seine Vernunft und seine Jahre beisammen hat, der Andre glauben muß, wie ich Dir glaube, wenn Du sagst: Ich habe Schmerzen. Das Recht ist eine Sache, die mich nicht beschäftigen konnte und kann [...].«[28]

Seine Tätigkeit als Richter erfüllt ihn mit »Ekel«, seine Arbeit als Jurist sei ein »unsittlicher Zustand«, fährt er fort, von dem er auf »mannichfache Weise« versucht habe, sich »zu befreien« (ebd., 307). Dafür war er auch bereit, geringere Stellungen zu übernehmen. So offen und ehrlich hat sich Immermann über sein Verhältnis zum Beruf anderen gegenüber nie wieder geäußert. Diese Sätze, die nur einen knappen Ausschnitt aus Immermanns ausführlicher Auslassung darstellen, zeigen, dass er zu seinem Beruf und zum ›Recht‹ in einem gebrochenen Verhältnis stand. Umso auffälliger ist es, dass er dem Thema bis zu seinem Lebensende in seinem Werk einen so breiten Raum gewährte. Die Gelegenheit, 1834 die Intendanz des Düsseldorfer Stadttheaters zu übernehmen, sah Immermann zunächst als eine Chance an, dem Beruf als Jurist zu entfliehen.

In den »Epigonen. Familienmemoiren in neun Büchern 1823–1835« bildet die Rechtsthematik den Hintergrund für das zum Teil verworrene und schwer verständliche Handlungsgeschehen zwischen Adel und Bürgertum. Verschiedene Aspekte des Rechts sind über den gesamten Roman ausgebreitet, und alle wichtigen Figuren sind mit dem Problem ›Recht‹ auf irgend eine Weise verflochten: Hermann, der Herzog, Wilhelmi, der Oheim, Graf Heinrich, Graf Julius, die Ahnfrau, der Rechtsgelehrte und der Amtmann, Medon sowie die Demagogen; auch Nebenfiguren wie der alte Erich sind davon betroffen. Entsprechend breit ist auch das Begriffsarsenal angelegt, das auf den Sinnbereich ›Recht‹ zielt: Recht, Gericht, Gerechtigkeit, Unrecht, Mordanschlag, Totschlag, Fälschung, Betrug, Verhör, Schuldiger, Untersuchung, Verfolgung, Verurteilung. Genau genommen handelt es sich nicht um eine Rechtsproblematik, die entfaltet wird, sondern um ein ganzes Bündel verschiedener Vorgänge und Vorfälle, die juristische Elemente aufweisen: Dominant sind Aspekte des Zivilrechts (Erbrecht) und dessen historische Verwurzelung, aber auch die Bereiche Strafrecht und öffentliches Recht sind betroffen. Es wird sich zeigen, dass Immermann in allen Bereichen »mit scharfsinnigen juristischen Deduktionen«[29] kundig und virtuos auf der breiten Klaviatur der Rechtsthematik spielt. Dass er die Auseinandersetzung zwischen Adel und Bürgertum nicht allgemein und nebulös durchführt, wie das in literarischen Texten des 19. Jahrhunderts häufig geschieht, sondern konkret auf der juristischen Ebene, kann als ein Zeichen für die sich akzentuierende realistische Auffassung und Darstellungsweise im Roman der dreißiger Jahre gewertet werden.[30]

Die Figur Medon in den »Epigonen« spielt in Berlin eine doppelte Rolle. Zum einen hat er großen Einfluss bei Staat und Regierung und unterhält einen Salon (zusammen mit seiner Frau Johanna), in dem die Spitzen der Gesellschaft zusammen kommen und über Politik, Gesellschaft, Theater, Literatur und Religion diskutieren. In Wirklichkeit ist er aber ein gefährlicher Verschwörer, der die Regierung stürzen will. Seine Entlarvung hat seine Flucht und die Trennung von seiner Frau zur Folge. Eine Bestrafung des gefährlichen Verbrechers findet im Roman nicht statt. Es geht in diesem Bereich der Erzählung um Staatsverbrechen, um Landesverrat und die Handlungsfähigkeit des Staates solchen Umtrieben gegenüber.

Die harmlosere Variante stellen die Demagogen (meist Studenten) dar, denen Immermann ein ganzes Buch des Romans (»Die Demagogen«) widmet. Indem dieser Personenkreis zum Gegenstand der Satire wird, zeigt Immermann, was er selbst von diesen Umtrieben hält. Aus der Sicht des Staates sind auch sie Rechtsbrecher im Sinne des öffentlichen Rechts, Landesverräter, die verfolgt und bestraft werden müssen. Die meisten entkommen dem Arm Justitias, einige werden gefasst, und einer ist später der Zeuge, der Medon bei der Untersuchung in Berlin entlarvt.

Der Mordanschlag des alten Erich, eines langjährigen, bedingungslos dem Herzog ergebenen Dieners, tangiert bereits den Bereich der Erbschaftsangelegenheit um den Herzog. Obwohl der Anschlag keinen Schaden für Leib und Leben des Oheims zur Folge hat, bewirkt er eine Intensivierung der Rechtsproblematik: »›Fernerhin soll zwischen mir [Oheim] und dieser Mördergrube [dem »zerrütteten« Adel] nur von Recht und Gerechtigkeit die Rede sein.‹« (289) Der Oheim, die »Bürgercanaille«, bekräftigt seine Absicht, die »alten Feudaltürme und Bürgerverließe zu sprengen« (267).[31] Und prompt hat der Herzog einige Tage später die »Klage des Oheims« und die Vorladung vor den »höchsten Gerichtshof der Provinz« auf dem Tisch (ebd.). Dieser Vorgang bedeutet in der gesellschaftlichen Schicht des Adels einen Eklat, der im Roman ein wichtiges Motiv darstellt, das aus der Sicht des Juristen Immermann die Schwächung des Adels auf der fiktiven Schicht des Romans zum Ausdruck bringt.

Die Erbschaftsthematik betrifft als Parteien die beiden im Roman dargestellten Bereiche des Adels und des aufkommenden Industrialismus und Kapitalismus mit ihren Hauptvertretern. Der Ausgang des im Roman faktisch ausgetragenen Rechtsstreits entscheidet über Sein und Nichtsein der Vertreter dieser Bereiche. Damit ist die Rechtsthematik ein tragendes Element der Romankonstruktion und seiner zeitgeschichtlichen Thematik. Bekanntlich handelt der Roman zu einem Teil von dem Verfall und Untergang des Adels, veranschaulicht an der Familie des »Herzogs«. Den Untergang des Adels begründet Immermann auf zweierlei Weise. Zum einen ist er auf der fiktiven Ebene des Romans eine Schicht, die in der Gesellschaft des 19. Jahrhunderts ideell ausgehöhlt ist und ihre Daseinsberechtigung verloren hat. Der Adel leistet keinen positiven, konstruktiven Beitrag mehr zu dem Fortschritt der Gesellschaft und der Lösung aktueller Probleme. Auch auf wirtschaftlichem Sektor ist er unfähig, sich den neuen Anforderungen der Zeit zu stellen. Er fristet nur noch ein Scheindasein, indem er durch großartige Veranstaltungen, die indes zum Scheitern verurteilt sind, seine beherrschende Stellung äußerlich zu demonstrieren versucht. In der Realität freilich hat der Adel um 1830 noch die wesentlichen Machtpositionen in der Hand und ist politisch bestimmend. Immermanns dichterischer Blick schaut indes hinter die Kulissen, erkennt das innerlich Marode des Adels und stellt bereits mehrere Jahrzehnte vor Theodor Fontanes Romanen die innere Problematik dieses Standes dar. – Zum zweiten wird die gesellschaftliche Position des Herzogs insofern fragwürdig, als die Rechtmäßigkeit seines Besitzes anfechtbar ist. Im dritten Kapitel des zweiten Buches werden diese Auseinandersetzungen zwischen Adel und Bürgertum in

Form eines juristischen Streitgespräches[32] ausgetragen, in welchem die Auffassungen des Herzogs und des Rechtsgelehrten als Vertreter des Oheims aufeinanderprallen. Graf Julius als der Vertreter der jüngeren Linie hatte vor seinem Tode, mit dem die jüngere Linie erlosch, alle Besitz- und Vermögensansprüche an den Oheim, der ihm als »Retter und Heiland« (88) erschienen war, abgetreten, um seine Schulden, die er durch einen leichtsinnigen Lebenswandel angehäuft hatte, zu tilgen, während der Herzog als Erbe der älteren Linie die Rechtmäßigkeit des gesamten Besitzes reklamiert und die Gültigkeit der Verschreibungen des Grafen Julius anficht. Alles hängt davon ab, ob die Frau des Ahnherrn Archimbald, die eine Bäuerin, vielleicht sogar eine Leibeigene gewesen sein soll, vor Jahrhunderten in den Adelsstand erhoben wurde oder nicht, so dass die Nachkommen, zu denen auch der Herzog gehört, Besitzansprüche geltend machen können (vgl. 88 f.). Die Auffindung des alten Adelsbriefes ist deshalb das *non plus ultra* für den rechtmäßigen Fortbestand der älteren Linie des Adelshauses.

An der Frage nach der Existenz des Adelsbriefes setzt die Gegenpartei des (bürgerlichen) »Oheims« an, der großes Interesse daran hat, in den Besitz der Güter zu kommen, um diese mit seinem Industriekapital zu vereinigen und seine Wirtschaftskraft dadurch zu vergrößern; zum anderen aus dem Ehrgeiz heraus, das Schloss des »Standesherrn« zu besitzen, um nach außen seine Macht prachtvoller repräsentieren zu können (»Gib mir die schönen Güter, das andre will ich tragen«, sagt der Oheim; 266): eine Einstellung, die vom Besitzbürgertum des 19. Jahrhunderts häufig vertreten wurde. Es setzt gleichsam ein Wettlauf um den rechtlichen Nachweis ein, a) aus der Sicht des Adels, um den verlorenen Adelsbrief zu finden und damit seine Rechtmäßigkeit zu sichern, b) aus der Sicht des Oheims, das Ziel nachzuweisen, dass er der Erbe des gesamten Besitzes ist. Denn der Oheim glaubte sich durch das Zeugnis des Amtmanns Reinhard von Falkenstein im Besitz der »unverwerflichsten Zeugnisse«, dass der Ahnherr eine Frau geehelicht hatte, »vor deren Name das Wörtlein v o n fehlte«. (92) Damit wären nach gültigem Recht die Nachkommen dieser Linie nicht erbberechtigt. Das Schicksal oder der »Zufall«, der in den »Epigonen« eine bedeutsame Rolle spielt, ist dem Standesherrn günstig gesonnen, und alles scheint einen guten Verlauf nehmen zu können. Hermann findet den Adelsbrief durch Zufall bei Aufräumungsarbeiten hinter einem alten Schrank, der beim Abrücken von der Wand »einstürzt« wie der »Feudalthron« des Adels selbst (vgl. 308). Die Ahnfrau war in den Adelsstand erhoben worden!

Das ist aber nur die eine Seite des Problems. Erschwerend kommen die Zeitverhältnisse hinzu, die Änderungen der Rechtsansprüche durch den Code Napoléon[33] in den westlichen Provinzen Preußens. »[...] die Gesetze der großen Nation, welche uns beherrschte, hatten bekanntlich alle feudalistischen Beschränkungen des Eigentums aufgehoben. [...] Die Rittergüter gingen in die Hände des Bürgerlichen über, das Geld hatte gesiegt.« (88) Das »Geschäft« des Grafen Julius war danach ordnungsgemäß und rechtskräftig gemäß der Rechtsordnung (Code Napoléon) in den Rheinprovinzen, wo Napoleon durch seinen Bruder Jérome herrschte. In der Folge nimmt die Auseinandersetzung zwischen dem Herzog und dem Rechtsgelehrten die Form eines rechtsgeschichtlichen Exkurses an, eine kulturgeschichtlich höchst bedeutsame Partie des Zeitromans. Der Sieg über Napoleon 1813/1815 und die Restauration seit 1815 stellte die alten Rechtsverhältnisse, so der Herzog, wieder her. Wilhelmi übernimmt die Partei des Herzogs und argumentiert scharfsinnig:

»Die Güter, welche jetzt die Standesherrschaft bilden, waren unter der deutschen Reichsverfassung Lehen,« sagte er, »Darauf folgte die Fremdherrschaft mit ihren Umwälzungen, dann der Befreiungskrieg. Der Vater meines Gebieters starb nach dem Frieden. Entweder hat nun der Herzog die Standesherrschaft als freies Eigentum überkommen, oder als Lehen. Im ersten Falle waren alle aus den Rechtsantiquitäten hergenommenen Ansprüche der jüngern Linie erloschen, keine Mißheirat eines Vorfahren kann meinem Herrn noch gegenwärtig schaden. Im letzten Falle hatte nur der Graf, nur e r für seine Person ein Familienrecht, welches er einem Dritten, Fremden, Ihrem Machtgeber nicht übertragen durfte.« (89f.)

Der Rechtsgelehrte pariert nicht weniger elegant und verweist auf die Lücken der Argumentation:

Der erste Fall ist nicht eingetreten. Man hat es für gut gefunden, nach der Katastrophe, welche Europa den alten Dynastien zurückgab, die schon halbeingeschlafnen agnatischen Rechte der Familien wiederzuerwecken. Seine Durchlaucht besitzen Ihre Schlösser nicht, wie der Bauer sein Gütchen, der Bürger sein Haus besitzt. Alle Fehler, alle Mängel aus der ältesten Vorzeit her, haften auf dem jüngsten Erwerber. (90)

Der Streit eskaliert, als der Herzog den »Bürger« angreift und selbstherrlich ausruft: »Wie kann der Bürger, der Fabrikant diesen Zusammenhang zerreißen?« (91) Diese Passage ist ein überzeugender Ausdruck für den gesellschaftlichen Wandel zu Beginn des 19. Jahrhunderts: Der traditionelle Zusammenhang zwischen Adel und seinem Besitz wird von dem ›Bürger‹ in Frage gestellt, bedingt durch die historischen und rechtlichen Veränderungen zu Beginn des 19. Jahrhunderts, denn, so Wilhelmi, Ursache der rechtlichen Probleme seien die Widersprüche der »Zeit« mit der »ungeschickten Vermischen von Alt und Neu«. Damit ist sowohl die aktuelle Zeitlage angesprochen, wie auch die Rechtsthematik als historisches Phänomen thematisiert.[34] Darüber hinaus zeigt dieser Zusammenhang die indirekte, aber tiefgreifende, ja brisante Nachwirkung der Gleichheitsforderung der Französischen Revolution von 1789 auf die deutsche Gesellschaft im ersten Viertel des 19. Jahrhunderts, wenn auch hier nur in einem fiktiven Text. Unter diesem Blickwinkel betrachtet, erweist sich die Rechtsthematik in den »Epigonen« und in anderen Werken Immermanns als ein Schritt in Richtung ›Realismus in der Literatur‹, ein Schritt »durch das Romantische [...] hindurch in das realistisch-pragmatische Element« (IV, 498) vorzudringen, wie es Immermann forderte.

Die ohnehin schon komplizierten Rechtsverhältnisse haben indes einen weiteren ›Haken‹. Der Herzog bezieht sich darauf, dass im Zuge der Restauration die alten Rechts- und Besitzhoheiten wieder hergestellt worden waren. Er hatte deshalb vor zwei Jahren wieder seine Position als Standesherr erlangt. Der Gegenseite ist dabei nicht verborgen geblieben, dass die Standeserhöhung erst vor zwei Jahren und nicht früher erfolgte, weil Unklarheiten hinsichtlich der Erbfolgerechte des Herzogs bestanden, und interpretiert das als Stärkung der eigenen Position. Die Unklarheiten mussten erst von Amtsseite ausgeräumt werden. Wie das geschah, erfährt der Leser freilich nicht. Die »Zession« des Grafen Julius ist vier Jahre früher datiert und beruht deshalb auf einem älteren Rechtsanspruch, führt der Text aus (vgl. 91).[35] Aus solchen Formulierungen, die sich zum Teil wie Auszüge aus Verhandlungsprotokollen lesen, spricht der kundige Jurist Immermann.

Die ›Peripetie‹ des Geschehens, um die Sprache der Dramentheorie zu gebrauchen, wird durch die Gestalt des alten Amtmanns Reinhard von Falkenstein personifiziert, einst juristischer Berater des fürstlichen Großvaters.[36] Dieser legt dem Oheim gegenüber mündlich und schriftlich Zeugnis davon ab, dass der Adelsbrief gefälscht ist.[37] Um den Besitzanspruch der älteren Adelslinie zu erhalten, hatte der Großvater vor 30 Jahren den Amtmann gezwungen, die perfekte Fälschung einer alten Urkunde herzustellen,

> [...] unter genauer Beobachtung der Kurialien und mit treuer Nachmalung der Kanzeleischrift [...]. Künstlich vergilbte Dinte sei von einem Chemiker leicht zu beschaffen gewesen, auch habe es nicht schwergehalten, dem Pergamente selbst die Farbe des Alters zu leihen. Man habe einen geschickten Stempelschneider für eine große Summe gewonnen, das kaiserliche Insiegel vorhandnen Mustern in Metall nachzustechen. (543)

Die heutige juristische Praxis, vor Gericht mit dem Angeklagten einen ›Deal‹ auszuhandeln, wodurch das Strafmaß gemildert wird, existierte in ähnlicher Form auch schon in den zwanziger Jahren des 19. Jahrhunderts. Um dem Herzog die gesellschaftliche Schmach eines Gerichtsprozesses zu ersparen, bietet der Oheim ihm großmütig an, auf den Prozess verzichten zu wollen, wenn er die Abtretung seiner Güter an ihn unterschreibt, was der Herzog auch ohne Zögern tut (vgl. 546), da er keine andere Wahl hat. Diese Vorgänge sind ein Beispiel dafür, wie der Feudalismus, hier: der adlige Standesherr, nach Recht und Gesetz (und Intrige) von dem Kapitalismus, hier: dem bürgerlichen Fabrikbesitzer, gesellschaftlich und ökonomisch ausgehebelt wird: ein vielsagendes frühes Exempel in der Literatur für den gesellschaftlichen Wandel im 19. Jahrhundert und seine Methoden. Anders als im »Alexis« ist der Adel vor dem Gesetz in den »Epigonen« dem Bürger gleichgestellt (eine Folge der Französischen Revolution und des Code Napoléon) und muss sich den juristischen Prozeduren und Urteilen stellen. Das bedeutet eine Schwächung der Position des Adels.

Auf die ›Peripetie‹ folgt die ›Katastrophe‹. Der Oheim als Sieger überlebt den gewonnenen Machtkampf nur für kurze Zeit. Als er erfährt, dass seine Frau ihn mit dem Grafen Julius betrogen hat und Ferdinand nicht sein Sohn ist[38], sind die höchsten Werte seines Lebens, »seine wahrhaft gottgefällige Ehe« und sein Glaube an seine Frau erschüttert. Er stirbt er an Herzschlag. Der Herzog endet durch Selbstmord, freilich gesellschaftlich vorbildlich »ohne Verstoß gegen die äußere Sitte« (547). Der Sohn des Oheims, Ferdinand, wird von der Dampfmaschine seines ›Vaters‹ zermalmt. Übrig bleibt nur Hermann. Wie man weiß, erbt er das Vermögen seines Oheims. Aber die Rechtsproblematik, die den gesamten Roman durchzieht und bestimmt, wirft ihren Schatten auch auf den Schluss. Denn Hermann war nur »vor der Welt und von Rechts wegen« der Erbe, »und doch war dieses Recht nur ein Schein«, der die Welt täuscht. Hermann war, wie er aus der Lektüre der »Brieftasche« weiß, »nicht der Neffe seines Oheims« (635), er war nicht blutsverwandt mit ihm. Sein Bruder, der Senator Hermann in Bremen, hatte als Freundesdienst für den Grafen Heinrich die von ihm verführte, schwangere Babette geheiratet, um dem Freund vor einem gesellschaftlichen Eklat zu bewahren. Der Sohn aus diesem Verhältnis, der unrechtmäßige Erbe Hermann, lässt die bedeutende Lebensleistung des Oheims, die Fabriken, eingehen. Der Oheim ist also (nachträglich) doppelt getroffen. Nur mit diesem Spagat, der auf unrechtmäßigen Rechtsverhältnissen beruht, schweißt Immermann am Schluss die Romanteile zusammen, um dem neunten Buch doch noch ein passables Ende zu geben. Über weite Teile des Romans erweist sich die Rechtsproblematik in den verschiedenen Erzählbereichen als ein wichtiges Movens des Geschehens. Aus dieser Perspektive betrachtet, gewinnt man ein weiteres Argument dafür, dass die »Epigonen« kein Bildungsroman, sondern ein Zeitroman sind.

Aus der Sicht des Rechts handelt es sich am Schluss der »Epigonen« streng genommen um einen Rechtsbruch, der vor der Welt verheimlicht wird, um den Schein einer gewissen Kontinuität, auch Harmonie und Gerechtigkeit in der Öffentlichkeit aufrecht zu erhalten. Ein schweres Vergehen stellte die Fälschung der Adelsurkunde dar, das aber in der Enkelgeneration gesühnt wurde, wenn es auch den Falschen traf. Der alte Erich wird für seinen Mordversuch an dem Oheim nicht zur Verantwortung gezogen, die Rechtsproblematik bleibt also hier ungelöst. Und der »Catilina« Medon entzieht sich der Strafverfolgung, wie das im Leben häufig geschieht, durch die Flucht ins Ausland (Amerika).

Blickt man abschließend auf die Gestaltung der Rechtsthematik in der »Alexis«-Trilogie und in den »Epigonen« zurück, so werden von Immermann in beiden Texten unterschiedliche Schwerpunkte der Rechtsthematik artikuliert. Insgesamt fällt in den untersuchten Texten mehr Schatten als Licht auf das Problem ›Recht‹. Die starken Spannungen in der Biographie Immermanns haben deutliche Auswirkungen auf die Gestaltung der Rechtsthematik in seinem Werk. Er steht der Institution ›Recht‹, die wiederholt ihre Ohnmacht dokumentiert, mit Skepsis und durchaus kritisch gegenüber. Im »Alexis«, in welchem ein »Welt- und Zeitgemälde«[39] von beachtlichen Ausmaßen entfaltet werden soll, steht das Recht als Instrument der Politik auf dem Prüfstand, wobei es trotz einiger gegenteiliger Absichtserklärungen von Zar Peter zur Kapitulation des Rechts vor der Allmacht des Staates und des Herrschers kommt. Der Unschuldige wird der Staatsraison und der Machtbehauptung des Herrschers geopfert und auf fragwürdige Weise zum Tode verurteilt und in noch zweifelhafterer Weise ums Leben gebracht. Aus der Sicht Immermanns wird die Rechtssituation als Unrechtssituation entlarvt und verurteilt. – In den »Epigonen« werden Teile eines Rechtsprozesses vorgeführt, und die Struktur der Erzählung wird durch rechtspraktische Verfahrensweisen beeinflusst. Darüber hinaus gestaltet Immermann in einem rechtsgeschichtlichen Diskurs Aspekte der Entwicklung des privaten Rechts seit dem späten Mittelalter bis an die Schwelle seiner Gegenwart. Dadurch erscheint das Recht zugleich als eine historische, sich wandelnde Größe. Der Jurist Immermann distanziert sich durchaus von gängigen Rechtspraktiken sowie von bestimmten Axiomen des Rechts überhaupt. Indem in den »Epigonen« in verschiedenen Bereichen der Romanwirklichkeit der Unrechtsgebrauch durch die Parteien sowie die Fragwürdigkeit der Rechtspraxis ans Licht gebracht werden, wird die Rechtsthematik zugleich als ein wichtiges Element der Zeitdarstellung und der Zeitkritik um 1830 erkennbar.[40] – »Fiat Justitia et pereat mundus«? Nein, die Welt geht nicht unter, denn das Recht wird stets so manipuliert, wie es in der jeweiligen gesellschaftlichen Situation erwünscht ist. Das wusste schon Immermann.

Anmerkungen

[1] Im Folgenden zitiert nach Karl Immermann: Werke in fünf Bänden. Unter Mitarbeit von Hans Asbeck, Helga-Maleen Gerresheim, Helmut J. Schneider, Hartmut Steinecke hrsg. von Benno von Wiese, Frankfurt a.M. 1971–1977; hier Bd. 4. Die Nachweise der Zitate werden diesen unmittelbar im Text nachgestellt.

² Vgl. Eugen Wohlhaupter: Karl Immermann. – In: ders.: Dichterjuristen. Hrsg. von Horst Gerhard Seifert. Bd. 2. Tübingen 1953, S. 340–440. Hier auch weitere Literaturhinweise.
³ Vgl. auch DHA VI, 629, wo die entsprechenden Sacherläuterungen den zum Teil verschlüsselten Text kommentieren.
⁴ Karl Leberecht Immermann: Briefe. Textkritische und kommentierte Ausgabe in drei Bänden. Hrsg. von Peter Hasubek. München 1978–1987, hier Bd. 1, S. 466.
⁵ Weniger umfassend und präzise sind bisher seine ergänzenden beruflichen Aktivitäten untersucht worden. Es ist zwar bekannt, dass er 1828 für Eduard Julius Hitzigs »Zeitschrift für die Criminalrechtspflege in den preußischen Staaten« Beiträge geliefert hat, ihre juristische Bedeutung ist indes bisher kaum zur Kenntnis genommen worden. Noch weniger bekannt und aufgearbeitet sind Immermanns (nicht publizierte) Bemühungen um die Beurteilung und Verbesserung der Gesindeordnung für die Rheinprovinzen von 1836, von denen er sich eine berufliche Qualifikation und Beförderung erhoffte.
⁶ Im ersten Teil wird der »Lebensweg des Dichterjuristen« nachgezeichnet, beginnend mit der Schulbildung, dem Einfluss des Vaters, dem Studium einschließlich der Auseinandersetzung mit der Hallenser »Teutonia« 1817, den einzelnen Berufsphasen in Münster, Magdeburg und Düsseldorf, bis hin zu den letzten Lebensjahren mit den schwierigen Bemühungen Immermanns um eine berufliche Beförderung. Ergänzend gibt Wohlhaupter einen Einblick in Immermanns Beziehungen zu anderen Dichterjuristen der Zeit. Schwerpunktmäßig werden sodann einige Aspekte aus Immermanns Leben betrachtet, an denen Juristisches zu beobachten ist: die Reisen mit den Reiseberichten (besonders dem »Reisejournal«) sowie seine Theatertätigkeit in Düsseldorf.
⁷ Karl Immermann. Sein Leben und seine Werke, aus Tagebüchern und Briefen an seine Familie zusammengestellt. Hrsg. von Gustav zu Putlitz. Bd. 1, 2. Berlin 1870.
⁸ Harry Maync: Immermann. Der Mann und sein Werk im Rahmen der Zeit- und Literaturgeschichte. München 1921.
⁹ Die knappen Äußerungen von Hans Fehr (Das Recht in der Dichtung. Bern 1931, S. 478f.) enthalten nur einen kurzen, unwesentlichen Beitrag zu dem Thema ›Recht‹ bei Immermann. – Das von Stephan Liermann 1996 zum 200. Geburtstag Immermanns publizierte »Lebensbild eines Richters und Dichters« (Stephan Liermann: Karl Leberecht Immermann (1796–1840) – Lebensbild eines Richters und Dichters. In Erinnerung an die 200. Wiederkehr seines Geburtstages. – In: Neue juristische Wochenschrift 49 (1996), S. 1087–1094) bringt eine chronologische biographische Übersicht mit dem Schwerpunkt auf Immermanns beruflicher Seite, bei welcher das literarische Werk Immermanns nur marginal erwähnt wird. Entsprechendes gilt auch für die Studie von Bodo Pieroth (Bodo Pieroth: Karl Immermann in und über Münster. – In: Westfälische Jurisprudenz. Beiträge zur deutschen und europäischen Rechtskultur. Hrsg. von Bernhard Großfeldt u. a. Münster u. a. 2000, S. 219–227), die sich, wie der Titel schon ankündigt, auf eine Lebensphase Immermanns bezieht, wobei er sich fast ausschließlich auf die Briefe Immermanns stützt.
¹⁰ Waltraud Maierhofer: Immermann als »Poet und Kriminaljurist«. Zu den frühen Erzählungen: *Der neue Pygmalion* und *Der Karnaval und die Somnambüle*. – In: »Widerspruch, du Herr der Welt!«. Neue Studien zu Karl Immermann. Hrsg. von Peter Hasubek. Bielefeld 1990, S. 68–99.
¹¹ Friedrich Sengle: Biedermeierzeit. Deutsche Literatur im Spannungsfeld zwischen Restauration und Revolution 1815–1848. Bd. 3. Stuttgart 1980, S. 839f.
¹² Maierhofer [Anm. 10], S. 87.

[13] Heiner Lück: Mythos und Realität: Klassische Themen der deutschen Rechtsgeschichte in Immermanns »Münchhausen«. – In: Epigonentum und Originalität. Immermann und seine Zeit – Immermann und die Folgen. Hrsg. von Peter Hasubek. Frankfurt a.M. u. a. 1997, S. 169–190.

[14] Ergänzend ist auf Lücks Studie über die Abbildungen des Magdeburger Immermann-Denkmals mit ihrem rechtshistorischen Hintergrund hinzuweisen: vgl. Heiner Lück: Die westfälische Feme im Bildprogramm des Immermann-Brunnens in Magdeburg. – In: Signa Juris. Beiträge zur Rechtsikonographie, Rechtsarchäologie und Rechtlichen Volkskunde 2 (2008), S. 165–193.

[15] Immermann hat sich ausführlich mit der Geschichte Russlands des 17. und 18. Jahrhunderts beschäftigt, wie ein Brief an den Freund Michael Beer (7. Dezember 1829) und das Verzeichnis seiner Privatbibliothek belegen. Vgl. hierzu Peter Hasubek: Die Bibliothek Karl Immermanns. – In: Internationales Archiv für Sozialgeschichte der Literatur 9 (1984), S. 67–107, insbes. die Nummern 775–784 (Russland), 937–943 (Schweden).

[16] Vgl. hierzu insbes. Henri Troyat: Peter der Große. Eine Biographie. Düsseldorf 1981, S. 117 ff.; Henry Valloton: Peter der Große. 2. Aufl. München 1978, S. 271 ff., und Robert K. Massie: Peter der Große. Sein Leben und seine Zeit. Aus dem Amerikanischen von Johanna und Günter Woltmann-Zeitler. Königstein 1982, S. 554 ff.

[17] »Ich muß gestehn, daß ich dem Dichter gern die höchste Freiheit bei der Behandlung des Historisch Gegebnen bewahren möchte. Zeigt sich freilich in seinem Werke statt der lebenskräftigen Idee, ein hohles verblasenes Wesen, oder ist in Erzeugnißen höherer Art doch hie und da eine Schwäche fühlbar, dann muß es erlaubt seyn, aus dem Gedichte hinaus in die Geschichte zu blicken, und die Befangenheit zu rügen, der vielleicht die größten und gründlichsten Motive nicht erkennbar wurden. Immer aber wird, wie ich glaube, der Tadel von der Poesie auszugehn haben.« Immermann: Briefe [Anm. 4], Bd. 1, S. 970, und Wiese [Anm. 1], Bd. 1, S. 545–553.

[18] Zitate nach der von Benno von Wiese herausgegebenen Ausgabe [Anm. 1], Bd. 5, S. 369.

[19] Der dritte Teil der Trilogie (»Eudoxia«) handelt vom Sterben Zar Peters. Die Rechtsthematik spielt hier kaum eine Rolle. Vgl. dazu auch Matthias Richter: Immermann und die Geschichte – Historiographische Konzeptionen im dramatischen Werk Immermanns – In: Epigonentum und Originalität. Immermann und seine Zeit – Immermann und die Folgen. Hrsg. von Peter Hasubek. Frankfurt a.M. u. a. 1997, S. 141–168.

[20] Ergänzend ist auf die Szenen III, 3 und IV, 4 einzugehen.

[21] Tolstoi ist eine schillernde Figur in Immermanns Stück. Einesteils vertritt er gegenüber Peter, den er wegen seiner Großmannssucht (vgl. 391) nicht akzeptiert, die Unschuld des Alexis, andererseits äußert er in seinem Monolog (I, 5) die Absicht, mit den Mitteln des Gesetzes Alexis zu Fall zu bringen (»Doch will ich's suchen nicht mit Dolch und Klinge, / Nein aus Gesetzen wirk' ich dir die Schlinge.«). Er hofft, in 24 Stunden mit Hilfe Menzikofs so eine »Art von Schuld« des Alexis zu finden. In diesem Monolog kommt die menschenverachtende und nihilistische Einstellung Tolstois zum Ausdruck. Die Erde ist ihm ein »abgeschmackter Haufen Staub«, nicht einmal der Tod ist »wirklich«. Er hasst Alexis, weil er ein Mensch ist, denn nichts soll »leben, was mir in die Hände fällt, / Denn nichts ist lebenswert« (392). Auch sein eigenes Dasein »Ohn' Weib, ohn' Kind, ohn' Freund, ohn' Lust, ohn' Aussicht« erscheint ihm sinnlos. Tolstoi ist der Vertreter eines absoluten Rechtsbegriffs, schreckt aber vor Rechtsbeugungen nicht zurück.

[22] »Tolstoi (zerreißt sein Gewand)
So zerreiß' ich mein Amtsgewand, wie du das Kleid
Das heil'ge, weiße abgrundgewirkte Kleid

Zerreißest der Gerechtigkeit! So schrei' ich
Stehenden Fußes in den Saal, und schleudre
Die Uloschenie, Statuten, Ukase
Ins Feuer, das sie fressen soll, die dreimal eiteln!
So stoß‹ ich die Tafel um und die Stühle! Treibe
Die Richter aus den Hallen, denn sie sind unnütz!
So zerbrech' ich den Stab und rufe: ›Zeter! Zeter!‹
Statt über den Alexis, über das Land der Russen!«‹ (S. 452)

[23] Der Auftritt Peters als Zeuge vor dem Gericht wird von den Richtern als höchst verwunderlich und ungewöhnlich aufgefasst.

[24] Das Material und die Einzelheiten für diese Anklage hat ihm der Hofnarr Costa geliefert (vgl. Szene III, 4).

[25] An Heinrich Heine, 2. Mai 1831. Immermann: Briefe [Anm. 4], Bd. 1, S. 931.

[26] Zitate nach Karl Immermann: Die Epigonen. Familienmemoiren in neun Büchern. 1823–1835. Nach der Erstausgabe von 1836 mit Dokumenten zur Entstehungs- und Rezeptionsgeschichte, Textvarianten, Kommentar, Zeittafel und Nachwort hrsg. von Peter Hasubek. München 1981. Die Nachweise der Zitate werden diesen im Text unmittelbar nachgestellt.

[27] Abweichend von Immermanns Vita hat Hermann auf der Wartburg 1817 »gesengt und gebrannt« (29) und war in die Demagogenverfolgung um 1820 verwickelt.

[28] Immerman: Briefe [Anm. 4], Bd. 2, S. 306 f.

[29] Wohlhaupter [Anm. 2], S. 413.

[30] Vgl. Markus Schwering: Epochenwandel im spätromantischen Roman. Untersuchungen zu Eichendorff, Tieck und Immermann. Köln, Wien 1985, S. 209.

[31] Mit dieser Drohgebärde gegen den Adel verbindet sich bei ihm ein freilich relativ unverbindlich geäußertes utopisches Element: »Auch ist es endlich einmal Zeit, daß eine bessere Ordnung in der Welt gestiftet wird.« (S. 267)

[32] Der Erzähler lässt zum Teil die Figuren selbst reden, zum Teil fasst er deren Äußerungen zusammen: »Wir fassen das Resultat jener Gespräche in einem kurzen Berichte zusammen.« (S. 87)

[33] Das Verzeichnis von Immermanns Privatbibliothek weist mehrere Teil- und Gesamtausgaben des Code Napoléon aus (vgl. Anm. 15, die Nrr. 1074, 1075, 1077, 1113, 1115, 1116–1118). Außerdem besaß Immermann das einschlägige Werk über die Entwicklung des Erbrechts: Eduard Gans: Das Erbrecht in weltgeschichtlicher Entwicklung. Bd. 1–4.. Berlin und Stuttgart 1824–1835 (das aber nur den Zeitraum bis zum ausgehenden Mittelalter behandelt).

[34] Derartige rechtsgeschichtliche Verhältnisse und Entwicklungen konnte Immermann nur gestalten, wenn er diese zentralen Teile des Romans in den Rheinprovinzen (nicht in der Magdeburger Umgebung) ansiedelte. Denn nur im Königreich Westfalen wurde das französische Recht eingeführt und 1815 wieder durch das alte Recht ersetzt (wobei freilich die Wirkung des Code Napoléon zum Teil weiter bestand). Linksrheinisch blieb das französische Recht auch nach 1815 in Kraft.

[35] Der Passus lautet: »Aber der Bürger kann Rittergüter erwerben und benützen [führt der Rechtsgelehrte aus]. Keine Verfügung des Monarchen schadet wohlerworbnen Rechten dritter Personen. Graf Julius hatte seine Anrechte als freies persönliches Eigentum erworben. Ew. Durchlaucht sind Standesherr erst seit zwei Jahren, es ist kein Geheimnis, daß Ihre Erhöhung eben wegen der Zweifelhaftigkeit Ihres Rechts so bedeutenden Aufschub gelitten hat. Unsre Zession ist vier Jahre alt. [...] Zu allem Überflusse steht in Ihrem Diplom die ausdrückliche

Klausel: ›Vorausgesetzt, daß die jetzt besitzende Familie ein vollständiges Recht hat.‹« (S. 91) Diese Einschränkung lässt die Annahme zu, dass die Rechtsverhältnisse nicht endgültig geklärt werden konnten und die Erhebung nur unter Vorbehalt erfolgte.

[36] Der Vorgang wird zusammenfassend im achten Buch durch den Bericht des Arztes aus der Perspektive des Herzogs erzählt. Die Passage ist zudem eine Kernstelle für Immermanns Kritik am deutschen Adel, dessen Verfallsgeschichte hier plakativ vorgetragen wird.

[37] Der Großvater des jetzt herrschenden Herzogs hatte den Amtmann zu der Fälschung gezwungen, weil er befürchtete, dass die jüngere Linie Anspruch auf das Erbe erheben könnte. Der unter Druck stehende Amtmann hatte den Großvater wiederum gezwungen, ihm einen »Revers« über die Fälschung auszustellen mit der Absicht, diesen gegebenenfalls gegen das Herzoghaus auszuspielen. Dieser Zeitpunkt ist nun gekommen. Nach einem Zerwürfnis mit dem Herzog teilt er dem Oheim als »Amt der Rache« für den erzwungenen Frevel die Vorgänge mit und händigt ihm den Revers aus. Damit befindet sich der Herzog völlig in der Hand des Oheims.

[38] Die Verführung der Ehefrau des Oheims durch den Grafen Julius besitzt einen Hauch von Rache des Adligen an dem Bürger, durch den er seinen Besitz eingebüßt hat, und zugleich die Möglichkeit, seinem Sohn Ferdinand das Erbe zu erhalten.

[39] Immermann: Briefe [Anm. 4], Bd. 1, S. 931.

[40] Das sind nur zwei Aspekte in der perspektivenreichen Thematik ›Recht‹ im Werk Immermanns. Interessant wäre es auch zu verfolgen, wie juristische Verfahrensweisen die Werkstrukturen von Epik und Dramatik bei Immermann beeinflussen, wie das ansatzweise Waltraud Maierhofer für die Erzählung »Der Carnaval und die Somnambüle« (1830) nachgewiesen hat. In der »Alexis«-Trilogie wie auch in den »Epigonen« konnten wir an verschiedenen Stellen beobachten, wie rechtspraktische Verfahrensweisen in den fiktiven Text eingearbeitet werden und diesen strukturell prägen. Um nur ein Beispiel nachzuholen, sei an die 6. Szene des letzten Aktes der »Bojaren« erinnert, die formal als juristisches Untersuchungsverfahren gestaltet wird. Vor Immermann hatte zum Beispiel Heinrich von Kleist in seinem Lustspiel »Der zerbrochne Krug« die Prozessstruktur zur dramatischen Textstruktur umfunktioniert.

Jan Žižka als heikles Vormärzthema
Teil II
Beobachtungen zu Carl Herloßsohn, Moritz Hartmann und Alfred Meißner

Von Jeffrey L. Sammons, New Haven

Carl Herloßsohn

Carl Herloßsohn scheint fast völlig in den Orkus der Vergessenheit gefallen zu sein, obwohl er eine sichtbare Figur des Vormärz und ein in seiner Zeit durchaus populärer Schriftsteller gewesen ist. Er galt als der »Einflussreichste in dieser Gruppe politischer Lyriker [in Leipzig] [...]. Er popularisierte auch die revolutionären Tradition der tschechischen Geschichte und wurde bezeichnenderweise von den tschechischen Demokraten sehr geschätzt.«[1] Noch am Anfang des 20. Jahrhunderts wurde nicht nur festgestellt, dass seine Werke »[u]nter allen deutschböhmischen Dichtern des Vormärz [...] in der Lesewelt die weiteste Verbreitung gefunden« hatten, sondern dass sie noch immer gelesen und neu gedruckt würden.[2] Literaturgeschichtlich aber ist er schon 1862 abgeschrieben worden:

> Herloßsohn's literarische Thätigkeit wird, obgleich er zu den gelesensten Schriftstellern seiner Zeit gehört, und noch zur Zeit die čechischen [...] Uebersetzungen seiner Romane in Böhmen eine Lieblingslecture bilden, in einer Geschichte der Literatur wenig Nachsicht finden.[3]

Heute ist er selbst auf dem antiquarischen Buchmarkt kaum noch greifbar. Im Umlauf geblieben sind hauptsächlich zwei Werke von ihm: ein Band über Spielkarten mit dem Titel »Vier Farben« (1828) und das »Damen Conversations Lexikon« (1834–1838), das er gemeinsam mit Hermann Marggraff und Robert Blum herausgab. Sein Lebenswerk besteht aber aus einer langen Reihe von Romanen, Novellen, Gedichtbänden, Memoiren, Aufsatzsammlungen u.a. m. So hat er schon zehn Jahre vor Büchner den Fall Woyzeck literarisch verarbeitet, wobei er Woyzeck »für vermindert schuldfähig« befunden hat.[4]

Carl Herloßsohn (1804–1849). Lithographie von unbekanntem Künstler, o. J.

Herloßsohn stellt den extremen Fall der schwierigen Existenz des Vormärzschriftstellers dar. Er wurde in Armut geboren und ist in Armut gestorben; er war ständig einsam und in der Liebe unglücklich. Er schlug sich mit Vielschreiberei und Redaktionstätigkeit durch. Er verfasste rund 70 Bücher, viele davon wurden ins Tschechische übersetzt, und Sudhoff attestierte ihm, er sei zu Lebzeiten »der bekannteste und umstrittenste deutschböhmische Dichter des Vormärz gewesen.«[5] Wichtig war vor allem die Zeitschrift »Der Komet«, ein bedeutendes liberales Publikationsorgan, das er von 1830 bis 1840 und von 1844 bis 1848 redigierte.[6] Das Blatt erschien in Leipzig, wohin Herloßsohn schweren Herzens aus seiner Heimatstadt Prag geflüchtet war: »Ich bin nirgends so fremd geworden, als in meiner Vaterstadt«, klagte er, wobei Leipzig für ihn »das Eldorado aller Poeten und Literaten«[7] war. Dass österreichische Schriftsteller in eine deutsche Stadt fliehen mussten, um relative Meinungsfreiheit zu finden, sagt etwas über die damaligen Zustände in Österreich. »Um ihn [Herloßsohn] entstand später die dortige österreichische Kolonie, in der die Dichter Karl Beck, Alfred Meißner und Moritz Hartmann und der Gründer der ›Grenzboten‹, Ignaz Kuranda, die bedeutendsten Talente waren.«⁸ Meißner hat seine Begegnung mit Herloßsohn aus dem September 1846 in freundlicher Erinnerung behalten:

> Ich machte auch die Bekanntschaft Herloßsohns, des talentvollen Romanschriftstellers und vortrefflichen Menschen, dem man schon nach fünf Minuten herzlich gut sein mußte, des Mannes, den der Wein, den er so liebte, immer trauriger stimmte, bis er ganz in Wehmuth zerfloß, und, wenn die Stunde, nach Hause zu gehen, endlich heranrückte, gar so schwer in seine Galoschen hinein kam.⁹

Auch Heine hatte freundlichen brieflichen Kontakt mit ihm (vgl. HSA XX, 420 f., HSA XXII, 133); Herloßsohn ließ Heines Werke im »Komet« freundlich besprechen (vgl. HSA XX, 397). Sein Mitredakteur Rudolf Hirsch versicherte Heine Herloßsohns »Treue und Liebe für Sie« (HSA XXVI, 17).[10]

Ein beträchtlicher Teil von Herloßsohns Lebenswerk besteht aus Romanen über die böhmische Geschichte. Sie betrachten die historischen Vorgänge und Persönlichkeiten aus der Perspektive einer oder mehrerer fiktiver Figuren mittleren Ranges; gewöhnlich ist der ›Held‹ ein junger Abenteurer, der sich mit Witz und Glück durch das allgemeine Chaos der Hussitenkriege und verschiedene Liebschaften durchzuschlagen versucht. Das Vorbild dafür ist offensichtlich Walter Scott, zu dessen zahlreichen deutschsprachigen Nachfolgern Herloßsohn gehört. Spannungsvolle Szenen werden aneinandergereiht; manchmal werden sie abrupt abgebrochen, um von einem völlig anderen Handlungsstrang abgelöst zu werden. Herloßsohns Manier ist als »wilde Phantastik« bezeichnet und seine Faktentreue bezweifelt worden: »die geschichtlichen Ereignisse [werden] eher willkürlich behandelt«; sie erweckten aber »durch die Konsequenz der Handlungsführung und die farbigen Genreszenen aus dem Volksleben den Eindruck authentischer Zeitbilder.« Sudhoff vertritt die Ansicht, Herloßsohn sei nicht durch die »nationaltschechische[ ] Renaissance«, sondern durch »ungestillte Heimatsehnsucht« motiviert; daher habe er »tendenzfreie abenteuerliche Hussitenromane«[11] geschrieben. Das scheint mir aber nicht ganz gerecht zu sein. Die unablässige Darstellung des Elends der Zeit, der blutrünstigen Tyranneien von Herrschern und »Pfaffen« und nicht zuletzt der Fanatismen der Hussiten selber zeugt von Engagement und Empathie. Die damalige Zensur hat jedenfalls genauer gelesen: Herloßsohns Hauptwerke über die Hussitenkriege, »Der letzte Taborit oder Böhmen im funfzehnten Jahrhundert« (1834) und »Die Hussiten oder Böhmen von 1414–1424« (1841) sind in Österreich verboten worden.[12]

»Der letzte Taborit«[13] beginnt mit einem Vorspiel im Jahre 1434 in der Gegend von Hřib, wo die Taboriten eine schmerzliche Niederlage erleiden sollten. Žižka ist schon tot; seine Leute nennen sich »die Verwaisten«; eine Wagenburg erinnert noch an ihn. Die Schwester eines aristokratischen Herrn Neuhaus ist vergewaltigt worden; bei der Geburt ihres Kindes stirbt sie – eine deutliche Parallele zur angeblichen Schändung von Žižkas Schwester. Neuhaus lässt alle Frauen und Kinder, einschließlich der Säuglinge, ermorden; das Baby seiner Schwester aber wird gerettet, unter dem Namen Vratislav von Branik wird es zur Hauptfigur der Erzählung. Die Handlung springt dann in den Sommer 1458, als der junge Vratislav sich auf seine wechselvolle Laufbahn begibt, wobei er in verschiedene Liebesverhältnisse verstrickt wird, durch Missverständnisse auf die falsche Seite gerät und eingesperrt wird, wobei sich ein uralter, halbirrer Mitgefangener als sein Vater erweist.

Der Gegensatz zwischen Slawen und Böhmen wird thematisiert. König Georg Podiebrad argumentiert:

> Böhmen kann nie gut östreichisch werden. Jeden Stamm für sich! Eher wird der Rabe weiß, ehe der Böhme den Slaven auszieht. Böhmen, Mähren, Schlesien, Polen, Ein Reich unter Einem erblichen Herrscher, in Kirche und Staat gut geordnet, gesetzlich frei, unabhängig vom Papste: es wäre ein Wall gegen die asiatischen Barbaren, wie gegen den Halbmond, ein zweites Frankreich, doch noch mächtiger, gewaltiger.

Böhmen und Deutsche streiten miteinander über die Universität. Ein aggressiver deutscher Student behauptet, die Slawen seien bloß Nachahmer der Deutschen. Die böhmische Sprache werde verschwinden; »aus Böhmen werden Deutsche werden.« Es sei »die Frage nämlich, ob fortan die Welt durch Vernunft oder pfäffischen Unsinn soll regiert werden. Der Sieg ist auf unserer Seite.« Der Student ist großdeutsch gesinnt: »Wir wollen Alle Eine Nation sein — mit gleicher Sprache, gleicher Sitte, gleichem Glauben; dann gibt es keinen Haß mehr, keinen Meinungskampf und keinen Krieg.« Vratislav widerspricht: »Es liegt ein Haß im Blute, wie zwischen Wolf und Hund [...]. Nur der Slave paßt zum Slaven, nach Sprache, Körperbildung und Sinnesart. Der Deutsche, der Eindringliche, der Freund und Diener des Papstes, ist unser natürlicher Feind.« Interessanterweise wird der hitzige Deutsche nicht ganz und gar negativ gezeichnet, denn er versichert: »Alle Völker, sage ich, sind gut«; damit schneidet er ein Hauptthema des Romans an. Es wird deutlich, dass es Herloßsohn um Versöhnung zwischen den Glaubensgemeinschaften und den Völkern geht. Sogar der von Verrätern umgebene König Georg klagt: »da kommt wieder der leidige Nationalhaß, an dem die Völker nicht, wohl aber die schlechten Herrscher schuldig sind.« Später brütet er: »Versöhnung predigt der Heiland; aber meine Pflicht will Haß und Verfolgung.«[14] Ob Vratislav sich aber noch zu einem toleranteren Standpunkt entwickeln sollte, ist unklar, denn der Roman scheint nicht abgeschlossen zu sein. Gegen alle Regeln der Kunst ist der Held am Ende lebenslänglich eingesperrt; es gibt Anzeichen dafür, dass die Tochter des Gefängniswärters ihm helfen soll, sich zu befreien.

Herloßsohn hat aber diesen Handlungsstrang nicht weiter ausgeführt. Stattdessen begab er sich einige Jahre später zurück in die große Zeit der Hussitenkriege, als Žižka eine dominante Persönlichkeit war.

»Die Hussiten oder Böhmen von 1414–1424« beginnt eigentlich im Jahre 1410, wieder mit einer Art Vorspiel; wieder ist der Protagonist ein junger Mann, Jaroslav von Duba, der seinen Weg durch die grimmigen Zeiten machen muss und Žižkas Begleiter wird. In zwei Kapiteln wird zudem die Vorgeschichte des Konstanzer Martyriums von Johannes Huß erzählt; die Beschreibung stilisiert ihn zu einer Christusfigur. Teil der Vorgeschichte ist auch die Szene, in der der Mönch Paul Ribka Katharina von Trocnow, die Schwester Žižkas, bedrängt und vergewaltigt, »eine Unthat, die zum Theil unsägliches Elend, jahrelange blutige Leiden über ein ganzes Land, über ein ganzes hochherziges Volk gebracht, eine Unthat, die den religiösen Fanatismus mit der Brandfackel der Privatrache bewehrte und das blutige Walten eines Helden eben so sehr anklagt, als entschuldigt.« Man könnte hier einwenden, die Motivation der geschichtlichen Vorgänge werde zu sehr personalisiert; die Formulierung aber beweist, dass der Erzähler die sozialen und politischen Determinanten nicht aus dem Blick verloren hat. Katharina zieht sich in ein Kloster zurück, erscheint aber stellenweise als dämonische Hexenfigur, die eine möglicherweise aus Shakespeares »Macbeth« entlehnte, Rache und Verderben prophezeiende Schar geisterhafter Frauen um sich versammelt hat. Auffallend ist aber, dass es Žižka nie gelingt, den zu kirchlicher und kaiserlicher Macht aufgestiegenen Ribka zu besiegen. Ribka ist derjenige, der den Schuss befiehlt, der den Splitter in das gesunde Auge Žižkas schleudert. Ribka überlebt Žižka; aber nach dessen Tod gelingt es seiner Schwester, Ribka ins Feuer zu stoßen.[15]

Žižka kommt als Ratgeber am Hof Wenzels in den Blick des Romans. Er hat aber auf den hitzköpfigen, unberechenbaren König wenig Einfluss. Wenzel witzelt darüber, dass die Gans (*Hus* auf Tschechisch) gebraten wird; der Bruder Sigismund werde »selbst noch Holz beitragen«. Als Žižka für Huß plädiert, sagt Wenzel, er solle sich an Sigismund wenden. Da Žižka nicht gelehrt ist, lässt er sich von einem hussitischen Priester unterrichten, der sich von ihm beeindruckt zeigt: »Dieser Mann [...] gemahnt mich in seinem Wesen, wie ein Glaubenskämpfer vergangener Zeit: schlicht, rau, doch gläubigen Herzens. Von seiner Stirne schimmert etwas — das gemahnt mich an den Maccabäer!«[16]

Im dritten Band wird der Faden der Geschichte drei Jahre nach dem Tod von Huß wieder aufgenommen. Durch den Bann des Papstes und Drohbriefe des Kaisers ist das Volk aufgewühlt. Žižka leidet mit »an dem Schmerz, den mein ganzes Volk theilt«, wird aber immer tiefer in die Gewaltsamkeit der Zeit verstrickt. Wenzel ist wütend auf Žižka, als er aber stirbt, bittet er Žižka, ihn zu rächen. Das Volk schreit gegen den »Pfaffendiener« Sigismund und ruft: »Nieder mit ihm und den Deutschen.«[17] Žižka befestigt Tabor mit Hilfe einer Wagenburg. Seine Zerrissenheit wird akuter: »›Was haben wir nun ausgerichtet?‹ rief er, ›was errungen? Zerstört, zerstört — sollen wir nur zerstören? Wo ist unser Vaterland?‹« Über die Priester, die den Kelch für sich beanspruchen, heißt es aber: »dann schlagen wir sie todt, oder lassen uns von ihnen todt schlagen.« Das Volk will ihn zum König ausrufen, er lehnt aber auf Grund seines niedrigen Standes ab. Als seine Schwester erscheint, schwört er Rache: »Reuig hab' ich gelobt, all' meinen Feinden zu vergeben; die Deinigen — Katharina! — waren nicht mit inbegriffen.«[18] Žižka heißt jetzt »unser Held.« Ein wichtiges Kennzeichen ist seine »halb deutsche[ ], halb slavische[ ] Tracht.« Er lebt einfacher als jeder Soldat, trinkt nie, verlangt nichts für sich selbst. Trotzdem wird er in die Gräueltaten hineingezogen, die, wie gewöhnlich in Darstellungen dieser Ereignisse, allmählich monoton und abstumpfend wirken. Als sich Žižka darüber ärgert, dass seine Truppen ein Kloster zerstörten, das er verschonen wollte – »wegen seines schönen Orgelwerks und wegen der Grabstätte unsers Apostels, des heiligen Iwan« – straft er einen marodierenden Soldaten damit, dass er ihm kochendes, flüssiges Gold in den Schlund gießt. Als er von den Adamiten erfährt, denkt er zuerst: »Die Lehr ist nicht übel«, greift sie aber an und lässt sie ins Feuer werfen: »Es ist besser, daß die Thorheit stirbt; denn lebend bring sie nur Unglück über die Welt.« Später greifen die Adamiten ein zweites Mal an; Žižka läßt sie verbrennen, bis auf einen, der nach Prag geschickt wird, um seine Doktrin zu erklären.[19]

Der vierte Band beginnt mit der Feststellung: »Der religiöse Fanatismus drang auch nach Mähren [...]. Žižka selbst mußte oft durch den schrankenlosen Fanatismus der Hussitenpriester sich leiten lassen.« Einerseits ist er bereit, bis zum letzten Mann zu kämpfen, andererseits gelingt es ihm nicht, die wild mordenden Taboriten zu disziplinieren. Bei einer Friedenskonferenz vertritt einer der Anwesenden einen Standpunkt, der aus dem Vormärz zu kommen scheint: »Ein König thut uns Noth — wenn es auch nur der Repräsentation, des Ansehens wegen ist.« Žižka schlägt vor, die Untertanenpflicht gegenüber König Sigismund aufzukündigen und, um den Frieden einzuleiten, »zwanzig würdige Männer aus dem Herren-, Ritter und Bürgerstande« als Verwalter des Königreichs zu wählen; da wirft ein anderer ein: »Dann aber [...] wäre unser Reich eine Republik, wie es Rom und Griechenland gewesen.« Einer der Radikalen will den Kampf gleich aufnehmen, da sagt Žižka: »Deine Gesinnung ehr' ich [...] Den Krieg will ich nicht — o! glaubt es meine Freunde! ich sehne mich oft nach der Rast [...]. Vergessen dürfen wir doch niemals, daß es Böhmen, daß es unsre Brüder sind, die wir verfolgen und vertilgen!« Die Friedensmaßnahmen scheitern aber alle am Widerstand Sigismunds und der Kirche einerseits sowie an den starren Klassenverhältnissen andererseits. Žižka droht, Rom anzugreifen. Eine alte Hexe versucht ihn von seiner Hybris abzubringen, sie wird aber nur verhöhnt. Nach der völligen Erblindung »beginnt ein neuer Lebens- und Thatenabschnitt in der Geschichte unsers Feldherrn. Sieg an Sieg knüpft sich an das Panier des blinden Führers [...]. [D]ie Erde mit ihren Gütern und Reizen ist für ihn finster und todt; nur an die Vernichtung der Feinde denkt er.«[20]

Gegen Anfang des 5. Buches gelingt es Žižka, Sigismunds Truppen vernichtend zu besiegen; dafür wird er als »unser Vater, unser Führer, der größte Feldherr des Jahrhunderts« gerühmt. Die Situation scheint aber widersprüchlich zu sein. Einerseits prophezeit ein Astrologe: »Unser Vaterland wird bluten und bluten und verbluten, so daß es einen w e i ß e n Berg röthen wird«: eine deutliche Anspielung auf die Schlacht am Weißen Berg im Jahre 1620, wo die böhmischen Protestanten endgültig geschlagen wurden. Andererseits redet Huß zu Žižka in einem Traum: »Mein Bruder! [...] wir Beide kamen zu früh. Noch ein Jahrhundert muß an dem Eisengitter rütteln, welches das Gefängniß verschließt«, womit auf die Reformation angespielt wird. Im Sterben erlebt er ein Wunder: Er sieht die Sonne. Auf dem Totenbett wünscht er, seine »Haut könnte zur Trommel dienen«; der gewissenhafte Erzähler berichtet, das »hat sich als Fabel erwiesen.« Nach dem Tod Žižkas versucht der Erzähler, seinen Charakter zusammenzufassen: »Žižka war unstreitig der größte Feldherr seiner Zeit. Sein Genie gab der Kriegskunst eine andere Gestalt.« Ihm wird Aufrichtigkeit, Treue, kindliche Gutmütigkeit und Uneigennützlichkeit bezeugt; »Er war aber auch hart, wild und grausam.« Die Frage aber, inwiefern die Figur von Žižka imstande ist, die Gegenwart des Vormärz zu inspirieren, bleibt offen.[21]

Herloßsohn war wohl ›tschechischer‹ als Hartmann und Meißner, aber auch er konnte den deutsch-tschechischen Zwiespalt nicht überwinden.[22] Es ist zur Gewohnheit geworden, von ihm in einer etwas wegwerfenden Weise zu sprechen. Es wird behauptet, seine Werke seien »eine harmlose Chronik«[23] ohne politische Brisanz; er sei »vom Sprachwitz und der Ironie der jungdeutschen Reiseliteratur gänzlich unberührt.«[24] Ich glaube, man dürfte ihn etwas freundlicher in Erinnerung behalten. Seine historischen Romane sind wohl keine ›Dichtung‹, sie sind aber energisch erzählt und spannend konstruiert; sie sind aufrichtig bemüht, ein überzeugendes Bild von den religiösen Streitigkeiten und Klassenkämpfen der Vergangenheit zu zeichnen, das für die Gegenwart in einer Weise relevant sein sollte, die zumindest die Obrigkeit begriffen hat. Herloßsohn strebte nach einem gerechten Urteil im Geist der über die nationalen Identitäten hinaus reichenden gegenseitigen Verständigung, wie sie in seiner eigenen Zeit unerreichbar blieb.

Moritz Hartmann

Moritz Hartmann (1821–1872). Lithographie von Kühner nach einer Fotografie von Vogel, o. J.

Zu den einst prominenten Schriftstellern, die heute weitgehend vergessen sind, gehört auch Moritz Hartmann. Meißner bemerkte bereits zwölf Jahre nach seinem Tod im Jahre 1872, dass »schon etwas Moos über diesen Namen« gewachsen sei.[25] 1998 wurde angemerkt, dass es zu ihm »keine neueren Monographien« existierten.[26] Hartmann wurde 1821, genau auf den Tag ein Jahr vor Meißner, als Sohn eines jüdischen Eisenhauers in Duschnik bei Přibram in Böhmen geboren. Nach den Beobachtungen Meißners hat er nicht »die vielen Schmerzen, welche die Juden von heute plagen«, erlitten.[27] Die ersten Publikationen der Schulkameraden Hartmann und Meißner erschienen in der Zeitschrift »Ost und West«.[28] Sie entwickelten eine Freundschaft, die umso stärker wurde, weil sie sich in einer ähnlichen Lebenssituation fanden. Hartmann las Meißners Gedichte Korrektur.[29] Wenn man ihre Briefe liest, könnte man sich wünschen, eine ähnliche

Freundschaft im eigenen Leben gehabt zu haben. »Wir träumten«, erinnerte sich Meißner, »alle politischen Ideale unserer Zeit: freie Staatsform, Ausgleich der Classenunterschiede, Toleranz und Friede auf politischem und nationalem Gebiete«, und das, obwohl Hartmann im Gegensatz zu Meißner für Heine »keine besondere Sympathien übrig hatte.«[30] Er stand eher auf der Seite Börnes.[31] Meißner widmete Hartmann ein Gedicht, in dem er ihn als »Bruderherz« bezeichnete und ihm »Lieb, Freiheit, Poesie« attestierte.[32] Aber wie so oft in dieser Zeit zerbrach die Freundschaft über politische Differenzen. Meißner tendierte, wohl aus pragmatischen Gründen, zur kleindeutschen Lösung, also zum geeinigten deutschen Reich, während Hartmann österreichisch und großdeutsch gesinnt blieb.[33] Die kleindeutsche Lösung bedeutete für ihn die Auslieferung von neun Millionen Deutschösterreichern an die slawische Knute.[34] Ihre letzte Begegnung fand im Juni 1850 statt.[35] Ein »An Meißner« gewidmetes Gedicht in der ursprünglichen Ausgabe von »Kelch und Schwert« wurde später entfernt.[36]

Die Gedichtsammlung »Kelch und Schwert«, die im Dezember 1844 mit der Jahresangabe 1845 erschien, »zeigt im Titel und in einem bedeutenden Teil der Gedichte [...] jenen Rückgriff auf die ›böhmisch‹-nationale Geschichte, die beinahe zwangsläufig in Opposition zur staatlichen Gewalt geraten mußte.«[37] Hartmann hatte zuvor schon Gedichte über die deutsch-slawische Verständigung in »Ost und West« und »Libussa« publiziert[38], und dieser Titel manifestierte die Solidarität Hartmanns mit der hussitischen Sache, obwohl Meißner erstaunlicherweise erklärte, er sei ihm »nicht recht erklärlich.«[39] Hartmann erfuhr, dass der Zensor, als er einen Verweis dafür bekam, das Buch erlaubt zu haben, sich damit herausredete, »er habe es für eine Übersetzung von Wocels Mec a Kalich gehalten.«[40]

Die Gedichtreihe »Meč a Kalich« (»Schwert und Kelch«) von Jan Erazim Vocel (früher Wocel, 1802–1872) erschien 1843.[41] Vocel gehört auch zu den fast vergessenen Dichtern der Zeit, obwohl er damals bekannt genug war, um bei seinem Tod einen englischsprachigen Nachruf zu bekommen, der ihn sowohl als Dichter als auch als Archäologen würdigt.[42] »Meč a Kalich« war eine von zwei historischen Romanzen.[43] Einerseits gehörte er zu den »tschechische[n] Erwecker[n] [...] in den dreißiger Jahren«, andererseits versuchte er, finanzielle Unterstützung für die deutsch-böhmische Zeitschrift »Ost und West« zu finden.[44] Er schrieb Bücher auf Deutsch und trug in den vierziger Jahren zur Augsburger »Allgemeinen Zeitung« bei, wo er die tschechische Kultur gegen Angriffe und Schmähungen verteidigte. Wo er aber von »Deutschland« redet, meint er Österreich, von dem er Schutz der tschechischen Sprache und Kultur erhofft, und zwar neben Russland: »daß es nicht ein slawisches Protectorat, sondern zwei gibt, von denen das erste in Petersburg, das zweite in Wien den Thron aufgeschlagen.«[45] »Meč a Kalich« gibt einen historischen Überblick über die hussitischen Kriege in einem nationalistischen Geist als einen Kampf zwischen Slawentum und Deutschtum. Žižka wird als der Vater der tschechischen Nation und stellenweise als Christusfigur dargestellt; er hofft auf Vergebung für seine Gewalttaten. Es gibt jedoch kein Anzeichen dafür, dass Hartmann das Werk Vocels inhaltlich gekannt hat.

Als Vorwort zu »Kelch und Schwert« dienen zwei Strophen, die die Metaphern als Programm zu definieren scheinen:

> Der ich komm' aus dem Hussitenlande,
> Glaube, daß ich Gottes Blut genossen —
> Liebe fühl' ich in mein Herz gegossen,
> Lieb' ist Gottes Blut — mein Herz sein Kelch.
>
> Der ich komm' aus dem Hussitenlande,
> Glaube an die fleischgewordenen Worte,
> Daß Gedanken werden zu Cohorte
> Und jedwedes Lied ein heilig Schwert.[46]

Näher betrachtet, scheinen aber persönliche Belange die historischen und politischen Themen zu verdrängen. Der Band enthält gesammelte Gedichte aller Gattungen: »Innere Stimmen«; »Aus der Gegenwart«; »Aus Böhmen«; »Aus Osten«; »Episch-lyrische Gedichte«; »Vermischte Gedichte«; »Sonette«; »Gestalten«; »Böhmische Elegien«; »Terzinen.« Liebeslyrik und private Betrachtungen alternieren mit aktuellen politischen Gedichten und Bildern aus der böhmischen Vergangenheit. Weitere Ausgaben in den Jahren 1848 und 1851 erweiterten den Inhalt. Konzipiert ist der Band »[f]reilich weniger im Sinne einer deutsch-slawischen Verständigung, sondern als historisches Modell von Freiheitskampf, den Kämpfen der Albigenser oder der Reformation Luthers vergleichbar.«[47] Von heinescher Ironie und Stimmungsbrechung findet sich kaum eine Spur.

Die typische vormärzliche Ungeduld über die Machtlosigkeit der Poesie und der Ruf nach Aktion spiegeln sich in den »Deutschen Freiheitsliedern«: »Was soll das ewige Streiten, nach Außen und nach Innen? [...] Was soll das ew'ge Singen, darob kein Fürst eröthet? [...] So klingt Dein Lied nach Freiheit als wie ein Liebesbrief / Nach einem geilen Weibe, das Deinem Arm entlief [...]. Doch an den Strömen Babels läßt man das Liedern sein, — / Die Harfen an die Weiden, — da blas' der Sturm darein!« In den »Böhmischen Elegien« wird das Land als besiegt und bedauernswert beklagt: »Unglücklich bist Du und Du schweigst [...]. Verkannt ist Deine Sprache [...]. Sie grollet wie die Trommel, dumpf, / Bedeckt von Ziska's Felle.« Daran ist das böhmische Volk selber schuld: »Dein Volk ist nicht wie jener Huß, / Der sich den Holzstoß hat erkoren.« Die Hoffnung liegt in der Verbindung mit Deutschland:

> An Deutschlands Halse wein' Dich aus,
> An seinem schmerzverwandten Herzen,
> Geöffnet steht sein weites Haus
> Für alle großen, heil'gen Schmerzen.[48]

Žižka wird nicht durchgehend thematisiert, sondern tritt nur stellenweise in Erscheinung. Das Gedicht »Ein Testament« berichtet seine letzten Worte auf dem Totenbett: »Aug' um Auge. / Glied um Glied und Zahn um Zahn [...]; Trost und Rache! [...]. Kelch und Schwert!« Die letzten Zeilen zeigen aber die typische Ambivalenz über die Eignung Žižkas zum Vorbild: »War der Žižka ein verfluchter, / Oder ein geweihter Held?«[49] Ein später hinzugefügtes Gedicht politisiert in Žižkas Namen eine Prager Überschwemmung:

> An Ziskas Höh erbrauset
> Und wühlt die Fluth zumeist;
> Da drinnen sinnt und hauset
> Des blinden Führers Geist.
> Was wird der Alte sagen,
> Wenn ihm die Wellen klagen,
> Daß er umsonst gelebt!
> Es ist der Geist des Herrn,
> Der ob den Wassern schwebt.[50]

In den »Neueren Gedichten« von 1847 prophezeit ein blinder Junge dem »faulen Wenzel« für die Zeit nach Huß' Verbrennung »eine lange Reih' von Greul und Morden — / Bis an das Knie im Blute geht ihr Fuß — / Dann seh' ich Noth und lange Pein unsäglich«;[51] Žižka wird aber nicht namentlich genannt. »Ein Hussitenlied«, in dem ein Bauer sich zum Kampf rüstet, endet mit den Zeilen:

> Wir ziehen wie Raben nach Leichen aus,
> Die ganze Welt ist ein Todtenhaus.
> Das Beten ist worden ein alter Brauch —
> Man betet mit Morden und Sterben auch
> Zu Gott! Zu Gott.[52]

Somit scheint es, dass die Bilder der Gewalttätigkeit bei Hartmann die hoffnungsvolleren Darstellungen des Freiheitskampfes überlagert haben. Im Jahre 1848 hatte er auf deutsch-tschechische Verständigung gehofft, aber die Haltung von Palacký überzeugte ihn, sie sei eine Illusion. Das Problem lag wohl, wie so oft, in seinem Urteil über den Nationalcharakter: »Auf allen Gebieten [...] seien die Deutschen anderen Nationen weit überlegen, ausser auf dem der Politik; die war freilich erbärmlich genug.«[53] Er ließ sich ins Frankfurter Parlament wählen, wo er zur extremen Linken gehörte, »Demokratie und Deutschtum« unterstützte und sich für die Abschaffung des Adels aussprach. Auch verweigerte er sich dem Ansinnen, Friedrich Wilhelm IV. die Kaiserkrone anzutragen; allerdings war er auch der einzige, der gegen Verfassungsrechte für Sprache und Kultur der Nichtdeutschen stimmte.[54] Er kehrte mit Robert Blum und Julius Fröbel nach Wien zurück. Wie er der Verhaftung entgangen ist, bleibt unbekannt.[55] Hartmanns Bund mit Meißner wurde notorisch, so dass er keine Gnade vor den Verächtern der »wahren Sozialisten« fand; Engels schrieb: »Auf den Fersen folgt ihm [Meißner] als *kleiner Hund* ein gewisser *Moritz Hartmann* der ebenfalls zum Besten der guten Sache ein energisches Kläffen unter dem Titel: ›Kelch und Schwert‹ (Leipzig 1845) erhebt.«[56] Ein derart parteiliches Urteil sollte nicht den Blick auf einen Schriftsteller verstellen, der redlich versucht hat, sich Waffen für den aktuellen Freiheitskampf zu verschaffen und einsehen musste, dass die Aporien der Gegenwart sich nicht durch die geschichtliche Lektion vereinfachen ließen.

Alfred Meißner

Alfred Meißner wurde am 15. Oktober 1822, dem ersten Geburtstag von Hartmann, in Teplitz geboren. Seine erste Sprache war Englisch, da seine Mutter aus Schottland stammte. Sein literarisches Talent hatte er vielleicht von seinem Großvater, August Gottlieb Meißner (1753–1807), einem populären Romanschriftsteller des 18. Jahrhunderts. Sein Vater Eduard war Badearzt, der, als er versuchte, die Cholera durch die Isolierung eines Kranken zu bekämpfen, von der Stadtbevölkerung angefeindet und vom Bürgermeister vertrieben wurde, so dass er sich in Karlsbad neu etablieren musste. Als Meißner später in München Henrik Ibsen kennen lernte, erzählte er ihm vom Schicksal seines Vaters und inspirierte Ibsen damit zu dem Drama »Ein Volksfeind« (1883).[57]

Eduard Meißner wollte, dass sein Sohn auch Arzt werden sollte, was zu einem langen Tauziehen zwischen Vater und Sohn führte; Meißner schlug sich durch das ungeliebte Medizinstudium bis zur Promotion durch, hat den Beruf aber nicht ausgeübt. Ein weiterer Reibungspunkt mit dem altliberalen Vater war die wachsende Radikalität des Sohnes, die zu Polizeiuntersuchungen und Flucht nach Sachsen und Frankreich führte. Er wohnte dem Frankfurter Parlament ohne Mandat bei und schloss sich dort wie Hartmann der radikalen Linken an.[58]

Den Höhepunkt seines Engagements erreichte er mit seinen »Revolutionären Studien aus Paris« (1849), einer der radikalsten Schriften eines deutschen Schriftstellers in dieser Zeit, die deutlich unter dem Einfluss von Marx zu stehen scheint. Meißner stand damals mit Marx in Kontakt.[59] Er erzählt seine Erlebnisse des Jahres 1848, gibt ein detailliertes Bild des Parlaments und drückt seine

Alfred Meißner (1822–1885). Lithographie von Kayser, o.J.

Erbitterung über den enttäuschenden Verlauf der Ereignisse aus. In Frankreich greift er sowohl die Julimonarchie als auch die provisorische Regierung wütend an, besonders im Hinblick auf die blutige Unterwerfung der Arbeiterschaft. Er beurteilt die Situation vom klassenkämpferischen Standpunkt aus. Zwar konnte die Schrift vor Marx und Engels keine Gnade erhoffen, da Meißner sich deutlich als Anhänger von Ledru-Rollin, Louis Blanc und Proudhon profiliert. Auffallend ist jedenfalls der wiederholte Spott über Louis Napoleon, den er als komödiantenhaften Idioten darstellt. Meißner sieht den Staatsstreich klar voraus. Louis Napoleon werde sein Glück »in einer Nachahmung des 18. Brumaire« versuchen; schon im Januar 1849 erwartet Meißner »[e]ine Parodie des 18. Brumaire« und fragt: »Ist denn diese Zeit dazu verdammt, mit ihren Männern wie mit ihren Ereignissen die *Parodie* der Vergangenheit zu sein?«[60] Diese Worte wurde schon drei Jahre vor Marx' Schrift »Der achtzehnte Brumaire des Louis Bonaparte« geschrieben. Ein derartig brisantes Buch konnte wohl nur im kurzen Tauwetter nach der Revolution erscheinen.

Als entschiedener Schritt in der Entwicklung dieser Radikalität lässt sich der Gedichtband »Žiška« von 1846 erkennen.[61] Gewöhnlich werden »Die Albigenser« von Lenau als Vorbild dafür betrachtet. Aber man sieht den Unterschied auf den ersten Blick: Lenaus Gedicht besteht durchgehend aus regelmäßigen gereimten Jamben mit der Ausnahme von einem Gesang (30) in vierhebigen Trochäen. Meißner variiert die Metren, Strophenformen und Zeilenlängen, er ändert ständig Stimmung und Ton. Es kommen vor: fünfhebige Jamben mit alternierendem bzw. umarmendem Reim, vierhebige Trochäen mit alternierendem Reim, vierhebige Jamben mit Paarreim bzw. alternierendem Rein, dreihebige Trochäen mit changierenden Reimstellungen, dreihebige Daktylen mit Paarreim bzw. umarmendem Reim, ungereimte alternierende Zwei- und Dreiheber, wenn ich nicht einige übersehen habe. Man könnte fragen, ob es gerecht ist, den auch bei Lenau bemerkbaren »Verzicht auf Geschlossenheit und epische Totalität« zu bedauern[62], da die Regeln der epischen Gattung hier trotz des erzählerischen Duktus nicht relevant sind; die Komposition der Gedichtfolge könnte eher als eine Art geschichtlicher Impressionismus betrachtet werden. Das, wie ein Jugendfreund berichtete, »mit Herzblut geschrieben[e]« Werk ist für den jungen Dichter ein Erfolg gewesen.[63] Vierzig Jahre später konnte festgestellt werden: »Das Monument, welches der Sänger des Žiška in der Erinnerung seines Volkes errichtet hat, ist unvergänglicher als Erz und Marbelstein.«[64] Heinrich Laube berichtet, es habe in Paris großen Beifall gefunden[65]; 1890 hieß es: »Länger als ein Viertel-Jahrhundert hat Deutschland in Alfred Meißner einen der gefeiertsten Dichter verehrt.«[66]

Das Werk ist in drei Bücher aufgeteilt, die chronologisch aufeinander folgen. Am Anfang wird der Kampf um »das vergeßene Menschenrecht« beschworen, der »Sieg« prophezeit, der Schmerz darüber, »Daß Menschheitssiege, ach, so schwer erkauft, / Daß mit dem Blut so vieler tausend Herzen / Das Weltgeschick des Fortschritts Speichen tauft«, beklagt. Die Rhetorik verknüpft die Interessen der Tschechen, der Protestanten, der Kirchenfeindlichkeit und der modernen Freiheit miteinander. Die Angst um die Machtlosigkeit der Poesie schwingt mit: »Umsonst will uns die Poesie bereden, / Daß diese arme Erde sei ein Eden. / Sie ist es nicht. Nur Tod kann sie verjüngen / Und Menschenblut muß ihre Felder düngen [...]. Denn all Poesie ist tiefstes Klagen.« Nach einer Szene, in der der betrunkene König Wenzel am Schlag stirbt, wird erzählt, wie die Schwester Žiškas von einem Priester vergewaltigt wird; Žiška dehnt seine persönliche Wut sofort auf die nationale Sache aus: »Rächen, rächen / Will ich dich, Arme, dich und Böhmens Sache, / Daß noch die Welt in tausend Jahren sprechen / Mit Schaudern soll von meiner großen Rache.«[67] Da klingt sogleich die Ambivalenz über Gewalttätigkeit und den Verfall der Vernunft an.

Die Gewalt bleibt ein Problem vom Anfang bis Ende. Ein Priester setzt »Feinde des Kelchs« mit »Feinde[n] der Volksbefreiung« gleich. Žiška wird von Zweifeln über seine eigene Maßlosigkeit bedrängt: »Zu schön scheint mir dies grüne Böhmerland, / Daß ich es decken soll mit Mord und Brand, / Die Wahrheit, der wir dienen, nicht zu theuer, / Daß ich sie bringen soll mit Schwert und Feuer.« Die Unschlüssigkeit hält aber nicht an: »Und dennoch treibt mich stets der Geist, / Der starke Gott, den Sturm und Wetter preis't, / Was unrein ist zu tilgen von der Erde. / Den faulen Ast verzehr' die Glut am Heerde!« Das allgemeine Leiden wird in einem Gesang durch die Geschichte einer trauernden Mutter konkretisiert, die versucht, die Leiche ihres Sohns aus der Moldau zu bergen und ihr eigenes Leben dabei verliert. Die anscheinend unbeugsame, aber doch nicht zweifelsfreie Gesinnung verwirklicht sich konsequent in der Episode der Adamiten. Ihre Orgien werden anschaulich beschrieben: nackte, bacchantische Tänze, perverse Erotik, Verbrennung der Bibel. Sie erklären: »Götter sind auf Erden wir!«, daß sie ohne Sünde und vor dem Tod gefeit seien. Sie sind »wie Heidengötter / vom Olymp herabgestiegen.« Es ist unmöglich, bei dieser Szene nicht an Heine zu denken, der Erzähler lässt sie aber verzerrt vom Standpunkt Žiškas aus betrachten, der die Ketzer schließlich bis auf einen Greis erschlagen lässt. Vor diesem Phänomen spürt der furchtlose Feldherr tatsächlich Angst: »Aber schaurig und entsetzlich / mußte wohl das Credo sein, / Das den wilden Feldherrn selber / schauern macht' bis in's Gebein.« Wie bei Sand, Lenau und Herloßsohn lässt das Schicksal Žiška auch hier durch die völlige Blindheit noch wilder werden: »Ist sein Entschluß noch eherner und stärker, / Sein Zorn noch schrecklicher, sein Wesen grimmer. / Zu seiner Brust spricht nun nicht mehr die Milde / Der Schöpfung.« Da er das Leiden nicht mehr sieht, kann er sich auf sein Ziel, den Sieg, konzentrieren. In der friedlichen Landschaft Österreichs, wo singende Winzer Wein für den Kelch holen, wäre Žiška wie die wilden Hussiten besänftigt worden, wenn er die fröhliche Szene nur hätte sehen können: »Du schlössest heute mit der Menschheit Frieden!« Die Blindheit wird gegen Ende seiner Laufbahn, als er erwägt, Prag zu verbrennen, zur Metapher, und die Zweifel kommen wieder. Ein Traum von der Zerstörung der prächtigen, geliebten Stadt bringt ihn dazu, Frieden zu schließen. Žiška aber ist deprimiert; das Leben scheint ihm – als ob er an Macbeth dächte – sinnlos zu sein, »Ein Gaukelspiel ohne Ernst und Würde.« Vielleicht ist der Märtyrertod zwecklos; vielleicht gibt es kein Jenseits; vielleicht ist der Kelch »nur ein feuriges Zeichen.« Er wollte Böhmen befreien, hat aber nur die Spaltung seines Volkes erreicht. »Man wird so müde im Blute zu waten [...]. Und vor mir liegt Böhmen – ein dunkles Grab.«[68]

Die allseitige Irrationalität muss den aufgeklärten Vormärz-Schriftsteller Meißner verunsichern. Die Angst vor der vermeintlichen, oft dem französischen

Saint-Simonismus zugeschriebenen Gleichmacherei wird in die Vergangenheit projiziert: »Draußen im Schatten [...] / Saß der fremde, seltsame Greis, / Wild aus fanatischen Augen lugend [...] / Sprach von des Tabors neuer Lehre, / Wie dort die Güter der Erde gemein.« Propheten reden von der Wiederkunft Christi, »Zum heil'gen Land wird dann das grüne Böhmen.« Žiška ist ein Charismatiker, der das Volk inspiriert, aber der Erzähler betrachtet die Wirkung mit einer hintergründigen Skepsis: »Es fließt aus dir ein Zauber, der die Massen / Betäubend lähmt, daß ob sie lieben, hassen — / Sie dich nur hören, dich nur sehn und denken.« Er führt das ihm blind folgende Heer wie Coriolan.[69]

In der Todesszene kann Meißner nicht auf das Trommelfell verzichten: »Spannt, meine Kinder, wenn ich kalt und todt, / Auf eine Trommel meines Leibes Decke!«[70] Er fügt aber einen eigentümlichen Zug hinzu: Er lässt Žiška nicht an der Pest sterben, sondern von einem »Pfaffen« vergiften. Soweit ich sehe, gehört dieses Moment nicht zur Žiška-Legende. In unseren anderen Texten kommt es nicht vor, abgesehen von einer Andeutung bei Herloßsohn: Ein Augenzeuge berichtet dort, er habe »den Vater Žiška todt daliegen [gesehen], nicht gefärbt von rothen Wunden, nicht mit zerspaltenem Haupt, nein, bleich, gelb, entstellt, aufgezehrt, morsch den Riesenbau, vergiftet von der Pest oder dem Gifte der Papisten.«[71] Die Vermutung wird aber nicht weiter verfolgt. Die Erklärung für diesen historisch unbegründeten Einfall ist wohl die antikatholische Einstellung, die das Werk durchdringt und für Meißner auch sonst charakteristisch ist. Im »Eingang« von »Žiška« wird der Kampf gegen die Religion mit der Revolution an sich identifiziert:

> Ja Ketzerthum! in aller Zeit dasselbe,
> Ob's in verschiednen Jungen anders klingt,
> Ob's hier aus eines Mönches Grabgewölbe,
> Ob's dort auf offnen Markt empor sich ringt,
> Ob's kirchlich hier, ob weltlich dort gebahret,
> Ob's nach Tiaren oder Kronen greift,
> Ob es mit Spartakus hier Sklaven schaaret,
> Ob's Kelche schwingt, ob es Bastillen schleift,
> Dasselbe ist's in allen Erdentagen,
> Es ringt sich auf aus Druck und Leibesnoth,
> Und wirbt, wenn Tyrannei zu schwer zu tragen,
> Mit Glaubensflammen freudig um den Tod.

Konsequent werden sämtliche hussitischen Geistlichen als »Priester« bezeichnet, die katholischen dagegen als »Pfaffen.« Aus dem zertretenen Böhmen kommt »Wurfgeschoß aus Feuerschlünden / Um einst [...] / Den Brand gen Rom in aller Welt zu zünden!« – ein Hinweis auf die Reformation.[72] Die römische Kirche wird als in der Hölle sitzende Metze dargestellt, doch der Angriff richtet sich gegen den Glauben selbst: »Doch wehe, wenn die Geier kommen / In deinem Namen — Religion!«[73] Damit wird die Parteilichkeit in den Religionskriegen aufgehoben.

In einem Rückblick, dem Dichter Zavoi in den Mund gelegt, wird aus der Zerstörung und dem Massentod Hoffnung geschöpft: »Die Freiheitslosung sank nicht zu den Todten, / Fortkämpfen wird sie unter andern Zeichen.« Mit einer an Hegel erinnernden Wendung wird festgestellt: »Es lebt ein Gott in der Geschichte Wettern.« Ein »Schlußgesang« sieht die Gegenwart aber etwas pessimistischer: »Das Land des Huß! und doch voll Wahn und Pfaffen, / Des Žiška Land! und doch voll Druck und Noth.« Und obwohl der Tag komme, »da aller Menschheit deutlich wird, / Die Freiheit sei der Zweck der Weltgeschichte«, bedenkt der Erzähler zum ersten Mal, ob er mit seiner unsicheren Identität geeignet ist, das Thema des Werkes richtig zu erfassen. Kein »fremdes Blut«, heißt es, könne begreifen, »Wie groß dies Volk in alter Zeit, wie gut, / Wie martyrheilig es im Tod gewesen.« Es komme »Ein Tag, an dem im Kampf sich soll entscheiden, / Ob Deutsch, ob Böhmisch endlich siegen soll«; der Erzähler freut sich, dass er bis dahin tot sein wird. Und dann wird die innere Spaltung wörtlich thematisiert: »Der freie Dichter, deutschen Blutes Sprosse / Und doch der Heimath treu in ihren Wehn [...], / Wie sollt' er dann im Heer der Stärkern stehn? [...] / Das Schwert mußt' er auf's eigne Herze wenden, / Den Zwiespalt tilgend mit dem eignen Mord.« Denn letztendlich steht fest: »Daß alles Volksthum, was da lebt auf Erden, / Ein Heiliges für alle Zeiten ist.«[74]

Die Spaltung sollte Meißner für sich selbst mit der Zeit überwinden, und zwar im deutschnationalen Sinne. In seiner nachmärzlichen Stimmung bereute er, mit dem Werk zum Panslawismus beigetragen zu haben; nach den Frankfurter Erfahrungen rief er aus: »Und doch darf Böhmen nicht czechisch werden«; da die Tschechen mit ihrer unbekannten Sprache alle Kultur zerstören würden, da sie durch »keine Literatur, keine Wissenschaft; das rohe Plebejerthum« charakterisiert seien, sei die einzige Losung: »Anschluß an Deutschland!«[75] Lengauer hat mit seinen Beobachtungen über das Disparate und Uneinheitliche im Werk sicher Recht.[76] Aber gerade diese Widersprüchlichkeit, so scheint mir, erzeugt die poetischen Energien des Werkes. Es verdiente eine eingehendere interpretatorische Analyse, um die Nuancen und Nebentöne freizulegen.

Schlusswort

Das Thema Jan Žižka ist ein besonders anschauliches Beispiel für die latente Krise der Vormärzdichtung. Einerseits wollen die Schriftsteller von der ewigen Reflexion, dem Beklagen der metternichschen Misere, den Schlachtrufen der politischen Gedichte, dem Blasen, Schmettern, Donnern »[n]ur so allgemein als möglich« (DHA II, 120), wie Heine spottet, wegkommen, um endlich die überfällige Umwälzung der unerträglichen Zustände in Gang zu setzen. Andererseits scheuen sie sich als aufgeklärte, zivilisierte Menschen vor der Gewalt, wollen eine befriedete, tolerante, menschenfreundliche Welt. Das heldenhafte Engagement der Hussiten, in einer zwar zeitbedingten Sache, die aber in eine moderne Sprache der Freiheit übersetzt werden kann, ist inspirierend für sie, die unaufhörlichen Gräueltaten und Massenmorde dagegen sind nicht erträglich. Ich glaube, dass der Terror der Französischen Revolution in dieser Generation immer noch nachwirkt, auch bei denen, die sich wie Heine prinzipiell zur Revolution bekennen. Letztlich war Žižka eher ein Robespierre als ein George Washington, und darum bietet das Thema keinen überzeugenden Ausweg aus der Machtlosigkeit der Dichtung.

Es zeigt sich wieder einmal, dass ein gleichsam instinktiver Nationalismus den emanzipatorischen Zweck kompliziert. Für diese Generation führt der Weg zur Gleichheit und Freiheit über die Vereinigung der deutschen Staaten. Es stellte sich heraus, dass diese Voraussetzung in Böhmen recht problematisch wurde. Partnerschaft der Deutschen und Tschechen bedeutete, dass der große Bruder den kleinen Bruder umarmt. Zunächst mehr oder weniger stillschweigend, mit der Zeit deutlicher ausgesprochen, wurde vorausgesetzt, dass die Tschechen ihr Heil im Anschluss an die deutsche Kulturnation suchen sollten, um sie vor der rückständischen Barbarei des Slawentums und der Tyrannei Russlands zu schützen. Dass die Tschechen das anders sahen, belastete die Zusammenarbeit und zog eine langlebige gegenseitige Erbitterung nach sich.

Die Vormärzdichtung hat unter ungünstigen und oft gefährlichen Umständen dezidiert, ideenreich und schöpferisch mit dem Programm der Emanzipation der Völker gerungen. Die unsichere literarhistorische Stellung des Vormärz hängt möglicherweise damit zusammen, dass ihr in der politisch-gesellschaftlichen Welt wenig oder nichts gelungen ist.

Anmerkungen

Der erste Teil dieses Beitrages erschien im Heine-Jahrbuch 48 (2009), S. 157–174.

[1] Hans-Georg Werner: Geschichte des politischen Gedichts in Deutschland von 1815 bis 1840. Berlin 1969, S. 293 ff.

[2] Julius Reinwärth: Karl Herloßsohns Leben. – In: Deutsche Arbeit 7 (1907–1908), S. 346.

[3] Constant von Wurzbach: Biographisches Lexikon des Kaiserthums Oesterreich. Bd. 8. Wien 1862, S. 373.

[4] Dieter Martin: Woyzeck vor Büchner. Karl Herloßsohns unbekannte poetische Verarbeitung des historischen Falls. – In: Jahrbuch der Deutschen Schillergesellschaft 44 (2000), S. 118–135, hier S. 135.

[5] Dieter Sudhoff: Carl Herloßsohn (1802–1849). – In: Corvey Journal 2, Nr. 4 (1990), S. 11–17, hier S. 12.

[6] Vgl. dazu ausführlich H. H. Houben: Jungdeutscher Sturm und Drang. Ergebnisse und Studien. Leipzig 1911, S. 322 ff.

[7] Carl Herloßsohn: Meine Auswanderung aus Oesterreich. – In: Die Grenzboten 4 (1845), Nr. 3, S. 49–67, hier S. 49 f. Der Aufsatz ist ein Versuch, diese Kümmernis von der humoristischen Seite darzustellen.

[8] Houben [Anm. 6], S. 324.

[9] Alfred Meißner: Geschichte meines Lebens. Wien, Teschen 1884. Bd. 1, S. 158.

[10] Schon 1828 hatte Julius Campe in Leipzig die Bekanntschaft Herloßsohns gemacht und ein Buch von ihm gedruckt. Vgl. HSA XXIV, 40 und HSA XXIV K, 48.

[11] Sudhoff [Anm. 5], S. 16.

[12] Vgl. Karl Glossy: Literarische Geheimberichte aus dem Vormärz. – In: Jahrbuch der Grillparzer-Gesellschaft 21 (1912), S. 67–68.

[13] Carl Herloßsohn: Der letzte Taborit oder Böhmen im funfzehnten Jahrhundert. Historisch-romantisches Gemälde. Tabor 1850.

[14] Ebd., 1. Teil. S. 25 f., 9, 147, 149, 171, 178 f., 180, 185 f., 186 f., 188, 146; 2. Teil, S. 89, S. 70, S. 82.

[15] Carl Herloßsohn: Die Hussiten oder Böhmen von 1414–1424. Historisch-romantisches Gemälde. Tabor 1851, Bd. 1, S. 72–104, hier S. 72 f., Bd. 2, S. 154, Bd. 1, S. 26 f., 14, 28, 52, Bd. 4, S. 190, Bd. 5, S. 227.

[16] Ebd., Bd. 2, S. 117, 120, 206, 231 ff.

[17] Ebd., Bd. 3, S. 26 f., 28, 44 ff. Auf S. 48–60 zitiert der Erzähler den »weniger parteiisch[en]« »Geschichtschreiber Pelzl« über »den Zustand der damaligen Dinge« (S. 48), nämlich Franz Martin Pelzel (d. i., František Martin Pelcl): Geschichte der Böhmen von den ältesten bis auf die neuesten Zeiten. Aus den besten einheimischen und auswärtigen Geschichtsschreibern, Kroniken und gleichaltrigen Handschriften zusammen getragen. Prag 1817 (zuerst Prag und Wien 1782). Bd. 1, S. 321–328. Das ist ein Hinweis auf Herloßsohns wahrscheinliche Quelle, obwohl er an dieser Stelle andere Historiker nennt.

[18] Herloßsohn: Die Hussiten [Anm. 15], Bd. 3, S. 56 f., 60 ff., 65 f.

[19] Ebd., S. 82, 88, 126, 133 f., 214 ff.

[20] Ebd., Bd. 4, S. 5, 26 f., 97, 99, 101, 181 ff., 198.

[21] Ebd., Bd. 5, S. 24, 76, 111, 163, 158, 167, 168, 99, 170.

[22] Reinwärth [Anm. 2], S. 361.

²³ Ebd., S. 361f.
²⁴ Madeleine Rietra: Jung Österreich. Dokumente und Materialien zur liberalen österreichischen Opposition 1835–1848. Amsterdam 1980, S. 12. Es scheint mir in seinem Fall unrichtig, zu behaupten: »Vom bewußten Klassenkampf kann im österreichischen Vormärz denn auch noch nicht die Rede sein.« (ebd., S. 22)
²⁵ Meißner: Geschichte meines Lebens [Anm. 9], Bd. 1, S. 51.
²⁶ Erich Kleinschmidt: Revolutionäre Spiegelungen. Zu Moritz Hartmanns Reimchronik des Pfaffen Maurizius. – In: Literatur und Politik in der Heinezeit. Hrsg. von Hartmut Kircher und Maria Kłańska. Köln, Weimar, Wien 1998, S. 187. Ein Indiz für die relative Langlebigkeit der 1848 erschienenen Reimchronik ist die Tatsache, dass sie von dem österreichischen Soldaten Wild in Karl Emil Franzos' Roman »Der Pojaz« (in den neunziger Jahren geschrieben, 1905 posthum gedruckt) gelesen wird. Vgl. ebd. S. 186f., Anm. 7.
²⁷ Meißner: Geschichte meines Lebens [Anm. 9], Bd. 1, S. 56. Hartmanns jüdische Identität scheint tatsächlich schwach ausgeprägt gewesen zu sein. Er hat fast nichts über Juden geschrieben. Vgl. Margarita Pazi: Berthold Auerbach and Moritz Hartmann. Two Jewish Writers of the Nineteenth Century. – In: Leo Baeck Institute Year Book 18 (1973), S. 214.
²⁸ Wolfgang Häusler: Alfred Meißner (1822–1885). Ein österreichischer Dichter zwischen Revolution und Reaktion. – In: Jahrbuch des Instituts für deutsche Geschichte 9 (1980), S. 144.
²⁹ Vgl. Hubert Lengauer: Ästhetik und liberale Opposition. Zur Rollenproblematik des Schriftstellers in der österreichischen Literatur um 1848. Köln, Wien 1989, S. 119.
³⁰ Meißner: Geschichte meines Lebens [Anm. 9], Bd. 1, S. 54f.
³¹ Vgl. Briefe aus dem Vormärz. Eine Sammlung aus dem Nachlaß Moritz Hartmanns. Hrsg. von Otto Wittner. Prag 1911, S. XXVI, und Jürgen Klose: Moritz Hartmann — der dichtende Demokrat aus dem böhmischen Wald. Der Annäherung zweiter Teil. – In: Grenzfälle. Materialien zum 6. Deutsch-Tschechischen Begegnungsseminar. Gute Nachbarn — Schlechte Nachbarn? Hrsg. von Elke Mehnert. Frankfurt a.M. u.a. 2004, S. 104.
³² Alfred Meißner: Gedichte. Zweite stark vermehrte Aufl. Leipzig 1846, S. 234, 236 (»An Moritz«).
³³ Häusler [Anm. 28], S. 178. Über den Bruch vgl. auch Meißner: Geschichte meines Lebens [Anm. 9], S. 221. Hartmann beurteilte Meißners kleindeutsche Gesinnung als »Abfall von der deutschen Demokratie« (ebd.).
³⁴ Vgl. Otto Wittner: Alfred Meißner. – In: Ders.: Österreichische Porträts und Charaktere. Wien 1906, S. 184.
³⁵ Vgl. Rudolf Humborg: Alfred Meißner. Eine literarhistorische Studie. Diss. München. Erfurt 1911, S. 49, Anm. 1.
³⁶ Vgl. Moritz Hartmann: Kelch und Schwert. Dichtungen. Leipzig 1845, S. 217f. mit ders.: Gesammelte Werke. Hrsg. von Ludwig Bamberger und Wilhelm Vollmer. Stuttgart 1874. Bd. 1.
³⁷ Lengauer [Anm. 29], S. 96. Ursprünglich dachte Hartmann nach dem Vorbild Herweghs an den Titel »Gedichte eines Zeitkindes«. Vgl. ebd., S. 98.
³⁸ Vgl. ebd., S. 100.
³⁹ Meißner an Hartmann, 27. Dezember 1844. Briefe aus dem Vormärz [Anm. 31], S. 307.
⁴⁰ Hartmann an Meißner, Januar 1845, ebd., S. 324. Allerdings musste Hartmann eine zusätzliche Seite hinzufügen, um das Buch über die Zwanzig-Bogen-Grenze zu bringen. Vgl. Eoin Bourke: Moritz Hartmann's Bohemia. – In: Jahrbuch des Forum Vormärz Forschung 9 (2003), S. 360. Der Zensor Seidl, der die Zensur »mit großer Milde bis 1848 verwaltete«,

bedauerte trotzdem die Verschwendung des dichterischen Talents auf politische Themen, »um Aufmerksamkeit zu erregen.« Rietra [Anm. 24], S. 441, Anm. 57.

[41] Jan Erazim Wocel: Meč a Kalich. Prag 1843. Da ich keine tschechischen Sprachkenntnisse besitze, bin ich auf Hilfe angewiesen. Danken muss ich meinem verehrten Kollegen Professor Peter Demetz, der Bibliothekarin an der Prager Universität, Linda Skolkova, und ganz besonders dem Doktoranden der osteuropäischen Geschichte an der Yale-Universität, Brian Rohlik, der den Text für mich kommentierte und zusammenfasste.

[42] Vgl. Czech literature has just sustained a considerable loss in the death of M. Jean Erasime Vocel. – In: The Academy (London), 1. Oktober 1871, 2 (1870–71). S. 452.

[43] Vgl. Arne Novák: Czech Literature. Übers. von Peter Kussi. Ann Arbor 1976, S. 148.

[44] Alois Hofman: Die Prager Zeitschrift »Ost und West«. Ein Beitrag zur Geschichte der deutsch-slawischen Verständigung im Vormärz. Berlin 1957, S. 113, 35.

[45] [Jan Erazim Wocel]: Die Slaven und ihr Verhältnis zu Deutschland. – In: Allgemeine Zeitung, Beilage Nr. 73, 14. März 1841, S. 578. Die meisten Aufsätze sind, wie üblich in der »Allgemeinen Zeitung«, nicht unterzeichnet, werden aber Vocel zugeschrieben. Vgl. Jiří Kořalka: Jan Hus und die Hussiten in der europäischen Wissenschaft und Kultur um die Mitte des 19. Jahrhunderts. – In: Österreichische Osthefte 27 (1985), S. 29. Ein Aufsatz betitelt »Die Czechophobie«, der die Parität von Tschechisch und Deutsch in Böhmen bestätigt und verteidigt, ist mit »J. E. W.« unterzeichnet. Vgl. Allgemeine Zeitung, Beilage Nr. 236, 23. August 1844, S. 1881–1883.

[46] Hartmann: Kelch und Schwert [Anm. 36], S. [13].

[47] Lengauer [Anm. 29], S. 100.

[48] Hartmann: Kelch und Schwert [Anm. 36], S. 65 ff., 289 ff., 293, 304. Die großdeutsche Gesinnung zeigt sich wohl auch darin, dass in den Gedichten Joseph II. oft gefeiert und als unbeachteter Prophet beklagt wird. Das war gewiss nicht im Sinn der Tschechen, die die Zentralisations- und Germanisierungspolitik des Kaisers verabscheuten. Vgl. Bourke [Anm. 40], S. 364.

[49] Hartmann: Kelch und Schwert [Anm. 36], S. 120 ff.

[50] Hartmann: Gesammelte Werke [Anm. 36], Bd. 1, S. 74.

[51] Moritz Hartmann: Neuere Gedichte. Leipzig 1847, S 34. Der Band ist »Meinen theuern Freunden Heinrich Landesmann in Wien und Jacob Venedey in Paris« gewidmet.

[52] Ebd. S. 232. Dieser Teil von »König Wenzel, der Faule« ist aus der Königinhofer Handschrift übersetzt, die damals als Urkunde der tschechischen Nation gefeiert, später als Fälschung entlarvt wurde. Vgl. Klose [Anm. 31], S. 105.

[53] Otto Wittner: Moritz Hartmanns Jugend. Wien 1903, S. 187.

[54] Klose [Anm. 31], S 110.

[55] Wittner: Moritz Hartmanns Jugend [Anm. 52], S. 182 f.

[56] Karl Marx und Friedrich Engels: Über Kunst und Literatur. Bd. 2. Berlin 1968. S. 181.

[57] Halvdan Koht: Henrik Ibsen. Eit diktarliv. Neue Ausgabe. Oslo 1954. Bd. 2, S. 134. Vgl. auch Kohts Einleitung in Henrik Ibsen: Samlede Verker. Hundreårsutgave. Bd. 9. Oslo 1932, S. 190. Für den Hinweis danke ich meinem verehrten Kollegen Professor George C. Schoolfield.

[58] Vgl. Wittner: Alfred Meissner [Anm. 34], S. 206.

[59] Vgl. Lengauer [Anm. 29], S. 196; vgl. auch Häusler: Alfred Meißner [Anm. 28], S. 169 f. und Alfred Meißner: Revolutionäre Studien aus Paris (1849). Frankfurt a.M. 1849, Bd. 2, S. 4 f.

[60] Ebd., Bd. 1, S. 164, 209, Bd. 2, S. 194.

[61] Über die Entstehung und Rezeption des Werkes vgl. Meißner: Geschichte meines Lebens [Anm. 9], Bd. 1, S. 133–135, 148–149, 161–162, 183–185, 200–201. Er berichtet, Palacký habe das Werk als historisch zuverlässig gelobt. Vgl. ebd., Bd. 2, S. 20.

⁶² Lengauer [Anm. 29], S. 151. Lengauers Erörterung ist die einzige ernsthafte Betrachtung von »Žiška«, die ich gefunden habe.
⁶³ Emil Soffé: Erinnerungen an Alfred Meißner. – In: Deutsche Arbeit 5 (1906), S. 230.
⁶⁴ Robert Byr (d. i. Karl von Bayer): Vorrede. – In: Alfred Meißner: Mosaik. Eine Nachlese zu den gesammelten Werken. Berlin 1886. Bd. 1, S. VII.
⁶⁵ Werner Bd. 2, S. 30.
⁶⁶ P. W. Heinrich: »Für« und »Wider« Alfred Meißner. Berlin 1890. S. [5].
⁶⁷ Alfred Meißner: Žiška. Gesänge. Zweite, vermehrte Aufl. Leipzig 1847, S. XVI, XX, XV, XXIII, 27.
⁶⁸ Ebd., S. 80, 125, 140–144, 145 ff., 155, 138, 161, 207 ff.
⁶⁹ Ebd., S. 45, 65, 100, 187.
⁷⁰ Ebd., S. 215.
⁷¹ Herloßsohn: Der letzte Taborit [Anm. 13], Bd. 1, S. 86.
⁷² Meißner: Žiška [Anm. 36], S. XIX, 221. Im »Schlußgesang« heißt es: »Vom Scheiterhaufen, der den Huß verzehrt, / Entbrannten Luther, Hutten ihre Fackel.« Ebd., S. 227.
⁷³ Ebd., S. 129, 131.
⁷⁴ Ebd., S. 220, 221, 229, 237, 226, 234, 235.
⁷⁵ Meißner: Geschichte meines Lebens [Anm. 9], Bd. 2, S. 59 f.
⁷⁶ Lengauer [Anm. 29], S. 147 ff.

Kleinere Beiträge

Netzwerke
Heinrich Heine und Anton Melbye

Von Regine Gerhardt, Hamburg

Nur am Rande taucht der Name des dänischen Künstlers Daniel Hermann Anton Melbye (1818–1875) im Nachlass Heinrich Heines auf: »Durch den Maler Melby empfingen Sie den 1ten und den 2ten Band von Braunschweig, Hannover und England – Durch Dr. Wille den 3ten und 4ten«, schrieb Heines Verleger Julius Campe am 28. Januar 1854 an den Dichter in Paris und bezog sich damit auf eine Büchersendung der fünfbändigen »Geschichte der deutschen Höfe« von Karl Eduard Vehse, die Campe 1853 für Heine aus der Hamburger Bibliothek Wilhelm Jowiens beschaffte (vgl. HSA XXVII, 156).[1] Bereits am 20. März 1853 hatte Heine von François Wille die genannten Bände III und IV erhalten und mahnte die beiden ersten Bände an – offenbar hatte Melbye seinen Botendienst zu diesem Zeitpunkt noch nicht erfüllt (vgl. HSA XXIII, 275). Die ausstehenden Bücher sind danach jedoch nicht wieder Thema in Heines Briefen, und so ist davon auszugehen, dass Melbye, der sich 1853 spätestens im April erneut in Paris aufhielt, den Dichter inzwischen aufgesucht hatte.

Als Maler und Zeichner, spezialisiert auf die Gattung des Seestücks, genoss Melbye in den 1850er Jahren bereits eine hohe Wertschätzung. In der jüngeren kunsthistorischen Forschung bislang wenig beachtet[2], sollte sich Melbye im 19. Jahrhundert eine außerordentliche Reputation erarbeiten: So vermeldete ein New Yorker Magazin 1875 den Tod des Malers in Paris und schrieb: »[Melbye war] der erfolgreichste Künstler, den Skandinavien seit Thorvaldsen hervorgebracht hat, und stieg zum begehrtesten Marinemaler in Europa auf«.[3] Zum Zeitpunkt der Bücherübergabe an Heine 1853 genoss Melbye nicht nur in seiner Geburtsstadt Kopenhagen, sondern auch in Paris, wo er seit Ende 1847 lebte, einen ansehnlichen Bekanntheitsgrad. Der Schriftsteller und Kunstkritiker Théophile Gautier etwa nannte Melbyes Namen 1852 und 1853 in einem Atemzug mit den etablierten französischen Künstlern Isabey, Durant-Brager und Gudin.[4] 1848, 1849, 1850/51 und 1853 hatte Melbye mit insgesamt 12 Werken an den Pariser Salonausstellungen teilgenommen und die Aufmerksamkeit der französischen Kunstkritik erregt. Zugleich besaß Melbye in der Reeder- und Kaufmannsstadt Hamburg 1853 einen großen Sammlerkreis, der im Verlauf des 19. Jahrhunderts noch anwachsen sollte und Hamburg bis heute zu einem Konzentrationspunkt von Melbye-Werken macht.[5] Der Kontakt zu Campe könnte jedoch schon in den frühen 1840er Jahren zustande gekommen sein, als der junge Künstler erste Reisen von Kopenhagen aus nach Hamburg unternahm. 1838 hatte Melbye seine künstlerische Ausbildung bei Christoffer Wilhelm Eckersberg begonnen, Professor an der Königlichen Kunstakademie in Kopenhagen und Begründer des sogenannten »Goldenen Zeitalters« der dänischen Malerei.[6] Eckersberg, der sich besonders mit der Naturwahrnehmung im Freien auseinandersetzte, widmete sich ab den späten 1830er Jahren vor allem dem Sujet des Seestücks und der Perspektivlehre. Nach den Aufzeichnungen des Lehrers nahm Melbye jedoch nur für kurze Phasen Unterricht; vielmehr scheint der begabte Schüler, der sich bereits 1840 an der Akademieausstellung beteiligte, im Selbststudium und nach eigenen Naturbeobachtungen gearbeitet zu haben.[7] Dazu ermöglichte König Christian VIII. dem jungen Maler wiederholt Fahrten mit der dänischen Flotte in die Nord- und Ostsee, 1844 sogar bis ins Mittelmeer.

1843 verzeichnete Melbye, der gerade den renommierten Neuhausen-Wettbewerb der Kopenhagener Akademie gewonnen hatte, in seinem Tagebuch zudem zwei Schiffsreisen nach Kiel, im Juni gefolgt von einem Aufenthalt in Hamburg.[8] Melbyes Reisepartner vom 12. bis zum 20. Juni 1843 war der in Europa hochgeschätzte Violinvirtuose Heinrich Wilhelm Ernst, der zuvor eine Konzertreihe in Kopenhagen gegeben hatte.[9] Von Melbye skizzierte Porträts des Musikers und eine musikalische Notation von Ernst mit dem Titel »Abschied von Copenhagen« in Melbyes Tagebuch belegen eine enge Vertrautheit der beiden Künstler.[10] Melbye notierte zudem gemeinsame Besuche von Theaterstücken und Gesellschaften, Spaziergänge, Hauskonzerte, bei denen Ernst seine »Elegie«, den »Erlkönig«, eine Tarantella und Stücke seines Konkurrenten Paganini spielte, und – am Rande – auch den Besuch von Kunstsammlungen.[11] Ernst gehörte ebenso zum Freundeskreis Heinrich Heines, der den Violinisten seit 1833 aus Paris kannte und diesen wiederholt in seinen Schriften nannte und mit positiven Rezensionen ehrte.[12] Bei seinem Hamburgbesuch 1843 bemühte sich Heine im November und Dezember intensiv um ein persönliches Wiedersehen mit dem ständig auf Konzertreisen befindlichen Musiker (vgl. HSA XXII, 75, 78). Tatsächlich überschneiden sich nicht nur der Lebensmittelpunkt Heines und Melbyes in Paris, sondern auch ihr Bekanntenkreis, wie es zu zeigen gilt, und vor allem ihre Passion für die Musik.

Anton Melbye, Hafen mit ankernden Schiffen. Kopenhagen, 28.5.1843. Federzeichnung im Stammbuch der Madame Beaumarié. Heinrich-Heine-Institut, Düsseldorf

Jüngster Anlass für die Frage nach einer näheren Bekanntschaft von Heine und Melbye ist das vom Düsseldorfer Heinrich-Heine-Institut erworbene Stammbuch der Madame C. Beaumarié.[13] In diesem befinden sich, neben einem undatierten Gedichteintrag Heines und zwei musikalischen Notaten von Heinrich Wilhelm Ernst, auch eine Federzeichnung von Anton Melbye sowie ein gezeichnetes Gruppenbildnis, das den Violinisten zeigt und mit großer Wahrscheinlichkeit ebenfalls Melbyes Hand zuzuschreiben ist.[14] Die insgesamt 87 Blätter des Albums sind, der Stammbuch-Mode der ersten Hälfte des 19. Jahrhunderts folgend, reich gefüllt mit literarischen, künstlerischen und musikalischen Widmungen an den Sammler bzw. die Sammlerin dieser Seiten. Zwischen 1837 und 1856 datiert, stammen die autographischen und zeichnerischen Dokumente aus einem illustren internationalen Personenkreis von Dichtern, Künstlern und Musikern. Sie legen Zeugnis ab von gesellschaftlichen Kontakten, Freundschaften und beruflichen Verbindungen, dem Austausch von Ideen und einem gemeinsam geteilten Kulturgenuss. Das Stammbuch offenbart ein Beziehungsgeflecht zwischen Widmungsträger und Autoren und führt auf diese Weise auch Heine und Melbye

Anton Melbye, Vier Kartenspieler [links: Heinrich Wilhem Ernst]. Bleistiftzeichnung im Stammbuch der Madame Beaumarié. Heinrich-Heine-Institut, Düsseldorf

erneut zusammen. Mehrfach wurde bereits konstatiert, dass die nachträglich, nicht chronologisch gebundenen Blätter des Beaumarié-Stammbuchs ursprünglich nicht allein von der Albumbesitzerin gesammelt wurden, deren Vignette das Buch ziert und deren Biographie bisher in der Forschung noch unbekannt ist. Als Sammler kommt vor allem Heinrich Wilhelm Ernst in Betracht, wie mehrere dem Musiker gewidmete Seiten zu belegen scheinen.[15] Es findet sich nicht nur ein Großteil der Autoren der Stammbucheinträge im Bekanntenkreis des Musikers, auch viele Orte, an denen die Widmungsblätter zu einem bestimmten Zeitpunkt entstanden, stimmen mit Ernsts Aufenthalten in Europa überein. So fallen z. B. die Einträge aus Kopenhagen, wie etwa die Zeichnung des Bildhauers Bertel Thorvaldsen vom 23. Mai 1843, die Federzeichnung einer Küstenlandschaft mit Fischerbooten von Anton Melbye vom 28. Mai 1843 und der musikalische Eintrag von B. Courlander vom 12. Juni 1843 mit Ernsts Konzertaufenthalt in der dänischen Hauptstadt von Mitte April bis zum 12. Juni 1843 exakt zusammen.[16] Die Zeichnung einer Vierergruppe von Kartenspielern in elegantem Interieur, die unmittelbar mit dem Stammbucheintrag Melbyes zusammenhängt, zeigt links in der einzig detailliert ausgeführten Figur den leidenschaftlichen Whist-Spieler Ernst und dürfte ebenfalls in der Kopenhagener Zeit entstanden sein.[17] Mehrere seiner Konzerte gab Ernst gemeinsam mit dem ebenfalls in Europa tourenden Pianisten Theodor Döhler, der ein Jahr zuvor ein Stammbuchblatt im Beaumarié-Album signiert hatte. Heine schätzte Döhlers Spiel weniger und kommentierte 1841: »Er spielt in der That hübsch, nett und niedlich« (HSA X, 102). Auch mit Döhler war Melbye freundschaftlich verbunden. So versorgte er seinen Lehrer Eckersberg im April 1843 mehrfach mit Eintrittskarten für Döhlers Konzerte und reiste mit dem Pianisten Ende Mai 1843 zu einem Auftritt nach Kiel.[18] Der Klaviervirtuose Sigismund Thalberg, gut bekannt mit Ernst, gehörte ebenfalls zu den Autoren des Beaumarié-Stammbuches mit einem Eintrag vom 10. März 1840, diesmal explizit der Albumbesitzerin gewidmet. Auch Thalberg gab ab 1830 in ganz Europa gefeierte Konzerte. Melbye zog sich den Unmut der Kopenhagener Kunstakademie zu, als er im Juni 1847 gemeinsam mit dem Pianisten von Kopenhagen nach Stockholm fuhr, statt ein Reisestipendium nach Paris anzutreten, das er bereits 1846 in Verbindung mit der Ausstellungsmedaille der Kunstakademie gewonnen hatte – offenbar erschien Melbye das Gesellschaftsleben und der Musikgenuss mit Thalberg zunächst attraktiver. Dieser wiederum schwärmte von Melbyes »Genialität und Leidenschaft«.[19] Heine schätze Thalberg ebenfalls sehr. 1843 schrieb er ihm: »Lieber Maestro! Vergessen Sie mich nicht, ich habe Sie auch nicht vergessen. Heute geht ein großer Artikel über die musikalische Saison nach Augsburg ab, und Sie spielen darin die Bravourparthie« (HSA XXII, 51). So scheint das Beaumarié-Stammbuch vor allem eines zu leisten, nämlich ein unter den genannten Musikern, Künstlern und Dichtern bestehendes Netzwerk zu bestätigen. Es wirft ein Licht auf einen Kreis von Musikern, denen sowohl Heine als auch Melbye zugetan waren und nährt die Vermutung, dass eine Verbindung zwischen beiden insbesondere über die Musik zu suchen ist.

Ein großes Interesse an der Musik durchzieht Melbyes gesamte Biographie – kaum ein zeitgenössischer Bericht benennt nicht die Virtuosität seines eigenen Gitarrenspiels oder seine Vorliebe für Konzert und Theater.[20] Heine hingegen zeigte wenig Ambitionen zu musizieren oder sich musiktheoretisch zu bilden, beschäftige sich dafür jedoch intensiv als Kritiker von Musikdarbietungen und mit dem blühenden Musikerkult.[21] Die gesellschaftlichen Rahmenbedingungen des zeitgenössischen Musikbetriebs erfuhr auch Melbye, der sich vor Beginn seines Kunststudiums 1838 zeitweilig ganz dem Gitarrenspiel gewidmet hatte. Aus einfachen Verhältnissen stammend, bahnte die Musik dem zugleich sprach- und wortgewandten jungen Mann den ersten Zugang in Kopenhagens bürgerlich-intellektuelle Gesellschaft und in die adligen Kreise des dänischen Hofes. Zeitlebens scheinen mehr Musiker als Künstler Melbyes Weg zu kreuzen oder zumindest Spuren in den Quellen zu hinterlassen. Zu seinen Bekannten in den 1840er Jahren zählten ebenso der angesehene Domorganist von Roskilde, Hans Matthison-Hansen, der in den 1820er Jahren als Kunststudent im musikalischen Haushalt bei Eckersberg gelebt hatte[22], wie der Kopenhagener Ballettmeister August Bournonville oder die international berühmte Opernsängerin Jenny Lind. Melbye widmete ihr im Oktober 1845 eine Federzeichnung und eine Radierung für ihr Stammbuch und hieß sie euphorisch zu ihrem Konzertaufenthalt in Kopenhagen Willkommen.[23] Der Dichter Hans Christian Andersen, leidenschaftlicher Verehrer der Lind und seit 1838 ebenfalls ein enger Freund des Malers, begleitete die Sängerin am 20. Oktober 1845 in Melbyes Atelier.[24] Auch Heine interessierte sich für die Karriere Jenny Linds, deren Angelegenheiten er in der Augsburger »Allgemeinen Zeitung« 1847 vehement verteidigte (vgl. HSA XXII, 239). Mit Hans Christian Andersen verband Heine zudem seit 1833 eine langjährige Freundschaft, geprägt von großer Hochachtung des Dänen für Heines Oeuvre, seine Gefühlswelt und spitze Ironie.[25] Mehrfach suchte Andersen Heine während seiner Paris-Reise von März bis Mai 1843 auf[26], bevor er am 14. Juni 1843 auf seiner Rückreise in Kiel zufällig mit Melbye zusammentraf – die Heine-Besuche des begeisterten Andersen dürften sicherlich Gesprächsstoff gewesen sein. Andersen ist es auch, der wiederholt über Heines Verehrung des dänischen Dichters Adam Oehlenschläger berichtete, der 1845 persönlich mit Heine in Paris zusammentraf.[27] Melbye gehörte ebenfalls zu Oehlenschlägers Bekanntenkreis in Kopenhagen; gemeinsam organisierte man die Begrüßung Jenny Linds im Herbst 1845.[28] Heines Interesse an den dänischen Autoren, seine Idee, dass »der Schatz der Poesie jetzt nur noch im Norden verborgen liege«, wie Andersen 1843 berichtete[29], dürften Heine auch für die dänische Kunst – oder zumindest für die Künstlerkollegen – nicht grundsätzlich verschlossen haben.

Grund zu der Annahme, dass Melbye und Heine sich jedoch persönlich nicht vor 1851 kennen lernten, ergibt sich aus dem Umstand eines Besuches des Kopenhagener Verlegers und Journalisten Meïr Aron Goldschmidt im Sommer 1850 bei Heine in Paris. Gut bekannt mit Melbye, den er ebenfalls in dieser Zeit in Paris aufsuchte, nahm Goldschmidt nicht den Maler in Anspruch, um bei Heine vorstellig werden zu können, sondern reiste eigens mit einer Empfehlung von Heines Freund Karl August Varnhagen von Ense, die dieser am 21. Juni 1850 aufgesetzt hatte.[30] Auch der Hamburger Geschäftsmann Ernst Merck besuchte Melbye im Sommer 1850 in Paris. Wie Goldschmidt berichtete Merck vor allem von der intensiven Beschäftigung des Künstlers mit dem »Magnétisme«, der, vom Mesmerismus abgeleitet, in der ersten Hälfte des 19. Jahrhunderts in Form des Hellsehens unter Hypnose zu einer gesellschaftlichen Modeerscheinung in Paris geworden war. Merck schilderte einige Séancen, bei denen Melbye ein Medium hypnotisierte und zur Verblüffung seines Publikums zutreffende Wahrsagungen machen ließ.[31] Merck ließ sich auch mehrere, gegen Entgelt zu erhaltende Séancen durch August Gathy vermitteln, den Übersetzter und Sekretär Heines und Campes in Paris.[32] In seiner phänomenologischen Entäußerung mit den Klangformen der Musik in Verbindung gebracht, lässt sich auch eine Äußerung Heines als Anspielung auf den »Magnétisme« lesen, als dieser am 25. April 1844 über einen Konzertauftritt von Franz Liszt berichtete:

> Die elektrische Wirkung einer dämonischen Natur auf eine zusammengepresste Menge, die ansteckende Gewalt der Ekstase, und vielleicht der Magnetismus der Musik selbst, dieser spiritualistischen Zeitkrankheit, welche fast in uns allen vibriert – diese Phänomene sind mir noch nie so deutlich und so beängstigend entgegengetreten wie in dem Concert von Liszt. (HSA X, 232 f.)

Während Heine jedoch in der herrschenden Musikbegeisterung vor allem eine politische Gefahr durch das rauschhaft »magnetisierte« und so von der Realität abgelenkte Publikum sah, war Melbyes Motivation, sich mit dem »Magnétisme« auseinanderzusetzen, anders gelagert. Der mathematisch und musiktheoretisch gebildete Maler befasste sich nicht aus Sensationslust mit der Hypnose, sondern aus Interesse an der naturphilosophischen Idee universaler Harmonie, wie sie in Kopenhagen im intellektuellen Milieu um Eckersberg, Oehlenschläger und den Physiker Hans Christian Ørsted diskutiert wurde und von der man annahm, dass sie sich in der Musik als »unendlicher Mathematik« manifestiere und in magnetischen Phänomenen sichtbar würde.[33]

Adolf Strodtmann, der vor allem als Biograph und Herausgeber von Heines Werken bei Campe bekannt wurde, stand 1850/51 ebenfalls mit Melbye in Paris in Verbindung und teilte dessen Interesse am »Magnétisme«. Gerade von der Bonner Universität relegiert und wegen seines Engagements für die deutsche Märzrevolution politischer Verfolgung ausgesetzt, war Strodtmann mit seinem Mitstreiter Carl Schurz in die französische Hauptstadt geflüchtet. In seinen Erinnerungen berichtete Schurz von mehreren gemeinsamen Besuchen bei Melbye, bei denen der Maler die Studenten zur Teilnahme an Séancen einlud.[34] Aber auch das politische Zeitgeschehen verband Melbye und den Flensburger Strodtmann, der sich 1848 aktiv auf der Seite der Herzogtümer Schleswig und Holstein am ersten deutsch-dänischen Krieg beteiligt hatte. So war Melbye, der seit 1840 vor allem durch den kunstinteressierten König gefördert worden war, in Kopenhagen immer mehr in die Kritik bürgerlich-nationaler Kreise geraten, die durch den Kunsthistoriker Niels Lauritz Høyen gelenkt wurden.[35] Obwohl Høyen im Auftrag Christians VIII. ab 1839 die königliche Bildergalerie als Kustos leitete, stand er mit seiner Kunstauffassung in Opposition zum König.[36] Als

Professor an der Kunstakademie und der Kopenhagener Universität, im Vorstand des Kunstvereins und der Gesellschaft für Nordische Kunst bestimmte Høyen seit Ende der 1820er Jahre zunehmend die dänische Kunstszene und stellte diese explizit in den Dienst nationaler Politik. Maßgeblich förderte er die Entwicklung einer nationalromantischen Bewegung in der dänischen Kulturlandschaft und forderte die Künstler auf, die dänische Heimat zum Gegenstand ihrer Werke zu machen und ausländische Einflüsse gänzlich zu vermeiden.[37] Melbye, der sich in seinen Arbeiten zunehmend von der lokalen Eckersberg-Schule emanzipierte und sich internationalen Kunstströmungen gegenüber aufgeschlossen zeigte, geriet zwischen die Fronten der Kopenhagener Kunstkritik. Bereits 1845 beschrieb ein Kopenhagener Satire-Magazin Høyens Einfluss auf die Künstler, die sich nicht seinem Diktat beugen wollten: »Wer legte Adam Müller in sein Grab? Wer zwang Simonsen aus dem Land zu fliehen? Wer ist es, der Gertner und Melbye verjagen will, weil sie nicht nach dem Lineal zeichnen?«[38] Trotz der Auszeichnungen durch die Kunstakademie und der Wertschätzung durch einen großen Sammlerkreis in Kopenhagen fühlte sich Melbye durch das »Cliquenwesen« in seiner künstlerischen Freiheit so sehr eingeschränkt, dass er 1847 »nur halb freiwillig« Dänemark verließ, wie die »Søndagsposten« 1875 formulierte[39] – in Richtung Paris. Erst als der Maler internationale Erfolge feierte, u.a. am Hof des französischen Kaisers Napoleon III. und des osmanischen Sultans Abdülmecid I., besann man sich in Kopenhagen und ehrte Melbye 1858 mit der Mitgliedschaft in der Kunstakademie und dem Dannebrog-Orden sowie 1862 mit einer Ehrenprofessur, obwohl seine Kunst nach wie vor als fremd in Dänemark empfunden wurde.[40] 1873 fasste Strodtmann in seiner Publikation »Das geistige Leben in Dänemark« die Konstellation zusammen:

> Der größte Stolz der dänischen Schule sind mit Recht die vorzüglichen Marinebilder [...], obschon die namhaftesten Vertreter dieses Faches sich eher im Gegensatze zu der »nordischen« Richtung entwickelten [...] Der auch in Deutschland hoch gefeierte Anton Melbye repräsentiert das Glänzende, den hinreißenden Effekt [...] und vor allem das poetische Element in der Kunst. Es ist ein großer titanischer Zug in seinen Sturmbildern, manche derselben wirken in ihrer düsteren, leidenschaftlichen Stimmung wie ein Byron'sches Gedicht.[41]

Die Auseinandersetzung mit der Rezeption in der Heimat und deren Verlust, die in Heines Schriften eine bedeutende Rolle spielt – wie etwa in seinen vielfältigen Reflexionen zum Meer – findet sich auch im Oeuvre des Malers. Das schon mehrfach in Publikationen zu Heine als Illustration eingesetzte Gemälde »Meereseinsamkeit«[42], das Melbye 1852 malte, kontrastiert allerdings mit Heines Meeres-Metaphorik. Die positiv aufgenommene Dialektik von Werden und Vergehen menschlichen Daseins, versinnbildlicht durch die Gezeiten, eine gren-

Anton Melbye, »Meereseinsamkeit«. 1852. Öl auf Leinwand. Hamburger Kunsthalle

zenlose Freiheit, versinnbildlicht durch das weite, unbegrenzte Meer[43] – diese Gedanken Heines scheinen sich zunächst in Melbyes Gemälde in dem sich schier endlos ausbreitenden Ozean mit seinen unaufhörlich bewegten Wellenmassen zu spiegeln. Doch während Heine, der das Meer vor allem als Badegast von Land aus betrachtete, die See als eigentliche Heimat, als Ort des wahrhaft freien Menschen erfuhr, schuf Melbye, der stets die Perspektive des Seefahrers suchte, in diesem Gemälde eine unwirtliche, geradezu lebensfeindliche Meereslandschaft. Düstere Wolkenberge türmen sich über einer leeren Wasserwüste. Vom Horizont geheimnisvoll beleuchtet, lassen als einzige Lebewesen die tief dahin gleitenden Vögel die stürmischen Winde erahnen, die den Rhythmus der See unaufhörlich antreiben. Melbye wählte nicht das stille, Hoffnung spendende Meer, das in der Romantik allegorisch auf die menschliche Existenz im Diesseits und Jenseits wies, oder die einzelne, schicksalhafte Woge, wie Victor Hugo 1857 für seine bekannte Tuschezeichnung »Ma Destinée«[44], sondern die gleichförmige, undurchdringliche und gleichsam unbarmherzige See. Melbye entzieht dem Betrachter jeden Standpunkt, jeden sicheren Grund, und lässt ihn, scheinbar körperlos, als »Seelenwesen« haltlos schweben. Das uferlose Meer, Naturgewalt und universaler Naturzustand zugleich, zeitlos, raumgreifend, ausweglos, ist auch in Melbyes Gemälde

Projektionsfläche existentieller Reflexion, aber ein Spiegelbild der Entwurzelung und der Heimatlosigkeit.

Trotz der späten Aussöhnung mit der Kopenhagener Kunstszene kehrte Melbye nicht dauerhaft nach Dänemark zurück. Er fand, wie Heine, im Gegensatz zu den Verhältnissen in der Heimat in der Metropole Paris die notwendige persönliche Freiheit und den entscheidenden Kulturbetrieb, um sich künstlerisch und intellektuell anregen, fordern und entfalten zu können. Zwar lässt sich ein engeres Verhältnis zwischen Heine und dem knapp 20 Jahre jüngeren Melbye, das sich während der letzten Lebensjahre des Dichters in Paris hätte entwickeln können, faktisch nicht beweisen, so dass die eingangs geschilderte Bücherübergabe im Frühjahr 1853 bislang der einzige konkrete Beleg für eine persönliche Bekanntschaft bleibt. Die aufgezeigten Verbindungslinien im sozio-kulturellen Kontext Heines und Melbyes offenbaren jedoch zahlreiche Berührungspunkte, die für mehr als ein einziges Zusammentreffen des Dichters und des Künstlers sprechen und vor allem in ihrer Vielschichtigkeit für die in der Forschung noch ausstehende Einordnung Melbyes in die Kulturgeschichte des 19. Jahrhunderts von Bedeutung sind. Die Übereinstimmungen im internationalen Freundes- und Bekanntenkreis Heines und Melbyes, wie sie sich besonders im Stammbuch der Madame Beaumarié zeigen, die intensive Auseinandersetzung mit der Musik und deren kulturellen Erscheinungsformen, die Wahl des Meeres als Bezugspunkt für eine kreative Bewältigung zeitgenössischer und persönlicher Bedingungen und, nicht zuletzt, der politisch ausgelöste Verlust der Heimat und der neue Lebensmittelpunkt Paris sind wichtige Schnittmengen. Sie werfen ein spezifisches Licht auf die von Heine und Melbye geteilten Erfahrungen und machen zugleich auch deren individuelle Verarbeitung deutlich. So ermöglicht das skizzierte Netzwerk vor allem einen von privaten biographischen Zeugnissen geprägten Einblick in das gemeinsame intellektuelle und gesellschaftspolitische Milieu, in dem sich Heine und Melbye in den 1840er und zu Beginn der 1850er Jahre bewegten und das sie mit ihrem Oeuvre gestalteten.

Anmerkungen

[1] Campe hatte zudem am 4.1.1854 für Heine die Überbringer der Bücher aufgelistet (vgl. HSA XXVII, 147).

[2] Anton Melbye ist Thema des Dissertationsprojektes der Verfasserin. Neben Lexika, Handbüchern und Überblickswerken berücksichtigen vor allem Ausstellungskataloge Melbye, vgl. z. B. Seestücke. Von Caspar David Friedrich bis Emil Nolde. Hrsg. von Felix Krämer u. a. Ausst.-Kat. Hamburger Kunsthalle. München 2005, S. 50f., 53, 55, 57, 59, 154f.; Die Kopenhagener Schule, Meisterwerke dänischer und deutscher Malerei von 1770 bis 1850. Hrsg. von Dirk

Luckow und Dörte Zbikowski. Ausst.-Kat. Kunsthalle zu Kiel. Ostfildern-Ruit 2005, S. 127, 129, 258 f.

³ »[Melbye was] the most successful artist that Scandinavia has produced since Thorvaldsen and rose to be the most fashionable marine painter in Europe«. O.A.: o.T. – In: The Manhattan and de la Salle Monthly, 1–2, 1875, S. 166 f.

⁴ Vgl. Théophile Gautier: Correspondance générale 1852–1853. Hrsg. von Claudine Lacoste-Veysseyre. Genf 1991, Bd. V, S. 118; Ders.: Constantinople et autres textes sur la Turquie. Hrsg. von Sarga Moussa. Paris 1990, S. 36.

⁵ 1872 und 1900 richtete Hamburg große Einzelausstellungen für Melbye aus. Die Hamburger Kunsthalle versammelte noch 1919 21 Gemälde Anton Melbyes. Heute befinden sich zahlreiche Werke vor allem in privaten Hamburger Sammlungen. Zu Melbyes Hamburg-Beziehungen vgl. auch Henrik Lungagnini: Anton Melbye, ein dänischer Marinemaler in Hamburg. – In: Altonaer Museum Jahrbuch 10 (1972), S. 99–110.

⁶ In der von Eckersberg geprägten Periode 1818 bis zum ersten deutsch-dänischen Krieg 1848 erlebte die dänische Kunst eine besondere Blütezeit. Zu Eckersberg vgl. Peter Michael Hornung, Kasper Monrad: C. W. Eckersberg – dansk malerkunsts fader. Kopenhagen 2005.

⁷ Vgl. C. W. Eckersberg dagbøger. Hrsg. von Villads Villadsen. Kopenhagen 2008, Bd. II, S. 801–805, 832, 836 f., 918.

⁸ Vgl. Anton Melbye: Dagbøg 1842–1844 (Kopenhagen, KB Acc2002-134), S. 50–63.

⁹ Zu Ernst vgl. Mark W. Rowe: Heinrich Wilhelm Ernst: Virtuoso Violinist. Aldershot 2008.

¹⁰ Vgl. Melbye 1842–1844 [Anm. 8], o. S. Rowe nennt ein einzelnes autographisches Dokument, eine von Ernst für Melbye komponierte unvollständige zweite »Elegie«. Vgl. Rowe [Anm. 9], S. 111.

¹¹ Vgl. Melbye 1842–1844 [Anm. 8], S. 59–61.

¹² Vgl. Rowe [Anm. 9], S. 83, 90, 122–125.

¹³ Heinrich-Heine-Institut, Düsseldorf, HHI.AUT.2007.5025TG. Zum Beaumarié-Album und zum kulturellen Kontext der Stammbuchsitte vgl. Das Album der Madame C. Beaumarié. Hrsg. von der Kulturstiftung der Länder in Verbindung mit dem Heinrich-Heine-Institut, Düsseldorf. Berlin 2009 (Patrimonia 304).

¹⁴ Heine notierte seine 1822 gedichteten Verse »Ein Fichtenbaum steht einsam«. Der Eintrag der beiden, von der Verfasserin Anton Melbye zugeschriebenen Blätter bedarf im Verzeichnis der Albumeintragungen der Korrektur. Vgl. ebd., S. 34.

¹⁵ Vgl. Jospeh A. Kruse: Absicht und Zufall. Das Beaumarié-Album als Dokument europäischer Kultur (1837–1856). – In: ebd., S. 6–13, hier S. 8; Volker Kalisch: »bey dem Genuße von frucht-versüßtem Eise«. Anmerkungen zum musikalischen Teil des Salonalbums von Madame C. Beaumarié. – In: HJb 48 (2009), S. 233–249, hier S. 236 ff.

¹⁶ Via Kiel und Hamburg reiste Ernst im Anschluss nach London, passend zu dem Stammbucheintrag von Charles Fitsch vom 17. Juli 1843. Auf der üblichen Reiseroute zwischen London und Paris liegt Boulogne-sur-Mer, wo am 9. August 1843 das Stammbuchblatt des Pianisten Ignaz Moscheles entstand, der sich bei Ernst mit einer musikalischen Notation für eine Sendung Fruchteis bedankte.

¹⁷ Zu Ernsts Kartenleidenschaft vgl. Rowe [Anm. 9], S. 6, 8.

¹⁸ Vgl. Eckersberg 2008 [Anm. 7], Bd. II, S. 973 f.; Melbye 1842–1844 [Anm. 8], S. 50.

¹⁹ »Thalberg fortalte om Melbys Geni og Afectation«, Tagebucheintrag von Hans Christian Andersen, 28.7.1847. – In: H. C. Andersens dagbøger: 1845–1850. Hrsg. von Helga Vang Lauridsen und Tue Gad. Kopenhagen 1974, Bd. III, S. 236 f., hier S. 237.

[20] Vgl. z. B. Erik Bøgh: Anton Melbye. – In: Illustreret Tidende, 5.2.1860, Nr. 19, S. 1–2, hier S. 1.

[21] Vgl. Friedrich W. May: Heinrich Heine und die Pianisten seiner Zeit. – In: HJb 45 (2006), S. 115–141; Albrecht Betz: Virtuosen und kein Ende. Der Pariser Musikbetrieb als klingende Sündflut. – In: »Ich Narr des Glücks«. Heinrich Heine 1797–1856. Bilder einer Ausstellung. Hrsg. von Joseph A. Kruse. Ausst.-Kat. Städtische Kunsthalle Düsseldorf u. a. Stuttgart 1997, S. 159–165.

[22] Eine familiäre Verbindung entstand zudem, als Melbyes jüngerer Bruder Vilhelm 1853 Matthison-Hansens Tochter Nanny ehelichte.

[23] Vgl. Henry Tuxen: H. C. Andersen, August Bournonville og Jenny Lind. – In: Anderseniana, Aarbog. Hrsg. vom H. C. Andersen Haus. Odense 1958–59, Bd. 4, S. 122–164, hier S. 131f. Vgl. auch Bente Kjølbye: Kærlighedens mange ansigter. H. C. Andersen, Jenny Lind og Felix Mendelssohn-Bartholdy. Kopenhagen 2002, S. 133–137.

[24] Zeitgleich tauschten auch die Herren Stammbuchblätter untereinander aus, vgl. Kare Olsen u. a.: H. C. Andersen Album I-V, Kopenhagen 1980, Bd. I, S. 124.

[25] Vgl. Friedrich Hirth: Heinrich Heine. Briefe. Mainz 1949/50, Bd. V, S. 96f.

[26] Vgl. den Brief von Andersen an Henriette Wulff, Paris 24.4.1843. – In: H. C. Andersen og Henriette Wulff. En Brevveksling. Hrsg. von H. Topsøe Jensen. Odense 1959, Bd. I, Nr. 100, S. 325f., hier S. 326.

[27] Vgl. z. B. Andersens Brief an Henriette Wulff, Paris 27.4.1843: »Klokken 10 gik jeg til Heine […] vi talte om Øehlenschlæger og dansk Litteratur, – ›Øehlenschlæger er dog Kongen!‹, sagde han […]«, ebd., Bd. I, Nr. 101, S. 326ff., hier S. 328.

[28] Vgl. Kjølbye 2002 [Anm. 23], S. 135; Henry Scott Holland, William Smyth Rockstro: Memoir of Madame Jenny Lind Goldschmidt 1820–1851 from original documents. London 1891, Bd. I, S. 285–287.

[29] Brief von Andersen an Lina von Eisendecher, Paris 23.4.1843. – In: Hans Christian Andersen, Lina von Eisendecher. Briefwechsel. Hrsg. von Paul Raabe, Erik Dal. Göttingen 2003, Nr. 4, S. 54–57, hier S. 57. Vgl. auch Andersens Tagebucheintrag, Paris 26.3.1843. – In: Aus Andersens Tagebüchern. Hrsg. von Heinz Barüske. Frankfurt a.M. 1980, Bd. 1, S. 361f., hier S. 361.

[30] Vgl. den Brief von Varnhagen von Ense an Goldschmidt, Kiel 21.6.1850 – In: Breve fra og til Meïr Goldschmidt. Hrsg. von Morten Borup. Kopenhagen 1963, Bd. I, S. 238. Zu Goldschmidts Besuch bei Melbye vgl. seinen Brief an Peder Ludvig Moeller, Kopenhagen 2.1.1851 – In: ebd., Bd. I, S. 246–248, hier S. 247f.

[31] Vgl. ebd., S. 247f. sowie Ernst Merck: Reise-Erinnerungen aus London und Paris. 2. Aufl. Hamburg 1852, S. 100–102.

[32] Vgl. ebd., S. 95.

[33] Ørsted bewies 1820 den Elektromagnetismus durch die Wirkung eines Schwingungen auslösenden Violinbogens. Der Mathematiker Frederik Ursin setzte sich vor allem mit der physikalischen Seite des Mesmerismus auseinander. Zum Kopenhagener Milieu vgl. Søren Bak-Jensen: Mersmerism – »The most important Chapter in the History of Natural Science« – In: Intersections: Art and Science in the Golden Age. Hrsg. von Mogens Bencard. Kopenhagen 2000, S. 88–99, sowie Erik Fischer: C. W. Eckersberg. Kopenhagen 1993, S. 14–19.

[34] Vgl. Carl Schurz: Lebenserinnerungen. Hrsg. von Curt Thesing. Berlin 1952, S. 258ff.

[35] Vgl. Regine Gerhardt: Ein ›Europäer‹ in Dänemark – Anton Melbye und die Kopenhagener Kunstszene. – In: Der Künstler in der Fremde. Wanderschaft – Migration – Exil. Internationales Warburg-Kolleg 2008/2009. Hrsg. von Uwe Fleckner u. a. (Drucklegung 2010 geplant).

[36] Vgl. Britta Tøndborg: Hanging the Danes: Danish Golden Age Art in a Nineteenth Century Museum Context. – In: SMK Art Journal 2005, S. 119–126, hier S. 120f.

[37] Zu Høyen vgl. Kirsten Agerbæk: Høyen mellem Klassicisme og Romantik. Esbjerg 1984. Zur Entwicklung der dänischen Nationalromantik vgl. Hans Edvard Nørregård-Nielsen: Catalogue Danish Painting of the Golden Age, Ny Carlsberg Glyptotek. Kopenhagen 1995, S. 7–67.

[38] »Men hvo lagde Adam Müller i Graven? Hvo jog Simonsen i Landflygtighed? Hvem er det, der nu vil jage Gertner og Melbye fort, fordi de ikke tegne efter Lineal?«. O. A.: o. T. – In: Corsaren, Nr. 275, 25.12.1845, S. 4.

[39] Vgl. o. A.: Dødsfald. – In: Søndags-Posten, 17.1.1875, Nr. 577, o. S.

[40] Vgl. Gerhardt [Anm. 35].

[41] Adolf Strodtmann: Das geistige Leben in Dänemark. Berlin 1873, S. 54f.

[42] Anton Melbye, »Meereseinsamkeit«, 1852 (Öl auf Leinwand, 68,7 x 107,5 cm, Hamburger Kunsthalle). Vgl. die Abbildung in Bernd Kortländer: Die Erfindung des Meeres aus dem Geist der Poesie. Heines Natur. – In: »Ich Narr des Glücks«. [Anm. 21], S. 261–269, hier S. 267; Winfried Freund: Heinrich Heine. Köln 2005, S. 41.

[43] Vgl. ebd., S. 76f.

[44] Victor Hugo, »Ma Destinée« (Tusche auf Papier, Paris, Musée Victor Hugo). Ab 1869 entstanden die pastosen Wellenbilder Gustave Courbets.

Hermann Cohens Heine und der Kampf um Spinoza[1]

Von Myriam Bienenstock, Tours und Paris

Dass Hermann Cohen (1842–1918), die spätere Zentralgestalt des Marburger Neukantianismus und ein Hauptvertreter der deutsch-jüdischen Philosophie[2], bereits 1867 einen seiner ersten Aufsätze Heinrich Heine widmen sollte, ist seit langem bekannt, obgleich sein Artikel »Heinrich Heine und das Judentum«[3] in der Forschung bislang nur ein geringes Interesse gefunden hat.[4] In diesem kurzen Beitrag soll, nach einigen Bemerkungen zum Kontext von Cohens Hinwendung zu Heine, der Rückgriff beider Autoren auf Spinoza behandelt werden. Das positive Bild von Spinoza, das Cohen in seinem frühen Aufsatz von Heine übernimmt, scheint auf den ersten Blick im Widerspruch zu seinen reifen Schriften der späteren Jahre zu stehen, in denen sich Cohen als virulenter Kritiker Spinozas zeigt. Ein Ausblick auf Cohens spätere Schriften soll indessen zeigen, dass Cohen sich weniger wandelte und sich damit weniger von Heine entfernte, als gemeinhin angenommen wird.

Es scheint mir nicht besonders schwierig zu verstehen, warum sich der junge Hermann Cohen im Jahre 1867 dazu entschieden hat, einen seiner ersten Aufsätze Heinrich Heine zu widmen, denn gerade zu dieser Zeit erwachte ein neues Interesse an dem rund zehn Jahre zuvor verstorbenen Dichter, das sich insbesondere in der ersten vollständigen Gesamtausgabe seiner Werke und der ersten gründlichen Biographie dokumentiert – beide von Adolf Strodtmann getragenen Unternehmen zeugen von dessen Verehrung für Heine und stellen diesen in überaus positiven Farben dar.[5] Cohen fühlte sich durch diese Veröffentlichungen wohl dazu ermutigt, seine Religionsgenossen, für die sein Aufsatz in erster Linie bestimmt war – er veröffentlichte ihn in der Zeitschrift »Die Gegenwart«, die sich an jüdische Leser richtete –, davon zu überzeugen zu suchen, in ihrer Sympathie für Heine noch einen Schritt weiter zu gehen. Cohen wollte zeigen, dass es nicht widersprüchlich ist, sowohl Jude als auch Sozialist sein zu wollen. Die langen Passagen aus Heines Werken, die Cohen zu diesem Zwecke zitiert, belegen diese Intention eindeutig.[6] Der Gegner, den Cohen hier angreift, ist die »romantische Schule«, und er tut das genau so wie zuvor schon Heine: Die »Wahrheit« Heines – diejenige, welche er wider die romantische Schule verteidigt

Hermann Cohen
(1842–1918).
Radierung von Max
Liebermann (1912)

habe – sei der »Glaube an den Fortschritt der Menschheit, an die gleiche Berechtigung aller zu irdischer Glückseligkeit«. Dies sei »der sozialistische Gedanke von der Gleichberechtigung aller Stände«; ein Gedanke, der sich bei Heine bis zum »kosmopolitischen von der Gleichheit aller Völker, ja sogar zum metaphysischen von der Göttlichkeit aller Menschen« (18) vertieft habe. Dies sei auch die erste Idee, die erste Wertschätzung, die Heine im Pantheismus gefunden hätte: »die Verherrlichung der Menschen«, eine »hohe Auffassung vom Wesen der Menschen« (17), die Anschauung, welche der Mensch haben sollte,

> [...] wo immer und unter welchen sozialen Verhältnissen immer geboren, jenes Streben, das von dem Glauben an den Fortschritt der Menschen zu glücklicheren Zuständen unterhalten wird. Da muss es denn erfreulich sein für alle [...], wenn man sieht, dass Heine aus

dem Pantheismus nicht die Materialisierung der hohen Ideale, die wir göttlich zu nennen pflegen, deuten mochte, sondern die Vergöttlichung der Materie, die Erhebung insonders des *Menschen*, insofern er auf der letzten Sprosse der Stufenleiter endlicher Wesen steht, zur Sendung und zum Wirken *für die Menschheit* im Pantheismus erkennt. ›Es ist eine irrige Meinung, dass diese Religion, der Pantheismus, die Menschen zum Indifferentismus führe. Im Gegenteil, das Bewusstsein seiner Göttlichkeit wird den Menschen zur Kundgebung derselben begeistern, und jetzt erst werden die wahren Großtaten des wahren Heroentums diese Erde verherrlichen.‹ (17 f.; vgl. B III, 570).

Cohen schreibt, dass der Pantheismus den Menschen »begeistert«, dass er in ihm einen ›Enthusiasm‹ erweckt. In seiner »Kritik der Urteilskraft« (§ 29, Anmerkung), hatte Kant zwar geschrieben, dass der »Enthusiasm« »erhaben« sei, über seine möglichen Ausschweifungen hatte er sich aber sehr besorgt gezeigt: Es sei so einfach, vom Enthusiasm zur »Schwärmerei«, d.h. hier zum Fanatismus – sei es ein politischer oder ein religiöser – zu gleiten! Kant benutzte also den Begriff des Erhabenen nur in seiner Ästhetik, nicht in seiner politischen Philosophie oder seiner Religionsphilosophie. Heine war viel weiter gegangen, und Cohen folgt ihm: In seinem Aufsatz über »Heine und das Judentum« verteidigt er nicht nur den ästhetischen, sondern auch ausdrücklich einen politischen und einen religiösen Gebrauch des Begriffs vom Erhabenen.

Die Stelle in der Anmerkung der »Kritik der Urteilskraft«, in welcher Kant, im Zusammenhang mit dem ›Enthusiasm‹, auch das Gebot im Gesetzbuch der Juden erwähnt: »Du sollst Dir kein Bildnis machen…«, wird Cohen in späteren Schriften öfter zitieren. In seinem Heine-Aufsatz bevorzugt er es aber, sich auf Heine zu berufen und auch direkt auf Spinoza – dessen ganze Philosophie ein Ausdruck derselben Erhabenheit, desselben Verbots sei: »Jahve hat geredet, zu wohnen im *Dunkel*«: »alle *Plastik* kann den großen Gottesgedanken nicht anschaulich machen, weil er seiner Natur nach nicht anschaulich ist.« (7) – »Die Vorstellung ›Gott‹ ist im Dunkel des Bewusstseins geboren, darum ist sie *wie alles Erhabene* dunkel.« (8) Dies ist, wie Cohen es auch etwas später im selben Aufsatz sagt, der »springende Punkt« seiner Spinoza-Lektüre.

Um zu verstehen, wie wichtig und bedeutend dieser Punkt ist, ist es nützlich, ja sogar notwendig, daran zu erinnern, dass es zu Heines Zeit eine ganz andere Lektüre von Spinoza gab: diejenige der romantischen Schule. Romantiker wie Friedrich Schlegel und auch Schleiermacher hatten sich für Spinoza begeistert – sie hatten sich für ihn so sehr begeistert, dass sie sogar dazu gekommen waren, ihn als einen »Heiligen« zu betrachten: In manchen frühromantischen Texten nimmt Spinoza sogar die Stelle von Christus ein, diesem »Mittler«, welcher sich selbst geopfert habe, um die Menschen zu retten. Der Kontext, in welchem diese Behauptung erscheint, mag sie hier verständlicher machen: den deutschen Frühromantikern zufolge hat es nicht nur einen »Mittler« gegeben, der sich für die Menschen geopfert hat, sondern viele. So äußert sich Friedrich Schlegel:

> Es ist sehr einseitig und anmaßend, dass es grade nur Einen Mittler geben soll. Für den vollkommnen Christen, dem sich in dieser Rücksicht der einzige Spinoza am meisten nähern dürfte, müsste wohl alles Mittler seyn.[7]

Solche »Mittler« seien aber unter den Philosophen und vorzüglich unter den Künstlern zu finden. Denn Künstler sind eigentlich nichts anderes als »Mittler«. Ein Mittler, schreibt Friedrich Schlegel in diesem Sinne,

> [...] ist derjenige, der Göttliches in sich wahrnimmt, und sich selbst vernichtend Preis giebt, um dieses Göttliche zu verkündigen, mitzutheilen, und darzustellen allen Menschen in Sitten und Thaten, in Worten und Werken. Erfolgt dieser Trieb nicht, so war das Wahrgenommene nicht göttlich oder nicht eigen. Vermitteln und Vermitteltwerden ist das ganze höhere Leben des Menschen, und jeder Künstler ist Mittler für alle übrigen.[8]

Es sei mir erlaubt, hier noch ein paar Zeilen von Friedrich Schlegel zu zitieren, weil sie es meiner Meinung nach ermöglichen, besser zu verstehen, was Cohen nicht annehmen wollte – und auch, was für ein Verhältnis bei den Frühromantikern zwischen Kunst und Religion bestand:

> Der geheime Sinn des Opfers ist die Vernichtung des Endlichen, weil es endlich ist. Um zu zeigen dass es nur darum geschieht muss das Edelste und Schönste gewählt werden; vor allen der Mensch, die Blüthe der Erde. Menschenopfer sind die natürlichsten Opfer. Aber der Mensch ist mehr als die Blüthe der Erde; er ist vernünftig, und die Vernunft ist frey und selbst nichts anders als ein ewiges Selbstbestimmen ins Unendliche. Also kann der Mensch nur sich selbst opfern, und so thut er auch in dem allgegenwärtigen Heiligthum von dem der Pöbel nichts sieht. Alle Künstler sind Decier, und ein Künstler werden heißt nichts anderes als sich den unterirdischen Gottheiten weihen. In der Begeisterung des Vernichtens offenbart sich zuerst der Sinn göttlicher Schöpfung. Nur in der Mitte des Todes entzündet sich der Blitz des ewigen Lebens.[9]

Friedrich Schlegel zufolge war Spinoza ein solcher »Künstler«: »pantheistisch« sei er gewesen, weil er Gott – oder eher »Göttliches« – überall in der Natur gesehen habe. Er habe dieses »Göttliche« verkündigen, mitteilen und darstellen wollen. Schlegel und den Romantikern zufolge ist also die Kunst nichts anderes als der Trieb, den Menschen das »Göttliche« mittels eines Werks zu zeigen, zu verkündigen oder mitzuteilen. Auch wenn ein Kunstwerk seiner Natur nach immer inadäquat oder unangemessen bleiben müsse, denn es sei endlich, nicht unendlich, enthalte es die Darstellung, die Verkündigung vom »Göttlichen«, vom Unendlichen. Dies ist die Auffassung der Kunst – und auch der Religion – welche schon Anfang des 19. Jahrhunderts als eine »spinozistische« Konzeption verbreitet wurde: Man findet sie bei Friedrich Schlegel, aber auch bei vielen anderen Autoren wie z. B. Schleiermacher.

Auch wenn Cohen kein fleißiger Leser von Friedrich Schlegel oder anderen frühromantischen Autoren gewesen ist, kannte er diese Thesen. Er kannte z. B. Schleiermacher und wusste, was dieser in seiner Rede »Über die Religion« zu Spinoza geschrieben hatte: Er erwähnt ihn in seinem Aufsatz von 1915 über Spinoza[10], und schon in seinem frühen Aufsatz über Heine zitiert er aus der genannten Schrift Schleiermachers:

> Ihn durchdrang der hohe Weltgeist; das Unendliche war sein Anfang und sein Ende, das Universum seine Einzige und ewige Liebe, in heiliger Unschuld und tiefer Demut spiegelte er sich in der ewigen Welt (10).

Auch wenn Cohen Schleiermacher zitiert, bleibt er sehr vorsichtig – er zitiert nur die Sätze, die ich gerade erwähnt habe, aber nicht die vorangehenden, welche die Auffassung enthalten, dass Spinoza ein »Heiliger« gewesen sei.[11] Cohen zitiert Schleiermacher also nur, um sich ausdrücklich *gegen* dessen Auffassung von Spinoza zu stellen. Cohen grenzt sich vom frühromantischen und romantischen Spinoza-Bild ab, und in dieser Hinsicht gibt es überhaupt keinen Unterschied zwischen den Thesen, die Cohen in seinem frühen Heine-Aufsatz entwickelt, und denjenigen seiner späteren Schriften zu Spinoza – auch wenn er sich in ersteren entschieden *für* Spinoza erklärt und in den späteren genau so entschieden *gegen* ihn. Denn die Spinoza-Auffassung, die Cohen im frühen Aufsatz entwickelt, ist eine ganz andere als diejenige der Romantiker. Er betont den Unterschied und seine Nähe zur Spinoza-Auffassung von Heine – sein Ausrufezeichen ist hier bedeutungsvoll: »wie anders Heine!« (10)

Wie anders Heine, allerdings! Seinen Zeitgenossen will Cohen in diesem frühen Aufsatz erklären, dass Spinoza gerade nicht derjenige ist, den die deutschen Frühromantiker aus ihm gemacht haben. Für Cohen ist Spinoza wichtig, aber nicht weil er ein »Mittler« oder Vermittler oder ein Dichter, ein Künstler gewesen wäre, wie bei den Romantikern. Was Cohen von Spinoza bewahren möchte, ist auch nicht die pantheistische Auffassung als solche – zwar erörtert er diese Auffassung, auch findet er es nötig, zwischen einem »polytheistischen« und einem »monotheistischen« Pantheismus zu unterscheiden – nur aber um zu unterstreichen, dass das Wichtigste, der »springende Punkt«, etwas anderes ist: Es ist »der Widerhall jenes Donners vom Sinai, ›Du sollst dir kein Bildnis machen, noch irgendeine Gestalt!‹« (23). Dies erklärt, warum der monotheistische Gott, der jüdische Gedanke vom Übersinnlichen »jede Ironie unmöglich gemacht hat«:

Denn Ironie ist nur in solchen Zeiten und bei solchen Menschen möglich, die [...] dem Idealen sich gewachsen fühlen. So ist *Sokrates* der Meister in dieser großen Kunst, sich klein zu machen. So mag sich wohl auch, wie *Plutarch* schon gefühlt hat, mancher späte Mitdichter an der Sammlung der homerischen Gesänge sein skeptisches Mütchen gekühlt haben, indem er die kleinlichen Götter des Volksglaubens in ihrer ehelichen Eifersucht und ihrem menschlichen Hader im Volksliede bloßstellte. Hier sehen die göttlichen Urbilder ihren menschlichen Ebenbildern, oder richtiger die göttlichen Abbilder den menschlichen Urbildern so ähnlich, sie handeln und leiden, sie denken und fühlen so ganz wie diese, dass man in früher Zeit schon auf den Verdacht kommen konnte, die Dichter und Künstler haben den Griechen ihre Götter *gegeben*. (7)

Der Gedanke, dass die Menschen Schöpfer ihrer Götter sind, ist alt – in moderneren Zeiten hat er sich aber auch weiter entwickelt, z. B. bei den Linkshegelianern: Auch Heine berief sich ausdrücklich auf die These, derzufolge die Menschen Schöpfer ihrer Götter sind.[12] Dies ist es aber nicht, was Cohen an der romantischen Vorstellung von der Ironie der Kunst entrüstet. Ihn stört eher der blendende Anthropomorphismus der romantischen Kunstauffassung – und die Vermittlungstheologie, welche im 19. Jahrhundert mit diesem Anthropomorphismus verbunden war.

Cohen wusste ganz genau, dass Spinoza, dessen Loblied er in seinem Heine-Aufsatz singt, sich gegen allen Anthropomorphismus in der Vorstellung erhoben hatte und dass seine Ideen in dieser Hinsicht dem jüdischen Monotheismus, dem hebräischen Prophetismus nicht widersprechen. Seinen frühen Aufsatz hat Cohen auch nie verleugnet oder gar dessen Auffassungen abgeschworen.[13] Ganz im Gegenteil: Es ist derselbe Gedankengang, den er weiterführt. Was er in seinen späteren Schriften, auch zur Ästhetik, ablehnt, das ist noch immer die romantische Auffassung Spinozas, die Heine schon angegriffen hatte, und insbesondere die romantische Auffassung von Spinoza: Spinoza, betrachtet als Künstler – und als »Mittler«. Ende des 19. und Anfang des 20. Jahrhunderts wird das Wort ›Pantheismus‹ bei Cohen aber ganz andere Assoziationen hervorrufen als im Jahre 1867: Es geht ihm nun nicht mehr um den Namen und die Erinnerung an Heine, sondern um Schleiermacher – und um die ›Vermittlung‹. Ende des 19. und Anfang des 20. Jahrhunderts war es zuallererst Schleiermacher, auf den man den Pantheismus und auch den Begriff der Vermittlung bezog. Viele andere Autoren, darunter Schelling, aber auch Hegel, wurden damals unter demselben Sammelbegriff einer ›Vermittlungstheologie‹ behandelt.[14] In einer Zeit, wo Auffassungen Wilhelm Diltheys vorherrschten, für den Schleiermacher immer eine zentrale Rolle spielte, gehörte sogar Hegel zur Romantik.[15] Der hartnäckige, manchmal sogar erbitterte Kampf, den Hegel gegen Schleiermacher und gegen die Romantik geführt hatte[16], wurde damals völlig verdrängt. Dies erklärt, wieso Cohen Hegel und Schleiermacher in derselben Kritik der ›Vermittlung‹ und auch des Pantheismus von Spinoza angreifen konnte.

In seinem Werk »Kants Begründung der Ästhetik« gibt Cohen dem Terminus ›Romantik‹ eine recht umfassende Bedeutung: Zwar stellt er die Romantik der »kritischen Aesthetik« gegenüber, »philosophisch« ist aber schon Fichte für ihn ihr Urheber[17] – Fichte, sagt er, hat »das eigentliche Begriffsmaterial für die romantische Speculation *gezimmert*«.[18] Ebenso abfällig spricht Cohen dann von der »Identitäts-Schwärmerei«[19] und zielt damit, vielleicht etwas pauschal, auf die Romantik, inklusive Schelling und Hegel. Für Cohen mag aber eher Schelling die Hauptfigur der »Identitäts-Schwärmerei« gewesen sein: Schelling, der die »Hegemonie der Kunst« gepredigt habe: Schelling, so äußert sich Cohen mit Zorn am Anfang seiner »Ästhetik der reinen Gefühls«,

> [...] hätte nicht wagen können, den Satz auszusprechen, dass alle Philosophie schließlich wieder in den Ozean der Poesie einmünden müsse, wenn er sich nicht bewusst gewesen wäre, mit dieser These am sichersten alle Dämme der kritischen Philosophie einreißen und wegspülen zu können.[20]

Auch in seiner Ablehnung Schellings steht Cohen Heine sehr nahe, der sich bekanntlich seit seiner Münchner Zeit (1827/1828)[21] immer wieder über den Philosophen geäußert hat, dessen spätere Laufbahn und Werk er mit viel Misstrauen beobachtete. Aus den vielen einschlägigen Stellen, die sich aus der »Romantischen Schule«, der Abhandlung »Zur Geschichte der Religion und Philosophie in Deutschland« und anderen Schriften und Briefen anführen ließen, sei hier nur eine zitiert, weil diese auch einen autobiographischen Rückblick auf Heines Aufenthalt in München bietet:

> Herr Schelling hingegen [im Gegensatz zu Hegel; M.B.] windet sich wurmhaft in den Vorzimmern eines sowohl praktischen wie theoretischen Absolutismus, und er handlangert in der Jesuitenhöhle, wo Geistesfesseln geschmiedet werden; und dabei will er uns weis machen, er sei noch immer unverändert derselbe Lichtmensch, der er einst war, er verleugnet seine Verleugnung, und zu der Schmach des Abfalls fügt er noch die Feigheit der Lüge!
>
> Wir dürfen es nicht verhehlen, weder aus Pietät, noch aus Klugheit, wir wollen es nicht verschweigen: der Mann, welcher einst am kühnsten in Deutschland die Religion des Pantheismus ausgesprochen, welcher die Heiligung der Natur und die Wiedereinsetzung des Menschen in seine Gottesrechte am lautesten verkündet, dieser Mann ist abtrünnig geworden von seiner eigenen Lehre, er hat den Altar verlassen, den er selber eingeweiht, er ist zurückgeschlichen in den Glaubensstall der Vergangenheit [...].
>
> Schelling lebte seitdem wie ein armseliges Mönchlein zu München, einer Stadt, welche ihren pfäffischen Charakter schon im Namen trägt und auf Latein Monacho monachorum heißt. Dort sah ich ihn gespenstisch herumschwanken mit seinen großen blassen Augen und seinem niedergedrückten, abgestumpften Gesichte, ein jammervolles Bild heruntergekommener Herrlichkeit. (B III, 633 ff.)

Anmerkungen

[1] Die Arbeit an diesem Artikel und eine damit verbundene Archivreise konnten über das DFG/ANR-Forschungsprojekt »Soziale Ideen und Idealismus. Rezeptionen französischer Soziallehren im Umfeld des deutschen Idealismus« finanziert werden. Für diese Unterstützung bin ich den fördernden Institutionen dankbar.

[2] Vgl. Myriam Bienenstock: Cohen face à Rosenzweig: débat sur la pensée allemande. Paris 2009.

[3] Hermann Cohen: Heinrich Heine und das Judentum. – In: Die Gegenwart. Berliner Wochenschrift für Jüdische Angelegenheiten. Hrsg. von Carl Hirsch. 1 (1867). Der Artikel wurde in verschiedenen Nummern der Zeitschrift in Fortsetzungen gedruckt und wird im Folgenden zitiert nach Hermann Cohen: Jüdische Schriften. Hrsg. von Bruno Strauss, Berlin 1924, Bd. 2, S. 2–44. Zitate aus dieser Ausgabe werden direkt im laufenden Text in Klammern nachgewiesen.

[4] Vgl. z. B. Peter A. Schmid: Deutschtum und Judentum bei Hermann Cohen und Heinrich Heine. – In: Aufklärung und Skepsis. Internationaler Heine-Kongreß 1997 zum 200. Geburtstag. Hrsg. von Joseph A. Kruse, Bernd Witte und Karin Füllner. Stuttgart, Weimar 1999, S. 265–302.

[5] Vgl. Heinrich Heine's sämmtliche Werke. Rechtmäßige Original-Ausgabe. [Hrsg. von Adolf Strodtmann] Bd. 1–21. Hamburg 1861–1866. Zwei wichtige Supplement-Bände erschienen erst nach Cohens Aufsatz: Letzte Gedichte und Gedanken (1869); Memoiren und neugesammelte Gedichte, Prosa und Briefe (1884); Adolf Strodtmann: H. Heine's Leben und Werke. 2 Bde. Berlin, 1867–1869. Als Pionier der Heine-Forschung wird Adolf Strodtmann (1829–1879) weitgehend anerkannt, wenngleich sein zeitgemäß freizügiger Umgang mit den Quellen den Ansprüchen moderner Editionstechnik nicht immer standhält; vgl. hierzu die einschlägigen Äußerungen in Höhn ¹1987, S. 34 und ebd., S. 369 f. Zu nennen wären hier auch die Arbeiten von Gustav Karpeles (1848–1909), welcher u. a. H. Heine's Gesammelte Werke herausgab (Bd. 1–9. Berlin 1893).

[6] Vgl. z. B. Cohen: Jüdische Schriften [Anm. 3], Bd. 2, S. 12, und die entsprechende Passage aus Heines »Romantischer Schule« (B III, 468).

[7] Friedrich Schlegel: Fragment 234. – In: Athenäum. Eine Zeitschrift. Ersten Bandes Zweytes Stück (1798). Reprographischer Nachdruck. Darmstadt 1992, Bd. 1, S. 239.

[8] Ders: Ideen 44. Ebd., Bd. 3, S. 11 f.

[9] Ders.: Ideen 131. Ebd., S. 27 f.

[10] Vgl. Hermann Cohen: Spinoza über Staat und Religion, Judentum und Christentum. – In: Jahrbuch für jüdische Geschichte und Literatur (1915), hier zit. n. ders.: Werke. Hrsg. vom Hermann-Cohen-Archiv am Philosophischen Seminar der Universität Zürich unter der Leitung von Helmut Holzhey. Bd. 16. Hildesheim, New York 1997, S. 412 f.

[11] »Opfert mit mir ehrerbietig eine Locke den Manen des heiligen verstoßenen Spinosa! Ihn durchdrang der hohe Weltgeist, das Unendliche war sein Anfang und Ende, das Universum seine einzige und ewige Liebe, in heiliger Unschuld und tiefer Demut spiegelte er sich in der ewigen Welt, und sah zu wie auch Er ihr liebenswürdigster Spiegel war; voller Religion war Er und voll heiligen Geistes; und darum steht Er auch da, allein und unerreicht, Meister in seiner Kunst, aber erhaben über die profane Zunft, ohne Jünger und ohne Bürgerrecht.« Friedrich Schleiermacher: Über die Religion, Berlin 1799, S. 54. Diese erste Ausgabe wird auch von Cohen zitiert.

[12] Über Heine und den Pantheismus vgl. Martin Bollacher: »Aufgeklärter Pantheismus«. Die Deutung der Geschichte in Heines Schrift »Zur Geschichte der Religion und Philosophie in

Deutschland«. – In DVjs 49 (1975), S. 265–314 und Michel Espagne: Federstriche. Die Konstruktion des Pantheismus in Heines Arbeitshandschriften. Hamburg 1991, und neuerdings Norbert Waszek: L'excursion panthéiste dans l'*Histoire de la religion et de la philosophie en Allemagne* (1834/35) de Heinrich Heine. – In: Dieu et la nature. La question du panthéisme dans l'idéalisme allemand. Hrsg. von Christophe Bouton. Hildesheim 2005, S. 159–178;

[13] Auch in seinem Pamphlet des Jahres 1915 gegen Spinoza erwähnt er ihn (vgl. Cohen: Spinoza über Staat und Religion, Judentum und Christentum [Anm. 10], S. 414) – hätte er ihn erwähnt, wenn er mit ihm nicht mehr einverstanden gewesen wäre? Aber der Gebrauch, der damals offenbar von Spinoza und einigen seiner »Kernsprüche [...] bis in den Tageszeitungen« (ebd.) politisch gemacht wurde, scheint es für Cohen unmöglich gemacht haben, sich weiterhin öffentlich auf Spinoza zu berufen.

[14] Zum Begriff ›Vermittlungstheologie‹ in der zweiten Hälfte des 19. Jahrhunderts vgl. z. B. Friedrich Wilhelm Graf: Vermittlungstheologie. – In: Historisches Wörterbuch der Philosophie. Hrsg. von Joachim Ritter, Karlfried Gründer und Gottfried Gabriel. Bd. 11. Basel 2001, Sp. 726–728.

[15] Vgl. hierzu Norbert Waszek: Die Hegelforschung mit Wilhelm Dilthey beginnen? – In: Anfänge bei Hegel. Hrsg. von Wolfdietrich Schmied-Kowarzik und Heinz Eidam. Kassel 2009, S. 13–30.

[16] Vgl. z. B. Otto Pöggeler: Hegels Kritik der Romantik, München 1998 [zuerst Diss. Bonn 1956].

[17] Hermann Cohen: Kants Begründung der Ästhetik. Berlin 1889, S. 343.

[18] Ebd., S. 364. Hervorhebung M. B.

[19] Ebd., S. 365.

[20] Hermann Cohen: System der Philosophie. Dritter Teil: Ästhetik des reinen Gefühls. Teilbd. 1. Berlin 1912. Reprint in: ders.: Werke. Hrsg. vom Hermann-Cohen-Archiv am Philosophischen Seminar der Universität Zürich unter der Leitung von Helmut Holzhey. Bd. 8. Hildesheim, New York 2005, S. 9 f. Vgl. auch Cohen: Kants Begründung der Ästhetik [Anm. 17], S. 339. Zu diesem Bezug auf Schelling und der Beschäftigung Cohens mit Solger, die sich dahinter verbirgt, vgl. Myriam Bienenstock: Über die Ironie der Kunst: Cohen und Solger – In: Zeitschrift für Religions- und Geistesgeschichte (in Vorbereitung).

[21] Vgl. hierzu Marie-Ange Maillet: Heinrich Heine et Munich. Paris 2004, speziell zu Schelling ebd., S. 104 f., 206 u. ö.

Die Heine-Rezeption
im albanischen Sprachgebiet
(Albanien und Kosovo)

Von Naim Kryeziu, Basel

Vor etwas mehr als einhundert Jahren erschien die erste albanische Übersetzung eines Gedichts von Heinrich Heine. Seitdem hat sein Werk und insbesondere seine Lyrik viele albanische Schriftsteller inspiriert und großen Einfluss auf die Entwicklung der albanischen Literatur ausgeübt. Unter seinen Übersetzern finden sich nicht zufällig einige der der bedeutendsten albanischen Dichter.

Der erste Übersetzer der Gedichte von Heinrich Heine in die albanische Sprache war Faik Konica (1875–1942). Der Publizist und Dichter war auch Politiker und Diplomat, er wurde der erste albanische Botschafter in den USA. In der Zeitschrift »Albania« (Nr. 1, 1902) erschienen drei von ihm übertragene Gedichte Heines: »Nachtgedanken« aus den »Zeitgedichten«, »Aus meinen großen Schmerzen« aus dem »Lyrischen Intermezzo« und »König Harald Harfagar« aus den »Neuen Gedichten«. Konica hat diese Gedichte in Prosa wiedergegeben, so wie es zuvor auch viele französische Übersetzer gehandhabt hatten.

Mit Hilë Mosi (1885–1933) wandte sich bald darauf einer der bekanntesten Dichter der Unabhängigkeitsperiode Heine zu. Auch er war ein hochrangiger Politiker: 1926 wurde er Außenminister Albaniens, 1930 Bildungsminister, und diese Funktion übte er bis zum Ende seines Lebens aus. Während seines Studiums im österreichischen Klagenfurt war Mosi stark von der deutschen Romantik beeinflusst worden. Das hat ihn später motiviert, deutsche Gedichte zu übersetzen, wobei er sich vor allem auf Liebeslyrik konzentrierte. Mosi hat in seinem 1915 in Shkodra erschienen Gedichtband »Die Blumen der Liebe« erste Gedichte von Heine veröffentlicht. Diese übernahm er 1927 auch in einen Band mit dem Titel »Frühlingsblumen«, der nicht nur Gedichte von Heinrich Heine, sondern auch von anderen deutschen Dichtern enthält. Im Vorwort zu »Die Blumen der Liebe« thematisiert Hilë Mosi seine Bedenken bezüglich der Publikation von Liebesgedichten: »Ist die Zeit reif, um in Albanien ein solches Buch mit Liebesgedichten zu veröffentlichen? Oder ist es noch zu früh?« Er selber war überzeugt, dass die Veröffentlichung der erotischen Gedichte der albanischen Literatur eine neue

Dimension eröffnen und ihr zusätzliche Impulse verleihen würde. In seinem Vorwort betont er, dass er glücklich darüber sei, auf diese Weise zur Erneuerung der albanischen Literatur, »die sich in der Entwicklungsphase« befinde, beizutragen. Hilë Mosi übersetzte in der Folgezeit die besten Gedichte dieser Art aus der Weltliteratur, vorwiegend von Goethe, Schiller, Lessing, u. a. Er gehört zu den ersten albanischen Dichtern des zwanzigsten Jahrhundert, die Lyrik mit Liebesmotiven veröffentlichten, und die literaturgeschichtliche Leistung von Hilë Mosi als Initiator der modernen albanischen Liebeslyrik – aus dem Geiste Heines – wird heute sehr hoch geschätzt. Die erotischen Gedichte Heines hatten danach auch auf andere albanische Schriftsteller Einfluss, besonders auf Andon Zako Çajupi und Asdreni (d. i. Aleksander Stavre Drenova).

Um eine andere Facette von Heines Werk ging es, als Lazër Shantoja in der Zeitschrift »Lajmtari i Zemrës s'Jezu Krishtit«(»Verkündiger des Herzens Jesu Christi«, Nummer 5, Jg. 1915) eine Übersetzung von Heines Gedicht »Die Wallfahrt nach Kevlaar« veröffentlichte und seine Arbeit der Mutter Gottes widmete. Der katholische Priester Lazër Shantoja (1891–1945) zählt zu den bedeutendsten Schriftstellern der albanischen Literatur. Er wurde am 5. März 1945 von Kommunisten exekutiert.

Der erste große biographische Artikel über Heine erschien in der Zeitung »Gazeta e Korçës« (»Korças-Zeitung«) vom 11. April 1925 in der Serie »Historische Gesichter«. Der Aufsatz ohne Verfasserangabe trägt den Titel »Heinrich Heine – aus dem Leben des großen Lyrikers«. In der Einleitung heißt es: »Um tief in das Leben der großen Autoren einzudringen, ist es immer gut, tief in die Werke der Autoren hineinzugehen.« Das Leben Heines habe einen besonders großen Einfluss auf sein Schaffen gehabt. Um seine Behauptung zu belegen, führt der Autor zahlreiche Beispiele an: biographische Notizen Heines, seine politische Einstellung und seine bissige Satire gegen die Mächtigen. Außerdem erwähnt er, dass sich auch Heines Freundschaften mit den bekanntesten Dichtern (Victor Hugo, Alfred de Musset usw.) in seinem Werk niederschlugen. Am Schluss wird die Wirkungsgeschichte Heines in den Blick genommen, und der Verfasser zeigt sich befremdet darüber, dass die Deutschen versucht hätten, die Verdienste Heines zu schmälern: »Sonst hat das kein anderes Volk auf der ganzen Welt getan.« Der Autor schätzt Heines Gedichte besonders und stellt fest: »Heinrich Heine ist als Dichter unsterblich geblieben, und er gehört zu den allerbesten«.

In der Zeitschrift »Demokratie« erschien am 28. Januar 1928 ein umfassender Essay mit dem Titel »Heinrich Heine«. Der Verfasser, Mihal Zallari (1896–1976), hatte in Istanbul und Graz studiert. Er war Dichter, Publizist, Übersetzer sowie Lehrer für Kunst und Mathematik und amtierte von 1943 bis 1944 als Präsident des albanischen Parlaments. Von den Kommunisten wurde er zu zwanzig Jahren Gefängnis verurteilt. Zallari betont vor allem das politische Engagement Heines.

Er nennt ihn einen »Menschen mit tiefen Gefühlen und einen Verfechter der freien Meinung«. Er habe sich in die Politik eingemischt, um für die Menschenrechte zu kämpfen und gleichermaßen auch für die Rechte der Poesie. Bekannt sei er aber überall in der Welt als lyrischer Dichter, und zwar vor allem wegen seiner Gedichte im »Buch der Lieder«:

> Diese, manchmal sonnigen, manchmal tiefsinnigen und oft auch süßen und giftigen Gedichte genügen, um sein großes lyrisches Talent zu bestätigen. Leider sind die Gedichte von Heinrich Heine sehr schwierig zu übersetzen. Dies sieht man auch in den von Hilë Mosi übersetzten Heine-Gedichten.

Nach seiner Auffassung war Heine in seinem Leben sehr unglücklich, besonders in seinem politischen Kampf. Dennoch habe er nie aufgehört, Gedichte zu schreiben, sei es über seine Lebenserfahrungen, seine Leiden oder seine Ideen. Heine nahm nie ein Blatt vor dem Mund, bescherte den Regierungen viel Ärger. Heine habe die Intoleranz, die falsche Zunge, den fanatischen Nationalismus gehasst und war gegen Gewaltanwendung.

Ebenfalls biographischer Natur war der Bericht, den die »Gazeta Shqiptare« (»Albanische Zeitung«) am 20. März 1930 brachte. In dem anonymen Artikel über »Das Ende Heinrich Heines« geht es um Heines Krankheit und die Liebe zu Mathilde. Diese Frau sei für ihn nichts als ein Unglück gewesen – das erste unter vielen. Heines Leiden wird beschrieben und betont, dass es Heine gelang, trotz allem Gedichte der besonderen Art zu schreiben. Ähnlich ist die Thematik des Aufsatzes »Wie starb Heinrich Heine«, der am 22. März 1936 in der Zeitung »Vatra« (»Heimat«) zum achtzigsten Todesjahr des großen deutschen Dichters veröffentlicht wurde, ebenfalls ohne Nennung eines Verfassers. Der Akzent liegt hier, neben der Schilderung seiner Krankheit, auf Heines Leben und Werk in Frankreich, und es wird hervorgehoben, wie hoch der Respekt und die Bewunderung waren, die Heine im Kreise der französischen Schriftsteller und Dichter genoss.

Nach dem Zweiten Weltkrieg wird in der albanischen Literatur und Kultur das Interesse an Heinrich Heines Leben und Werk größer. In der Periode der »Volksrepublik Albanien« (1945–1990) erschienen zahlreiche Zeitungs- und Zeitschriftenartikel über den deutschen Dichter, und sein Werk wurde im großen Stil übersetzt, nicht nur einzelne Gedichte, sondern ganze Bücher, insbesondere das »Buch der Lieder« und »Deutschland. Ein Wintermärchen«. Die Berichte und Übersetzungen erscheinen meist aus Anlass von Jubiläen seines Geburts- oder Todesjahres. Einen wichtigen Platz nimmt Heinrich Heine fortan auch in Anthologien und in den Lehrplänen der albanischen Universitäten ein.

Zum 100. Todestag brachte die Zeitung »Zëri i Popullit« (»Volksstimme«) am 18. Februar 1956 einen zweiteiligen Artikel mit dem Titel »Heinrich Heine. Der große Dichter, Demokrat und deutsche Revolutionär«. Er ist Teil einer Reihe des »Weltrates für Frieden«, in der herausragende Persönlichkeiten aus Literatur, Kunst und Wissenschaft, die einen wesentlichen Beitrag zur Kultur und Menschlichkeit geleistet haben, porträtiert werden. Er stammt von dem bekannten albanischen Literaturübersetzer und Diplomaten Javer Malo (1919–1997). Eingangs betont er, dass Heinrich Heine zu den wichtigsten und populärsten Persönlichkeiten gehöre. Er sei ein lyrischer Dichter erster Güte. Außerdem habe er über ein außergewöhnliches politisches Talent verfügt, das er in den Dienst des Volkes und der Revolution stellte. Er habe in regem Austausch mit Karl Marx und Engels gestanden und habe viele Ideen der europäischen Integration vorweggenommen. Im zweiten Teil dieses Beitrags geht es um die zeitkritischen Gedichte Heines, die die Missstände in Deutschland beim Namen nannten. Diese seien von der Obrigkeit gar nicht gerne gesehen worden, in der Bevölkerung aber hätten sie sich großer Beliebtheit erfreut. Das zeige sich auch darin, dass etliche Gedichte von namhaften Komponisten vertont und zu deutschen Volksliedern wurden. Im Weiteren kommt Malo auf Heines »Reisebilder« zu sprechen, die er für eine Perle deutscher Prosa hält. »In diesen Reiseberichten sehen wir nicht nur die Lage dieser Länder, den politischen Kampf, die Sitten, die Kultur, sondern erfahren auch viel über die Gedanken des Dichters. Das Ganze ist ein wichtiges Beispiel für einen aufklärerischen, progressiven Journalismus.«

Zum 175. Geburtstag Heines wurden in der Zeitung »Drita« (»Licht«) vom 10. Dezember 1972 Gedichte von ihm veröffentlicht – u. a. ein Auszug aus »Deutschland. Ein Wintermärchen« –, und zwar in einer Übersetzung von Lasgush Poradeci (1899–1987), der selbst ein bekannter Lyriker war. Poradeci übersetzt diese Gedichte nicht nur, sondern er kommentiert sie auch ausführlich. Er attestiert Heine, dass er »die Geschichte seiner Zeit verewigt und in die Unsterblichkeit befördert« habe. Er habe nicht nur die mitunter seltsamen Gefühle der Menschen beschrieben, sondern auch die Natur und die ganze Umwelt und sei deshalb ein großer Romantiker. Außerdem sei Heine »ein Trompeter der Freiheit« gewesen, der die unseligen, inhumanen Erscheinungen seiner Zeit gegeißelt habe. Doch bei aller Ernsthaftigkeit seien ihm Humor und Satire nie abhanden gekommen, und dieser kämpferische Dichter habe »die Poesie in den Horizont der tieferen Gefühle der Gesellschaft gestellt«. Lasgush Poradeci hat später das »Buch der Lieder« und »Deutschland. Ein Wintermärchen« übersetzt.

In der Zeitschrift »Ylli« (»Stern«) vom 12. Dezember 1972 veröffentlichte Nexhip Gami, Literaturprofessor an der Universität von Tirana, eine Studie mit dem Titel »Heinrich Heine«. Darin führt er die Gedichte des »Buchs der Lieder« auf Heines Liebe zur Cousine Amalie zurück. Als Inspiration zu seinen erotischen Gedichten, die im »Buch der Lieder« zusammengefasst sind, sei diese Beziehung sehr wichtig. Für Gami zeigt dieser Gedichtband deutlich die künstlerische Entwicklung Heines in den zwanziger Jahren des 19. Jahrhunderts, einer glanzvollen Periode der deutschen Lyrik. Heine sei enttäuscht darüber, dass er mit seinem literarischen Schaffen nicht mehr bewegen konnte. Er, der sich als Sänger der Revolte sah, werde am Lebensende verzagt und bitter. In seinen »Reisebildern« beschreibt Heine, laut Gami, nur vordergründig die Schönheit der deutschen Natur, sie ist nur Vorwand für eine scharfe Kritik der gesellschaftlichen Verhältnisse in Deutschland. Der albanische Autor stellt fest, dass der Dichter mit großer Ironie gegen alle privilegierten Schichten der Gesellschaft anschreibt, die nach wie vor Knechtschaft dulden. Mit sarkastischer Gehässigkeit stelle Heine die seelische Armut Deutschlands in der damaligen Zeit dar. Außerdem ist Gami der Meinung, dass Heine seine positiven Ideale zum ersten Mal im Buch »Deutschland. Ein Wintermärchen« formuliere und damit seinen Hoffnungen auf eine bessere Zukunft in seiner Heimat Ausdruck verleihe. Er wehre sich darin gegen alle Vorwürfe, wonach er Deutschland bloß kritisiere und betont, dass es ihm nur darum gehe, ein neues Leben für die Jugend aufzubauen, ohne Sklaverei und ohne Unterdrückung.

In der Zeitschrift »Nëntori« (»November«, Nr. 11, November 1976) wurden Auszüge aus Heines Deutschland-Schriften (»Zur Geschichte der Religion und Philosophie in Deutschland«, »Die romantische Schule«) veröffentlicht. Dazu gehörten seine Äußerungen über die großen Dichter seiner Zeit: Schiller, Goethe, Novalis und Hoffmann. Als Übersetzerin trat Klara Kodra auf.

Zum 125. Todesjahr publizierte Vita Vasili in der Zeitschrift »Drita« (»Licht«) vom 15. Februar 1981 einen Artikel mit dem Titel »H. Heine – Dichter und Kämpfer«. Er betont die revolutionäre Seite Heines, der einer der ersten Dichter gewesen sei, der die Zukunft des deutschen Volkes mit progressiven Ideen verbunden habe. Das Periodikum »Zëri i Rinisë« (»Die Jugendstimme«) vom 24. Juni 1982, brachte zum 185. Geburtsjahr einen Beitrag von Perikli Jorgoni mit dem Titel »Heinrich Heine. Berühmte Persönlichkeiten der Literatur, Kunst und Weltkultur«. Nach Ansicht Jorgonis ist Heine ein großer deutscher Lyriker und der Inbegriff der Weltlyrik. Auch habe er das Glück gehabt, von den besten albanischen Lyrikern ins Albanische übersetzt zu werden: von H. Mosi, F. Konica und F. (S.) Noli.

In der Zeitschrift »Nëntori« (»November«, Nr. 3, Jg. 1986) veröffentliche Pertef Kruja einen ausführlichen Essay mit dem Titel: »Werke von Heinrich Heine«. Der albanische Kritiker zählt Heine zu den wichtigsten Persönlichkeiten des 19. Jahrhundertes. Er habe wie kaum ein anderer polarisiert: Die einen hätten ihn gehasst und verabscheut, die anderen bewundert und unterstützt. Heine provozierte Nervosität und Hass bei jenen, die das Alte bewahren wollten und gegen neue und progressive Ideen waren. Angriffsflächen fanden sie zuhauf, da Heine seine Meinung zwar auf satirische Weise kundtat, aber dennoch klar äußerte. Der Beitrag schließt mit den Worten: »Der große Dichter Heine, der Denker, Kritiker, Schriftsteller und Pamphletist starb in großem seelischen und physischen Elend.«

Die in Kosovo erscheinende Tageszeitung »Rilindja« (»Wiedergeburt«) druckte am 17. Dezember 1997, zum 200. Geburtstag des Dichters, einen redaktionellen Artikel mit dem Titel »Heinrich Heine – Dichter und Kämpfer«. Hier liegt der Schwerpunkt auf Heines Übertritt zum Protestantismus. Er habe diesen Schritt in der Hoffnung unternommen, in Deutschland Arbeit zu finden und seiner Heimat zu dienen. Aber wegen seiner jüdischen Herkunft nützte ihm auch die Taufe nichts. Heine kritisierte, dass viele Kleriker für die Gleichberechtigung der Menschen plädierten, aber die Praxis das Gegenteil zeige. Dies war der Grund, warum Heinrich Heine auch der Kirche gegenüber sehr kritisch war. Weiter geht der Bericht auf die schwierigen letzten Lebensjahre von Heine ein. Am Ende seiner Tage habe er sich mit Gott versöhnt und sei in Frieden gestorben.

Zum Heine-Jubiläum 2006 und in der Zeit danach konnte auch der Verfasser dieses Beitrages den Dichter würdigen: In der Literaturzeitschrift »Shkëndija« (»Funken«) mit dem Essay »Heine, gelobter Dichter«, am 17. September 2009 in der Tageszeitung »Epoka e re« (»Neue Epoche«) mit dem Aufsatz »Heine, Gipfel der deutschen Lyrik«. Beide Artikel enthalten auch weitere albanische Neuübersetzungen von Heine-Gedichten.

Der bekannte Übersetzer Robert Shvarc gab am 23. Juni 1990 ein Interview in der Zeitschrift »Drita« (»Licht«) über die Frage: »Warum ich Heinrich Heines ›Deutschland. Ein Wintermärchen‹ übersetzt habe«. In diesem Interview erzählt er, dass der Hauptimpuls zu der Übersetzung von einer Radiosendung kam. Im Dezember 1988 nämlich habe er zufällig im Radio die Rezitation des »Wintermärchens« gehört, vorgetragen von Lutz Görner. Der Saal brach anschließend in frenetischen Applaus aus. »Ich hätte nie gedacht, dass es in der heutigen Zeit einen Interpreten geben könnte, der das Publikum mit einem Werk, das vor 150 Jahren geschrieben wurde, so sehr faszinieren kann.« So kam es, dass sich Robert Shvarc entschied, »Deutschland. Ein Wintermärchen« zu übersetzen. »Ich wollte diesem grandiosen Dichter eine Plattform in der albanischen Literatur geben.«

Heines Lyrik, besonders die Liebesgedichte und die Satiren, haben die albanischen Schriftsteller inspiriert, selbst Liebesgedichte und politische Satiren zu schreiben, das gilt für Autoren wie Çajupi, Asdreni, Mosi, Poradeci, Shvarc u. a. Seine Lyrik wurde von den besten Schriftstellern und Übersetzern, wie Hilë Mosi, Lasgush Poradeci, Robert Shvarc u. a. ins Albanische übertragen. Da Albanien Jahrhunderte lang von Türken und Kosovo von Serben besetzt war, schätzt das albanische Volk den Einsatz Heines für die Menschenrechte und für die Befreiung der kleinen Völker. Im albanischen Sprachgebiet genießt er nicht zuletzt deswegen große Popularität. Seine progressiven Ideen, seine Bemühungen, den konservativen Herrschern ein Ende zu setzen, wurden sehr bewundert. Über Heinrich Heine wird auch an den albanischen Universitäten gelehrt, sein Werk spielt in der publizistischen und der intellektuellen Landschaft Albaniens bis heute eine wichtige Rolle.

Vom Reiz des privaten Sammelns
Gerhart Söhns Heine-Bibliothek

Von Manfred Windfuhr, Kaarst

Alfred Polgar, der österreichische Meister pointierter Kleinprosa, erzählt einmal von seinem Besuch bei einem in die Jahre gekommenen, befreundeten Literarhistoriker. In einer Glosse mit dem Titel »Dilemma mit Büchern« hören wir von den bittern Klagen des Gelehrten darüber, dass seine Bibliothek nicht mehr durch eigene Ankäufe wachse, sondern durch unaufhörliche Schenkungen von Verlagen, Kollegen und Schülern.

> Was an Büchern kommen will, kommt; sie haben mich, nicht ich sie. Und ich nehm' es ihnen übel, dass sie tun, als wären sie hier wie zu Hause, Wahlverwandte quasi...!

Die unverlangt eingehenden Bücher bedrängen ihn, er fühlt sich durch sie mental überrumpelt und weiß nicht, wo er sie in seinen beengten Wohnverhältnissen noch unterbringen soll. Zusammen mit seinem Besucher geht er die Möglichkeiten durch, wie er sie wieder loswerden könnte, etwa durch Weiterverschenken. Aber dafür fehlen ihm die geeigneten Adressaten. Bücher in Straßenbahnen, auf Parkbänken liegen zu lassen oder gar wegzuwerfen, erschiene ihm als »Sünde wider den Geist«. Am Ende finden sie keine vertretbare Lösung, und Polgar ist durch die geschilderten Qualen so beeindruckt, dass er das dem Freund zugedachte neueste Buch aus eigener Produktion, sogar schon mit eingetragener Widmung, gar nicht erst überreicht und unauffällig wieder mit nach Hause nimmt. Er kann und will das professorale Dilemma nicht noch vergrößern.

Die hier zu charakterisierende Heine-Bibliothek ist nicht durch Schenkungen, sondern durch jahrzehntelange intensive Sammelarbeit zustande gekommen. Der Sammler Gerhart Söhn, 1921 in Düsseldorf geboren, war in russischer Gefangenschaft durch eine Heineausgabe aus dem Besitz von Wolgadeutschen näher mit Heine vertraut geworden. 1960 trat er der nach anfänglich gutem Start in eine schwere Krise geratenen Heine-Gesellschaft Düsseldorf bei und sorgte ab 1962 als zweiter und später als erster Vorsitzender bis 1973 für eine erste Konsolidierung. Ab 1964 gab er eine Schriftenreihe und ab 1966 »Mitteilungen« der Gesellschaft heraus. 1966 erschien im Triltsch-Verlag Düsseldorf sein gut dokumentiertes Bändchen »Heinrich Heine in seiner Vaterstadt Düsseldorf«. Für seine Publikationen und sein öffentliches Auftreten brauchte er einen Handapparat, der ihm, Kunsthändler im Hauptberuf, zeitraubende Bibliotheksbesuche ersparte. Um 1960 galten als Einstieg in die Heine-Forschung die Werkausgaben von Ernst Elster und Oskar Walzel, die Briefausgabe von Friedrich Hirth und einige ältere Titel der Sekundärliteratur. Das war der Anfang von Söhns Sammlung, die sich in der Folge in mehrere Richtungen hin erweiterte und verzweigte.

Über Genese und Ziele seiner Sammeltätigkeit hat der Sammler vor zwanzig Jahren in den »Betrachtungen zu einer privaten Heine-Bibliothek«, erschienen im »Börsenblatt für den Deutschen Buchhandel«, ausführlich informiert (Frankfurter Ausgabe, Nr. 17 vom 27. Februar 1990). Ein erstes Ziel für den Ausbau bestand darin, sämtliche Buchdrucke von Heines Werken zu Lebzeiten zusammen zu bringen, also alle Erstausgaben und Folgeauflagen bis 1856. Das ließ sich in jenen Jahren leichter erreichen als heute, musste aber wie bei den übrigen Teilen der Sammlung immer mit der eigenen finanziellen Situation in Einklang gebracht werden. Besondere Probleme bereitete nur das Aufspüren von Heines Buchdebüt, den bei dem Berliner Verlag Maurer in kleiner Auflage herausgekommenen »Gedichten« (1822). Hier war ein entsprechender finanzieller Einsatz notwendig. In einigen Fällen gelang G. Söhn auch der Erwerb von mehreren Versionen der Erstdrucke, die Campe zum Unterlaufen der Zensur oder aus merkantilen Gründen herstellen ließ und die sich nur durch Abweichungen im Mikrobereich unterscheiden, z. B. beim »Atta Troll«, dem »Romanzero« oder »Doktor Faust«. Die Sparte der Erst- und Frühdrucke umfasste schließlich 30 Bände mit einigen interessanten Buchdruckvarianten, Presskorrekturen und Provenienzen.

Ein zweites, ebenfalls bibliophiles Ausbauziel betraf das »Buch der Lieder«. Heines Frühlyrik war nicht von Anfang an ein Marktrenner, die Erstauflage brauchte zehn Jahre bis zur zweiten, überarbeiteten Auflage von 1837. Danach nahm der Absatz Fahrt auf, so dass bei Hoffmann & Campe zu Heines Lebzeiten noch elf zusätzliche Auflagen herauskamen, bis zum Ende des Jahrhunderts noch rund 50 weitere. Rechnet man die 45 Auflagen in anderen Verlagen nach Freiwerden der Rechte hinzu, entwickelte sich das »Buch der Lieder« zu Heines meistverkauftem Werk, zum beherrschenden deutschen Lyrikbestseller in diesem Zeitraum überhaupt. Die besondere Beliebtheit des »Buchs der Lieder« drückt sich neben der Riesenzahl von Vertonungen auch darin aus, dass die Ausgaben mehr und mehr aufwendig illustriert wurden. In diesem Punkt verband sich für G. Söhn die Zuneigung zum Autor mit seinen kunsthistorischen Interessen. Deshalb verlegte er sich unter anderem auf den Erwerb von illustrierten Ausgaben, auch aus dem 20. Jahrhundert. Dreizehn der insgesamt 38 Editionen sind illustriert, ein dekoratives und interessantes Dokument auch für die Gattung und den Stilwandel von Buchillustrationen. Erst später wurde auch »Deutschland. Ein Wintermärchen« ein weiteres Erfolgsbuch.

Im Bereich der sogenannten Primärliteratur entwickelte sich die Sparte der Gesamtausgaben zu einem dritten Standbein. G. Söhn brachte fast sämtliche deutschsprachigen Heine-Ausgaben zusammen, beginnend mit den unrechtmäßigen Ausgaben mit Ausnahme der Amsterdamer bei Binger (1854–61, 18 Bde.), vorhanden jedoch die amerikanische bei John Weik (Philadelphia 1855–61, 7 Bde.), über die erste rechtmäßige von Adolf Strodtmann bei Hoffmann & Campe (1861–84, einschließlich der Supplemente 23 Bde.), bis zu den aktuellen wissenschaftlichen Editionen, der Düsseldorfer Ausgabe (Hamburg 1973–97) und der noch nicht abgeschlossenen Weimarer Säkularausgabe (Berlin und Paris 1970 ff.). Bei diesen beiden Ausgaben war es möglich, den gesamten erhaltenen Handschriftenbestand auszuwerten und einzuarbeiten, Textverbesserungen vorzunehmen und Heines Texte eingängig zu kommentieren, auf jeweils recht unterschiedliche Weise. Im praktischen Gebrauch hat sich inzwischen eingebürgert, für den Werkbereich die DHA heranzuziehen, für den Briefbestand die HSA bzw. die korrigierte und ergänzte Fassung im Heinrich-Heine-Portal.

Diese beiden Editionen lösen alle älteren Ausgaben ab, die aber als Wirkungszeugnisse durch ihre Textanordnungen, Vor- und Nachworte und andere Beigaben ihre Bedeutung behalten. Fremdsprachige Ausgaben Heinescher Werke, die bald in allen wichtigen Sprachen europaweit, schließlich weltweit herauskamen, berücksichtigte Söhn kaum, weil sie nur für die Wirkungs-, aber nicht für die Textgeschichte interessant sind. Es gibt aber zwei Ausnahmen von großer textkritischer Relevanz, die beiden frühen französischsprachigen Sammelausgaben, die fünfbändigen »Oeuvres« bei Eugéne Renduel (Paris 1834–35) und die autorisierten sieben Bände der »Oeuvres complétes« bei Michel Lévy frères (Paris 1855–57). Beide Ausgaben hat Heine maßgeblich mit gestaltet, die von Fachübersetzern stammenden Vorlagen überarbeitet und sehr häufig gegenüber der deutschen Fassung erheblich abgeändert. Ganze Passagen schrieb er hinzu und sorgte aus größerem zeitlichen Abstand für eine sachgemäßere Zuordnung zusammengehöriger Werke und Werkteile. Leider fehlen diese Ausgaben in Söhns Kollektion. Als Ergänzung zum Primärbereich sind noch die von Söhn gesammelten Ausgaben von Heine-Zeitgenossen zu erwähnen, die Werke Börnes, Wienbargs, Varnhagens, Menzels u.a. Auch sie erweitern das Spektrum und erlauben Vergleiche zwischen Heine und seinem literarischen Umfeld. Das umfangreiche Menzel-Konvolut ist inzwischen an das Heine-Institut in Düsseldorf gegangen.

Bei der Sekundärliteratur verfolgte der Sammler bewusst eng umgrenzte Ziele. In seinem Bericht für das »Börsenblatt« verweist er zu recht darauf, dass ein systematischer Ausbau in dieser Richtung für eine Privatbibliothek undurchführbar gewesen wäre. Das zeigen schlagend die in die Tausende gehenden Titelzahlen in den großen Heine-Bibliographien von 1960–98 (Wilhelm/Galley, Seifert und Wilamowitz-Moellendorff), fortgeführt durch die jährlichen Bibliographien im »Heine-Jahrbuch«. Besonders seit den siebziger Jahren des vorigen Jahrhunderts ist der Umfang der Heine-Forschungsliteratur sprunghaft angestiegen, von der publizistischen Aufarbeitung gar nicht zu reden. Daher beschränkte sich G. Söhn auf wenige Komplexe: frühe Erinnerungsliteratur von Heine-Verwandten oder -Freunden, Biographien von Adolf Strodtmann (1867–69) bis Max Brod (1934) und wichtige Arbeitsmittel. Auf die eigentliche Sekundärliteratur nach 1945 hat der Sammler weitgehend verzichtet.

Söhns Heine-Bibliothek mit insgesamt 484 Positionen ist ein schönes Beispiel für die Initiative eines Privatmannes, die es im Zeitalter der Institutionalisierung noch immer, aber zunehmend weniger gibt. Es versteht sich, wenn sich Germanisten, Bibliothekare und Archivare aus beruflichen Gründen, natürlich auch Literaturmuseen und große Bibliotheken korporativ für einen Autor einsetzen und ihn möglichst breit dokumentieren. Für das Weiterleben eines bedeutenden Schriftstellers im Gedächtnis der Leserschaft ist es aber ebenso wichtig, dass sich auch Privatleute aus eigenständigem Anlass intensiv mit ihm beschäftigen, ja man kann sagen, die Lebensfähigkeit eines literarischen Oeuvres ist erst dann gesichert, wenn sich immer wieder Einzelne begeistern lassen und viel Zeit, Kraft und in diesem Fall auch finanzielle Mittel in den Ausbau eines »Sammelgebietes« investieren. Man sammelt das Verstreute, um es ständig in der Nähe zu haben, jederzeit darauf zurückgreifen zu können. So lässt sich das Bild eines Autors vertiefen, kann es im kontinuierlichen Umgang mit ihm wachsen.

In seinem Bericht unterscheidet Söhn zwischen drei Sammlertypen, dem Sammler aus fachlichen Gründen (Handapparat), dem Bibliophilen und dem Sammler aus »reiner Sammelleidenschaft«. Die Anlage seiner Bibliothek verrät Merkmale aus allen drei Bereichen, mit unterschiedlicher Gewichtung in den einzelnen Abteilungen. Man kann das Motivspektrum aber noch erweitern um emotionale, therapeutische und gesellige Aspekte. Dafür ist Goethe, selbst ein großer Sammler von Büchern, Autographen, Bildern, Münzen und Mineralien, ein ausdrucksstarker Beleg. Goethe liebte es, seine Sammlungen Besuchern und Freunden zu zeigen und über einzelne Stücke in inhaltlich ergiebige Gespräche zu kommen, abseits von der bloß konventionellen Konversation. Bei den Autographen betont er, dass die Schriftzüge den entfernten oder verstorbenen Verfasser heranholen, ihn unmittelbar vergegenwärtigen. Am 27. Dezember 1811 schreibt er an den befreundeten Freiberger Geologen Friedrich Wilhelm Heinrich von Trebra:

> Solche Denkmale, da so vieles verloren geht, sind höchst erwünscht und auferbaulich, und geben zu mancher gesellschaftlichen Unterhaltung Anlaß, wodurch wir die gute Vergangenheit wieder hervorrufen.

Ähnlich unter dem 7. April 1812 an denselben Briefpartner:

> Hier finde ich mit meinen Freunden eine sehr interessante Unterhaltung, wenn der psychische, der moralische, der politische Himmel seine Flocken schüttelt.

Was für Handschriften gilt, lässt sich auch auf Bücher, besonders alte Ausgaben, anwenden. Denn auch sie vergegenwärtigen den entfernten Autor, fügen den optischen Eindrücken noch haptische Qualitäten hinzu, ein doppelt besetztes sinnliches Erlebnis. Alfred Polgar bringt es in seiner Glosse über den geplagten Literaturhistoriker auf die Formel: »Bücher sind Freunde in Not«. Diese Eigenschaften und Wirkungen hat das Internet nicht zu bieten.

Reden zur Verleihung der Ehrengabe der Heinrich-Heine-Gesellschaft 2009

Grußwort

Von Joseph A. Kruse

Meine sehr verehrten Damen und Herren, liebe Mitglieder der Heinrich-Heine-Gesellschaft,

Eins hätte man wissen können, als wir den heutigen Sonntag für die Verleihung der Ehrengabe der Heinrich-Heine-Gesellschaft an unsere neue Preisträgerin, Frau Herta Müller – die ich an dieser Stelle in unser aller Namen zuvörderst von ganzem Herzen begrüßen möchte sowie selbstverständlich ihren Mann, Herrn Harry Merkl – ausgesucht haben: dass nämlich heute eine Bundestagswahl stattfindet. Beim allerdings wahrlich nicht einfachen Beratschlagen und Terminieren und offenbar bereits in eigener Verwirrung wegen meines im zweiten Halbjahr endlich dem Pensionsstande angehörenden und damit angeblich von allen Zwängen losgelösten Daseins haben wir das im Eifer des Gefechts schlichtweg übersehen. Wir haben uns jedoch anschließend rasch damit getröstet, wie sehr frühere Veranstaltungen im Heine-Umfeld bei ganz gleichen oder ähnlichen Gelegenheiten einen grandiosen Erfolg hatten, auch im Blick auf die Wahlen beziehungsweise die Wahlbeteiligung. Denn wir erwarteten von unseren auch heute glücklicher Weise wieder zahlreichen Besuchern jeweils mit Bestimmtheit, dass sie der Wahlpflicht, falls nicht bereits erledigt, im Anschluss umgehend genügen sollten und nicht etwa auf den Gedanken verfallen dürften, von ihrem Recht demokratischen Lebens keinen Gebrauch zu machen und damit zur leider inzwischen überproportional hohen Zahl jener zu gehören, die so tun, als ginge sie das öffentliche Geschehen nichts an, indem sie die ankreuzenden Hände verweigern.

Von nichts kommt nichts, und ohne Wahlen läuft nichts. Umso mehr freuen wir uns, am heutigen Morgen Frau Bürgermeisterin Hock und Herrn Bürgermeister Conzen, der gleichzeitig dem Kulturausschuss der Landeshauptstadt vorsteht, und seine Frau begrüßen zu können – und zwar, was die Fraktionszugehörigkeit angeht, in umgekehrter Reihenfolge, als wir sie bis heute in Berlin gewohnt gewesen sind. Ebenso begrüße ich den früheren Innenminister des Landes Nordrhein-Westfalen und Vorsitzenden des Kulturausschusses des Landtags, Herrn Dr. Fritz Behrens und seine Frau, und unseren Düsseldorfer Kulturdezernenten Hans-Georg Lohe. Auch die übrigen politischen Repräsentanten aus Stadt und Land seien herzlich willkommen geheißen. Und natürlich alle Mitglieder der Heine-Gesellschaft und die, die es, und seien sie auch aus Obrigkeit und Magistrat, vergessen haben, bisher durch einen förmlichen Beitritt ihre Solidarität mit dem Dichter zu bezeugen. Was bei anderen großen Namen der deutschen Literaturgeschichte recht ist und allerorten geschieht, sollte bei Heine in Düsseldorf nur billig sein. Also: Werben Sie für eine Parteien-, Länder- und sonstige Barrieren überschreitende Mitgliedschaft in der Heine-Gesellschaft!

Das andere Faktum, meine Damen und Herren, konnten wir hingegen damals überhaupt noch nicht wissen, als die diesmalige Jury für die Ehrengabe der Heinrich-Heine-Gesellschaft ihren unregelmäßig verliehenen und übrigens undotierten, allerdings hoch angesehenen Literaturpreis Herta Müller zusprach; ich glaube, auch unsere neue Preisträgerin selbst nicht: dass sie uns mit ihrem jüngsten Buch »Atemschaukel«, wie Felicitas von Lovenberg in der »Frankfurter Allgemeinen Zeitung« es vor mehr als zwei Monaten mit Recht ausdrückte, »die vielleicht nachhaltigste Leseerfahrung dieses Herbstes« geschenkt hat. Die von diesem Ruhm noch völlig unbeeindruckte Jury bestand aus Frau Renate Loos, der 2. Vorsitzenden der Heine-Gesellschaft, Frau Prof. Jocelyne Kolb, der Vorsitzenden der nordamerikanischen Heine Society, vom Smith College in den USA, Frau Dr. Beatrix Müller, Düsseldorf, Herrn Thomas Geiger, Berlin, und Herrn Prof. Norbert Waszek, Paris. Allen Jurymitgliedern haben wir von Herzen für ihre Entscheidung zu danken. Sie haben sich damals einstimmig ausgesprochen, wobei Herta Müller, was sich sogar in der gegenwärtigen Diskussion zeigt – und auch das verbindet sie mit Heine –, zu einvernehmlichen Stellungnahmen durchaus nicht einlädt.

Dieses Geschenk der »Atemschaukel«, in der sich der aus Siebenbürgen stammende Lyriker Oskar Pastior ausspricht, indem Herta Müller aus dem Banat dem verstorbenen älteren Freund und Kollegen ihre Stimme leiht, kommt zu ihren so intensiven, so besonderen und zahlreichen literarischen Leistungen der Vergangenheit hinzu, ich möchte sagen wie eine Dornenkrone, weil ihr Buch, um noch einmal die »Frankfurter Allgemeine Zeitung« zu zitieren, »ein überwältigender, ergreifender, demütig machender Roman« ist. Wir hoffen von ganzem Herzen, dass die heutige Würdigung der Heine-Gesellschaft, die dem gesamten Schaffen der Autorin Rechnung trägt, gerade auch wegen dieses letzten Buches von der Öffentlichkeit neben den sicherlich ausufernd beschriebenen Bundestagswahlergebnissen des heutigen Tages dennoch deutlich wahrgenommen wird, gewissermaßen als kulturpolitisches und bleibendes Gegengewicht zur Tagesaktualität. Denn Herta Müller ist das, wofür Heinrich Heine immer gescholten wie gepriesen wurde, sie ist eine politische Autorin. Sie ist das und verfügt dabei gleichzeitig über eine andere Qualität, die ebenfalls für Heines Werk einen Hauptbegriff darstellt, sie besitzt eine sprachliche Kraft, eine stilistische Prägung und Prägnanz, einen schöpferischen Duktus, durch den sie in der gegenwärtigen deutschen Literatur erkennbar hervorsticht.

Darum ist nicht verwunderlich, dass ein Kenner der Literatur und eine Politikerpersönlichkeit zugleich seit vielen Jahren ihre erzählerischen und sprachlichen Leistungen bis dato nicht müde wurde hervorzuheben, nämlich Herr Dr. Michael Naumann, unter anderem früher Verleger in der alten wie neuen Welt (so auch, neben den internationalen Namen, von Peter Rühmkorf, gleichfalls Träger der Ehrengabe der Heine-Gesellschaft). Herr Dr. Naumann war als Staatsminister der erste Beauftragte für Kultur und Medien in der Bundesrepublik und ist heute Mitherausgeber der »Zeit«. Ich möchte ihn, der die Laudatio übernommen hat, von Herzen begrüßen, freue mich, dass er seine spontane Zusage einhalten konnte und will mit Vergnügen auch seine Frau Marie Warburg willkommen heißen, ohne deren Familie übrigens unser Dichter mit seinem vom Hamburger Bankiersonkel Salomon Heine ausgestellten Scheck die 1827 erfolgte Englandreise nicht hätte unternehmen können, wobei er den obendrein auf Rothschild in London ausgestellten Repräsentationsscheck kurzerhand ebenfalls einlöste und den Onkel damit verärgerte.

Das liebe Geld! Verehrte Frau Müller, unser Preis ist eher symbolisch, besteht aber wenigstens aus versilberter Bronze und ist ein Kunstwerk aus der Werkstatt von Bert Gerresheim, der das 1981 eingeweihte Düsseldorfer Heine-Monument am Schwanenmarkt geschaffen hat. Die Schere der Zensur in einem Buch des Dichters, wobei ein Vergleich seines Schicksals von Verbot, Emigration und Bespitzelung tatsächlich, wie Sie es vor wenigen Tagen in einem Gespräch mit der »Rheinischen Post« ausgedrückt haben, im Hinblick auf Ihre eigene Zeit in einem »Überwachungsstaat sozialistischen Zuschnitts« natürlich nur bedingt taugt, allein schon deshalb, weil bei allen noch so desaströsen Verhältnissen des 19. Jahrhunderts diese nur ein geradezu heiteres Vorspiel von dem waren, was im 20. Jahrhundert an Inhumanität möglich geworden ist. Selbst ein noch so prophetischer Heine hätte sich das nicht auszumalen vermocht.

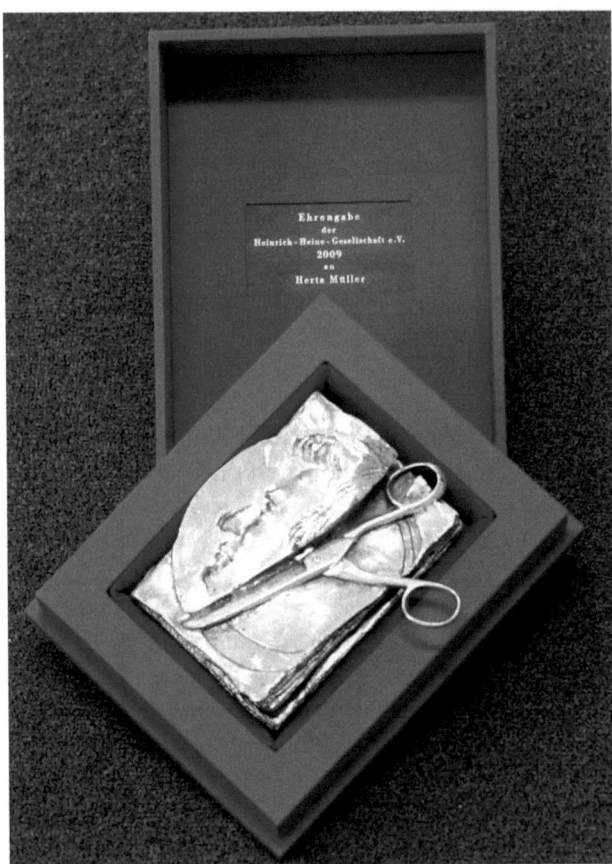

Die Ehrengabe der Heinrich-Heine-Gesellschaft, gestaltet von Bert Gerresheim (Werkstatt). Bronze, versilbert

Ein geradezu auf den heutigen Vormittag gebündeltes Licht warf der große Artikel von Herta Müller in der »Zeit« vom 23. Juli dieses Jahres über die Nachwirkungen des Terrors durch die Securitate in Rumänien, wobei just auf der vorhergehenden Seite Hilde Domin als eine »Person, die sich offenbar von nichts und niemandem einschüchtern lassen würde«, in Erinnerung gerufen wurde. Hilde Domin war 1972 die zweite Trägerin der Heine-Ehrengabe und erlebte voller Glück und Emphase wenige Tage vor ihrem Tod die letzte Verleihung der Ehrengabe zum Auftakt des Heine- und Schumann-Jahres 2006 mit, als Alice Schwarzer diesen Literaturpreis überreicht bekam. Ich freue mich, hier unter den Gästen auch Alice Schwarzer als vorausgegangene Preisträgerin und Ehrenmitglied (denn das ist damit gekoppelt!) begrüßen zu dürfen, die ihrerseits, was ja auch nicht unbedingt immer der Fall sein muss, mit ihrer Nachfolgerin mehr als einverstanden ist. Im

»Zeit«-Artikel von Herta Müller ist die Rede von Nachstellungen aus untergegangen geglaubten Zeiten bis in Gremien von heutigen Preisgerichten hinein. Die Adenauer-Stiftung hat ihr vor fünf Jahren ihren Literatur-Preis verliehen, ihr den Rücken gestärkt und solche negativen Erfahrungen leider machen müssen. Ich freue mich, dass heute Morgen Herr Prof. Michael Braun von Seiten dieser Stiftung an der Preisverleihung teilnimmt und begrüße ihn herzlich. Frau Prof. Birgit Lermen hat kommen wollen, konnte es aber leider zeitlich nicht mehr schaffen.

Solche Anlässe wie heute, die Verleihung ihrer Ehrengabe als Literaturpreis für Verdienste im Sinne Heinrich Heines, gehören in unregelmäßigen Abständen seit über vier Jahrzehnten zu den großen Stunden der seit 1956, zum 100. Todestag des Dichters, gegründeten Heine-Gesellschaft. Von einigen Preisträgerinnen haben wir bereits gehört, es sollen noch Sarah Kirsch, die Kabarettistin Lore Lorentz und Ruth Klüger nachgetragen werden. Weitere Ausgezeichnete aus der literarischen Welt wie Max Brod und Marcel Reich-Ranicki, Martin Walser und der schon genannte Peter Rühmkorf, Tankred Dorst, Bernhard Schlink und Dieter Forte zeigen, dass sich Herta Müller ab heute in wirklich allerbester heinescher Gesellschaft befindet, wie sie zum 50-jährigen Bestehen von Susanne Schwabach-Albrecht beschrieben werden konnte. Auch unsere Historiographin, die Vorsitzende des Literaturbüros NRW in Düsseldorf ist, sei eigens begrüßt. Ohne die schriftliche Form der Erinnerung, wem sage ich das am heutigen Morgen, gibt es keinen unbeirrten Blick in die Zukunft. Der Geschichtsstoff für die Heine-Gesellschaft schwillt an. Wir können froh sein, dass es in der jüngsten Vergangenheit und gerade auch durch die jetzige Verleihung derart positive Ereignisse waren, die wir festhalten dürfen.

Schließlich sei auch die designierte Leiterin des Heinrich-Heine-Instituts, Dr. Sabine Brenner-Wilczek, die Ende des Jahres von Fürth kommend, wo sie wahre Wunder vollbracht hat, wieder an den Rhein wechselt, in unserer Mitte willkommen geheißen. Ich darf ihr als meiner Nachfolgerin in der Direktion des Heine-Instituts viel Glück wünschen und hoffe sehr, dass jene national wie international als vorbildlich angesehene Kooperation mit der Heine-Gesellschaft, was nur gelegentlich einige Sandkörner in der hiesigen Düssel aufzuwirbeln scheint, erfolgreich fortgeführt werden kann. Sämtliche Voraussetzungen für eine adäquate Heine-Pflege an seinem Geburtsort, damit die Welt sich endlich darüber ohne bitteren Beigeschmack zu freuen vermag, sind inzwischen viel versprechend als ideales Ballspiel zwischen den nach dem Dichter benannten, an ihn erinnernden, über ihn arbeitenden, ihn präsentierenden Einrichtungen verteilt, dass wir hoffnungsvoll und tatendurstig in eine Zukunft aus Gedenken und daraus erwachsenden Verpflichtungen blicken können. Herta Müller hat uns für diesen Prozess von Erbe und Auftrag mit Standhaftigkeit wie Skepsis, mit Mut und Ausdauer die Augen ein Stück weiter geöffnet! Ich wünsche uns allen einen wunderbaren Vormittag, der musikalisch dankenswerter Weise von Tobias Koch begleitet wird.

Laudatio auf Herta Müller

Von Michael Naumann

Herta Müller macht es Ihren Preisrednern schwer. Denn ihr inzwischen stattliches Prosa-Werk kommt nicht ohne Eigen-Kommentar einher. Da gibt es kaum eine Lücke, in die ihre Interpreten eindringen können, ohne ihr Unrecht zu tun. Ich kenne keine Dichterin, die sich so intensiv der politischen Voraussetzung ihres eigenen Schreibens vergewissert.

Ihre Poetik ist politisch wie ihr Impuls, zu schreiben. Sie entstammen unter anderem (natürlich nicht allein) dem Bedürfnis der Autorin, sich gegen einen westeuropäischen Zeitgeist verteidigen zu müssen, der ihr in manchen Kritiken mit Unverständnis und Vorwürfen begegnet, die zusammengefasst lauten: So schlimm kann es doch gar nicht gewesen sein. Und: Gib Ruhe, Ceausescu ist tot. Als ob damit seine tausenden Opfer ins Leben zurückgeführt werden könnten.

Wenn das tollste Couplet europäischer Seinsvergessenheit stimmt – nämlich: »Glücklich ist, wer vergisst, was nicht mehr zu ändern ist« –, dann wäre Herta Müller ein unglücklicher Mensch. Aber jener Operettenreim stimmt nicht.

In ihren Essays hat sie im Laufe der Jahre ihre eigene Schreibweise zu erklären versucht. Sie handelt von der symbolischen Signifikanz der Dinge, der Kreaturen und Gegenstände in einer Welt voller Angst und Unfreiheit. Herta Müller behauptet, nein, erzählt, dass es einen Zustand der Welt geben kann, in der noch der unschuldige Baum, das unwissende Tier oder die Steine am Flussufer, ja, selbst der Himmel noch ein getreues Spiegelbild einer allumfassenden Diktatur sind, angsteinflößende, bisweilen auch grotesk-ominöse Zeichen totalstaatlicher Kontrolle. An der Beschreibung der Dinge erprobt die Autorin ihre außergewöhnliche Fähigkeit, eigene Metaphern zu bilden, während die Dinge selbst Metaphern schon von etwas anderem sind. Wenn sich zum Beispiel Pappelblätter im Wind zu schimmernden Messern verwandeln, dann doch nur, weil Gewalt in der Luft liegt.

Politische Gewalt ist nicht immer körperlich oder menschenbezogen. Sie manifestiert sich in der Fähigkeit des Staates, Dinge zu verrücken. Das kann grotesk sein, aber selbst an das Groteske gewöhnt sich ein bedrohtes Volk wie an das Wetter. Ich zitiere:

> Wenn Ceausescu zu seinen unzähligen Arbeitsbesuchen ins Land geflogen oder gefahren wurde, mussten Bauern in mühseliger Arbeit die Blüten des Klatschmohns aus den Weizenfeldern entfernen. Der Herrscher ... werde, wenn er Klatschmohn sehe, nervös. Wenn er eine LPG besuchte, wurden die Kühe mit Waschmittel gewaschen. Wenn man jedoch durch das saubere Fell, weil die Körper so mager waren, alle Knochen sah, wurden die Kühe versteckt. Es gab für alle Besuche des Herrschers eine gut genährte Herde, die kurz bevor er kam auf die Weide gestellt wurde. Die Leute nannten diese Kühe Präsidentenkühe ... In den Städten wurden, wenn Ceausescu kam, im Spätsommer die ersten gelben Blätter der Linden mit grüner Farbe gespritzt.

Wer sich an die Hauswandbemalungen der Protokollstrecke zwischen dem Berliner Staatsratsgebäude und Wandlitz erinnert, wird hinter dem Anekdotischen von Herta Müllers Beobachtung sofort das Wesen des Totalitarismus erkennen: Die umfassende, terroristische Aneignung der Welt und von allem, was in ihr lebt und der Kontrolle unterworfen werfen kann. Selbst das Wetter wird beschlagnahmt. In Rumänien meldete der Staatsfunk im Winter geschönte Temperaturen, damit die frierenden Zuhörer in ihren Mietwohnungen nicht über den Ausfall der Zentralheizungen schimpften. Im ZK der DDR beschäftigte Günter Mittag drei Mitarbeiter, die alle Wirtschaftsstatistiken fälschten, bis das Land schließlich zu den zehn führenden Industrienationen der Welt zählte. Was heute wie Bizarrerie einer wild gewordenen Bürokratie wirkt, war damals nicht zum Lachen, sondern nur das Beispiel einer staatsgewordenen, groß geschriebenen Lüge.

Als Herta Müller vor 20 Jahren ihren ersten Prosaband »Niederungen« veröffentlichte, begrüßte sie die Literaturkritik als »deutsch schreibende Rumänin.« Als wären die Feuilletons Außenstellen von Ausländerämtern, hafteten den Rezensionen auch ihrer späteren Bücher – hier nenne ich zum Beispiel »Der Fuchs war damals schon der Jäger« und »Herztier« – gewisse asylbehördliche Vorbehalte an: Zwar schreibe sie mit in einer unverwechselbaren, kraftvollen Sprache über die Schrecken einer Diktatur – indes, alle spiele sich im Ausland ab, in einem Land, dessen Hauptstadt entweder Budapest oder Bukarest heiße und dessen Herrscher vor einer Videokamera erschossen wurde. Genug davon. Also fragten ihre wohlwollenden Kritiker: Wann kommt Herta Müllers erster deutscher Gegenwartsroman? Denn ihre Nachrichten aus der Angstwelt des Kommunismus berührten manche Kritiker allzu peinlich. Sie waren mit der Bewältigung der deutschen Gräuel so sehr beschäftigt, dass sie übersahen, welche Folgen er im fernen Ausland hatte. Und das Ausland begann an der Bundesgrenze.

Es klang in ihrer Frage das große intellektuelle Versäumnis der 60er Jahre durch: Deutschlands Intelligenzija hatte einen großen Bogen um die Totalitarismus-Theorie Hannah Arendts und ihrer Schüler geschlagen. Deren grobe Zusammenfassung »Rot gleich Braun« fügte sich nicht in die theoretischen Kampflinien der Literaturkritik im Kalten Krieg; der Horror von Auschwitz war unvergleichlich – und über seine Grundlagen, nämlich einer terror- und angstgestützten Staatsutopie, deren stalinistisches Widerspiel so offenkundig war, wurde nicht geredet. Dies überließ man den so genannten »blinden Antikommunisten«.

Als während der kurzen Glasnost-Periode im damals noch Leningrader Fernsehen ein Mann auftrat, der 50.000 Regime-Gegner per Genickschuss getötet hatte – und genaue Beschreibungen gab, wie das geschah – war dies hierzulande eine Einspalten-Meldung. Solschenizyn war bereits als Sonderling in die Archive abgesunken.

Und als dann deutlicher wurde, dass Antikommunisten auch respektable Namen tragen können wie Uwe Johnson, Sarah Kirsch, Günter Kunert, Hans Joachim Schädlich oder Erich Loest, stellte Herta Müller nicht nur sich, sondern auch ihren Kollegen – nicht nur in der DDR – die moralische Frage, ob ein Künstler die Konsequenz seiner Texte leben muss, und sie fand – ja, das muss er.

Für sie selbst hatte die Antwort auch Folgen, und zwar nicht nur ethische:

Wenn ich versuche, Deutschland zu begreifen, stoße ich notgedrungen auf mich selbst. Darin unterscheide ich mich von den Menschen, die immer schon in Deutschland gelebt haben. Wodurch ich mich unterscheide, das ist der Zwang, auf mich hier und auf mich in einem zurückgelassenen Land gleichzeitig zu stoßen. Aber die beiden Länder sind einander so fremd, dass nichts in ihnen und nichts in mir (von damals und jetzt) sich ungestraft begegnen kann. Das ist wahrscheinlich der Grund, weshalb ich über die Deutschen nichts Verbindliches sagen kann. Weshalb ich in Deutschland nie dazugehören kann und weshalb ich aus Deutschland nicht weggehen kann.

Und weil sie geblieben ist, kann sie mit angsterprobter Empfindsamkeit hören, wenn der Untertanengeist sich zu Wort meldet, »so wie ich vor Angst lache, wenn in Berlin zwei alte Frauen beim Spaziergang zum Volkspark vor dem Drahtzaun eines Gartenhauses stehen bleiben. Da glänzt im Rasen, so groß wie eine Spiegeltür, ein Teich. Und auf dem Teich schwimmen drei Enten. Und eine der beiden Frauen sagt: Das sind doch die Enten aus dem Volkspark. Und die andere sagt: Das müsste man melden.«

Es sind die Worte, in denen die Angst vorm Staat aufbewahrt sind, Worte wie »melden«, »Meldepflicht«, »Antrag« und »Antragsgenehmigung«, »Ausländermeldeamt«, »Aufenthalts- und Reiseerlaubnis« bis hin zu den ungezählten Verbotsschildern des Landes. Weil die Autorin eine unverfügbare Idee von »Freiheit« hat, erkennt sie die wörtlichen und realen Stolpersteine, die ihr im Wege stehen.

Herta Müller kann nicht vergessen. Das ist ihr Problem in einer Welt, die es immer noch nach Visionen und Utopien gelüstet. Daran hindern sie die Wörter. Es sind seltsame, ältere Wörter, als sie in Reisepässen stehen. Und beim Schreiben sind es die Pausen zwischen den Wörtern, also das Schweigen, in denen sich die Sätze bis zur Unaussprechlichkeit verdichten, weil sie um das Unaussprechliche selbst kreisen: um die tonlose Angst in der Diktatur, um Morddrohungen des Apparats, um Verhöre in den Zimmern der Geheimdienste, um die Wahrheit, in einem zu Gehorsam und Verrat dressierten Volk aufgewachsen zu sein. Davon handelt ihr jüngster Essayband »Der König verneigt sich und tötet«. Es ist eine Poetik über Dichtung in Diktaturen.

Die Ermahnungen der literaturkritischen Integrationsämter haben Herta Müller zu denken gegeben. Also denkt sie nach über ihre Sprache in Deutschland und Rumänien, über »das Frösteln des Gemüts bei der Frage: Was ist ein Leben wert?« Oder, in den Worten eines Securitate-Verhörers: »Was glaubst du, wer du bist?« Jede Frage will eine Antwort haben, doch die Erfahrung Herta Müllers, dass das Leben in einem mörderischen Regime nichts wert ist, führt zu der paradoxen Wahrheit: »Wenn der Großteil am Leben nicht mehr stimmt, stürzen die Wörter ab.« Das soll heißen: Wenn sich das Gespräch in einer Diktatur in Geflüster verwandelt, um ins Schweigen überzugehen, dann stimmt plötzlich Wittgensteins berühmter Satz »Worüber man nicht reden kann, darüber muss man schweigen« – sofern dieses Etwas die Freiheit ist, bei Strafe des Lebens. Oder, in den Worten Herta Müllers: An einem 1. Mai wird ihr Freund vom Geheimdienst in seiner Wohnung ermordet. Sie fragt: »Wie muss das sein, wenn man spätabends zu Hause sitzt, es klopft, man öffnet und wird erhängt.«

Die Täter gehören zu den rumänischen Bürgern, die in zwei Jahren Eintritt in die Europäische Union erheischen, und sie sind so frei wie die ganze Führungselite der Securitate, die es sich inzwischen in dem neuen Staat »gerichtet hat«.

Herta Müllers Romane und Essays folgen ihrem Wunsch, zu Papier zu bringen, was noch die empfindlichste Geschichtsschreibung des vorigen Terror-Jahrhunderts nicht vermag: Die Überlebenstechniken in einer Schreckensherrschaft vorzustellen, die zwischen stiller Anpassung und Schweigen oder Flucht in gemeinsame seelische Selbstvergewisserung unter Dissidenten liegen. Wie geht man in ein Verhör, wichtiger noch – wie geht man aus ihm heraus? Dabei scheinen die absurden und schockierenden Stunden, die Herta Müller und ihre Freunde vor den Schreibtischen der Securitate verbracht haben, in ihrem ganzen Werk nachzuwirken.

Sie nimmt sich selbst und ihre Wörter in ein kontinuierliches Verhör – sind sie den Dingen angepasst wie ein Handschuh oder nicht doch wie Handschellen? Machen ihre Wörter »große Augen«, wie sie schreibt, Augen, die alles sehen, alles aufbewahren wollen – auch das, was vielleicht gar nicht existiert? Färbt die offizielle Paranoia der Diktatur auch auf die ab, die Widerstand leisten? Und wenn das so ist, warum vergeht die Angst nicht, nachdem die Diktatur vergangen ist? Das sind die Fragen, um die Herta Müllers Romane und Essays kreisen.

Wer wie sie an die Wunderkraft von Wörtern glaubt, in denen Ängste, aber auch Hoffnungen und Momente des verflogenen Glücks weiterleben können, der muss auch zur Kenntnis nehmen, dass die Dinge, die ihre Sprache beschreibt, mit ihren Bezeichnungen leben, und, wenn es nötig scheint, auch emigrieren können. So erzählt sie von einem Baum, der ihr aus Rumänien nach Berlin gefolgt ist. »Berlin ist keine Aprikosen-Gegend, dafür ist es zu kalt. Ich hab in Berlin keinen Aprikosenbaum vermisst. Dann aber doch, ohne zu suchen, einen gefunden ... Der Baum ist für mich ein Stück weggelaufenes Dorf ... Als wäre das Dorf auch mancher Bäume überdrüssig geworden, als hätten sie sich unbemerkt aus den Gärten davongemacht.«

In Wirklichkeit war der Dichterin nur das schöne weiche Worte gefolgt, das sich seine angestammte Bedeutung gesucht hat, um schließlich jene märchenhafte Idee zu bestätigen, dass selbst die Obstbäume aus der ländlichen Enge und Kontrolle eines furchtbaren Landes geflohen sind.

Mehr als zwei Jahrzehnte nach ihrer Emigration aus Rumänien will und kann Herta Müller ihre Erfahrungen von Angst und tyrannischem Sozialismus nicht vergessen. Sie könnte sie vielleicht überwinden, wollten ihr die rumänischen Behörden die Akten ihrer Überwachung und Bedrängung vorlegen, doch sie weigern sich.

Seltsam und liebenswürdig ist diese Autorin, die im literarischen Leben Berlins bisweilen mit verschmitztem Lachen anzutreffen ist, doch in ihren Essays verschlägt es dem Leser das Lachen. Hier schreibt jemand, der an die Gerechtigkeit glaubt und der jeden Satz zum Zeugen dafür aufrufen möchte, wie es wirklich war in dem Land, in dem an jeder Straßenecke die täglichen Lügen aus den Staatslautsprechern bellten. In ihrer Wahrheit holen die Texte Herta Müllers die Gemeinheiten, die Menschen einander zugefügt haben und weiterhin zufügen, in die Gegenwart zurück. Das Geheimnis ihrer Arbeit liegt in dem Rätsel beschlossen, dass ihre Bücher schön sind, wenngleich ihr Ernst noch schwerer wiegt als die Schönheit ihrer Wörter.

LALELE, LALELE, LALELE
oder
DAS LEBEN KÖNNTE SO SCHÖN SEIN WIE NICHTS

Von Herta Müller

Nachdem ich mich geweigert hatte für den Geheimdienst als Spitzel zu arbeiten, wurden die Schikanen unerträglich – man hoffte, dass ich von selbst aus der Fabrik verschwinde, weil ich es nicht mehr aushalte. Es war eine Traktoren-Fabrik, sie hieß *Technometal*. Jeden Morgen um halb acht musste ich mich im Büro des Fabrikdirektors präsentieren – von montags bis samstags. Seine erste Frage, die dann alle paar Sätze – ein Dutzend mal – wiederkehrte, war jeden Morgen von montags bis samstags dieselbe:
    Hast du eine andere Arbeitsstelle gefunden?
Und ich antwortete ein Dutzend mal von montags bis samstags dasselbe:
    Mir gefällt es in der Fabrik, ich möchte bis zur Rente bleiben.
Es war sture Provokation – die Stirn bieten, sagt man. Aber das hört sich so kühn an, wie man nicht sein kann, wenn man ausgeliefert ist. Ich gab mich in der Fabrik den ganzen Tag unbeeindruckt. Aber den Heimweg ging ich mit einer Freundin zu Fuß, weil man in der Straßenbahn nicht unbeobachtet weinen kann. Die Inhalte der Morgengespräche mit dem Direktor waren, außer dieser immergleichen Frage, noch Beleidigungen. Und die änderten sich – zornig waren sie anders formuliert als verächtlich, und drohend anders als mitleidig. Das alles war quälend, aber uninteressant.

Interessant war etwas anderes, die Farbe der Hemden, die der Direktor trug. Die Farbe wiederholte sich wie die Tage der Wochen: Montags trug er ein hellgrünes Hemd, dienstags ein hellblaues, mittwochs war es beige, donnerstags orange, freitags rosa, samstags – wir arbeiteten auch samstags –, blasslila. Oft, aber nicht immer, arbeiteten wir auch sonntags – dann war das Hemd weiß. Alle Hemden hatten auf der Brusttasche eine schwarze, mit Seidenzwirn gestickte Tulpe, klein wie ein Fingernagel. Ich begann, mir die Hemdfarben zu notieren. Mehrere Wochen blieb die Reihenfolge der Farben genauso unverändert wie die Gespräche.

Über die Gespräche hatte es keinen Sinn, sich Gedanken zu machen, sie enthielten nichts außer Selbstherrlichkeit seinerseits und Trotz gegen die Erniedrigung meinerseits. Ein Geheimnis in diesem Potpourri der Tulpenhemden war aber Farbenfolge. Sie warf Fragen auf:

Wie sind die Hemden bei ihm zu Hause sortiert.

Wer tut das und nach welchen Kriterien.

Garnieren die Farben den jeweiligen Tag oder umgekehrt der Tag die Farbe.

Seit wann praktiziert er die Farbenfolge. Seit er Direktor ist oder schon früher.

Wurde die Farbenfolge irgendwann nach psychologischen Kriterien geplant oder hat sie sich aus purem Zufall ergeben, ein Zufall, der sich als übersichtlich oder sogar günstig erwiesen hat.

Gab es außer der irdischen Tendenz des Parteiprogramms in seinem Hirn auch noch eine Transzendenz, einen Aberglauben zum Glückhaben durch die Hemdfarbe.

Alles Fragen, die mir niemand beantworten konnte. Die Tulpenhemden waren gelebter Irrsinn, also praktizierte Literatur. Daher konnte auch nur die Literatur auf diese Fragen antworten. Bestimmt nicht explizit, aber – und das spürte ich beim Lesen, implizit. Dass Bücher die Tulpenhemden gar nicht kannten, und dass ich nicht wusste, warum gerade sie die Fragen beantworteten, machte die Antworten, von denen ich auch nicht wusste, wie sie lauten, nicht ungültig.

Was ich las, waren Texte, die in keinem Schulbuch vorkamen, nicht im Studium der Germanistik, in keiner Bibliothek. Sie waren nicht einmal verboten, weil sie überhaupt nicht existierten. Sie waren teils aus dem Goethe-Institut aus Bukarest, teils auf versteckten Wegen beschafft von den Freunden, den jungen Literaten der »Aktionsgruppe Banat.« Die waren alle bereits Staatsfeinde, als ich sie kennenlernte. Immer wieder dachte ich: Der Staat verfolgt sie genau für das, was mir an ihnen lieb ist. Sie gaben mir Bücher: Gedichte, Prosa, Theater und Essays. Brecht, Celan, Jandl, Pastior, Fühmann, Solschenizyn, Mandelstam, Achmatova, Brodsky, Daniil Charms, Marieluise Fleißer, Theodor Kramer, Thomas Bernhard, Handke, Jonke und Uwe Johnson – wie es kam. Und Standardwerke über die Mechanismen von Diktatur: das »LTI« von Klemperer, »Der SS-Staat« von Kogon, von Canetti »Masse und Macht.«

Bei »Masse und Macht« passierte etwas Sonderbares. Mit der Beobachtung der Macht hatte Canetti die Macht beschrieben. Aber mit der Beobachtung der Masse, nicht die Masse, sondern auch die Macht. Er hatte kein Auge für die im Zwang zusammengetriebene Huldigungsmasse – und eine andere gab es nicht im sozialistischen System. In der Situation, in der ich das Buch las, war seine Masse eine imaginierte. Es war eine sich selbst konstituierende Masse als Protestversammlung. Aber um uns herum gab es in ganz Osteuropa nur die staatlich befohlene Jubelmasse. Canetti hatte sich keinen einzigen Gedanken darüber gemacht, aber sein Buch bewies ohne Absicht, dass ein totalitäres System die Masse pervertiert, ihren einstigen Zweck enteignet und sie zum johlenden Monstrum dressiert hat. Vor jeder Tribüne führte die erzwungene Masse den Diktatoren und Politschranzen Jahrzehnte lang ihre eigene Verleugnung vor. Die Größe der Masse wiedergab eins zu eins den Größenwahn der Macht. Die Masse war zum Zierrat der Macht degeneriert.

Ich habe im Laufe der Zeit dreierlei gelesen: das vom Schulbuch und Studium Erzwungene, das mir persönlich nichts bedeuten konnte. Schon weil es erzwungen war, wehrte man sich dagegen. Zum Atemschöpfen beschaffte man sich das Nichtvorhandene und das Verbotene. Man hätte, von heute aus gesehen, einen Bogen spannen können von Goethes und Schillers Balladen oder Heinrich Heines Gedichten, einen Bogen zu sich selbst. Aber diese Spanne über die Distanz von hundert Jahren oder mehr braucht Verwandlung. Und für diese braucht es die eigene Disposition, den freien Raum im Kopf. Und den hatte ich nicht. Ich wollte es direkt, Bücher, die der Zeit, in der ich lebe, in die Augen schauen. Nicht explizit und eins zu eins, aber implizit. Ich las aus der Dringlichkeit der Ängste – ein Gemisch zwischen Lebensangst und Todesangst. Der Geheimdienst ging in der Wohnung ein und aus, wenn man nicht zu Hause war. Wenn man es merken sollte, waren Stühle umgestellt. Man aß und dachte dabei, das Essen könnte vergiftet sein. Wenn spätabends im Treppenhaus der Lift rauschte, horchte man, ob er nicht auf der fünften Etage hält, wo man wohnt. Ob man nicht Schritte vor der Tür hört. Ob sie dich nicht holen, sondern vielleicht doch erst morgen kommen, bei Tageslicht. Und dann ist es nicht so schlimm, dann bist du nur zum Verhör bestellt, kannst allein durch den Park zum Verhör gehen, kannst dir auf dem Weg dorthin sogar im Takt der Schritte Gedichte laut in die Angst sagen. Und wenn der Lift Gott sei Dank nicht stehenblieb, konntest du weiter in der Wohnung sein und ein Buch lesen. Und es war ein Lesen von der Hand in den Mund, ich las, als würde ich die Sätze essen – das war Angstfüttern. Wenn man so liest, kriegt man keine Bildung, denn diese baut auf. Bildung ist ein Reservoir, weil sich Eines ans Nächste knüpft. Mein Lesen war aufgescheucht, ein Durcheinander von Stocken und Fliehen. Wenn ich das nächste Buch las, war das Vorherige im Kopf und im Gemüt schon spurlos aufgezehrt. Ich las aus außerliterarischen Gründen. Während des Lesens wusste ich ein bisschen besser, wie man leben könnte. Aber schon gleich danach nicht mehr. Bei jedem nächsten Buch war ich längst wieder bei null angekommen. Meine Bildung taugt nichts, ist eine Krücke von null zu null. Die Inhalte der Bücher habe ich meist vergessen. Was ich mir gemerkt habe, wenn überhaupt, ist eine Ungeschütztheit vor der Dichte eines Textes, die anders als in Worten mit mir spricht. Ich hab auch nicht gelernt, wie das Leben geht, noch wie das Lesen geht, noch wie das Schreiben geht. In meinem Fall könnte man statt LESEN immer LEBEN sagen, es ändert sich sowieso nur ein Buchstabe. So wie vom SCHREIEN zum SCHREIBEN nur einer dazukommt.

Im Schulbuch war die »Loreley« von Heinrich Heine. Der Rhein und seine Felsennixe waren sehr weit weg von mir. Und über das Vertrackte im Leben des Juden Heine kein Wort, denn da hätte es ja um Antisemitismus und Exil gehen müssen. Und davon gab es in Rumänien mehr als genug. Außerdem hätte das unausweichlich den Bogen zu der Geschichtsfälschung Rumäniens geschlagen, zum ehemals faschistischen mit Nazideutschland verbündeten Staat, mit seinen Ghettos, Pogromen und dem KZ Transnistrien, das unter rumänischer Leitung stand. Und Exil war sowieso ein für den Unterricht undenkbares Wort, waren doch tausende Rumänen, auch immer mehr Schriftsteller im Exil. Und es hätte in der »Loreley« auch um Flucht gehen können. Aber es ging nur ums mechanische Abspulen und taktische Ausweichen.

Wenn ich das Gedicht heute lese, ist es die Klage über einen Fluchttoten. Der Rhein ist die Donau, das blitzende Geschmeide der Jungfer die Verlockung zur Flucht. Fliehen, nur Fliehen – egal was passiert. Die meisten bezahlten den Fluchtversuch mit dem Leben. Der Schiffer ist ein Fliehender auf der Donau im »Abendsonnenschein.« Aber auf der Donau wurden die Fliehenden auch im Abendsonnenschein, auch in der Nacht mit Schiffen gejagt und im Scheinwerferlicht mit dem »goldenen Kamme« der Schiffsschrauben zerstückelt. Und an den grünen Grenzen wurden sie erschossen und von Hunden zerrissen. Die »Loreley« ist auf Rumänisch ein randloser anonymer Friedhof. Bis heute gibt es keine Statistik über die Zahl der Fluchttoten, nicht einmal eine Diskussion über dieses Thema.

> Ich weiß nicht, was soll es bedeuten,
> Daß ich so traurig bin;
> Ein Märchen aus alten Zeiten,
> Das kommt mir nicht aus dem Sinn.
>
> Die Luft ist kühl und es dunkelt,
> Und ruhig fließt der Rhein;
> Der Gipfel des Berges funkelt
> Im Abendsonnenschein.
>
> Die schönste Jungfrau sitzet
> Dort oben wunderbar,
> Ihr goldnes Geschmeide blitzet,
> Sie kämmt ihr goldenes Haar.

> Sie kämmt es mit goldnem Kamme
> Und singt ein Lied dabei;
> Das hat eine wundersame,
> Gewaltige Melodei.
>
> Den Schiffer, im kleinen Schiffe,
> Ergreift es mit wildem Weh;
> Er schaut nicht die Felsenriffe,
> Er schaut nur hinauf in die Höh'.
>
> Ich glaube, die Wellen verschlingen
> Am Ende Schiffer und Kahn;
> Und das hat mit ihrem Singen
> Die Loreley getan.

Und zur »Loreley« als Klagelied über die Fluchttoten passen dann wieder in der Drehung der Erinnerung die Tulpenhemden des Direktors. Man nimmt sich nur die Tulpen – die heißen auf Rumänisch LALELE, ein lallendes Wort. Mit dem Wort LALELE konnten wir im Freundeskreis wochenlang Schabernack treiben, die Fallhöhe des Wortes ausprobieren, die Angst in den Spott katapultieren. So ein Wort wie LALELE eignet sich, wenn man es nötig hat, eben für Gegensätzliches. Dreimal nacheinander gesagt klingt es schon wie eine Totenklage. Es gab einen rumänischen Schlager:

> Lalele, lalele, lalele
> Frumoasele mele lalele.

Wenn man kein Rumänisch versteht, könnte es von Oskar Pastior sein. Aber es bedeutet schlicht und einfach: Tulpen, Tulpen, Tulpen / meine schönen Tulpen. Auf Deutsch ist der Klageton futsch. Tulpen klingt eher wie SCHULDEN. Und das hat dann schon wieder mit Geld zu tun, das man bräuchte und nicht hat. Und SCHULDEN ist nicht der Plural von SCHULD, es gibt gar keinen Plural.

An einem Nachmittag, als Roland Kirsch, der Freund, der zwei Jahre danach erhängt in seiner Wohnung gefunden wurde, an einem Nachmittag also, kam Roland Kirsch, der Ingenieur in einem Schlachthaus war, der nur zwei Minuten weit von mir wohnte, an einem Nachmittag kurz vor meiner Ausreise kam also Roland Kirsch, wie so oft, bevor er in seine Wohnung ging, zu mir, um den Ekel vor dem vielen Schlachtblut ein bisschen wegzudrängen. Wir tranken Kaffee und er rührte mit dem Löffelchen den Zucker um und sagte: »Lalele, lalele, lalele, das Leben könnte so schön sein wie nichts.« Ich fragte: »So schön wie nichts anderes?« Er wiederholte: »Wie nichts.«

Heinrich-Heine-Institut. Sammlungen und Bestände. Aus der Arbeit des Hauses

‹Textlücke› Ein bisher verschollenes Bruchstück aus dem »Memoiren«-Fragment Heinrich Heines

Von Joseph A. Kruse, Berlin

I.

Im November 2006 konnte das Heine-Archiv – das Kernstück des Heinrich-Heine-Instituts in Düsseldorf – im Autographenhandel einen Handschriftensplitter aus dem »Memoiren«-Fragment Heinrich Heines erwerben.[1] Ein bei derselben Auktion versteigerter Brief Heines vom 1. September 1836 aus Amiens an seinen Verleger Julius Campe, der bereits gedruckt vorlag (vgl. HSA XXI, 160 f.), wurde dem Archiv des Hamburger Verlages Hoffmann und Campe zugeschlagen. Dieser Brief war kurz zuvor übrigens in einem Pressebericht als »eines der Hauptstücke«[2] der Auktion apostrophiert worden. Die Annonce des späten Bleistift-Manuskripts dagegen vermochte aufgrund des winzigen Umfangs und des offenbar für Nichtspezialisten schwer einzuordnenden Inhalts weiter keine Aufmerksamkeit zu erregen. Man hätte in der Tat nach der vorsichtigen Beschreibung im Katalog, der den kleinen Text über ein »hübsches Mühmchen« mitsamt den Korrekturen erstmals abdruckte, wirklich an einen beiläufigen Abfall aus der Schreibstube oder besser dem Krankenzimmer des Dichters denken können. Die gründliche Katalogbeschreibung lautete: »Eigenh. Manuskript-Fragment: 2 schmale Ausschnitte aus zwei Gr.-folio-Blättern (Unter- und Oberteil). Bleistift. Etwas knittrig. An den Rändern in falscher Reihenfolge montiert.«[3] Für Kenner war nach dem ersten Blick auf die beiden Schnipsel ihre Zugehörigkeit zu den Seiten 80 und 81 des

»Memoiren«-Manuskripts – der Charakteristik von Heines Hamburger Kusine Therese Heine, verheiratete Halle – leicht zu erkennen.[4]

Auf den bisherigen Verlust ist bei sämtlichen Drucken der »Memoiren« aufmerksam gemacht worden. In der Düsseldorfer historisch-kritischen Ausgabe der Werke Heinrich Heines beispielsweise werden genau diese Zeilen im Zusammenhang der Beschreibung seiner Hamburger Verwandtschaft mit dem Vermerk »‹Textlücke›« (DHA XV, 77) bezeichnet, wobei ein sechszeiliger Zwischenraum den bisherigen Verlust geradezu überdeutlich vor Augen führt. Im Kommentarteil wird ausdrücklich auf die jeweils abgeschnittene untere bzw. obere Zeile hingewiesen (vgl. ebd. 1063 und 1124). Weil es sich um eine Arbeitshandschrift handelt, nach der gedruckt wurde, endet der Satz allerdings unterschiedlich. Der Erstdruck und die adäquate Lesung des mehrstufigen Textes in der Düsseldorfer Heine-Ausgabe differieren um eine Kleinigkeit, die an entsprechender Stelle vermerkt werden soll.

II.

Für Heine war es aus mehreren strategischen Gründen stets selbstverständlich, die Verwendung von Texten und die Ankündigung von neuen Arbeiten, zumal autobiographischen Zuschnitts, gezielt als Mittel der eigenen Wirkung einzusetzen. Insofern gehört das späte, in der von ihm im Nachwort zur letzten selbständigen Gedichtsammlung »Romanzero« so genannten »Matratzengruft« (DHA III, 177) entstandene »Memoiren«-Manuskript zu den spektakulären Vermächtnissen. An seinen Memoiren in einem allgemeinen Sinn schrieb er, wie bereits in den vier Bänden der »Reisebilder« aus den Jahren 1826 bis 1831 deutlich wird, von Jugend an und sein Leben lang. Die vier »Salon«-Bände aus den ersten französischen Jahren, die von 1834 bis 1840 erschienen sind und Heines nicht erlahmendes Engagement im Rahmen einer europäischen Vermittlung genauso belegen wie seinen Fortschritt der ästhetischen Weltbetrachtung, verzichten ebenfalls nicht auf den ständigen Verweis auf sich selber. Dasselbe gilt natürlich besonders auch für »Ludwig Börne. Eine Denkschrift«, aber auch für seine journalistisch-zeithistorischen Arbeiten, wie er sie unter dem Titel »Lutezia« in späten Jahren durch die zwei letzten Bände der »Vermischten Schriften« dokumentierte. Der autobiographische Impetus trifft auf die Versepen, ob »Deutschland. Ein Wintermährchen« oder »Atta Troll. Ein Sommernachtstraum« zu, und sogar auf seine gesamte Lyrik, hier vor allem auf seine letzten Gedichte; und stets bleibt dabei auch die Familie präsent.[5]

Sein Werk ist in der Tat eine nach Inhalt und Form glänzend vorgetragene Konfession. Die schriftstellerischen Zeugnisse in ihren unterschiedlichsten

Ausdrucksformen von Lyrik und Prosa, Versepos und Feuilleton, Tragödie und Ballettszenario, Bericht oder Anmerkungen stellen immer auch die, freilich oft genug kunstvoll verschlüsselten, Bekenntnisse seines Lebens dar. Die 1854 während seiner mehr als acht Jahre währenden Krankheit im ersten Band der dreibändigen »Vermischten Schriften« erschienenen und kurz zuvor geschriebenen »Geständnisse« bilden nach Inhalt und Titel übrigens das ausdrückliche Beispiel seines immer autobiographisch getönten Schaffens.

Im Manuskript der so genannten »Memoiren« schrieb Heine im Kontext seiner »Geständnisse« unter den argwöhnischen Blicken besonders der Hamburger Verwandtschaft, die durch seinen Erbschaftsstreit mit der Familie nach dem Tode des jüngeren Bruders von Heines Vater Samson, des Millionärsonkels Salomon Heine (am 23. Dezember 1844), wie elektrisiert war, in den letzten Pariser Jahren ebenfalls intensiv. Solche mit »Heroismus« neu geschaffenen Memoiren, für die er »statt zu flicken, gleich wieder neues zu weben« verstand, sollten, so hoffte der Dichter im Brief an den Verleger Julius Campe vom 7. März 1854, gar die »Krone« (HSA XXIII, 309) seiner Schriften bilden. Eine solche Einschätzung verleiht dem ganzen Unternehmen des an Selbstlob wahrlich nie sparsamen Dichters und somit dem unvollendeten »Memoiren«-Konvolut zweifellos einen besonderen, nicht nur strategisch vorgeschobenen Stellenwert. Gleichzeitig war beabsichtigt, als sich Fertigstellung und Veröffentlichung hinzogen, seiner nicht gerade unversorgt zurück bleibenden, aber doch eher hilflosen, sehr viel jüngeren und kinderlosen Witwe die Möglichkeit zu eröffnen, nach Heines Tod ein Druckmittel und somit eine weitere Erwerbsquelle zur Absicherung ihrer Lebensführung an die Hand zu geben. Immerhin überlebte Mathilde ihren Mann um siebenundzwanzig Jahre und starb, gewissermaßen in symbolischer Dankbarkeit gegenüber ihrem fürsorglichen Beschützer, genau an Heines Todestag, dem 17. Februar.

Die mit Bleistift in großen Zügen geschriebenen Seiten des »Memoiren«-Fragments erschienen zum ersten Mal aus dem Nachlass in der beliebten Zeitschrift »Die Gartenlaube« Nr. 6 bis 17 des Jahres 1884, ein Jahr nach Mathildes Tod. Im gleichen Jahre wurden sie zudem in einem Nachtragsband zu den gesammelten Werken bei Hoffmann und Campe in Hamburg unter dem Titel »Heinrich Heines Memoiren und neugesammelte Gedichte, Prosa, Briefe« gedruckt. Als Editor eines nach damaligen Gesichtspunkten für die Öffentlichkeit bewusst zubereiteten, will sagen geglätteten und geschönten Textes war der Literarhistoriker Eduard Engel tätig geworden, der damit die vom ersten Heine-Biographen und -Herausgeber Adolf Strodtmann bei Hoffmann und Campe in Hamburg vorgelegten, 21 Bände umfassenden »Sämmtlichen Werke. Rechtmäßige Original-Ausgabe« aus den Jahren 1861 bis 1866 (hinzu kommt ein Supplementband von 1869) abschloss.

III.

Inzwischen ist die Legendenbildung um die Verwandtenzensur und die zwar belegbaren, aber das »Memoiren«-Manuskript nicht betreffenden Autodafés einer sachlichen Überlegung zum späten autobiographischen Komplex von »Geständnissen« und »Memoiren«-Fragment gewichen. Diese Sichtweise findet ihren Niederschlag vor allem in der von Manfred Windfuhr herausgegebenen Düsseldorfer historisch-kritischen Ausgabe der Werke Heines, und zwar in dem den späten autobiographischen Komplex enthaltenden 15. Band aus dem Jahre 1982, der von Gerd Heinemann als Bandbearbeiter betreut wurde. Das »Memoiren«-Manuskript wird seit 1966 als Teil der beachtlichen Schocken-Sammlung von Heine-Handschriften in der Manuskriptabteilung der Bibliothèque Nationale de France in Paris aufbewahrt, während der sehr viel umfangreichere übrige Nachlass Heines, die so genannte Sammlung Strauß, bereits zehn Jahre zuvor, im 100. Todesjahr des Dichters, nämlich 1956 von seiner Geburtsstadt Düsseldorf erworben wurde und im Heine-Archiv der damaligen Landes- und Stadtbibliothek Düsseldorf (heute im Heine-Institut) die Voraussetzung beispielsweise für die Erarbeitung der beiden großen deutschen Nachkriegseditionen gebildet hat. Das »Memoiren«-Manuskript, obwohl von besonderem öffentlichen Interesse, war übrigens erst 1925 von der eher vorläufigen Publikationsform Eduard Engels befreit und im Rahmen der heineschen Werke in Einzelausgaben (herausgegeben von G. E. Bogeng) bei Hoffmann und Campe in Hamburg und Berlin durch Erich Loewenthal in einem Band, der Heines »Prosa-Nachlaß« darbot, sachgerecht ediert worden.

Die drei Handschrifteneinheiten mit einmal drei, dann vier und schließlich 122 Blättern zeigen auf mancherlei Weise das Fragmentarische des in den Jahren 1853 bis 1854 niedergeschriebenen Konvoluts. Der Autor hat die Seiten selber paginiert; durch Vorarbeiten und Korrekturen ergaben sich gelegentlich doppelte Zählungen. Einige Seiten enthielten vorläufige Formulierungen und gingen verloren. Ihr Textmaterial findet sich teilweise dennoch in verwandelter Form in den »Memoiren« wieder. All diese komplizierten Befunde der Handschrift und ihr Entstehungszusammenhang mit den »Geständnissen« sind im Apparatteil der Düsseldorfer Heine-Ausgabe eindrucksvoll dargestellt worden (vgl. DHA XV, 1035 ff. und ebd., 1061 ff.).

Aber nicht nur ganze Seiten sind verschwunden. Längst war ersichtlich, dass beispielsweise an einer Stelle auch nur zweieinhalb Zeilen fehlten, weil sie mit der Schere abgeschnitten waren: und zwar die letzte Zeile des Blattes 80 und der Fortgang am Beginn des folgenden Blattes 81, wo es um die beiden damals noch lebenden Kinder des Millionärsonkels Salomon Heine in Hamburg ging, nämlich um Carl und Therese. Die Textlücke ist wieder geschlossen, das neue Stück in der

Sammlung des Heine-Instituts vervollständigt die in der Bibliothèque Nationale aufbewahrte Manuskriptseite wieder. Die Zeilen wurden offenbar vom Autor selbst, oder jedenfalls auf seine Anweisung hin, entfernt, aber eben dennoch nicht fortgeworfen, sondern aufbewahrt. Die Ziffer der Seitenzahl 81, die bereits auf der Seite stand und beim Wegschneiden auf dem zweiten erhaltenen Schnipsel verständlicher Weise stehen blieb, wurde von Heine selbst auf der zum größten Teil übrig gebliebenen Seite 81 links oben erneut eingetragen.

Die beiden Seitenreste haben in einer alten Autographensammlung, freilich in falscher Reihenfolge auf ein Blatt aufmontiert, überlebt. Heines Treue zum eigenen Text, und handele es sich auch nur um kleine Abschluss- und Anfangsstreifen von zwei aufeinander folgenden Seiten, hat sich damit bewährt. Das gilt auch für die Seite 80 des Manuskripts, die sich nun wieder vervollständigen lässt.

Zu spekulieren bleibt natürlich dennoch, ob etwa schon ein Schreiber oder Besucher die kleinen Reliquien hat mitgehen lassen oder ob sie aus dem Manuskriptbestand später ausgesondert wurden und einen eigenen Weg der Überlieferung eingeschlagen haben. Jedenfalls tragen die Formulierungen über Therese Heine zum Gesamtbild seines oft traumatischen Lebens im »Schooße meiner Familie« bei. Mit diesem emphatischen Ausdruck hat er selbst seine Verbindung zur Generation vor und neben ihm mit all der damit verknüpften Liebe wie Hassliebe bereits in zwei sehr unterschiedlichen Briefen aus Lüneburg vom 10. Juni 1823 an den von ihm zeitweilig verehrten Schriftsteller Friedrich de la Motte Fouqué und an seinen Freund, den Schriftsteller Karl Immermann umschrieben (vgl. HSA XX, 88 f. und ebd., 90 f.).

Nach der Würdigung Salomon Heines, dessen »männliche Schönheit« gerühmt wird und der »überhaupt ein Mann« gewesen sei, »dessen Charakterstärke sich auch in seinen edelgemessenen, regelmäßigen Zügen imposant, ja manchmal sogar verblüffend, offenbarte«, geht Heine zu den Kindern seines Onkels über und hebt dabei verständlicherweise die lebenden, seinen Vetter Carl und seine Kusine Therese, hervor:

> Seine Kinder waren alle, ohne Ausnahme, zur entzückendsten Schönheit emporgeblüht, doch der Tod raffte sie dahin in ihrer Blüthe und von diesem schönen Menschenblumenstrauß leben jetzt nur zwey, der jetzige Chef des Banquierhauses und seine Schwester, mein (DHA XV, 76 f.)

Es folgt der Hinweis auf die »‹Textlücke›«. Der anschließende Text enthält dann die Summe seines Verhältnisses zu den Kindern und der Frau Salomon Heines, seiner Tante Betty, geb. Goldschmidt, bevor im nächstfolgenden Abschnitt der Vater Heines geschildert wird und der Kreis der väterlichen Verwandtschaft sich schließt. Die Fassung von Eduard Engel endete übrigens, die Heine'sche Streichung am Schluss der Seite 80 der heutigen Pariser Handschrift ignorierend, um eine Spur anders: »der jetzige Chef des Bankierhauses und seine Schwester, eine seltene Erscheinung mit – – –« (B VI/1, 579).[6]

Die Abschlussbemerkung über die Hamburger Familie lautet:

> Ich hatte alle diese Kinder so lieb, und ich liebte auch ihre Mutter die ebenfalls so schön war und früh dahinschied, und alle haben mir viele Thränen gekostet. Ich habe wahrhaftig in diesem Augenblicke nöthig meine Schellenkappe zu schütteln, um die weinerlichen Gedanken zu überklingeln. (DHA XV, 77)

Heinrich Heine, Bruchstücke aus dem »Memoiren«-Fragment (1854). Heinrich-Heine-Institut, Düsseldorf

Die Lesarten für den Übergang von Seite 80 zu 81 durch die jeweils abgeschnittenen Zeilen sehen nunmehr folgendermaßen aus: S. 80/81 des Heine-Manuskriptes (gleichbedeutend mit DHA XV, 77; die Zeile 2 und 3 aufgreifend, während sich dann der fortlaufende Text bis zum Satzende durch das neue Bruchstück des »Memoiren«-Manuskripts aus dem Heinrich-Heine-Institut ergibt; vgl. ebd., 1124)[7]:

> jetzt nur zwey, der jetzige Chef des Banquierhauses und seine Schwester,
> 1) die, eine seltene Erscheinung mit der Schönheit des zierlichsten Leibchens auch die sittliche Schönheit einer edlen stolzen Seele verbindet.
> 2) mein hübsches Mühmchen, welches, was
>   a) sich selten findet
>   b) man /: selten :/ sieht mit der Schonheit /: des zierlichsten Leibchens auch die sittliche Schönheit einer edlen stolzen Seele verbindet. :/

Das sind nicht einmal 25 neue Wörter, die jene alte Textlücke auffüllen. Doch müssen sie dem Autor so viel bedeutet haben, dass er sie kurzerhand eliminierte und nicht einfach nur durchstrich. Die Tilgung sollte offenbar als Vernichtung der vorher so positiven Charakteristik seiner Kusine Therese dienen.

IV.

Während die »Geständnisse« den großen Verlauf der inneren wie äußeren Biographie zur Darstellung bringen sollten, beabsichtigte Heine im Gegenstück, eben in den so genannten »Memoiren«, das intimere, persönliche und private Leben darzustellen. Reale Erinnerung und fiktionale Veränderung bilden dabei ein Amalgam, bei dem man sicher sein kann, dass Heines Treue zum wirklich erlebten Detail zwar mit phantasmagorischen Elementen verwebt wurde. Insgesamt aber bleibt bei seinen autobiographischen Texten dennoch die historisch nachprüfbare Genauigkeit erstaunlich stimmig.

Die Familienmitglieder und die Personen der Kindheit und Jugend aus den Schuljahren und der Nachbarschaft in seiner Geburtsstadt Düsseldorf werden in gestaffelten Erinnerungskomplexen durch kräftige Charakteristiken und abgründige Anekdoten lebendig. Trotz des subjektiveren Tons zeigt sich am »Memoiren«-Anfang sogar eine erzählerische Klammer zu den »Geständnissen«, nämlich zu jener Szene, die auf dem Petersplatz in Rom angesiedelt ist. Hier findet sich der kranke Heine aufgrund einer ihm von der Mutter erst »später in Hamburg« erzählten »Unterredung« mit Heines Düsseldorfer geistlichem Lehrer Ägidius Schallmayer, der den kleinen jüdischen Schüler Harry Heine in einem in jedem Sinne römisch-katholischen Kontext angeblich hätte fördern wollen und können, in einer literarischen Imagination als Papst wieder (vgl. DHA XV, 53 f.).

Heine betont ausdrücklich, dass er aufgrund der in Düsseldorf verlebten Kindheit selbstverständlich dem mütterlichen Familienzweig, der von der Mutter und ihrer Generation aus dann in die Vergangenheit hinein verfolgt wird, leicht größere Aufmerksamkeit zu widmen vermöge. Die Hofbankiers- und Arztfamilie van Geldern lebte seit mehreren Generationen am Rhein und gehörte zu den wichtigsten Vertretern der jüdischen Gemeinde im Bergischen Land.[8] Schwerer fiel ihm die Darstellung der väterlichen Familie Heine aus Hannover und Hamburg, die er umgekehrt aus der Vergangenheit früherer Generationen über die Nennung der väterlichen Geschwister bis hin zur Beschreibung seines Vaters in Erinnerung ruft. Besonders die Würdigung des Millionärsonkels und Mäzens Salomon Heine und seiner Hamburger Familie bedurfte seiner Aufmerksamkeit, handelte es sich doch nach seiner Erfahrung um eine ganze für ihn nicht unproblematische

Familienmenagerie unter dem Zepter des Chefs und Übervaters Salomon Heine.[9] Trotz aller auch schönen Erlebnisse erschien ihm die Hamburger Villa an der Elbe in Ottensen alles in allem als seine »Affrontenburg« (DHA III, 195), die für seinen physischen und psychischen Untergang verantwortlich gemacht wurde.

Onkel Salomon war, wie erwähnt, Ende 1844, kurz nach Heines zweitem Hamburg-Besuch von Paris aus, gestorben. Das Aufsehen erregende Testament erfüllte keineswegs die berechtigten Hoffnungen des als freier Autor in der teuren französischen Hauptstadt lebenden Neffen. Zwar hatte sich Heine nach einem spektakulären, in aller Öffentlichkeit ausgetragenen Erbschaftsstreit, der zum gesundheitlichen Ruin des an einer meningo-vaskulären Lues erkrankten Dichters zweifellos beitrug, wieder mit seinem Vetter Carl Heine ausgesöhnt. Die Beziehungen zur Hamburger Familie blieben aber gespannt. Die in Biographien immer wieder beschworene Liebesgeschichte mit der jungen Kusine Amalie gehörte bereits einer grauen Vorzeit an. Nun lebte außer Carl nur noch die Kusine Therese, zu der ihm ebenfalls ein besonders enges Verhältnis nachgesagt wurde. Für Schwärmereien hätte allein schon der großbürgerliche Rahmen in Hamburg im Vergleich zu den dazu eher bescheidenen, schließlich von der Krankheit des Vaters überschatteten Düsseldorfer Verhältnissen Anlass bieten können. Weit vor Salomon Heine selbst waren die Tante Betty, die Kusinen Friederike und Fanny sowie der Vetter Hermann gestorben.

V.

Therese Heine (1807–1880) hatte 1828 den späteren Präsidenten des Hamburger Handelsgerichts Dr. Adolf Halle (1798–1866) geheiratet, der seinen Posten von 1831 bis 1848 versah. Aus Anlass eines Diners bei Salomon Heine im Mai 1830 schilderte die aus Berlin kommende Schauspielerin Therese Devrient, die mit ihrem Manne Eduard geladen war, die »zahlreiche Gesellschaft«, »die trotz aller Ungezwungenheit des Benehmens doch eine gewisse steife Förmlichkeit zeigte«. Allein Therese Halle, Salomons jüngste Tochter, eine »junge, hübsche Frau« hätte sich als »einzige« »von diesem Wesen freigemacht«: sie »näherte sich mir freundlich, und wir plauderten, während wir in den schönen Alleen auf- und abgingen, den Blick auf die herrliche breite Elbe, bis endlich um sieben Uhr der Diener uns zum Essen rief«. Therese Devrients Eindruck vom anwesenden Dichter Heinrich Heine war dagegen äußerst ungünstig; es herrschte wohl eine »natürliche Antipathie zwischen uns beiden« (Werner I, 201).[10]

Als Therese heiratete, befand Heine sich in München. Während der anschließenden deutschen Zeit haben sie sich sicherlich noch häufiger gesehen. Möglicherweise war das Ehepaar Halle bei einem Parisbesuch Anfang Juli 1836 mit Heine zusammen.[11] Salomon Heine, der im Herbst 1838 zur Hochzeit seines Sohnes Carl mit Cécile Furtado, die aus einem enorm wohlhabenden und einflussreichen jüdischen Hause stammte, in Paris war, schreibt nach einem Treffen mit seinem Neffen Heinrich am 7. Oktober 1838 aus Paris an Therese über Heines Talent: Dieser sei besser, als er geglaubt habe, er hoffe jedoch, dass der Neffe bei der Verwendung von Mitteln zur Unterstützung Wort halte; für Carl zeige der Dichter eine wirkliche »Anhänglichkeit« (Werner I, 376). In einem Brief an seine angeheiratete Kusine Cécile in Hamburg, seit wenigen Jahren Thereses Schwägerin, empfiehlt der Dichter am 28. Juni 1841 aus Cauterets in den Pyrenäen angelegentlich, auch Carl und Therese möchten die Pyrenäenbäder gebrauchen. Von »Vollblutleiden«, »welches in der Familie herrschend« zu sein scheine, und von »heilsam« ist die Rede. Auf Therese und ihren Mann bezieht sich dann folgender Satz: »die kleine Frau und ihren Gemahl bitte ich zu grüßen, so wie auch Onkel« (HSA XXI, 400). Heine erkundigt sich dann nach der Einweihung des Israelitischen Hospitals in Hamburg, eine Stiftung Salomons zur Erinnerung an seine 1837 verstorbene Frau. Eine solche soziale und mäzenatische Ader besaß auch Therese. Sie stiftete das heute noch existierende Heine'sche Wohnstift für mittellose alleinstehende Frauen am Holstenwall, das alle für das heinesche Andenken nicht immer leichten Zeitläufe überstanden hat – wie das Israelitische Krankenhaus ihres Vaters auch.

Heine hat Therese und ihren Mann während seiner Besuche wenigstens 1843, zweifellos wohl aber auch 1844 in Hamburg gesehen. Sie und ihr Bruder Carl treten dann nach dem Erbschaftsstreit gemäß Heines Empfinden gewissermaßen als Einheit auf, so wenn Heines Schwester Charlotte Embden, in Hamburg lebend, ihrer Kusine Therese offenbar Dinge erzählt hat, die sein Verhältnis zu Carl trübten. Darüber berichtet der Dichter am 17. Dezember 1850 seinem Bruder Gustav nach Wien (vgl. HSA XXIII, 72). Halle hatte schon 1848 sein hohes Amt aufgegeben, da er an einer Gemütskrankheit litt, von der er zwar genas, so dass er gelegentlich wieder für Hamburg tätig war. Dennoch blieb er offensichtlich angeschlagen, und das nicht nur, wie wir am Schluss sehen werden, in Bezug auf seine »fixen Ideen«. So nannte Heine nicht ohne Anteilnahme am 7. Juni 1851 jene Verhaltensweisen, unter denen das »Schicksal dieses ausgezeichneten Mannes« litt, dem er freilich auch »Geiz« (HSA XXIII, 102) attestierte. Das kinderlose Ehepaar scheint in den 1850er Jahren ständig auf Reisen gewesen zu sein: »Marienbad, Paris, Italien und Wien waren die Stationen eines hypochondrischen Alters.«[12] Mit der letzten Charakteristik war Halle gemeint. Man wird darum davon ausgehen dürfen, dass Therese an seiner Seite kein leichtes Leben gehabt hat. Halle wurde von Heine für das Hauptmissgeschick im Rahmen der Hamburger

Familie, auch was den Erbschaftsstreit anging, verantwortlich gemacht. Therese war offenbar diplomatisch und distanziert.

VI.

Mitte Juni 1853 hat sie zusammen mit ihrem Bruder Carl den kranken Vetter endlich besucht, nachdem sie sich schon seit dem Frühjahr in Paris aufhielt. Heine weiß, ihre Parispläne betreffend, offenbar seit Februar von seiner Mutter davon[13], zweifelt aber im Brief an diese vom 18. März 1853 daran, dass sie ihn »besuchen« werde, »da man es auf alle mögliche Weise hintertreiben wird« (HSA XXIII, 273). »Therese reißt ende dieser Woch nach Paris, ich glaube aber nicht direct«, schreibt Charlotte Embden dann am 2. April 1853 und fügt hinzu, Halle habe »bis jetzt noch Niemand besucht, ein Beweiß daß er noch mechoggen ist, er ist Menschen Scheu«; von Carl wisse sie »gar nichts«, da er mit der Familie von Salomons Bruder Henry, dessen Frau nicht nur Tante, sondern gleichzeitig Charlottes Schwägerin war, »in gar keiner Berührung« stehe (HSA XXVII, 97). Mit »garderobe« beschäftigt und mit ihrer vornehmen Schwägerin Cécile frühstückend, wie Charlotte Embden ihrem Bruder am 20. April 1853 schrieb, hatte Therese, die inzwischen »in Paris« ist, wohl »die Hände voll zu thun« (ebd., 101) und ließ sich Zeit, wie Heine am 7. Mai zu verstehen gibt: »Die Doktorin Halle kommt nicht zu mir, wie ich voraus wußte.« (HSA XXIII, 283) Am 21. Juni 1853 kann er aber endlich doch vermelden, Therese habe ihn »hier besucht, aber in Gesellschaft von Carl, der als Schildwache mitgeschickt worden, damit ich nichts sage das sie nicht wissen solle« (ebd., 287). Seine angeheiratete Kusine Cécile war nicht dabei, sondern zur großen Gegenspielerin geworden.

Therese war vom Elend ihres Dichtervetters tief ergriffen. Sie sandte ihm am 10. August 1853 aus Ottensen einen herzlichen Brief samt einer Geldzuwendung. Dieses Schreiben stellt ein nobles Dokument der verwandtschaftlichen Anhänglichkeit dar:

> Lieber Harry,
> Seit meinem Besuch, welchen ich Dir bei unserem kurzen Aufenthalt in Paris gemacht habe, steht Dein Bild fortwährend vor mir, und kann ich nur mit großer Wehmuth Deiner körperlichen Leiden gedenken, welche Du mit vieler, vieler moralischer Kraft trägst, einer Stärke welche mir eine Achtung einflößt, die ich mich gedrungen fühle, Dir zu bezeigen. Hoffentlich, lieber Harry, wirst Du diese Zeilen mit früherer Anhänglichkeit annehmen, und sie so auffassen, wie sie aus einem warmen, mitfühlenden Herzen an Dich gerichtet werden. Der liebe Gott stehe Dir bei, das ist mein innigster Wunsch für Dich, und erleichtere Dir diese schwere Prüfungszeit, stärke Dich mehr und mehr, und erhalte Dir Deine geistige Frische, damit Du mit voller Willens Kraft Herr Deiner Schmerzen bleibst. Gern, lieber

Harry, möchte ich Dir eine kleine Freude machen, und dieses ist der Zweck meiner Zeilen, da ich Dich bitten will, beifolgende Anweisung so anzuwenden, daß Du Erleichterung oder eine Bequemlichkeit Dir davon verschaffen mögest, und würde es mir eine Freude sein, wenn Du für mich und alle die Meinen Raum Deinen sanfteren und guten Empfindungen giebst, da ich mich immer gefreut habe wenn ich solche bei Dir zu finden glaubte. –Von Adolph habe ich Dir die herzlichsten Grüße zu sagen und freue mich Dir mittheilen zu können, daß er sich Gott lob wohler und heiterer wieder fühlt. Deiner Frau unsere besten Grüße. Lebe wohl, mit aufrichtiger Freundschaft Deine
Therese Halle geb. Heine
(HSA XXVII, 126 f.)

Heine reagiert mehr als wahrscheinlich mit einer Folge von drei Gedichten aus der Gruppe »Zum Lazarus« Nr. 6 bis 8 in den »Gedichten. 1853 und 1854« auf diesen Besuch, besonders mit dem dritten, ergreifenden Gedicht »Ein Wetterstral beleuchtend plötzlich«, darin die Zeilen: »O Gott, wie muß ich elend seyn! / Denn sie sogar beginnt zu sprechen, / Aus ihrem Auge Thränen brechen, / Der Stein sogar erbarmt sich mein!« (DHA III, 203)[14]

Ende 1854 war Therese wiederum in Paris. »Carl et Frau sind nach Paris gereißt, werden auf dem Lande bei ihren Eltern wohnen« (HSA XXVII, 241), schrieb Charlotte ihrem Bruder am 16. Oktober 1854. Später bat sie: »erfährst Du etwas über Carl, so schreibe mir« (ebd., 253). Am 12. November 1854 ging die Mutter auf Carl und Céciles Anwesenheit in Paris ein und Charlotte meldete im selben Brief: »Carl ist in Paris, auch Therese mit ihrem Manne« (ebd., 254). Ihren kranken Vetter besuchte Therese diesmal nicht. »Ob Therese hier ist, und wo sie wohnt, weiß ich nicht« (HSA XXIII, 402), heißt es lakonisch im Brief an die Mutter vom 13. Dezember 1854. Heines Enttäuschung konnte sich nur in der Auslöschung der wenigen Zeilen über die körperliche und geistige ›Schönheit‹ Thereses Luft schaffen. Sie gehörte jetzt wieder ganz zu jenem Teil der Verwandtschaft, der an ihm, und zwar »im Schooße der Familie, wo ich waffenlos und vertrauend war«, »Verrath«, ja »einen Meuchelmordsversuch« (HSA XXII, 181) geübt hatte, wie es am 3. Januar 1846 über die Hamburger Sippe im Brief an seinen alten Freund Karl August Varnhagen von Ense heißt.

In der Heine-Familie wurde immer ein offener Ton gepflegt, der sich um erotische und physische Belange nicht herumdrückte. Heine selbst liefert oft genug Beispiele dafür, in seinen Werken und Briefen. Seinem Petersburger Arztbruder Maximilian schrieb er am 12. September 1848 im Stabreim, er könne weder »kauen noch kacken« (HSA XXII, 294). Ein Beispiel aus dem Werk, das sich indirekt auf seine eigene Säuberungsaktion im »Memoiren«-Manuskript beziehen lässt, findet sich am satirischen Schluss des Versepos »Deutschland. Ein Wintermährchen«, wenn der Hamburger Zensor Hoffmann die durch Rum berauschte Stadtgöttin Hammonia um die angestrebte Vereinigung mit ihrem Dichter Heine bringt, weil dieser kurzerhand vor der Hochzeitsnacht mit der »Censorscheere« entmannt wird. Es sei »die beste Stelle« gewesen, die beim Schnitt »in's Fleisch« (DHA IV, 154) getroffen wurde, heißt es.

Die Zeilen, die Heine aus Verärgerung über Therese geopfert hat, bedeuten sicherlich nicht die beste Stelle seiner »Memoiren«, tragen jedoch zweifellos den Charakter eines zwanghaften Racheaktes mit Kastrationsabsicht an sich. Zu dieser Form der Verletzung und des Wegschneidens passt als Epilog, der in jeder Weise jener Kastration des Manuskriptes entspricht, die Heine vorgenommen hat, der Bericht seines Bruders Gustav in Wien über einen gerade eben erfolgten Besuch des Ehepaars Halle bei ihm im Sommer 1855. Gustav liebte überhaupt drastische Bemerkungen. Dem ihm seine vielen Titel aufzählenden Bruder Max sagt er, wie Charlotte am 20. April 1853 an Heine schreibt: »Ach was, ich hab die Mittel und scheiß Dir auf die Tittel.« (HSA XXVII, 102) Im Brief vom 23. Juni 1855 an den Bruder in Paris entwirft der Verleger des Wiener »Fremdenblatts«, der später zum Ritter, dann zum Baron von Heine-Geldern geadelt wurde, eine kleine Farce:

> Wie geht es Dir, wie ich von F r e m d e n höre, nicht ganz so schlecht. Dieser Tagen war Halle mit Therese bei uns die sich sehr nach Dir erkundigten Ich ließ Dich ein bischen Sterben mit Gottes Hülfe werde ich dieses aber noch sehr oft und lange thun. Halle ist sehr krank, der arme Millionair kann nicht pissen, und sein Werkzeug dazu, nemlich der Pisser ist so schlecht, daß wenn man ihm einen Hund vorwirft, er ihn nicht fressen würde. Arme Therese. Unser Rächer ist ein Pisser. Schone Dich nur, und lebe noch recht lang, das soll Deine Rache, und unsere größte Freude seyn. (HSA XXVII, 334)

Solche unangenehmen Probleme haben das Ehepaar Halle nach allen sonstigen Krankheiten des angeheirateten Vetters nun auch noch auf fürchterliche Weise eingeholt. Diese gewissermaßen natürliche Rache, verknüpft mit einer gnadenlosen Schadenfreude, zu der Gustav aufrufen kann, übertreffen die von Heine veranstaltete Reinigung innerhalb der Beschreibung seiner Hamburger Verwandten bei weitem. Die medizinische Realität überholt sogar Heines rigorosen Abschied vom Lob der Kusine, wie nur das Leben selbst es kann. Dennoch hat die Dichtung gesiegt. Wir sprächen nicht darüber, gäbe es das Heine'sche »Memoiren«-Fragment nicht.

Anmerkungen

[1] Vgl. J. A. Stargardt: Autographen aus allen Gebieten, Auktion am 21. und 22. November 2006 im Opernpalais Berlin, Unter den Linden 5. Katalog 685. Berlin 2006, S. 68, Los-Nr. 133.

[2] Wiebke Hüster: Irren verwirrt. Vorschau: Autographen bei J. A. Stargardt in Berlin. – In: Frankfurter Allgemeine Zeitung, 18. November 2006, S. 49.

[3] Stargardt [Anm. 1].

[4] Zu danken habe ich Marianne Tilch, Archivarin im Heinrich-Heine-Institut, Düsseldorf, für ihre tatkräftige Unterstützung bei der Vorbereitung dieser Ausführungen und für die Herstellung der Lesarten.

[5] Vgl. Joseph A. Kruse: Familien-Bande. Heines Versuch, seine Memoiren zu schreiben. Mit Blick auf die Heine-Verwandtschaft bis heute. – In: Das Jerusalemer Heine-Symposium. Gedächtnis, Mythos, Modernität. Hrsg. von Klaus Briegleb und Itta Shedletzky. Hamburg 2001, S. 17–35.

[6] Die sechsbändige, von Klaus Briegleb herausgegebene Heine-Ausgabe (München 1968–1976) enthielt im 6. Band bis zur 2. Auflage von 1985 versehentlich den »Memoiren«-Text von Engel, anschließend den von Loewenthal.

[7] Bei der Darstellung im Lesartenapparat der Düsseldorfer Heine-Ausgabe dieses entsprechenden Teils der »Memoiren«-Handschrift ist das Komma bei der ersten Fassung zwischen »die« und »eine seltene« noch nicht erfasst worden; diese Beobachtung erweist sich gewissermaßen als ein ungewollter ironischer Hinweis auf die philologische Kleinigkeitskrämerei oder Kommatazählerei unserer Editionspraxis, ohne die es jedoch keine gereinigten und kompletten Texte gäbe!

[8] Vgl. Joseph A. Kruse: »Sehr viel von meiner mütterlichen Familie« (H. Heine). Geschichte und Bedeutung der van Gelderns. – In: ders.: Heine-Zeit. Stuttgart, Weimar 1997. S. 1–44.

[9] Vgl. dazu Joseph A. Kruse: Heines Hamburger Zeit. Hamburg 1972, S. 79 ff.

[10] Zur weiteren Biografie von Therese vgl. Sylvia Steckmest: Therese Halle geborene Heine (1807–1889). Zur Erinnerung an eine Hamburger Stifterin. – In: Hamburgische Geschichts- und Heimatblätter XV, H. 8, Oktober 2007, S. 179–191.

[11] Vgl. Mende², 138.

[12] Kruse, Heines Hamburger Zeit [Anm. 9], S. 97.

[13] Vgl. Mende², 301.

[14] Vgl. dazu DHA III, 1153 ff.

James Ensor, Heinrich Heine und »Die seltsamen Insekten«

Von Christian Liedtke, Düsseldorf

»Es ist aber eigen, wenn man in dem Gemälde, das man eben betrachtet hat, selbst steckt« (DHA VII, 56), bemerkte Heine in seiner »Reise von München nach Genua«. Eine solche ganz »eigene« Empfindung hatte auch das belgische Malergenie James Ensor (1860–1949), als er seine Radierung »Les insectes singuliers« (»Die seltsamen Insekten«) schuf: In das Bild, zu dem ihn ein Gedicht Heines inspiriert hatte, zeichnete er ein Selbstporträt hinein. Es entstand 1888, im selben Jahr, in dem er die Arbeit an seinem berühmtesten Werk »Der Einzug Christi in Brüssel 1889« (J. Paul Getty Museum, Los Angeles) aufnahm. Die Christusfigur, die dieses monumentale Gemälde inmitten eines schier unüberschaubaren Maskenzuges zeigt, trägt ebenfalls Ensors eigene Züge. Zusätzliche Bedeutung bekommt »Die seltsamen Insekten« außerdem durch die Tatsache, dass das Bild eine der frühesten Heine-Illustrationen überhaupt ist. Dem Engagement der Ernst von Siemens Kunststiftung (München) ist es zu verdanken, dass das Heinrich-Heine-Institut dieses einzigartige Zeugnis von Ensors Identifikation und künstlerischer Auseinandersetzung mit Heine im Jahre 2009 erwerben konnte. Besonderer Dank gilt dem Geschäftsführer der Stiftung, Joachim Fischer, sowie Ingrid Bodsch (Bonn), die sich für den Ankauf eingesetzt haben.

»Die seltsamen Insekten« ist eine Kaltnadelradierung, auf Simili-Japan-Papier gedruckt. Wie hoch die hergestellte Auflage insgesamt war, ist nicht bekannt, bei vergleichbaren Werken Ensors aus jener Zeit lag sie etwa zwischen 100 und 300 Exemplaren. Auguste Taeverniers kommentiertes Gesamtverzeichnis von Ensors druckgrafischem Werk beschreibt fünf verschiedene »Zustände« oder Entstehungsstufen, in denen diese Radierung überliefert ist.[1] Das aus Mitteln der Ernst von Siemens Kunststiftung angekaufte, unkolorierte Blatt entspricht dem fünften, dem am weitesten ausgearbeiteten Stadium. Es ist links oben datiert (»Ensor 1888«) und rechts unten noch einmal vom Künstler signiert. Unten links steht der Titel in französischer Sprache.

Christian Liedtke · James Ensor, Heinrich Heine und »Die seltsamen Insekten« 243

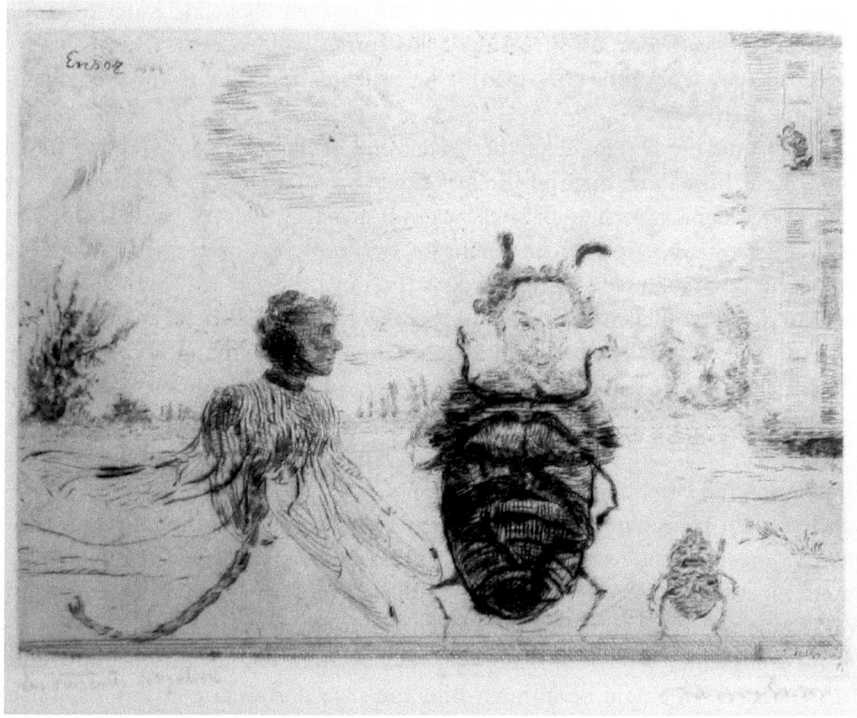

James Ensor, »Les insects singuliers« (»Die seltsamen Insekten«). 1888, Kaltnadelradierung auf Simili-Japan. Mit Bleistift signiert und betitelt. 11,4 x15,4 cm. Heinrich-Heine-Institut, Düsseldorf. Angekauft aus Mitteln der Ernst von Siemens Stiftung

Im Vordergrund sieht man zwei Insekten mit menschlichen Köpfen und Oberkörpern. Links ist eine große, schwebende Libelle mit einem Frauenkopf im Profil dargestellt. Ihr menschlicher Oberkörper geht nach unten hin in Libellenflügel über. Sie blickt nach rechts auf einen neben ihr aufrecht stehenden Käfer von etwa gleicher Größe, der dem Betrachter seine haarige Unterseite darbietet; er trägt den mit Fühlern versehenen Kopf eines bärtigen Mannes, der *en face* dargestellt ist. Schultern und Brustkorb heben sich vom Insektenkörper, der die Gesamtfigur bestimmt, ab. Rechts neben ihm steht ein sehr viel kleinerer Käfer in ähnlicher Pose, allerdings ohne klar erkennbare menschliche Gesichtszüge. Den Hintergrund bildet eine angedeutete Park- oder Gartenlandschaft mit Sträuchern, Bäumen und einer Freifläche, am rechten Bildrand befindet sich ein Wohnhaus, in dessen oberster Etage man durch ein Fenster ein nach rechts gewandtes, maskenartiges Gesicht im Profil sieht. Der etwas verlegen blickende Käfer trägt die Züge von James Ensor selbst, bei der Libellenfrau handelt es sich um Mariette Rousseau (geb. Hannon; 1850–1926), eine bedeutende Biologin und Mykologin (Pilzforscherin).[2]

Der Bruder der Dargestellten, der Maler und Dichter Theodor Hannon (1851–1916), hatte Ensor mit ihr und ihrem Gatten Ernest Rousseau, Physikprofessor und Rektor der Universität Brüssel, bekannt gemacht. Das Haus der beiden in der Vautierstraat Nr. 20 war der wichtigste Treffpunkt der belgischen Kunstszene jener Zeit, und schon bald, nachdem der siebzehnjährige James Ensor sich als Student an der Königlichen Akademie für Schöne Künste in Brüssel eingeschrieben hatte (im Oktober 1877), fand er hier Aufnahme, Anerkennung und Anregung. Die Mischung aus positivistischem, naturwissenschaftlichem und sozialistischem Denken, die die freigeistigen Gespräche in ihrem wöchentlich abgehaltenen Salon prägten, beeinflusste Ensor nachhaltig.[3] Vor allem aber wurden die Eheleute Rousseau seine Freunde und Förderer. Sie nahmen ihn auf wie ein Familienmitglied, und ihr Haus wurde sein »home away from home«[4], wann immer Ensor seinen Wohnort Ostende verließ und nach Brüssel kam. Die Bedeutung der beiden ist also in etwa vergleichbar mit der Rolle, die das Ehepaar Rahel und Karl August Varnhagen von Ense einst für den jungen Heinrich Heine in Berlin spielte.

Ihr Sohn Ernest Rousseau junior teilte den bizarren Humor Ensors und wurde sein Gefährte. In einem berühmten Bild von 1892 porträtierte er ihn als Harlekin, und es ist gewiss nicht abwegig, zu vermuten, dass das dritte der »seltsamen Insekten«, der kleine Käfer, den Ensor sich selbst an die Seite stellt, für Ernest junior steht. Die Hauptrolle in dem Bild spielt allerdings dessen Mutter, zu der Ensor ein »ambivalentes« Verhältnis hatte, das sich aus Sicht seiner Biographen nur »schwer erfassen«[5] lässt. Sie war für ihn Mäzenin und Muse zugleich, er bewunderte ihre naturwissenschaftliche Arbeit, und diese beeinflusste auch seine eigene künstlerische Tätigkeit, vor allem im Hinblick auf die Motivwahl, denn durch sie erschloss sich ihm die mikroskopische Welt und nicht zuletzt die der Insekten. Ein späteres Bild von ihm ist denn auch eine Hommage an die Forscherin und zeigt Mariette Rousseau am Mikroskop sitzend. Zugleich zog ihn aber auch ihre Schönheit an, und sie war, wie Anna Swinbourne bemerkt, »object of Ensor's profound admiration and private fantasy«[6]. Ihre Darstellung als schwebende Libelle feiert ihre flirrend-verwirrende Schönheit, gibt ihr aber auch etwas Unnahbares, Unerreichbares, wie es ihrer Position als respektabler, verheirateter Frau entspricht. Ensors Selbstporträt in der Gestalt eines unscheinbaren Käfers lässt die beiden in der Tat als seltsames Paar erscheinen und betont erst recht die Unmöglichkeit einer amourösen Verbindung zwischen ihnen. Der etwas betreten wirkende Ausdruck in seinem Gesicht mit dem verlegen nach unten gerichteten

Blick bestätigt dies, wobei die Tatsache, dass der Käfer seine ungepanzerte Unterseite zeigt, Verletzlichkeit signalisiert. Was ein großes Liebesdrama sein könnte, wird durch die Verlagerung in die Sphäre der Insekten buchstäblich bagatellisiert und in ein humoristisch-skurriles Licht gerückt.

Unglückliche, unmögliche Liebe als groteske Maskerade mit tragikomischem Grundton – das klingt schon nach Heine, der ein Verhältnis wie das zwischen James Ensor und Mariette Rousseau gewiss auf ganz ähnliche Weise hätte schildern können. Die Spur von Ensor zu Heine findet sich bei einer Cousine von Ensors Freund Ernest Rousseau junior, der Schriftstellerin Blanche Rousseau (verh. Belval, 1875–1949).[7] Ihre persönlich gehaltene Reminiszenz an den jugendlichen Umgang mit den beiden wurde 1889 unter dem Titel »Ensor intime« in einer Sonderausgabe der Zeitschrift »La Plume« veröffentlicht, die ausschließlich seinem Werk gewidmet war. Schauplatz ist das für seine romantischen Klosterruinen berühmte Waldgebiet vor den Toren Brüssels:

> Eine glückliche Erinnerung lebt in mir an manchen Sommernachmittagen wieder auf. Damals, im Schatten einer großen Eiche im Wald von Soignes, hörten wir gemeinsam von Henri Heine.
> Es war mit meinem Cousin E[rnest junior]. Ich erinnere mich, dass wir wie Kinder gerannt waren, wetteifernd, wer als erster am Ende des Weges ankommen würde. James hatte brillant eine seiner vagen und zerfahrenen Geschichten improvisiert, wo sich Riesen und Äbtissinnen auf fantastische Weise bei Lanzengeklirr und im Glanz von Gold und Juwelen bewegten.
> Nun ruhten wir uns aus; ich, *die Blonde Äbtissin von Froissart*, sah durch die Äste die Sonne untergehen und sich ausdehnen, zerfließend auf dem Moos... James hatte sich auf seinem senffarbenen Mantel ausgestreckt. Mein Cousin las laut aus den *Launen der Verliebten*: »Ein Käfer saß auf dem Zaun, betrübt; Er hat sich in eine Fliege verliebt. ›Du bist, o Fliege meiner Seele, Die Gattin, die ich auserwähle.‹
> ›Heirate mich und sei mir hold! Ich hab einen Bauch von eitel Gold.‹«
> Ich erinnere mich an das leise Lachen von Ensor, an die raschen Blicke, die vom Himmel zur Landschaft glitten, an den plötzlichen Ausdruck der spöttischen und satanischen Freude, mit der er den versteckten Sinn der witzigen Sätze voller bitterer Ironie unterstrich. Ich hatte den lebhaften Eindruck seiner Geistesverwandtschaft mit Heine.[8]

Wegen dieser reizvollen und lebendigen Schilderung der Heine-Rezitation im Wald, die wohl auf Ensors Brüsseler Studienjahre 1877–1880 zu datieren ist, hat man »Die seltsamen Insekten« zumeist auf das dabei von Ernest Rousseau vorgetragene Gedicht »Die Launen der Verliebten« (DHA III, 215 ff.) bezogen, das in den »Gedichten. 1853 und 1854« zum ersten Mal veröffentlicht wurde und 1855 in Heines »Poëmes et Légendes« in französischer Übersetzung erschienen war. Diese skurrile Geschichte der verhinderten Hochzeit von Fliege und Käfer passt gut zu Ensors Darstellung, das tierische Personal jedoch nicht ganz. Denn die Braut ist hier eine Fliege, Libellen spielen als deren »Ehrenmammsellen« (ebd.,

216) nur eine Nebenrolle, genau wie einige weitere Insekten, die auf Ensors Bild gar nicht vorkommen.

Die Vorlage für »Die seltsamen Insekten« ist das in der gleichen Sammlung enthaltene Gedicht »Die Libelle« (DHA III, 205 ff.; in den »Poëmes et Légendes« unter dem Titel »La Libellule«, ebd., 298 ff.).[9] Heines komplexe und anspielungsreiche Exil-Verse zeigen den armen »Käfer, welchem verbrannt / Die Flügel sind! Im fremden Land« (ebd., 206), getäuscht und desillusioniert durch die geliebte Libelle, die »schimmernde, flimmernde Gauklerinn« (ebd., 205). In diese Situation projiziert Ensor sich selbst und Mariette Rousseau hinein; so wie sein Bild Heines Gedicht Gestalt verleiht, wird dieses in ein Abbild von Ensors Sicht auf eine private Beziehungskonstellation verwandelt. Seine Selbst-Identifikation mit dem von Heine geschilderten erniedrigten, ausgestoßenen und seiner Umgebung fremden Insekt führt zu einem der für Ensor so charakteristischen »Rollenporträts«[10]. Ihm gegenüber steht die durch ihre Überhöhung erst recht entfernte Libelle.

> Gar mancher junge Käfer-Thor
> Bewundert ihr Kleid von blauem Flor,
> Bewundert des Leibchens Emaille
> Und auch die schlanke Taille.
>
> Gar mancher junge Käfer-Thor
> Sein bischen Käfer-Verstand verlor;
> Die Buhlen sumsen von Lieb und Treu,
> Versprechen Holland und Brabant dabey. (ebd.)

Neben der vielschichtigen Insekten-Metaphorik, die ihn allein schon wegen des Gegenstandes reizen musste und die sich zudem so gut zu einem selbstironischen Bildkommentar verdichten ließ, mag vielleicht auch diese Erwähnung Brabants – dem Brüssel wenn auch nicht verwaltungspolitisch, so doch geographisch zugehört – den Anstoß dafür gegeben haben, dass Ensor sich gerade »Die Libelle« so anverwandelte und zum Thema seiner originellen Illustration wählte.

Aber das Wichtige an Blanche Rousseaus Schilderung von Ensors Verhältnis zu Heine ist weniger die Frage nach der tatsächlichen Vorlage für »Die seltsamen Insekten«, sondern vielmehr die Art der »Geistesverwandtschaft« Ensors mit Heine, wie sie sie beschreibt: Diese ist nach ihrer Beobachtung geprägt von »satanischer Freude« und einem Sinn für »bittere Ironie«. Es entspricht Ensors ästhetischem Programm, dass er in Heine nicht in erster Linie den Liebeslyriker sieht und sein Augenmerk auch nicht auf das »Buch der Lieder« legt, sondern dass es die weniger ›gefällige‹ späte Dichtung ist, die ihn reizt, dass es nicht die leise-ironische, sondern die mitunter bittere, groteske Seite von Heines Komik[11] ist, durch die er sich mit dem deutschen Dichter verbunden sieht. Das 1855 formulierte Credo des späten Heine, der nach eigenem Bekunden »die Fratzen und Gemeinheiten seiner Zeit in ihren nobelsten Exemplaren zu studiren, und zu portraitiren sucht« (HSA XXIII, 448), gilt tatsächlich genau so auch für James Ensor, den Maler der ›bis zur Kenntlichkeit‹ verzerrten Masken, der die Kunst der Karikatur ins Existenzielle getrieben hat. Mit dieser ganz eigenen und tiefgründigen Sicht auf Heine steht er abseits der Hauptströmungen der Heine-Rezeption am Ende des 19. Jahrhunderts, die sich einerseits in moralisierenden Streitigkeiten um dessen politische, sittlich-religiöse oder charakterliche Denkmalwürdigkeit erschöpft und sich andererseits immer wieder in sentimentaler, biedermeierlicher Weise am Wohlklang und Empfindungsreichtum vor allem seiner Liebesdichtung ergötzt.

Es ist vor allem diese zuletzt beschriebene Rezeptionshaltung, die sich auch in der überwältigenden Mehrzahl der Heine-Illustrationen niederschlägt. Zu Heines Lebzeiten und auch in der Zeit unmittelbar nach seinem Tod gab es zunächst nur vereinzelte Künstler, die seine Gedichte direkt in Bilder umzusetzen versuchten, etwa Johann Peter Lyser (»Bergidylle«, 1829), Adolph Schrödter (»Mir träumt': Ich bin der liebe Gott«, 1842) oder auch der anonyme Zeichner einer »Loreley« in Friedrich von Bodenstedts »Album deutscher Kunst und Dichtung« (1877). Eine eigene Ikonographie oder gar verschiedene Traditionslinien bildeten sich dabei nicht heraus. Das geschah erst, als in Deutschland die Hoch-Zeit der Buchillustration begann. Die 80er Jahre des 19. Jahrhunderts brachten eine regelrechte Welle reich illustrierter Bücher mit sich. Es war die Zeit der pompösen Prachtausgaben mit ihren üppigen ornamentalen Bildbeigaben. Heines sämtliche Werke und insbesondere das »Buch der Lieder« erschienen nun immer wieder in vielen neuen Editionen – besonders bekannt sind heute noch die von Heinrich Laube herausgegebenen, bei Bensinger in Wien verlegten Prachtbände –, und Namen wie Edmund Brüning, Richard Ernst Kepler oder der ungemein erfolgreiche Paul Thumann stehen dabei für das immer gleiche, biedermeierlich anmutende Bildprogramm, das sich darin breit entfaltete: schmachtende Blicke im Mondschein, züchtiges Erröten, edle Jünglinge mit verschleiertem Blick, dann und wann auch gerne leicht geschürzte Nymphen mit wallenden Haaren, dazu zarte Blumen- und Naturmotive – alles weit davon entfernt, Heines Realismus, seinen Witz und seine Schärfe auch nur annähernd in irgendeiner Form bildkünstlerisch widerzuspiegeln, so dass Horst Bunke ernüchtert bilanzierte:

> Die Heine-Illustration war, kaum in einem ersten Ansatz vorhanden, in den ersten Strudel der Verfallserscheinungen und des Niedergangs der Illustrationskunst geraten. Eklektischer Mischmasch hatte nach Poesie gegriffen, schöne, einfache Liebeslieder wurden in süßliche Sentimentalität und moralisierende Trivialität gekleidet. [...] ihrem Wesen nach waren diese Erscheinungen unverkennbar der Ausdruck einer Krise der bürgerlichen Kultur.[12]

Erst zu Beginn des 20. Jahrhunderts, mit dem Expressionismus oder mit Max Liebermann begann eine wirklich moderne Auseinandersetzung der Bildenden Kunst mit Heines Werk, die sich dann in ihren Motiven auch nicht mehr nur auf die Liebeslyrik des jungen Heine beschränkte.

Vor diesem Hintergrund tritt die enorme Bedeutung von James Ensors origineller Illustration und eigenwilliger Anverwandlung von seinem Gedicht »Die Libelle« erst besonders deutlich hervor. 1888, mitten im ›Boom‹ der allerersten massenhaften Bebilderung von Heines Gedichten, wirkt sie neben all den romantisierenden Darstellungen wie ein Fremdkörper, wie ein vorzeitiges Aufblitzen der Moderne. Sowohl in der Thematik als auch in der Umsetzung, die alles Sentimentale, Geschmäcklerische vermeidet, stattdessen unverwandt die Frechheit der Dichtung selbst in ihre Bildsprache übersetzt und deren grotesk karikierenden Blick aufgreift, weist die Radierung »Die seltsamen Insekten« weit über ihre eigene Zeit hinaus. Dieses Zeugnis der »Geistesverwandtschaft« zweier moderner Künstler wird in der Sammlung des Heinrich-Heine-Instituts fortan einen wichtigen Platz einnehmen.

Anmerkungen

[1] Vgl. Auguste Taevernier: James Ensor. Catalogue illustré de ses gravures, leur description critique et l'inventaire des plaques. Geillustreorde catalogus van zijn gravures, hun kritische beschrijving en inventaris van de platen. [...] Ledeberg 1973, S. 119 ff. (Nr. 46).

[2] Vgl. Mary R. S. Creese [unter Mitarbeit von Thomas M. Creese]: Ladies in the laboratory II. West European Women in Science, 1800–1900. A Survey of their Contributions to Science. Oxford 2004, S. 105.

[3] Vgl. Susan M. Canning: James Ensor: Carnival of the Modern. – In: James Ensor. Hrsg. von Anna Swinbourne, Susan Marie Canning und dem Museum of Modern Art (New York, N.Y.) New York 2009, S. 28–43, hier S. 29f.

[4] Anna Swinbourne: Meeting James Ensor. – In: ebd., S. 13–27, hier S. 15.

[5] Michel Draguet: Ensor contre l'avant-garde. – In: Le Journal des Arts Nr. 90, 8. 10. 1999.

[6] Swinbourne [Anm. 4], S. 15.

[7] Zu ihrem Leben und Werk vgl. Pierre van den Dungen: Rousseau, Blanche. – In: Dictionnaire des femmes belges. XIXe et XXe siècles. Hrsg. von Éliane Gubin, Valerie Piett und Jean Puissant. Brüssel 2006, S. 488–489.

[8] »Un souvenir heureux me ressuscite certain après-midi d'été où, sous l'ombrage d'un grand chêne de la forêt de Soignes, nous écoutâmes ensemble du Henri Heine.

C'était avec mon cousin E[rnest jr.]. Je me souviens que nous avions couru comme des enfants, parié à qui arriverait le premier au bout de chemin. James avait improvisé brillamment un de ses contes vagues et décousus où les gèants et les abbesses s'agitent fantastiquement dans un bruit des lances et l'eblouissement des dorures et des pierreries.

Maintenant nous nous reposions; moi *la blonde abbesse de Froissart*, je regardais à travers les branches le soleil couler et s'allonger, liquide, sur les mousses... James était étendu sur son manteau moutarde. Mon cousin lisait haut *les Caprices des Amoureux*:

›Un scarabée se tenait sur une haie, triste et pensif; il est devenu amoureux d'une mouche:
›O mouche de mon âme ! sois l'épouse de moin choix.‹
›Epouse-moi, ne rejette pas mon amour, j'ai un ventre tout d'or.‹
Je me souviens du rire silencieux d'Ensor, des regards rapides glissés du ciel aux verdures, d'une soudaine expression de joie moqueuse et satanique avec laquelle il soulignait le sens caché des phrases drôles d'une amère ironie. J'eus alors l'impression très vive de sa parenté avec Heine.«
Blanche Rousseau: Ensor intime. – In: La plume. Revue littéraire artistique et sociale 10 (1889), Nr. 209, S. 698–700, hier S. 699f. Der Gedichttext folgt dem Wortlaut der »Poëmes et Légendes« (vgl. DHA III, 304f.), lediglich am Anfang findet sich ein kleiner Zitierfehler: Vor dem »scarabée« steht hier versehentlich der unbestimmte Artikel »Un« statt »Le«.

[9] Zum entstehungsgeschichtlichen Zusammenhang von »Die Launen der Verliebten« und »Die Libelle« vgl. DHA III, 1171 und ebd., 1206.

[10] Joachim Heusinger von Waldegg: James Ensor. Legende vom Ich. Köln 1999, S. 96. Dieser Begriff des »Rollenporträts« ließe sich, ebenso wie der sowohl entlarvende als auch verbergende Umgang mit Masken, der Ensor berühmt machte, in gewisser Weise auch auf die autobiographischen Aspekte von Heines Schreibweise beziehen – was sogar noch auf eine tiefer gehende Art der »Geistesverwandtschaft« der beiden Außenseiter Heine und Ensor deuten würde. Zum Motiv der Maske bei Heine vgl. Frank Schwamborn: Maskenfreiheit. Karnevalisierung und Theatralität bei Heinrich Heine. München 1998 und Stephan Braese: Heines Masken. – In: Konterbande und Camouflage. Szenen aus der Vor- und Nachgeschichte von Heinrich Heines marranischer Schreibweise. Hrsg. von Stephan Braese und Werner Irro. Berlin 2002, S. 51–72. Zu seinem Spiel mit der Autorrolle vgl. Michael Werner: Rollenspiel oder Ichbezogenheit? Zum Problem der Selbstdarstellung in Heines Werk. – In: HJb 18 (1979), S. 99–117.

[11] Vgl. dazu Christian Liedtke: »... es lachten selbst die Mumien.« Komik und grotesker Humor in Heines »Romanzero«. – In: HJb 43 (2004), S. 12–30.

[12] Horst Bunke [mit Gert Klitzke]: Illustrationen zu Heinrich Heine. Leipzig 1972, S. 10.

»Im Namen des Dichters«
12. Forum Junge Heine Forschung 2009 mit neuen Arbeiten über Heinrich Heine

Von Karin Füllner, Düsseldorf

»Im Namen des Dichters. Am Sonntag ist Heinrich Heines Geburtstag. Torte gibt es nicht – dafür neue Beiträge zur Heine-Forschung«, titelte die »Neue Rhein-Zeitung« ihre Ankündigung des 12. Forum Junge Heine Forschung am 12. Dezember 2009.[1] Zum 212. Heine-Geburtstag hatten die Veranstalter fünf junge Vortragende eingeladen: Leslie Brückner aus Paris, Veronika Wegener aus Nijmegen, Nikolas Immer aus Trier, Elisabeth Krüger aus München und Liliana Ruth Feierstein aus Bayreuth.[2] »Brücken bauen will das Forum, ein Netzwerk knüpfen und pflegen. [...] Inhaltlich wird auch in diesem Jahr ein weites Feld bestellt«, hieß es in der Düsseldorfer Presse.[3] »Der Bogen spannt sich von den Übersetzungen Heinrich Heines in Paris bis zur jüdischen Heine-Rezeption in Argentinien«, kündigte die »Rheinische Post« an.[4]

Leslie Brückner, die in Paris und Freiburg über »A. Loève-Veimars als kulturelle Mittlerfigur« promoviert, sprach als erste unter dem Titel »A. Loève-Veimars als Übersetzer und Mittler Heinrich Heines in Paris«. Sehr interessant zeigte sie auf, wie entscheidend der Deutsch-Franzose Loève-Veimars als erster Übersetzer Heines 1832 für dessen Anerkennung im französischen Literaturbetrieb gewirkt hat. Auch wenn seine Übersetzung der »Harzreise« »mit Heines Originaltext sehr frei umgeht« und, wie Brückner im Einzelnen nachweist, die Eigenheiten des Heine'schen Stils keineswegs überträgt, ist sie bahnbrechend für das Interesse des französischen Publikums am neu in Paris angekommenen Autor. Überzeugend stellte sie dar, wie die Bekanntschaft der beiden ab Mitte 1832 zunächst zu einer engen freundschaftlichen Zusammenarbeit, zum gemeinsamen Engagement der deutsch-französischen Vermittlung führte, aber schon im Mai 1833 wegen eines Plagiatsvorwurfs jäh endete. In diesem Streit zeigt »sich beispielhaft Heines schwieriges Verhältnis zu seinen Übersetzern«. Der beste Übersetzer sei ihm der gewesen, so Brückner, der »seine Mitarbeit höflich leugnet«. Die späte, Fragment gebliebene Rückerinnerung des Autors an den Übersetzer nach dessen Tod 1855 interpretierte sie als eine posthume Annäherung und ein Wiederfinden der gemeinsamen deutsch-jüdischen Wurzeln. Der Orientreisende Loève-Veimars, über den der kranke Dichter phantasiert, sei kein Konkurrent mehr, sondern werde »für den späten Heine eine Identifikationsfigur im Dilemma zwischen deutscher, französischer und jüdischer Identität«.[5]

Den zweiten Vortrag am Vormittag hielt Veronika Wegener, die als wissenschaftliche Mitarbeiterin an der Religionswissenschaftlichen/ Theologischen Fakultät der Universität Nijmegen tätig ist und über F. W. J. Schellings Gotteslehre im Kontext der europäischen Moderne promoviert. Ihr Interesse galt Heine »als Zeuge der fundamentalen Krise des klassischen Theismus im Werden der philosophischen Moderne«. Sie ging Heines »Nachdenken über die Natur Gottes« in seiner Schrift »Zur Geschichte der Religion und Philosophie in Deutschland« nach, mit Ausblicken auf »Die romantische Schule«. Heine, so Wegener, fragt nach »Gebrauchswert und gesellschaftlichem Nutzen religiöser Überzeugungen«. Der Frage nach dem Wesen Gottes spreche er »eine wirklichkeitsverändernde Kraft« zu, wenn sie denn für sein »politisch-soziales Fortschrittsstreben« beansprucht werden kann. Sehr genau zeigte Wegener auf, wie Heine sich mit dem spinozanischen Substanzmonismus auseinandersetzt und wie er sich sowohl vom spiritualistischen Christentum als auch vom reinen Spinozismus distanziert. Er »erprobt«, so Wegener, Denkmöglichkeiten, die ihm durch seine philosophischen Lehrer Hegel und Schelling bestens vertraut sind, und »spielt« mit ihnen. Sein Plädoyer gelte einem »evolutionistischen, entwicklungsdynamischen Pantheismus«, der paradoxerweise aber zugleich auch »ein Moment von Personalität in den Gottesbegriff einträgt«. Diskutiert wurde, ob ein solch dezidiert religionswissenschaftlicher Blick auf die Philosophieschrift Heines dem Dichter gerecht werde, dessen Werk kein historisch-wissenschaftliches, sondern immer auch ein ästhetisches sei. Gerade aber, indem Wegener das literarische Spiel Heines nach »Motiven und Theoremen von Religion und Philosophie« analysierte, leistete sie einen wichtigen Beitrag zum Verständnis von Heines Schrift aus religionswissenschaftlicher Perspektive.[6]

Gelehrt und unterhaltsam referierte Nikolas Immer nach der Mittagspause über das berühmteste Heine-Gedicht »Ich weiß nicht, was soll es bedeuten«. Immer hat sich 2008 mit der Arbeit »Der inszenierte Held. Schillers dramenpoetische Anthropologie« promoviert und ist wissenschaftlicher Mitarbeiter an der Universität Trier. Ausgehend von Schillers Konzept des Pathetisch-Erhabenen und unter Einbeziehung der vorhandenen »Loreley«-Literatur verstand er es, witzigvirtuos das bekannte Gedicht neu in den Blick zu nehmen. Als Titel variierte er den auf Lukrez zurückgehenden Topos vom »Schiffbruch mit Zuschauer« zum »Schiffbruch mit Zuschauerin«. Nicht nur untersuchte er die Loreley als Zuschauerin, die Rolle des unglücklichen Schiffers und des ironischen Sprechers, sondern vor allem ging es ihm letztlich um die Position des Lesers, um die Rezeptionshaltung, die der Autor Heine anders steuert als Schiller. In Schillers ästhetischer Theorie begegnet »der Zuschauer« dem Pathetischen mit seiner »inneren Naturkraft«, dem Erhabenen. Bei Heine jedoch, so Immer, kehrt »die Intervention des lyrischen Sprechers [...] den Scheincharakter der ästhetischen Illusion hervor und schützt damit vor der überwältigenden Simulationskraft des Gedichtes«. Die »Affektberuhigung« des Lesers werde nicht nur durch das Erhabene, sondern durch Ironie bewirkt. Indem Heine einen ironischen Sprecher einsetze, gelinge ihm ein »Wandel von Schillers Strukturmodell«: »aus dem Pathetischerhabenen ist jetzt das Pathetischironische geworden«. Heine, so die interessante Schlussfolgerung des Vortrags, entlarve auf diese Weise das »romantische Stimmungspathos über ein tradiertes ästhetisches Reflexionsmodell«.[7]

Nachdem Heines Werk mit den ersten drei Vorträgen des Forums aus unterschiedlichen Blickwinkeln beleuchtet war, widmeten sich die beiden folgenden Nachmittagsvorträge – auch in wieder sehr anderer Weise – Rezeptionsthemen. Elisabeth Krüger, die in München über die Fremdwahrnehmung des Proletariats im deutschen und französischen Roman des 19. Jahrhunderts promoviert, sprach über »Moderne im Vormärz? Heinrich Heines ›Englische Fragmente‹ als Vorbild der ›Skizzen aus dem sozialen und politischen Leben der Briten‹ von Georg Weerth«. Dass Heines Einfluss auf den jüngeren Autor Georg Weerth sehr groß war, ist in der Forschung bereits vielfach herausgearbeitet worden. Mit Blick auf die vorliegenden Untersuchungen fokussierte Krüger ihr Augenmerk daher vor allem auf die Frage, »inwiefern auf literarischer Ebene die Gattung Reisebericht bei Heine und Weerth modern zu nennen ist«. Beiden Autoren gemein, so konstatierte sie, sei »die Schnelligkeit, mit der die Hintergrund- bzw. Bühnenbilder geändert werden«. Sie inszenierten damit in Blenden und Überblendungen gleichsam Szenenwechsel, die »die Großstadterfahrung als zentrales modernes Erzählparadigma« auszeichnen. Auch die Betonung der Körperlichkeit, der sinnlichen Erfahrung und das »Konzept der Ware« seien, wie sie anschaulich mit Textbeispielen nachwies, weitere symptomatische Paradigmen. Zentral sei letztlich die »Subjektivität des Berichteten«. Sowohl bei Heine wie bei Weerth ließe sich ein ähnlicher Ton erkennen, »der Unwichtiges häufig zu Essentiellem« mache. Abschließend verwies sie auf eine Reihe von weiteren Forschungsfragen, mit denen sie in ihren Untersuchungen einen Schwerpunkt auf die Darstellung der Arbeiterklasse und deren gesellschaftliche Bedingungen legen will.[8]

Mit dem letzten Vortrag des Forums entführte Liliana Ruth Feierstein das Publikum in das Argentinien des frühen 20. Jahrhunderts. Feierstein hat sich mit der Arbeit »Von Schwelle zu Schwelle. Randgänge(r) der Moderne« 2007 im Fachbereich Philosophie an der Heinrich-Heine-Universität Düsseldorf promoviert und arbeitete im Dezember 2008 als wissenschaftliche Assistentin im Fachbereich Romanistische Literaturwissenschaft und Komparatistik an der Universität Bayreuth.[9] Unter dem Titel »›Enrique Heine: el poeta de nuestra intimidad‹. Heine als intellektueller Vater der ersten Generation jüdischer Schriftsteller in Argentinien« verstand sie es, über »die Begeisterung einer Gruppe von Nachkommen jüdischer Immigranten des frühen 20. Jahrhunderts« für Heines Werk nicht nur zu informieren, sondern diese Begeisterung auch nachvollziehbar zu übertragen. »Unsere Rabbiner haben uns gelehrt, den Text als Textur zu verstehen.« Kunstvoll webte sie in ihren Text das Jiddische und das Sephardische ein: »die Sprache der Erinnerung und die Utopie der Rückkehr«. Die kleine Gruppe aus Schriftstellern und Übersetzern, deren Heine-Bezug Liliana Feierstein vorstellte, bestand aus Abraham Gerchunoff, Samuel Glusberg, Israel Zeitlin und Carlos Grünberg, für die – alle aus Russland stammend – das Jiddische die Muttersprache gewesen war. Heines Verse hatten sie seit ihrer Kindheit begleitet. Im argentinischen Exil sahen sie in Heine, so Feierstein, »den Marranen, der trotz Taufe an seiner jüdischen Identität« festhielt: »Sie hispanisierten Heine und machten aus ihm einen jüdischen Quijote, den edlen Ritter der Bücher.« Faszinierend sprach Feierstein nicht nur über offensichtliche Werkbezüge, sondern ging auch sehr einfühlsam den verdeckten Spuren der jüdisch-argentinischen Autoren in der Tradition Heines nach.[10] Dieser interessante Ausblick zum Abschluss des Forum Junge Heine Forschung machte neugierig darauf, mehr über diese in die Ferne führende Rezeptionslinie zu erfahren, zumal sich auf Argentinien als Gastland der Frankfurter Buchmesse 2010 ein besonderer Fokus richten wird.

Liliana Ruth Feierstein wurde der Sonderpreis für die internationale Heine-Rezeption verliehen. Den Hauptpreis für das 11. Forum Junge Heine-Forschung erkannte die Jury[11] dem deutsch-französischen Beitrag von Leslie Brückner zu. »Die junge Literaturwissenschaftlerin Leslie Brückner wurde gestern mit dem Preis der Heinrich-Heine-Gesellschaft geehrt. [...] Ihre Arbeit über ›A. Loève-Veimars als Übersetzer und Mittler Heinrich Heines in Paris‹ würdigt eine der prominentesten Figuren im literarischen Paris um 1830«[12], hieß es zur Preisverleihung am 26. März 2010 in der Düsseldorfer Presse. »Ein spannender neuer Aspekt der Heine-Forschung, urteilte die Jury. Außerdem widmet sich die Arbeit dem Berufsstand des Übersetzers, der sonst oft wenig Anerkennung erfährt. Nun freut sich Brückner über 500 Euro, Blumen und einen Abdruck ihres Beitrags im Heine-Jahrbuch.«[13]

Anmerkungen

¹ Petra Kuiper: Im Namen des Dichters. – In: Neue Rhein-Zeitung, Düsseldorf, 11. 12. 2009.

² Zu Konzeption, Organisation und Geschichte des von Heinrich-Heine-Institut, Heinrich-Heine-Gesellschaft und Heinrich-Heine-Universität gemeinsam veranstalteten Forums vgl. auch die Berichte über die vorangegangenen Kolloquien: Karin Füllner: »...eine neue Zeit mit einem neuen Prinzipe«. Das Düsseldorfer-Studierenden-Kolloquium mit neuen Arbeiten über Heinrich Heine. – In: HJb 40 (2001), S. 164–173; dies.: »Dieses ist die neue Welt!« Das Düsseldorfer Studierenden-Kolloquium 2001 mit neuen Arbeiten über Heinrich Heine. – In: HJb 41 (2002), S. 245–247; dies.: »und gerade Heine überzeugt mich«. Das Düsseldorfer Studierenden-Kolloquium 2002 mit neuen Arbeiten über Heinrich Heine. – In: HJb 42 (2003), S. 188–191; dies.: »Europäischer Heine«. Das Düsseldorfer Studierenden-Kolloquium 2003 mit neuen Arbeiten über Heinrich Heine. – In: HJb 43 (2004), S. 277–281; dies.: Heinrich Heine: europäisch, musikalisch und kulinarisch. Das Düsseldorfer Studierenden-Kolloquium 2004 mit neuen Arbeiten über Heinrich Heine. - In: HJb 44 (2005), S. 232–236; dies.: Heinrich Heine: Über Groteske, Poesie und Mythos. 8. Forum Junge Heine Forschung 2005 mit neuen Arbeiten über Heinrich Heine. - In: HJb 45 (2006), S. 249–253; dies.: Politik und Maskerade. Von Heine bis heute. 9. Forum Junge Heine Forschung 2006 mit neuen Arbeiten über Heinrich Heine. – In: HJb 46 (2007), S. 223–228; dies.: »Heinrich Heine und die fröhliche Wissenschaft«. 10. Forum Junge Heine Forschung 2007 mit neuen Arbeiten über Heinrich Heine. – In: HJb 47 (2008), S. 246–250; dies.: Musterhafte Vorbilder. 11. Forum Junge Heine Forschung 2008 mit neuen Arbeiten über Heinrich Heine. – In: HJb 48 (2009), S. 227–232.

³ Kuiper [Anm. 1].

⁴ Rheinische Post, Düsseldorf, 12. 12. 2009.

⁵ Zitiert nach dem von Leslie Brückner vorgelegten Beitrag.

⁶ Zitiert nach dem von Veronika Wegener vorgelegten Beitrag.

⁷ Zitiert nach dem von Nikolas Immer vorgelegten Beitrag.

⁸ Zitiert nach dem von Elisabeth Krüger vorgelegten Beitrag.

⁹ Liliana Ruth Feierstein ist derzeit wissenschaftliche Mitarbeiterin am Romanischen Seminar der Ruprecht-Karls-Universität Heidelberg.

¹⁰ Zitiert nach dem von Liliana Ruth Feierstein vorgelegten Beitrag.

¹¹ Mitglieder der Jury waren in diesem Jahr: Thomas Boyken, Dr. Karin Füllner, Prof. Dr. Joseph A. Kruse, Renate Loos und Prof. Dr. Manfred Windfuhr.

¹² Leslie Brückner gewinnt Preis in Heine-Gesellschaft. – In: Rheinische Post, Düsseldorf, 27. 3. 2010.

¹³ kui [Petra Kuiper]: Ein Preis im Namen des Dichters. – In: Neue Rhein-Zeitung, Düsseldorf, 27. 3. 2010.

Buchbesprechungen

Paolo Chiarini/Walter Hinderer (Hrsg.): *Heinrich Heine. Ein Wegbereiter der Moderne.* Würzburg: Königshausen & Neumann 2009 (= SfR. Stiftung für Romantikforschung, Bd. XLVII). 379 S., € 48,-.

Sammelbände erzählen im Laufe einer langen Heine-Rezeption sowohl ihre wie des Dichters wechselvolle Geschichte. Anlässe dafür gab und gibt es viele, besonders zu runden Gedenktagen, aber auch wenn sich gewissermaßen eine nationale Heine-Forschung mit der internationalen Diskussion verbindet, um die geistigen Entwicklungen innerhalb der Auseinandersetzung mit dem Heine'schen Werk Revue passieren zu lassen sowie das Besondere der eigenen philologischen Tradition mit dem Allgemeinen sonstiger Blickwinkel zu verknüpfen. Die italienische Beschäftigung mit Heine, ob in Wissenschaft oder Literatur, besaß schon immer eine spezifische, ebenso klare wie originelle Note. Heine gewann hier die noble Eleganz eines europäischen Autors von Gewicht, dessen Leistung im literarischen Konzert von vornherein als Gewinn auf dem Konto der Einflussnahme zu neuen Ufern gebucht wurde. Dass der vorliegende Band mit seinen neun italienischsprachigen und zehn deutschen Aufsätzen eine internationale Heine-Konferenz vom 3. bis 5. Mai 2007 in Rom, damit gewissermaßen ein Nachklang zum 150. Todesjahr, als Kern für zusammen 19 unterschiedlichste Untersuchungen von 18 Beiträgern (Chiarini steuert zwei Untersuchungen bei, der deutsch-amerikanische Mitherausgeber Hinderer zeichnet mit ihm nur das gewichtige »Vorwort«) unter der Signatur der Moderne zum Ausgangspunkt macht, hat zu einem beachtlichen und anregenden Ergebnis geführt.

Zu den wissenschaftlichen Stimmen aus italienischen Universitäten wie Trient, Rom, Neapel, Bologna, Triest und Padua gesellen sich amerikanische aus Princeton und Cornell hinzu, kommen solche aus Prag und Paris, Mainz, Freiburg im Breisgau, Konstanz, München und Gießen. Der Altersunterschied der Beiträger beträgt insgesamt beinahe ein halbes Jahrhundert, so dass auch auf diese Weise der Bogen weit genug gespannt wird und Abwechslung wie Entwicklungen garantiert sind. Der Band ist mit Recht der Erinnerung an zwei große Persönlichkeiten gewidmet, die mit Planung und Ausführung der Tagung noch eng verknüpft waren, nämlich an den im Dezember 2007 mit 76 Jahren in Paris verstorbenen Jerusalemer Gelehrten Stéphane Moses und den im Juni 2008 mit 80 Jahren einem Herzschlag erlegenen Luciano Zagari aus Pisa, den jeweiligen Doyens der israelischen und italienischen Germanistik. Moses hatte aus gesundheitlichen Gründen schon nicht mehr an der Tagung teilnehmen können, auf der er über »Jehuda ben Halevy« aus den »Hebräischen Melodien« hatte sprechen wollen. Zagari dagegen war »in gewohnter Lebhaftigkeit« (S. 15) als Gast dabei. Beide sind sie nunmehr mit Arbeiten aus anderen Zusammenhängen vertreten, wobei Zagaris früher Aufsatz über Heines »Pomare« und die Krise der lyrischen Sprache trotz der inzwischen gut 45 vergangenen Jahren seinen Charme bewahrt und nichts von seiner Frische verloren hat (»La *Pomare* di Heine e la crisi del linguaggio ›lirico‹«, S. 175–200) und von Moses jene anregenden »Überlegungen zur Poetik des Witzes« (S. 201–212) aufgenommen wurden, die aus dem 2001 erschienenen und von Klaus Briegleb und Itta Shedletzky herausgegebenen Sammelband stammen und eine Frucht des »Jerusalemer Heine-Symposiums« aus dem Heine-Jahr 1997 darstellen. Somit sind beide über den Tod hinaus im Geistergespräch dieses italienischen Kongressbandes souverän präsent!

Das behutsam den »überstrapazierten Begriff der Moderne« und die »Umbruchsituation« klärende »Vorwort« (S. 11–16) der beiden Herausgeber zeigt bereits, auf wie festem Boden der Literaturhistorie und der nachfolgenden Interpretation eines Wolfgang Preisendanz der Ansatz für die Facetten des vorliegenden Sammelbandes fußt. Heines »neue Schreibart« und das eigenartige »Verhältnis von Welthaltigkeit und Subjektivität« hat ja gerade die italienischen Heine-Debatten immer am tiefsten berührt. Dass für Heine die Poesie nicht mehr »objektiv, episch und naiv, sondern subjektiv, lyrisch und reflektirend« (DHA VIII, 45) war, bildet gerade den Ausgangspunkt für die Überzeugung vom Weltriss, der durch das Herz des Dichters geht und wird begleitet vom Phänomen des Heine'schen Humors mit seiner Fähigkeit zur »Karnevalisierung«. Heines Leistung, Dichtung und Publizistik, Poesie und Journalismus, Gefühl und Reflexion, Sentiment und Skeptizismus, private und öffentliche Tugenden in einen »Funktionszusammenhang« zu bringen, bestimmt gleichzeitig seine »Kontrastästhetik«, von der Gerhard Höhn in diesem Bande spricht und die er ebenfalls im Zuge des italienischen Projektes in einem weiteren Beitrag für das Heine-Jahrbuch 2009 (S. 1–27) intensiv dargestellt hat. Die Heine'schen »Neuansätze« sind es, die den Herausgebern am Herzen liegen und die sie gerne mit Jürgen Habermas als »Dialektik der Aufklärung« oder, mit Friedrich Nietzsche fragend, in der Berührung der »Moderne mit dem Archaischen« sehen wollen. Die großen Zusammenhänge sind es, in denen Heine die beste Figur macht.

Über »Schwelle und Übergang: Heinrich Heines Position in der modernen europäischen Literatur« (S. 17–31) reflektiert denn auch in gewohnter Souveränität Peter Uwe Hohendahl und blickt auf Heines Moderne, die als Geheimwort lange in den Untersuchungen der Heine-Forschung zugunsten der Rettung bzw. Schaffung seiner Position in der Literaturgeschichte nur angedeutet, aber unausgesprochen blieb. Charles Baudelaire und Heine treffen sich, beide haben begriffen, dass Kunst in der voll entwickelten Warengesellschaft sich der Warenzirkulation nicht entziehen kann und dass die Entkunstung der Kunst in ihr erstes Stadium eingetreten ist. Paolo Chiarini geht in Heines frühem »Romantik«-Aufsatz der sozialkritischen romantischen Note nach (»Tirocinio letterario e romanticismo critico-sociale. Heine e il saggio giovanile *Die Romantik* (1820)«, S. 33–42), woran sich Höhns besagter Beitrag über die »Kontrastästhetik« anschließt und auf luzide Weise »Heines Programm einer neuen Schreibart« entfaltet (S. 43–67). Dem entsprechen die gründlichen Beobachtungen von Günter Oesterle unter dem Titel »Der kühne Wechsel von Volksliedton und Konversationston in Heines *Buch der Lieder*« (S. 67–78) und die gescheite Studie des Jüngsten im Bunde (Jahrgang 1976), nämlich von Till Dembeck aus Mainz »›Untote Buchstaben‹: Heinrich Heine, die romantische Schule und die Entdeckung des Populären« (S. 79–106), an die sich, zur Komposition des Bandes passend, zwei Beiträge zu Einzeltexten fügen, einmal Dagmar von Wietersheim mit ihrem Aufsatz »Getanzte Chiffren und pantomimisches Vexierspiel. Zu Heines *Florentinische Nächte*« (S. 107–126) und Alice Stašková über »Heinrich Heines Reflexion der Todesdarstellung und die moralische Tradition: *Morphine*« (S. 127–144).

Heines autobiographische Schriften in ihrer poetischen Diskontinuität kommen unter der Signatur von Erinnerung, Chronik und Konfession in den Blick durch Fabrizio Cambi mit seinem Aufsatz »La poetica del disontinuo negli scritti autobiografici di Heine: fra memoria, cronaca e confessione« (S. 145–154), während sich Marco Rispoli in »Le persone e le cose. Heine e la sfera pubblica borghese« (S. 155–174) dem Bezug zur bürgerlichen Öffentlichkeit zuwendet. Darauf folgt dann Chiarini mit seinem zweiten Beitrag, der dem so unglücklich miteinander verquickten Autorengespann Heine und Ludwig Börne gilt, und zwar unter dem Gesichtspunkt von Taktik wie Strategie der deutschen Revolution (»Heinrich Heine *versus* Ludwig Börne. Tattica e strategia della rivoluzione tedesca«, S. 213–244). Alberto Destro, als Bandbearbeiter des »Romanzero« und der späten Gedichte in der Düsseldorfer Heine-Ausgabe besonderer Kenner der Grenzgebiete denkt über »La religiosità di Heine – moderna?« (S. 245–252) nach. Zum selben Fragenkreis gehört die Diskussion über den Wandel von der natürlichen zur individuellen Gottesvorstellung und das Ende einer heidnischen Renaissance durch Sergio Corrado (»Dal dio-natura al Dio individuo: la fine del paganesimo in Heine«, S. 253–282).

Werner Frick beschäftigt sich unter dem Obertitel »...ich armer Exgott« beeindruckend mit »Idealismuskritik und Modernitätsbewusstsein beim späten Heine« (S. 283–308). Ethel Matala de Mazza aus Konstanz, die wie Corrado erst nach der Tagung ihre Arbeit zum guten Ganzen des Kongressbandes hinzufügte, schreibt über ein in der jüngsten Vergangenheit verstärkt wahrgenommenes Phänomen, nämlich über »Die fehlende Hauptsache. Exekutionen der Julimonarchie in Heines *Lutezia*« (S. 309–328), während sich Gerhard Neumann einem zwar immer schon beachteten, aber nie zu Ende gedeuteten Gedicht nähert: »*An die Mouche*. Zu Heines ›neuer Schreibart‹ des Erotischen« (S. 329–342). Lia Secci untersucht schließlich »*Vitzliputzli* di Heinrich Heine e *Der weiße Heiland* di Gerhart Hauptmann« (S. 343–352), während der letzte Beitrag von Maria Carolina Foi der Heine-Leserin Hannah Arendt gilt: »Hannah Arendt legge Heine« (S. 353–370). Somit ist ein Reigen bedenkenswerter Untersuchungen an ein beeindruckendes Ende gelangt. Die italienische Heine-Forschung hat wieder einmal ihre eigenständige Stimme erhoben.

Dass auch noch so umsichtige Herstellungsarbeiten Fehlinformationen aufsitzen können, belegt leider die Gestaltung des opulenten Bandes. Die Umschlagabbildung des lesenden Dichters Heinrich Heine von Amalie Kohler (hier im Impressum als Amalie Keller bezeichnet und durch die zu Rate gezogene »Artothek« unter Moskau, Puschkin-Museum katalogisiert), im Jahre 1842 gewiss nicht nach der Natur gemalt und im Heine-Porträt-Band von Christian Liedtke aus dem Jahre 2006 denn auch nur kurz unter den Phantasiebildnissen erwähnt, befindet sich in Wirklichkeit im Düsseldorfer Heinrich-Heine-Institut und wurde im Zuge einer Ausstellungskooperation dem Puschkin-Literaturmuseum in Moskau zur Verfügung gestellt. Jetzt gerät es auf gewissermaßen weltweiten Heine-Umwegen aus Düsseldorf über Moskau auf einen Konferenzband aus Rom. Es macht sich übrigens nicht schlecht.

Joseph A. Kruse

Norbert Otto Eke/Kurt G. P. Schuster/Günter Tiggesbäumker (Hrsg.): *Hoffmann von Fallersleben. Internationales Symposion Corvey/Höxter 2008*. Bielefeld: Verlag für Regionalgeschichte 2009 (= Braunschweiger Beiträge zur deutschen Sprache und Literatur, 11). 400 S., € 29,-.

Den Veranstaltern des Internationalen Symposions, das vom 1. bis 4. Mai 2008 im Schloss Corvey stattfand, ist an der letzten Wirkungsstätte Hoffmanns von Fallersleben ein neuerlicher – nicht nur germanistischer – deutsch-polnischer Brückenschlag gelungen. Sieben der achtzehn

Beiträger kamen aus Wrocław – sie lehren an der Universität, an deren preußischer Vorgängerin Hoffmann von 1823 bis zu seiner Entlassung 1842 als Kustos der Universitätsbibliothek und seit 1830 als Professor für deutsche Sprache und Literatur Beschäftigung gefunden hatte.

Zum Auftakt der Tagung hielt Professor Marek Hałub, Stellvertretender Direktor des Instytut Filologii Germańskiej, im Kaisersaal von Schloss Corvey die fachwissenschaftlich und politisch bedeutende »7. Hoffmann-von-Fallersleben-Rede«, in der er das Verhältnis zwischen Deutschen und Polen – anhand der aktuellen Geschichtsdebatte und stereotyper Vorstellungen vom jeweiligen Nachbarland – thematisierte und auf die notwendige »Osterweiterung der deutschen *mental maps*« hinwies: durch intensive Jugendarbeit, Bildungsangebote, wissenschaftliche Partnerschaften und Diskussionen, für die der »Fall« Hoffmann von Fallersleben als Paradigma dienen könne. (Der Text der Rede Hałubs ist im dem Band nicht enthalten, aber veröffentlicht u. d. T.: Die freundlich-feindlichen Wechselbeziehungen zwischen Deutschen und Polen an der Schwelle zum dritten Jahrtausend aus der Sicht eines polnischen Hoffmann-von-Fallersleben-Forschers. Hrsg. von der Volksbank Paderborn-Höxter-Detmold. Höxter 2009. Auch nachlesbar unter www.hvv-hoexter.de/hoffrede.htm).

Hałub selbst hatte – seit der Veröffentlichung der für die neuere Forschung bahnbrechenden Festschrift zum 200. Geburtstag des Autors (Behr u. a. [Hrsg]: August Heinrich Hoffmann von Fallersleben 1798–1998. Bielefeld 1999) – wesentliche Beiträge zur Bildung von Diskussions-Foren und zur Intensivierung wissenschaftlicher Kontakte, hier insbesondere mit der »Hoffmann-von Fallersleben-Gesellschaft«, geleistet; das von ihm (mit)veranstaltete Breslauer Internationale Symposion von 2003 (Hałub/Schuster [Hrsg.]: Hoffmann von Fallersleben. Bielefeld 2005) war schon mit jeweils sechs Referent(inn)en als deutsch-polnisches Gemeinschaftsunternehmen durchgeführt worden. Sein in diesem Band abgedruckter Bericht zum Stand der Hoffmann-Forschung (»Ein Unbequemer«) legte nicht nur Schwächen und Defizite der in Deutschland publizierten Studien und Monographien der siebziger und achtziger Jahre offen, sondern kritisierte auch Blickverengungen in der ansonsten auch von ihm als »Höhepunkt der Hoffmann-Forschung der letzten Jahre« gepriesenen Festschrift, die u. a. den Philologen Hoffman, den ideologischen Horizont seiner politischen Lieder und seine in Corvey verfasste Autobiographie (»Mein Leben«) betreffen.

Das Symposion in Corvey nimmt die Forschungsansätze und kritischen Diskussionen seiner Vorläufertagungen auf und bemüht sich um Erweiterung, Vertiefung, kritische Revision. Der Vielseitigkeit Hoffmanns, aber auch der in den Beiträgen sichtbaren Interessenvielfalt kann (wie in den früheren Bänden auch) nur durch eine Grobgliederung in biographisches Umfeld (»I. Biographie und Netzwerk«), den interdisziplinären Wissenschaftler (»II. Literatur-, Sprach- und Musikwissenschaft«) und die Rezeption seiner Werke (»III. Rezeption«) entsprochen werden. Für die Lektüre der Beiträge zu Hoffmann bieten sich Gruppierungen an wie: Fortschritte der Forschung – der »Freie Schriftsteller« – Liebe und Freundschaft – der Niederlandist – Lebensmittelpunkte – der Philologe – der Liedersammler – Epochenzuordnung.

An Marek Hałubs Resümee von 2003 anknüpfend und die Ergebnisse der Breslauer Tagung einbeziehend, aktualisiert Tomasz Majewski den Forschungs- und Diskussionsstand zum Werk und Außenbild des Dichtergermanisten (»Zum aktuellen Hoffmann-Bild in Forschung, Publizistik und Öffentlichkeit«, S. 331–339). Während seit 1998 von deutschen und gerade auch von polnischen Wissenschaftlern die vielen Aspekte seines Gesamtwerks (als politischer Dichter, Philologe, Wissenschaftler, Herausgeber) und die »multikulturelle Dimension seiner Leistungen« (S. 332), besonders in seiner Breslauer Zeit, in den Blick genommen wurden, gebe es in der deutschen »breiten Öffentlichkeit [die] herrschende Tendenz, Hoffmann ausschließlich mit dem ›Lied der Deutschen‹ zu assoziieren« (S. 333). Majewski belegt diese Reduktion auf das »nationale Bewusstsein der Deutschen« (S. 335) sowohl anhand der 1. bis 6. »Hoffmann-von-Fallersleben-Rede« in Corvey als auch der Pressedebatten zur nationalen Euphorie während der Fußballweltmeisterschaft 2006.

Der Beitrag von Kurt G. P. Schuster (»Hoffmann von Fallersleben – ökonomisch betrachtet«, S. 15–38) zeigt in hervorragender Weise, wie durch das Studium einschlägiger Quellen (neben Tagebüchern u. a. auch Archivmaterialien in Krakau) das Stereotyp prekärer Lebensverhältnisse politischer Literaten im Vor- und Nachmärz aufgelöst werden kann und muss. In beispielhafter Belegdichte werden die monetären Verhältnisse Hoffmanns nachgerechnet und die Einnahmequellen für die einzelnen Lebensphasen dargestellt: vom stetig steigenden Beamtensalär in Breslau bis zur Entlassung 1843 (das nach einer Amnestie für politische Vergehen ab November 1848 als »Wartegeld« weitergezahlt wurde), über die Autorenhonorare des politischen Liederdichters, nicht immer positive Erfahrungen mit Verlegern, seine buchhalterische Selbstvermarktung, Zuwendungen durch Freunde und durch Unterstützungsvereine für politisch Verfolgte; schließlich ein penibel geführtes Haushaltsbuch nach der Eheschließung, das die gesicherte Einkommenssituation im Nachmärz und sogar die Anlage von Vermögenswerten genau spiegelt. Hoffmann gehörte demnach, ökonomisch betrachtet, zum gesicherten bürgerlichen Mittelstand.

Vertiefend behandelt der sehr interessante Beitrag »Hoffmann von Fallersleben und Julius Fröbels Literarisches Comptoir in der Schweiz« von Karl-Wilhelm Frhr. von Wintzingerode-Knorr (S. 39–56) den Kontakt des Autors zu diesem (1841 gegründeten, 1846 verbotenen) Exilverlag innerhalb eines umfassenden Verlags- und Verlegerporträts. Seine wichtigste politische Lyrik im Vormärz (abgesehen von den »Unpolitischen Liedern«, 1840/41) ist hier erschienen – die Ende 1844 aufgelisteten Honorare wurden allerdings nie gezahlt. Der Beitrag rekonstruiert (ohne das bereits 1910 »entsorgte« Archiv nutzen zu können) das Verlagsprogramm und skizziert die zentrale Rolle des »Literarischen Comptoirs« für die Vernetzung der politischen Opposition sehr unterschiedlicher Couleur: Neben anderen Lyrikern (Herwegh, Prutz, Heine, Keller) sind es v.a. Verfasser und Herausgeber frühsozialistischer (Marx, Engels, Ruge), atheistischer Schriften (Strauss, Feuerbach, B. Bauer) und Verteidigungs-Broschüren (Jacoby, Herwegh), die unter diesem Dach für Zensurflüchtlinge Asyl und persönlichen Kontakt finden, aber auch ihre Differenzen austragen.

Von neuen Funden aus der Corveyer Hinterlassenschaft Hoffmanns ausgehend – einem 2006 gefundenen »Konvolut von Briefen und Noten« zu einem »großangelegten Volksliedprojekt« (S. 57) mit dem Sanitätsrat Julius Roger –, beleuchtet Günter Tiggesbäumker v.a. die zwischenmenschlichen Aspekte dieses Vorhabens (»Hoffmann von Fallersleben und der ›schlesisch-polnische‹ Volksliedsammler Julius Roger«, S. 57–68). Nach einem ersten Treffen (1861) mit dem zwanzig Jahre jüngeren Roger übertrug sich dessen »Enthusiasmus« und »Faszination für das polnische Volksliedgut« im schlesischen Mikrokosmos (S. 60, Zitat von Hałub) auf Hoffmann. Gegenseitige Besuche im angenehmen Ambiente der Schlösser des Herzogs von Ratibor in Rauden und Corvey und die Übersendung von fast 600 Volksliedern in polnisch-oberschlesischer Mundart mit Noten, zur Bearbeitung durch Hoffmann zeigen die Intensität der Freundschaft wie die Dimension des Projekts, das nach der Publikation einer ersten Sammlung aus diesem Fundus (Pieśni ludu polskiego w Górnym Szlązku. Wrocław 1863) mit dem frühen Tod Rogers (1865) endete. Hoffmanns Übersetzung »Ruda – Polnische Volkslieder der Oberschlesier« erschien noch im selben Jahr in Kassel.

Einen äußerst interessanten Einblick in Hoffmanns komplizierte Liebes(brief/gedicht)beziehung zur 26 Jahre jüngeren Heidelberger Professorentochter Johanna Kapp bietet Jörg Paulus.

Er analysiert anhand der in deutschen und polnischen Archiven vorhandenen, asymmetrischen Textzeugen (Briefe Johannas vs. Tagebucheintragungen Hoffmanns) das subtile Wechselspiel der Gefühle: »Hoffmanns Liebe wird beständig am Leben erhalten durch in einander verstrickte, widersprüchliche Signale: indirekte Signale der Zurückweisung einerseits und gleichzeitige Hoffnungssignale« (S. 257). In dieser aussichtslosen Affäre von 1847 bleibt Hoffmann »nur der postalische, nicht aber der affektive Adressat« (S. 265) – dieser wäre Ludwig Feuerbach. Nach diesem Eingeständnis der Empfängerin seiner »Johanna-Lieder« konnte er »eine Mehrfachcodierung zur publizistischen Strategie machen« (S. 269): als Herausgeber seiner an mehrere frühere Geliebte und seine Frau gerichteten »Liebeslieder« (1851) (»Mehrfache Gefühlscodierung: Hoffmanns Liebesbeziehung zu Johanna Kapp und ihre medialen Transformationen«, S. 243–269).

Zwei der drei von Niederlandisten vorgelegten Beiträge zum Symposion beschäftigen sich mit Hoffmanns Erfahrungen und Veröffentlichungen zu Belgien und den Niederlanden. Erika Poettgens (Nijmegen) kann, neben Veröffentlichtem gestützt auf in zahlreichen Archiven neu aufgefundene Materialien und Briefe, Hoffmanns Bild beider Länder in ihrer Vielschichtigkeit und Variabilität eindrucksvoll belegen. Seine auf acht Reisen gewonnenen Eindrücke und sein Interesse an »Land, Leuten, Kultur und Sprache« (S. 103), seine früh hergestellten wissenschaftlichen Kontakte, germanophile und antikatholische Positionsnahmen im Konflikt zwischen Flamen und Wallonen und schließlich seine Rückprojektionen in der Form idealisierender oder negativer Reise- und Landschaftsbeschreibungen zwingen – so Poettgens – insgesamt dazu, »die bisherige Vorstellung von Hoffmanns Bild der Niederlande und Belgiens gründlich zu revidieren« (S. 81) (»Ein deutscher Reisender in den Niederlanden und Belgien. Hoffmanns Bild von der niederländischen Sprache und Kultur«, S. 79–103).

Stanisław Prędota (Breslau) beschäftigt sich mit einem speziellen Aspekt innerhalb des von Erika Poettgens beschriebenen Rahmens: Hoffmanns Haltung(en) zur noch heute aktiven, im ersten Jahrzehnt nach der Staatsgründung in Belgien sich formierenden »Flämischen Bewegung« und ihren im Manifest von 1847 formulierten Forderungen nach sprachlich-kultureller Autonomie. Seine Pionierleistungen bei der Erforschung der »mittelniederländischen Sprache und Literatur« (S. 69) – auch in seiner Breslauer Zeit –, insbesondere die Edition von Texten (in der Reihe »Horae Belgicae«) trugen zur Etablierung der Niederlandistik entscheidend bei. Sein Wechsel von anfänglicher Skepsis zu offener Sympathie für die Emanzipationsbestrebungen der Flamen manifestierte sich in der 1856 geschriebenen und übersetzten Broschüre »Die Flämische Bewegung« (»Über Hoffmanns Schrift ›De Vlaamsche Beweging‹«, S. 69–78).

Göttingen und Breslau (später Corvey) gelten im wechselvollen Leben Hoffmanns als feste Bezugspunkte und prägende Orte seiner intellektuellen Biographie. Eberhard Rohse legt in seinem umfangreichen, Hoffmanns Lebensbericht (1868), Korrespondenzen und weitere Quellen genau kommentierenden Beitrag mit dem Titel »Gelehrsamkeit, Deutschlandpathos, Poesie des Grimms. Hoffmann von Fallersleben und Göttingen (S. 125–178) jenen »Dreiklang zugleich germanistischer, poetischer und zeitkritisch-vaterländischer Bestrebungen« (S. 177) dar, für den Göttingen – von der Studienzeit des Autors bis zur Sedanfeier 1870 – paradigmatisch stehe. Rohse verfolgt detailliert Hoffmanns dort verorteten wissenschaftlichen Projekte, Publikationen, Rezensionen, Bibliotheksstudien sowie die Rolle seiner frühen Göttinger Epigramme und Satiren für die Konzeption seiner Vormärz-Gedichte. Besonders aufschlussreich sind die Belege, die die Leipziger Völkerschlacht (1813) und burschenschaftliche Gedächtnisfeiern als »historisches Initialereignis« (S. 169) seiner Deutschlandutopie und der damit verknüpften demokratischen Leitbegriffe, zugleich aber die politische »Virulenz und Ambivalenz« (S. 170) des nationalen Erweckungsmotivs (1870, 1933) illustrieren.

Leszek Dziemianko (»Breslau im erinnernden Rückblick. Zur Alteritäts- und Fremdheitserfahrung in Hoffmanns Autobiographie ›Mein Leben‹«, S. 105–123) dagegen korrigiert das negative Breslau-Bild, das Hoffmann, sich erinnernd, in seiner Autobiographie festgeschrieben hat. Seine Wahrnehmungsperspektive folge einem während der Aufklärung gebildeten Klischee von Kulturlosigkeit und provinzieller Enge Schlesiens, das sich seit der Annexion durch Preußen tradiert habe. Der Modernisierungsschub im Zuge der preußischen Reformen, der sich u. a. in der Neugründung der Universität (1811) und in der Veränderung des Stadtbildes abzeichnet, aber auch seine eigene »erstrangige Rolle [...] bei der Konstituierung und Entwicklung von sozialen und kulturellen Kommunikations- und Handlungsräumen« (S. 118) werden ausgeblendet. Die realitätsferne Beschreibung Breslaus, als Folie einer lebenslangen Alteritäts- und Fremdheitserfahrung, diene ihm letztlich zur Dokumentation seines Drangs nach Freiheit und grenzenloser wissenschaftlicher wie kultureller Interaktion.

In wissenschaftlichen Darstellungen und Kompendien trat der Philologe Hoffmann lange Zeit hinter dem Verfasser des »Deutschlandliedes« zurück. Darauf verwies schon Hans Joachim Behr in der Festschrift von 1998, wo er unter dem Titel »Eilige Philologie« dessen »Suchleidenschaft, Entdeckergeist und [...] Drang zu schneller Publikation« (dort S. 172) hervorhob, aber auch die Verstöße gegen die strengen Regeln der Textphilologie Lachmanns. Stephan Müller knüpft mit der Formulierung »Findige Philologie. Hoffmann von Fallersleben und die frühe Germanistik« (S. 179–193) an diese Diagnose an, registriert den nationalpolitischen Impuls und den Drang zur Selbstvermarktung (»Deutsche Philologie im Grundriß«, 1835/36) bei Hoffmann, der »philologischer Jäger und Sammler« (S. 191) bleibe – auch nachdem das Fach sich an neuen, »fachlich objektivierbaren Standards« (S. 193) orientiert hat. In der gereimten Standortbestimmung und Abrechnung mit Vertretern der frühen Germanistik – den 1836 gemeinsam mit Moriz Haupt verfassten Spottversen »Altdeutsche Kuckkastenbilder« –, auf die Müller im Einzelnen eingeht, wird eine dreifache Trennungslinie gezogen: Die Größen des Fachs (von der Hagen, Lachmann, die Brüder Grimm) werden ausgenommen oder schonend behandelt, die Epigonen und »Schmalspurphilologen« (S. 188) satirisch abgestraft. Der implizit formulierte Anspruch an seriöse Editionsphilologie trennt aber auch die künftigen fachlichen Wege Hoffmanns und Haupts.

Dass es innerhalb der Germanistik getrennte Wege gegeben hat und die Lachmannsche Methode der kritischen Edition nicht als Ausschlusskriterium auch für Hoffmanns Textpublikationen gelten dürfe, hat Herbert Blume in einem Editionen-Vergleich des niederdeutschen Volkslieds von »Henneke Knecht« sehr detailliert und eindrucksvoll dargelegt. Im Gegensatz zum Braunschweiger Arzt und Amateur-Philologen Karl Friedrich Arend Scheller, der mit der Revitalisierung des Niederdeutschen (qua Kunstsprache Sassisch) das sprach- und kulturpolitische Ziel der »Rückgängigmachung der allgemeinen Frankonisierung Norddeutschlands« (S. 205) verband und seine »Henneke«-Edition entsprechend bearbeitete, zeige das von Hoffmann zurückhaltend angewandte »Verfahren der Textkonstitution« (S. 207) einen Editor, der »wohlüberlegt« (nicht »eilig«) und nach »eingehender sprachlicher Analyse des Textes mit hoher Sensibilität für dessen Sprachgestalt« (S. 220) vorgehe und dafür Respekt verdiene (»Zweimal ›Henneke Knecht‹. Hoffmann von Fallersleben und Karl Friedrich Arend Scheller als Editoren mittelniederdeutscher Texte«, S. 195–226).

Aus einem anderen Blickwinkel betreibt Marek Hałub die Rehabilitierung des Philologen Hoffmann. In seinem kurzen Aufriss der Germanistik in Breslau von 1811 bis zur Gegenwart werden dem Nachfolger von der Hagens auf dem Breslauer Lehrstuhl bedeutende interkulturelle Leistungen zugeschrieben: als »Mitbegründer der schlesischen Kulturgeschichte«, deren literarisches Erbe er der »Konstruktion der schlesischen Identität« (inklusive der slawischen und polnischen Komponente) zuführte (S. 231). Seine politische Forderung nach »Einigkeit und Recht und Freiheit« habe auch für Polen gegolten – insgesamt hinreichende Gründe, nach der politischen Wende die Erforschung und Neubewertung seines Œuvres im deutsch-polnischen Dialog fortzusetzen und – im Blick auf die für 2011 geplante Festveranstaltung – zu intensivieren (»Auf Hoffmanns Spuren in Breslau/Wrocław. Die Breslauer Germanistik im Spannungsfeld zwischen preußischer, deutscher und polnischer Germanistik«, S. 227–241).

Wie notwendig diese Pionierarbeit aktuell ist, verdeutlicht der Beitrag von Marcin Miodek, der die Eintragungen zu Hoffmanns Biographie und Werken in polnischen Universalenzyklopädien und Lexika in der Zeit der Teilungen, der Zwischenkriegszeit, Volkspolens und nach der Wende 1989 auf quantitative und qualitative Änderungen hin untersucht hat. Sein Fazit lautet, dass – abgesehen von der antideutschen, propagandistischen Instrumentalisierung des »Deutschlandliedes« in Pressetexten der Nachkriegszeit – das Hoffmann-Bild in allen historischen Phasen »in der Regel sachlich, objektiv und frei von ideologischen Einflüssen« (S. 355) dargestellt ist, aber in neueren Nachschlagewerken eine Tendenz zur »inhaltlichen Reduzierung« erkennbar sei (»Hoffmann von Fallersleben in polnischen Universalenzyklopädien und -lexika«, S. 341–355).

Ein gemeinsamer Nenner für Hoffmanns Sammlungen und Publikationen von Kirchen- und Kinderliedern könnte u.a. in der gesellschaftskritischen Aktualisierung oder Camouflage durch den politischen Dichter des Vormärz bestehen. Auf diese Möglichkeit einer Auslegung der Texte als Satire weisen die Musikwissenschaftler Friedhelm Brusniak, Verena Buchberger und Renate Veit in ihrem Beitrag »Hoffmanns Kinderlieder als Forschungsprojekt« (S. 283–294) hin – am Beispiel des 1849 gedichteten »Mückentanz«. Vorerst sei es aber dringend, so Brusniak, das gesamte Thema »Hoffmann und die Musik« aufzuarbeiten (S. 284), in einem Forschungsprojekt insbesondere seine Sammlung »Compositionen meiner Lieder« fortzuführen, Texte und Melodien zu katalogisieren und seinen Status als Kinderlieder-Dichter und -komponist zu definieren.

Über Hoffmanns hymnologische Studien hatte Anna Mańko-Matysiak schon auf dem Breslauer Symposion 2003 berichtet. Seine Rolle als »Schlüsselfigur« (S. 272) für die Rezeption deutscher Kirchenlieder und älterer Dichtungen betonend, untersucht sie – anhand der Sammlung von »Stimmen aus der Vergangenheit« (im 2. Teil der »Unpolitischen Lieder«, 1841) und »Politische Gedichte aus der deutschen Vorzeit« (1843) –, die »komplexe Propagandafunktion« (S. 275) v.a. der Barockdichtung, speziell ihre nationalpolitische und systemkritische Instrumentalisierbarkeit im Vormärz (»Im Dienst der Nation. Hoffmann von Fallersleben und das deutsche Kirchlied«, S. 271–282).

Hoffmanns Werk steht im Spannungsbogen der literarischen Epochen – Klassik, Romantik, Vormärz, Realismus –, d.h. auch im Spannungsfeld der Konzepte und Begriffe, die sich Zeitgenossen und spätere Interpreten als Urteilskriterien zulegen. Der Breslauer Niederlandist Stefan Kiedroń stellt mit dem Thema »Hoffmann von Fallersleben – ein Romantiker?« (S. 315–329) die Frage nach spezifischen Motiven, die sein Leben und Werk von Aufklärung, Klassik, Biedermeier, Vor- und Nachmärz abgrenzen. Mit Suchbegriffen wie: Reisen, Natur, wissenschaftliche Studien, Genie, Vaterlandsliebe, Freiheit, Lichtmetaphorik, Mittelalter und erhabene Gefühle operierend, enden sein Erwägungen beim »Dichter der kleinen Formen« und »Autor der einfachen Texte« (S. 319), beim Kämpfer und Patrioten, der nur wenige Komponenten romantischen Denkens übernimmt.

Auch Franz Schüppen findet in seinem Beitrag über Hoffmanns politische Positionierung im beginnenden Kaiserreich – anknüpfend an Kurt G. P. Schusters Beitrag von 2003 (»Poesie des Grimms II«) – in der letzten Gedichtsammlung »Streiflichter« von 1872 den »Rückblick eines unverbesserlichen Romantikers« (S. 358), der »›romantische‹ Gegenbilder zur eigenen Welt« (S. 370) zitiere, die konstitutiv für Hoffmanns »kritischen Idealismus« (S. 362) sind. Als »Dienst der Wahrheit« (S. 380) neu definiert, übt er in seinen Texten – »reimlos, unsingbar wie sie sind« (Schuster, 2003, S. 65), aber mit z.T. überraschender Aktualität – radikal Kritik an allen Erscheinungen des ökonomischen, technischen und politischen »Fortschritts« der neuen Zeit, sorgt sich um die Stabilität des lange ersehnten Einheitsstaats, aber auch um die Möglichkeiten innerer Freiheit und Bildung (»›Der Vortheil kennet keine Poesie.‹ Die ›Streiflichter‹. Ein Blick des alten Hoffmann von Fallersleben auf die neue realistische Welt im Kaiserreich«, S. 357–382).

Gleichsam den Schlussstein dieser Epochenbögen setzt Norbert Otto Eke mit seinem beeindruckenden Beitrag »Hoffmann von Fallersleben und der Vormärz« (S. 295–313). Vom »Lied der Deutschen« als zentralem Text ausgehend, arbeitet er das spezifische Literatur- und Wirkungskonzept Hoffmanns – als eines der »produktivsten politischen Dichter im Vormärz« (S. 310) – heraus. Indem dieser Volkstümlichkeit anstrebt, durch die »Eingängigkeit von Form und Botschaft« (S. 301) Wort und Lied in dieser Weise zur politischen Waffe erhebt, ohne allerdings Politiker oder scharfsinniger Analytiker der Verhältnisse (S. 309f.) zu sein, nimmt er in der Funktionsliteratur der vierziger Jahre eine Sonderstellung ein: Seine konsequente Ablösung vom Postulat der (von Karl Philipp Moritz formulierten) Kunstautonomie wie seine Radikalisierung des Schillerschen Satire-Konzepts, d. h. der Primat der Wirkung vor ästhetischer Bedeutung, tragen ihm paradoxerweise die Kritik politischer Weggefährten ein – nicht nur Heines und Gutzkows, sondern auch Ruges und Herweghs. Die realpolitische Durchschlagskraft seiner Lieder bestätigt hingegen ein Konfident – und würdigt sie in ausgewogenen Darstellungen vor und nach der misslungenen Märzrevolution: Robert Prutz.

Für den *scientific turn* der Hoffmann-Forschung seit den neunziger Jahren des 20. Jahrhunderts, durch den vielerlei Blickverengungen, Einseitigkeiten und blinde Flecken im Hoffmann-Bild sukzessive aufgehoben werden, sind als entscheidende Faktoren zu nennen: Die Öffnung der Archive nach der politischen Wende, die Zusammenführung von Nachlassteilen, Funde neuer Quellen und Einsicht der Akten (darüber berichtete Erika Poettgens in der Festschrift) haben – insbesondere durch internationale Kooperation – den Gang *ad fontes* ermöglicht oder erleichtert. Hinzu kommt eine nicht nur technische Vernetzung der Forschungszentren in Fallersleben/Braunschweig, Wrocław und Corvey/Paderborn, die eindrucksvoll belegen kann, dass die Erweiterung der *mental maps*, die Hałub in seiner Corveyer Rede angemahnt hatte, in beiden Richtungen längst stattgefunden hat.

Fritz Wahrenburg

Henriette Herwig/Volker Kalisch/Bernd Kortländer/Joseph A. Kruse/Bernd Witte (Hrsg.): *Übergänge. Zwischen Künsten und Kulturen. Internationaler Kongress zum 150. Todesjahr von Heinrich Heine und Robert Schumann.* Stuttgart/Weimar: J. B. Metzler 2007. 787 S., € 24,95.

Der Kongressband ist das Ergebnis einer Tagung aus dem Jubiläumsjahr zum 150. Todestag von Heine und Schumann. Die Tagung zum vorliegenden Band wurde von der Deutschen Forschungsgemeinschaft unterstützt und gemeinsam von der Heinrich-Heine-Universität, dem Heinrich-Heine-Institut der Landeshauptstadt Düsseldorf sowie der Robert Schumann Hochschule Düsseldorf veranstaltet. Bei der Vorbereitung war ein Gremium von Heine- und Schumann-Experten beratend tätig.

Im Fokus des Kongressbandes stehen nicht die biographischen Bezüge Heinrich Heines und Robert Schumanns im engeren oder sogar engsten Sinne – die beiden trafen sich persönlich lediglich ein einziges Mal im Mai 1828 in München. Vielmehr geht es um die Wirkungskreise und kulturellen Bedeutungsdimensionen von Heines und Schumanns Leben und Werk. Die Beiträge loten in diesem Kontext gewinnbringend Überschneidungen, Übergänge und Wechselwirkungen von Literatur, Malerei, Musik, Theater und Tanz aus. Dieser interdisziplinäre und intermediale Ansatz erweist sich durch die vielen fein ziselierten und differenzierten Artikel als überaus fruchtbar. Insgesamt umfasst der Kongressband 52 Beiträge von Wissenschaftlerinnen und Wissenschaftlern aus neun Ländern (Australien, Belgien, Deutschland, Frankreich, Japan, Kanada, Österreich, der Schweiz und den USA).

Gegliedert ist der Band in vier Abteilungen: I. Lebens- und Wirkungsräume, II. Musik, Bild und Literatur, III. Kunst- und Kulturkritik, IV: Spätwerk 1848–1856. Umrahmt werden die Sektionen durch einen Einleitungsbeitrag von Peter von Matt zum Thema »Die Kunst, die Freiheit, der Teufel und der Tod. Strategien des Überlebens bei Heine und Schumann« und eine Ausblick von Frieder Reininghaus mit dem Titel »Schumann, die Revolution und das Ende«. Diese beiden Aufsätze bilden eine intellektuell anregende Klammer. Peter von Matt entfaltet seine These »Zum Prozess der Moderne gehört die Verwandlung des Teufels« (S. 1) an literarischen und musikalischen Beispielen, und Frieder Reininghaus beleuchtet die von ihm zugespitzt formulierten Fragen »Robert Schumann, der Introvertierte, mit Flinte oder Sense an der Barrikade? Und Frau Clara dahinter, mit der Kelle in den edel-durchtrainierten Fingern, heißes Blei zu Kugeln gießend?« (S. 733).

Die erste Abteilung des Tagungsbandes entfaltet die Lebens- und Wirkungsräume von Heine und Schumann, wobei die deutsch-französische Perspektive eine zentrale Rolle spielt. Insbesondere der Metropole Paris und ihrem literarisch-musikalischen Leben sind mehrere Beiträge gewidmet, beispielsweise von Michael Werner (»Kulturbetrieb und Virtuosentum. Zu einigen Strukturveränderungen im Pariser Musikleben der Julimonarchie«), von Klaus Wolfgang Niemöller (»Heine und die Pariser Klaviervirtuosen«), von Damien Ehrhardt (»Transkulturelle Vermittlung im musikalischen Feld am Beispiel der Schumann-Rezeption in Frankreich (1834 – 1914)«) und von Beatrix Borchard (»Orte und Strategien der Kulturvermittlung. Oder: Clara Schumann an »konzertierende Vermittlerin« deutscher Instrumentalmusik in Paris«).

Währen die erste Sektion stark von der interkulturellen Perspektive geprägt ist, liegt das Augenmerk der zweiten Sektion auf den intermedialen Zusammenhängen. Diese Bezüge auszuwerten ist sowohl bei den Beiträgen aus der Vogelperspektive, beispielsweise von Ernest W. B. Hess-Lüttich »Sprache und Musik. Intermediale Relationen«, als auch bei den Beiträgen mit konkreten Analysen wie von Sikander Singh »›Querelles des Anciens et de Modernes?‹ oder Intermedialität und Metamorphose« oder von Thomas Synofzik »Jean Paulscher Kontrapunkt? Zur neuartigen Klavierpolyphonie in Robert Schumanns Klavierwerken der 1830er Jahre« überaus gelungen. In der lohnenswerten Beleuchtung dieser Zusammenhänge im Makro- wie im Mikrokosmos liegt eine der großen und meiner Meinung nach für die Forschung zukunftsweisenden und mehrere Disziplinen verzahnenden Stärken des vorliegenden Tagungsbandes.

Die Beiträge der dritten Sektion konzentrieren sich auf ästhetische und poetologische Fragestellungen. Hervorzuheben sind hier die Beiträge von Gerhard Höhn »Zur Vorgeschichte der Kulturindustrie. Heines Kritik an der Durchdringung von Kunst und Kommerz« und von Volker Kalisch »Kunst als Krankheit – Kunst als Therapie«. Beide Artikel hinterfragen die Selbstdarstellungsprozesse des Künstlers. Die vierte Sektion widmet sich den Spätwerken, wobei sich alle Beiträge, ausgenommen der Aufsatz von Peter Gülke »Zur Problematik von Schumanns ›konservativer Wendung‹«, mit Heines späten Schriften beschäftigen.

Insgesamt ist festzuhalten, dass der Herausgeberin und den Herausgebern ein gut gegliederter, profunder Tagungsband auf hohem Niveau gelungen ist, der einen großen Mehrwert für die germanistische wie musikwissenschaftliche Forschung darstellt. Auch im Jubiläumsjahr 2010 zum 200. Geburtstag von Robert Schumann wird so mancher Wissenschaftler bei seinen Recherchen diesen Kongressband fruchtbringend genutzt haben, zumal das von Wolfgang Delseit erstellte Orts-, Personen- und Werkregister eine unschätzbar wertvolle Einstiegshilfe in die vielfältigen Bezüge dieses Bandes darstellt.

Sabine Brenner-Wilczek

Martin Hundt (Hrsg.): *Der Redaktionsbriefwechsel der Hallischen, Deutschen und Deutsch-Französischen Jahrbücher (1837–1844)*. 3 Bde. Berlin: Akademie Verlag 2010. LXIV, 1650 S., € 298,-.

»Die Deutschen […] sind dem Royalismus nicht entwachsen, […] sie glauben an Autoritäten, an eine hohe Obrigkeit, an die Polizey, an die heilige Dreyfaltigkeit, an die hallesche Literaturzeitung« (DHA XII, 181), spottete Heinrich Heine 1832, und während ihm die in Halle angesiedelte »Allgemeine Literaturzeitung« als Synonym für politische Rückständigkeit dienen konnte, so waren die 1838 begründeten »Hallischen Jahrbücher für deutsche Wissenschaft und Kunst« gewissermaßen das genaue Gegenteil davon: Das von Arnold Ruge und Theodor Echtermeyer herausgegebene Blatt (1841–1843 unter dem Titel »Deutsche Jahrbücher« fortgeführt, 1844 in Paris von Ruge und Karl Marx als »Deutsch-Französische Jahrbücher« für eine einzige Doppelausgabe wiederbelebt) war ein Laboratorium radikal fortschrittlichen Denkens, eine Ideenwerkstatt zur Erneuerung der politischen Philosophie im vormärzlichen Deutschland. Heine schätzte das zentrale Publikationsorgan der junghegelianischen Bewegung als Diskussionsforum und befand, Oppositionsschriftsteller in solch schwierigen Zeiten dürften, allen vorhandenen Meinungsunterschieden zum Trotz, »nicht die preuß*ischen* Doktrinäre spielen, wir müssen mit den hall*ischen* Jahrbüchern […] harmoniren« (HSA XXII, 36) – Heinrich Laube, an den er diese publikationsstrategische Empfehlung richtete, hielt sie freilich nur für »eine moderne Zopf-Colonie, die fortwährend am Abonnenten-Asthma leidet« (HSA XXVI, 45).

Die wissenschaftliche Beschäftigung mit dem Junghegelianismus stützte sich bislang in allererster Linie auf die gedruckten Publikationen seiner Protagonisten, auf ihre Bücher sowie ihre zumeist in den »Jahrbüchern« veröffentlichten Artikel. Martin Hundt hat ihr nun ein neues Feld – oder wie man angesichts seiner Größe und Bedeutung auch sagen könnte: einen neuen Kontinent – erschlossen: 1222, zwischen August 1837 und Juni 1844 verfasste Briefe. Sie bilden die Redaktionskorrespondenz der »Hallischen«, »Deutschen« und »Deutsch-Französischen Jahrbücher«, und Martin Hundt hat sie in einer Ausgabe zusammengestellt, die man in jeder Hinsicht mustergültig nennen kann. Über die Hälfte der Dokumente wird hier – nach eigener Angabe des Herausgebers (vgl. Bd. 1, S. XXV) – erstmals abgedruckt. So weit das möglich ist, wird dabei auf die in Archiven vorhanden Originale zurückgegangen, gewissenhaft werden die modernen Prinzipien der historisch-kritischen Briefedition angewandt, die Orthographie, Lautstand und Schreibeigentümlichkeiten der Texte bewahrt. Auf einen Lesartenapparat wird plausiblerweise verzichtet, gestrichene Passagen, die dem Herausgeber inhaltlich relevant erscheinen, werden aber wiedergeben. Der Stellenkommentar, der in der sehr leserfreundlichen

Form von Fußnoten, die jeweils direkt unter dem einzelnen Brief stehen, dargeboten wird, ist angenehm knapp gehalten und vermittelt dennoch meist alle für das Verständnis wichtigen Informationen zu Inhalt und Überlieferung.

Neben dem Kommentar erhält diese Sammlung ihren besonderen Mehrwert durch die vielen zusätzlichen Hilfsmittel und Hinweise, die im Apparatband zusammengefasst sind. Dazu zählt vor allem das Verzeichnis »Korrespondenten und Autoren«, das biographische Kurzinformationen über sämtliche Briefpartner der »Jahrbücher«-Herausgeber Echtermeyer und Ruge sowie über alle Mitarbeiter der Zeitschrift bietet. Der stichwortartige Telegrammstil, in dem sie gehalten sind, macht die Lektüre zwar mitunter schwierig, aber dafür ist diese stets gewinnbringend. Ob Leserbriefschreiber, Verwandter oder regelmäßiger Mitarbeiter – zu fast allen der rund 450 hier aufgeführten Personen erfährt man etwas über ihre Stellung zum Junghegelianismus, ihre persönlichen Beziehungen zu den Herausgebern, über Art, Umfang und Zeitraum ihres Kontaktes mit ihnen sowie über ihre Publikationen in den »Jahrbüchern«. Das Verzeichnis ist fast ein eigenes kleines Nachschlagewerk zur Vormärzpublizistik, und für sich betrachtet zeigt es auf eindrucksvolle Weise die soziale und ideologische Bandbreite der keineswegs homogenen junghegelianischen Bewegung und die weite Ausstrahlung ihrer Zeitschrift in die verschiedensten gesellschaftlichen Kreise. Neben den üblichen Registern ist auch ein Verzeichnis der in den Briefen erwähnten Drucke beigegeben, das besonders interessant ist, da sich daraus ersehen lässt, welche Texte besonders stark rezipiert und häufig diskutiert werden. Dass Feuerbachs »Wesen des Christentums« hier die meisten Einträge aufweist, kann allerdings nicht überraschen. Wenn es um Heine geht, dann werden hauptsächlich einzelne Gedichte erörtert, am häufihsten seine in den »Deutsch-Französischen Jahrbüchern« abgedruckten »Lobgesänge auf König Ludwig«.

Den eigentlichen Kern des Apparatbandes bildet jedoch Hundts Essay »Der Junghegelianismus im Spiegel der Briefe«, der weit mehr bietet als bloße Erläuterungen zu den in diesem Band vorgelegten Korrespondenzen. Er ist Quellen- und Forschungsbericht zugleich, bewertet sachkundig, aber ohne sich zu sehr in Details zu verlieren, die inhaltliche Bedeutung des Textkorpus und gibt zahlreiche Anregungen für weiterführende Studien. Besonders interessant sind die Ausführungen zur Herkunft der Vertreter der junghegelianischen Bewegung und zu den redaktionellen Abläufen und Entwicklungen im engeren Zirkel der »Jahrbücher«. Eine Art melancholischen Epilog bildet die Schilderung von Ruges vergeblichen Bemühungen, die Zeitschrift 1857/58 noch einmal aufleben zu lassen. Sehr kritisch beleuchtet Hundt die Nachwirkung und die stiefmütterliche philosophiegeschichtliche Auseinandersetzung mit dem Junghegelianismus, die er als Prozess des Vergessens und Verdrängens beschreibt. Bemerkenswert sind hier vor allem seine Beobachtungen zum Umgang des späteren dogmatischen Marxismus-Leninisimus in der DDR und der Sowjetunion mit dem Junghegelianismus. Er erweist sich als Prüfstein, der eine negative Dialektik von ideolgischer Veränderung und Erstarrung an den Tag bringt: »Die Junghegelianer [...] hatten gezeigt, wie man, ohne die Grundintensionen des Meisters zu verwerfen, ein ganzes philosophisches System Stück für Stück umformen [...] konnte. Die Ironie der Geschichte liegt darin, dass gerade der folgenreichste dieser Erneuerer später zu jenem ›Klassiker‹ gemacht wurde, der nicht weiterentwickelt werden durfte.« (Apparat, S. 77)

Die Korrespondenz um die »Hallischen«, »Deutschen« und »Deutsch-Französischen Jahrbücher« wird Brief für Brief in chronolgischer Abfolge dargeboten, unabhängig vom Verfasser, denn so, das hebt der Herausgeber mit Recht hervor, »[...] wird aus den Einzelstimmen ein Dialog, ein ganzes Orchester. Es ist nicht der Briefwechsel zwischen zwei Partnern, sondern mit 30, 50 und mehr, die sich z. T. nicht persönlich kennen, aber alle um *eine* Aufgabe gruppiert – die Zeitschrift.« (Apparat, S. 5). Möchte man, etwas konventioneller, den Einzelbriefwechsel zwischen zwei bestimmten Personen für sich genommen verfolgen – etwa den zwischen Ruge und Rosenkranz, der hier erstmals in derartiger Vollständigkeit veröffentlicht ist –, ist das jedoch nicht immer ganz einfach. Hier wären kurze Verweise auf das jeweils nachfolgende oder vorangehende Schreiben innerhalb der betreffenden Einzelkorrespondenz hilfreich gewesen.

Aufgenommen wurden Briefe mit unmittelbarem Bezug auf die Zeitschrift und mit dem erklärten Ziel der »Rekonstruktion eines Redaktionsbriefwechsels, also sowohl des damaligen Redaktionsarchivs (die eingehenden Briefe) als auch der Briefe Ruges und Echtermeyers *an* ihre Autoren« (Bd. 1, S. XXVII). So entsteht ein komplexes Bild der Entwicklung der Zeitschrift und darüber hinaus. Es geht um philosophische, politische und literarische Inhalte, die sich freilich nie von privaten oder familiären Mitteilungen trennen lassen. Die dadurch entstehende Vielfalt und Vermischung von Themen und Stimmen macht den besonderen Reiz der Lektüre aus. Aber natürlich ist auch der Erkenntnisnutzen beträchtlich, der weit über den engen Bereich von Detailfragen und Spezialaspekten zu den »Jahrbüchern« oder des Junghegelianismus – der freilich noch nie zuvor so umfassend und zugleich differenziert in all seinen unterschiedlichen Ausprägungen präsentiert worden ist wie in diesen drei Bänden – hinaus geht. Diese so gründlich edierte und vorbildlich präsentierte Korrespondenz ist eine bedeutsame Quelle für sozial- und kulturgeschichtliche Fragestellungen, zur Presse-, Zensur-, Politik- und Alltagsgeschichte des Vormärz. Überall ist das große Engagement und das Bemühen des Herausgebers zu spüren, die Junghegelianer und ihre Ideen wieder stärker ins Bewusstsein nicht nur der Forschung und der Philosophiegeschichte, sondern auch des politischen Denkens und Handels zu rufen. Mit der Edition dieses Redaktionsbriefwechsels hat er selbst die besten Voraussetzungen dafür geschaffen.

Christian Liedtke

Esther Kilchmann: *Verwerfungen in der Einheit. Geschichten von Nation und Familie um 1840. Heinrich Heine, Annette von Droste-Hülshoff, Jeremias Gotthelf, Georg Gottfried Gervinus, Friedrich Schlegel*. München: Wilhelm Fink 2009. 203 S., € 27,90.

Der Titel von Esther Kilchmanns Buch ist nicht ohne weiteres verständlich und bedarf der Erläuterung: Es geht um Uneinheit in der Einheit, und der geologische Terminus »Verwerfung« soll besagen, dass eine Einheit nicht nachträglich einen Prozess der Veruneinheitlichung durchgemacht hat, sondern die Uneinheit bereits bei der Herausbildung der Einheit entstanden und ein konstitutiver Teil derselben ist. Die Einheiten, die Kilchmann thematisiert, sind Nation und Familie. Sie werden in Texten der ersten Hälfte des neunzehnten Jahrhunderts gern analogisiert, wobei Vokabeln wie Herkunft, Erbe, Ahnen, Väter, Enkel und Generationen oft mehr sind als schmückende Metaphern, sondern werthaltige Begriffe, die erlauben, geistes- und mentalitätsgeschichtliche Zusammenhänge zwischen mitunter sehr verschiedenartigen »Einheits- und Herkunftsnarrationen« (S. 179) herzustellen. Der Terminus »Narration« wird von Kilchmann bevorzugt, weil er weit genug ist, die Grenze zwischen fiktionalen und expositorischen Texten durchlässig zu machen.

Bei den expositorischen Texten handelt es sich vorwiegend um literarhistorische Werke: Friedrich Schlegels »Geschichte der alten und neuen Literatur«, Georg Gottfried Gervinus' »Geschichte der poetischen National-Literatur der Deutschen«, Heinrich Heines »Die romantische Schule«, »Zur Geschichte der Religion und Philosophie in Deutschland« und »Elementargeister«;

bei den fiktionalen Texten stehen im Vordergrund Heines »Deutschland. Ein Wintermärchen«, Jeremias Gotthelfs »Die schwarze Spinne« und Annette von Droste Hülshoffs »Die Judenbuche«. Zu den im Titel genannten Autoren treten weitere Autoren, unter ihnen Johann Gottfried Herder und Georg Herwegh. Die Reihenfolge, in der die Autoren im Buchtitel aufgeführt werden, entspricht weder der historischen Chronologie noch der Kapitelfolge und verdeutlicht mit ihrer ostentativen Beliebigkeit, dass nicht die Konstruktion von klar verfolgbaren Entwicklungslinien angestrebt wird, sondern eine komplexe historisch-kulturelle Konstellation sichtbar gemacht werden soll, der mit dem Nachweis intertextueller Einflüsse und Abhängigkeiten nicht beizukommen ist. Außerdem verbietet eine auf Widersprüchlichkeit abhebende poststrukturalistische bzw. dekonstruktivistische Lektüre jede definitive Sinnherstellung.

Die erste Hälfte der Arbeit kreist um die Anfänge der deutschen Literaturgeschichtsschreibung, die als Instrument und Dokument des sich verfestigenden Nationalbewusstseins begriffen wird. Das entspricht seit längerem der wissenschaftsgeschichtlichen *communis opinio*, und deshalb weiß Kilchmann in der Sache wenig Neues zu sagen. Sie beginnt mit Friedrich Schlegels »Geschichte der alten und neuen Literatur«, die den Versuch mache, über die Geschichte der Literatur eine reine Herkunft für die deutsche Nation zu entwerfen, doch diesen Versuch durch die Berücksichtigung eines transnationalen Überlieferungszusammenhangs ständig unterlaufe, was zur Annahme einer doppelten Herkunft der deutschen Literatur führe. Dabei bleibe allerdings das Germanische (bei Schlegel gleichbedeutend mit dem Deutschen) die Wurzel, der das Christliche am Beginn des Mittelalters aufgepfropft werde. Diese Aufpfropfung kann als Verwerfung begriffen werden.

Stärker noch als Friedrich Schlegel ist Gervinus bemüht, die deutsche Literaturgeschichte als Einheit zu konstruieren und für sie einen reinen Ursprung zu postulieren, der bei den Germanen anzusetzen sei. Die Lücke, die zwischen den alten Germanen und dem ersten überlieferten deutschen Text klafft, sollen vor allem die so genannten »Hermannslieder« füllen, nicht existente Dichtungen über den »Freiheitshelden« Arminius, der als Ahnherr der Nation verehrt wird und dessen Mythos die plurale Herkunft der deutschen Literatur und somit auch der deutschen Nation überdeckt. Er wird zu einem nationalen Phantom, dessen Erscheinen im Vormärz indirekt auf die Fragwürdigkeit der einheitsstiftenden deutschen Herkunftsnarration verweist.

Weniger dem Anfang als dem angeblichen Ende der deutschen Literatur am Ausgang der Goethezeit sind die Passagen über Herwegh und Heine gewidmet, wobei des letzteren Diktum über das »Ende der Kunstperiode« zu Bemerkungen über das Verhältnis von Gedanken und Tat anregen. Dafür zentral sind die Capita VI und VII von »Deutschland. Ein Wintermärchen«, die außerdem Anlass bieten, mit Seitenblick auf Freud über Heines fiktionale Träume zu handeln. Wichtiger jedoch für Kilchmanns zentrale These von der Uneinheit in der Einheit sind Heines literatur- und geistesgeschichtliche Schriften, besonders die scheinbar nebensächlichen »Elementargeister«. In ihnen lenke Heine die Aufmerksamkeit auf die vom herrschenden christlichen Kulturnarrativ ins Abseits gestellten germanischen Geister, deren Fortleben die kulturelle Uneinheitlichkeit bezeuge. Kilchmann bringt unter den von ihr behandelten Autoren Heine den größten Respekt entgegen, weil er Diskrepanzen am wenigsten verschleiere, sondern diese kenntlich mache und Literatur als »Unruheherd der Tradition« (S. 20) begreife, was sich mit ihrer eigenen Lektüreintention deckt. Allerdings ist es schwierig, die Texte Heines einer dekonstruktivistischen Lektüre zu unterwerfen, wenn ihnen bereits selbst dekonstruktivistische Tendenzen zugesprochen werden.

Die »Elementargeister« haben Züge des Unheimlichen, was erlaubt, sie mit Sigmund Freuds Theorie des Unheimlichen in Verbindung zu bringen, aber auch mit Julia Kristevas Theorie der

»abjection«. Sie sind aus der herrschenden Ordnung ausgeschlossene »abjects«, deren Ausschluss jedoch für diese Ordnung konstitutiv ist. Hier berühren sich – auch dem eigentlichen Wortsinn nach – »abjection« und »Verwerfung«. Kristevas »abjection« ist zentral für Kilchmanns Lektüre von Gotthelfs »Die schwarze Spinne«, denn die im Türpfosten des schweizer Bauernhauses, in dem Wohlstand und Moral herrschen, eingesperrte Spinne wird zum Inbegriff der »abjection«: Sie schafft eine Atmosphäre des Unheimlichen inmitten einer Idylle und bedroht die familiäre und soziale Ordnung, die aber gleichzeitig dadurch bekräftigt wird, dass eine Herkunftsnarration vor der Gefahr warnt.

Während Kilchmanns Lektüre von Gotthelfs Erzählung den Kern trifft, wirken ihre Bemerkungen zu Droste-Hülshoffs »Die Judenbuche« unkonzentriert und selbst für einen dekonstruktivistischen Ansatz zu willkürlich. Um die Novelle, die veröffentlicht wurde, als man das Hermannsdenkmal zu bauen begann, mit dem deutschen Herkunftsdiskurs in Beziehung zu setzen, legt Kilchmann größten Wert auf den Umstand, dass der Ort des Geschehens am Südrand des Teutoburger Walds liegt. Die patriotische Verherrlichung der Germanen im Allgemeinen und der Westfalen im Besonderen werde konterkariert durch die Darstellung eines Dorfes, dessen Bewohner weder ethnische noch sittliche Reinheit für sich in Anspruch nehmen könnten, und eine von Asozialität und Kriminalität gekennzeichnete Familiengeschichte, in der es Hindeutungen auf illegitime Verhältnisse gibt. »In der Literatur wird hier das Phantom der Illegitimität lesbar, welches das Konstrukt einer ›reinen‹ Nation stört.« (S. 174) – ein Beispiel für Kilchmanns Absicht, Literatur als Medium zu nutzen, mit dessen Hilfe »Einsichten in politische wie historisch-kulturelle Verfasstheiten gewonnen werden können« (S. 182).

Man ist auf solche Einzelbeispiele angewiesen, um zu begreifen, worauf Kilchmanns Arbeit in etwa abzielt, denn als Ganzes lässt das Buch einen referierbaren Zusammenhang vermissen und in ihm herrscht weit mehr Uneinheit als Einheit. Der rote Faden, der es durchziehen soll, reißt so oft ab, dass man müde wird, ihn überhaupt zu verfolgen. Hilfreich ist das Schlusswort, das versucht, die Fragestellungen noch einmal zu bündeln. Vielleicht lässt sich der Untersuchung mehr abgewinnen, wenn man sich auf Einzelkapitel beschränkt. Kilchmanns Stärke ist die eigenwillige Lektüre bekannter Texte, die durch einige ihrer ungewöhnlichen Assoziationen reizvoller werden, allerdings auf Kosten von Evidenz und oft auch von Plausibilität. Die Hintansetzung dieser Kriterien macht die Arbeit, eine 2007 auf Antrag von Michael Böhler und Sigrid Weigel an der Universität Zürich angenommene Dissertation, zu einem instruktiven Beispiel für postmoderne Literaturwissenschaft.

Alexandra Pontzen

Kálmán Kovács (Hrsg.): *Rhetorik als Skandal. Heinrich Heines Sprache.* Bielefeld: Aisthesis 2009. 181 S., € 28,-.

Der vorliegende Band versammelt die Ergebnisse der Internationalen Tagung »Rhetorik als Skandal. Heinrich Heines Sprache«, die zugleich als Humboldt-Kolleg anlässlich des 150. Todestages des Dichters vom 25. bis 27. September 2006 an der Universität Debrecen (Ungarn) stattfand. Gegenstand des Bandes ist die rhetorisch-sprachliche Dimension von Heinrich Heines Werk, die noch bis in die gegenwärtige Forschung hinter dem Interesse für den Aspekt des engagierten Dichters zurücktrete. Zwar sind seit den 1970er Jahren ernsthafte Versuche unternommen worden, die Aufmerksamkeit vom Inhaltlichen auf Fragen der Rhetorik zu lenken. Zu nennen seien hier die Sammelbände von Kuttenkeuler (»Heinrich Heine. Artistik und Engagement«, 1977) und Höhn (»Heinrich Heine. Ästhetisch-politische Profile«, 1991) sowie die Arbeiten von Preisendanz, Kortländer, Steinecke u. a., die Ausgangspunkte für einen neuen Ansatz bilden. Allerdings bemerkt Steinecke noch 1998, dass eine »eigentliche Wende in der Forschung« (S. 8) zu vermissen sei. Der vorliegende Band unternimmt den Versuch, diese Lücke zu füllen. Dabei wird jedoch nicht eine einfache Verschiebung des Forschungsinteresses vom politischen Engagement zur Artistik bezweckt, vielmehr soll die Dichotomie beider Bedeutungsebenen aufgehoben und gezeigt werden, wie die politischen Ansätze in Heines Schreiben auch und gerade in seinem typisch ›künstlichen‹ Schreibstil manifest werden. Die ›Künstlichkeit‹ von Heines Redeweise sei mit dem politischen und moralischen Anspruch des engagierten Dichters nicht nur vereinbar, beide seien überdies Teile ein und desselben ›intertextuellen‹ Schreibens, das sich durch seinen spezifisch subversiven Charakter auszeichne. Dieser Charakter steht immer wieder im Zentrum der hier versammelten Beiträge, ebenso wie Aspekte der Polyphonie, »in der Mehrstimmigkeit, Offenheit, spielerische Intertextualität, Grenzverletzungen und Hybridität jegliche Metaphysik untergraben« (S. 9).

Ob der Erkenntnisgewinn des mit dem Band verwirklichten Vorhabens den der bereits bestehenden Arbeiten zu dem Thema (s.o.) im Sinne einer ›Wende‹ in der Heine-Forschung übersteigt, sei dahingestellt. Absolut neue Einblicke in Heines Schreiben sind von dem Band nicht unbedingt zu erwarten, hingegen einige sehr interessante und überzeugende Einzelanalysen, die sich mit den in der Forschung eher peripher behandelten Texten Heines befassen. Zu bemängeln wären die allzu zahlreichen Druck-, Rechtschreib- und Grammatikfehler, die zwar das Verständnis nicht hemmen und der Qualität der Beiträge keinen Abbruch tun, in der Häufung jedoch störend sind.

Von der Suche nach den Spuren des Jüdischen in Heines Sprache und dem problematischen Verständnis der deutschen Sprache als Nationalität, über Aspekte der Temporalisierung im Spannungsfeld von Vormärz und Biedermeier, über das Konzept der Magie, über Heine-Rezeption und Heine-Bezüge in der ungarischen Petöfi-Forschung, über Schuberts Heine-Vertonungen und Heines polemische Musikfeuilletons, die Verwendung nationaler Stereotypen in den Polen-Schriften, über eine poetologisch-typologische Untersuchung von Heines Briefen bis hin zu Fragen der Verschränkung von Genderidentität und Nation in Heines Lyrik – das inhaltliche Spektrum, das von den Beiträgen abgedeckt wird, ist dem Umfang der Fragestellung entsprechend groß und bereichernd.

Hartmut Steinecke (»›Verhunzung‹ oder ›Artistik‹ des Deutschen? Zur Auseinandersetzung um Heines Sprache«) weist die nationalen Denkstrukturen nach, die noch weit bis ins 20. Jahrhundert dazu geführt haben, Sprachartistik als bloße Nachahmung abzuwerten und ihr das Ideal einer authentischen deutschen ›Natursprache‹ entgegen zu halten, die in der Lage sei, nationale Identität zu stiften. In den Jahren zwischen 1856 und 1906 habe Heines Sprache immer größeres Interesse, aber auch immer größere Abneigung gefunden. Das liege zum einen an Heines Judentum und seiner Neigung zu Frankreich, die mit seiner kritischen Einstellung gegenüber Deutschland einhergehe, zum anderen an dem in den 1830er Jahren von Gervinus entwickelten Modell einer deutschen Nationalliteratur und der daraus resultierenden Beförderung Goethes zum Nationaldichter (vgl. S. 17). Die Forderung nach einer deutschen Nationalliteratur habe rasch zu einer antisemitischen Verwerfung von Heines ›jüdisch-undeutscher‹ Sprache und zu einer Verhärtung des Vorurteils geführt, der Jude spreche die »Sprache der Nation« stets nur als Ausländer und könne daher nur die Rolle des Nachahmers übernehmen, jedoch keine eigenständigen Kunstwerke schaffen (vgl. Wagners Schrift »Das Judentum in der Musik« [1851]).

Die »Suche nach dem Jüdischen in Heines Sprache« teile die antisemitischen Heine-Kritiker allerdings mit der philosemitischen Heine-Forschung, die letztlich den alten Vorurteilen lediglich neue hinzu füge. Heine werde damit immer wieder aus dem Deutschen ausgegliedert. Zur Lösung dieses Problems schlägt Steinecke »die Verabschiedung des Maßstabes einer natürlichen, authentischen, echten Sprache und die Entkoppelung des Deutschen als Sprache von dem Deutschen als Nationalität« (S. 27) vor. Erst wenn man diese Entkoppelung vollziehe, könne man Heines artistische Dichtersprache angemessen verstehen, ohne sie als »eine Art sprachliches l'art pour l'art und damit als Gegensatz zu politischem oder moralischem Engagement« (ebd.) zu verkennen. Heines Umgang mit Sprache und Stil beruhe auf dem Bewusstsein der Vorstellungen über bestimmte Sprachregeln und -konventionen und deren Angemessenheit, die sich in der Gesellschaft festgesetzt haben. Gegen diese könne der Dichter aktiv verstoßen, womit er Gefahr laufe, dass ihm handwerkliche Fehler angekreidet werden. Heines Weg dagegen sei der des Spiels. Er zeige stets, dass er die Regeln kennt und beherrscht, ehe er sie dann abwandle, decouvriere, unterlaufe. Damit habe er eine »Kontrastästhetik« entwickelt, die auf dem Prinzip der Heterogenität beruhe und sich »gegen die Vorstellungen von Organischem, Wachstum, Ganzheit, Funktionalität der Teile« (S. 28) und gegen die Auffassung der Sprache als Teil der nationalen Identität und nicht als Kommunikationsmittel richte. Reformen und Revolutionen habe Heine damit in der Sprache selbst geschaffen, die an der »Erweiterung der sprachlichen Ausdrucksfähigkeiten« und der »potentiellen Reibungsflächen« (ebd.) orientiert sei und somit Artistik und Engagement in sich vereine.

Walter Erharts Beitrag (»Der Taumel und die ›ruhige Anordnung‹. Heinrich Heines Rhetorik und Poetik der Zeitlichkeit«) stellt dar, wie das Bewusstsein einer fortschreitenden Temporalisierung im Vormärz zu einer beschleunigten Wahrnehmung der Gegenwart führt, die einerseits immer mehr Gewichtigkeit erhält und andererseits »in ihrer eigentümlich ›verdichteten‹ Form zugleich als flüchtiger und schneller wahrgenommen« (S. 34) wird. Heine komme dabei zu einem Bruch mit seiner noch in den Schriften der 1830er Jahre (»Romantische Schule«, »Zur Geschichte der Religion und Philosophie in Deutschland«) vertretenen teleologischen Zeitauffassung. Ebenso werde der Gegensatz zwischen Sensualismus und Spiritualismus im Zeichen einer ins Schwanken gekommenen Zeiterfahrung zurückgenommen und das goethesche Prinzip der ›ruhigen Anordnung‹ damit überwunden. Die zweigeteilte Schreibart des Taumels und der ruhigen Anordnung beschreibe Heine bereits »im historiographischen Rückblick« (S. 44 f.). Damit beschreibe er einen Weg zwischen den etablierten Epochenzuschreibungen Vormärz und Biedermeier. Erhart macht das an den »Briefen aus Helgoland« in »Ludwig Börne. Eine Denkschrift« anschaubar, wo Heine eine Doppelung der Rhetorik vollziehe, die auf eine bestimmte Lektüre der Bibel (vgl. »Aus dem alten Testament springe ich manchmal ins neue« [DHA XI, 42]) zurückgeführt werde. In der Figur des Springens wechselten sich die »divergenten Geschichtsmodelle von zyklischer Wiederholung und endgültiger Offenbarung« (S. 47) ab. Dabei trete erstens die Rhetorik als Modus der Wahrnehmung und als »purer Ausdruck von Zeitlichkeit« (S. 48) an die Stelle von Zeit und Zeitlosigkeit, womit zweitens eine ›postrevolutionäre‹ Form des literarischen Handelns nahe gelegt werde, welche die alte Forschungsfrage nach Widerspruch und Vereinbarkeit von Engagement und Ästhetik in die »(Vor-) Geschichte des Oeuvres« (S. 48) verbanne und Rhetorik zum »Merkmal einer irritierenden Ortlosigkeit und einer tiefen Verunsicherung« (s. 49) mache.

Hans-Georg Kemper (»Magie und Rhetorik in Heines Lyrik«) versucht nachzuweisen, dass Heines Lyrik auf einem unter dem Stichwort der Magie gefassten alternativen poetologisch-ästhetischen Konzept beruht, das traditionell im Widerspruch zu der Auffassung von leerer Rhetorik steht. Sein Anliegen ist es zu zeigen, wie Heine poetische Magie erzeugt und gleichzeitig ironisiert. Heine interessiere sich für die Magie erstens als historisches Phänomen im Kontext der europäischen Kultur- und Religionsgeschichte, zweitens aus Neugierde gegenüber »allen Formen der schwarzen, weißen und natürlichen Magie« (S. 60). Sich selbst verstehe er als einen ›Nekromanten‹, der die Toten wieder zum Leben erwecke. Die Verwendung des Magischen in Form des Zitats führe zu jenem »sensus duplex« von schönem Zauber und intertextuellem Zeigefinger, an dem sich »eine doppelte Wirkung im Zusammenspiel von Magie und Rhetorik« (S. 63) ablesen lasse. Ein Effekt magischer Wirkung stelle sich dabei durch die klischeehafte Anordnung barocker und romantischer Lyrik-Motive ein, was die Frage nach der Glaubwürdigkeit und der Wahrheit in der Konstellation von Magie und Rhetorik geradezu aufdränge. Eine Lösung sieht Kemper in der Konfrontation der magischen Bilder mit der auf dem Realitätsprinzip fußenden Wahrheit, welche diese Bilder als Lüge entlarve und damit dem modernen Geschmack ›goutierbar‹ mache. Unter der Lüge der Rhetorik tue sich somit gleichsam die magische Wahrheit umso deutlicher auf. Damit werde der ursprüngliche Widerspruch beider Bereiche aufgehoben und mit sozialen Implikationen angereichert. Magie solle folglich politischen Zielen dienen, wie es z. B. in Heines Gedicht »Doktrin« deutlich in dem magischen Rhythmus der Trommeln zum Ausdruck komme, der ein ganz physisches Verständnis von Wort und Tat mit sich bringe.

Kálmán Kovács (»Lügnerische Rhetorik. Heine als Sündenbock der Petöfi-Rezeption«) befasst sich mit den Heine-Bezügen und dem Heine-Bild in der Rezeption des ungarischen Dichters Sándor Petöfi (1820–1849). Eindrücklich zeigt der Verfasser, wie Heine trotz der zahlreichen Gemeinsamkeiten zwischen den beiden Autoren, die in der Literaturkritik oft als ›verwandte Geister‹ betrachtet werden, immer wieder als Negativschablone dient, mit der die dunklen Seiten, das Störende des ungarischen Dichters erklärt und durch schlechten Fremdeinfluss gerechtfertigt werden. Dabei verbinde beide Autoren die literarische Bedeutung, die sie als Erneuerer der Sprache innehaben, der Vorwurf des Formalismus, dem beide ausgesetzt sind, sowie der von beiden praktizierte spielerische Umgang mit der eigenen Biographie. Beide hätten es verstanden, ihr Dichterbild inszenierend zu gestalten. Weitere Bezugspunkte seien die Ironie, die »epigrammatische« Gedichtstruktur (Antiklimax) und der Begriff des Weltschmerzes. Als man in der zweiten Hälfte des 19. Jahrhunderts Petöfi zum ungarischen Nationalhelden und Nationaldichter habe heraufbeschwören wollen, seien besonders der Weltschmerz des Dichters und dessen Ironie dieser Erhebung im Weg gestanden. Bestimmte »Rehabilitierungsprozesse« seien fortan notwendig gewesen. Weltschmerz habe man kurzerhand auf den schlechten Einfluss Byrons und Heines zurückgeführt, Ironie und epigrammatische Struktur der Gedichte als »Heine-Manier« verworfen, da sie mit der nationalliterarischen Forderung nach einem ›metaphysischen Optimismus‹ nicht vereinbar seien (vgl. S. 75). Erst die Monographie von István Margócsy (1999) leite einen Paradigmenwechsel ein, indem sie an den Grundfesten der Petöfi-Rezeption rüttle und u. a. auch das Rollenspiel des Dichters fortan als legitime Redeweise betrachte. Besonders interessant ist Kovács' Feststellung, dass mit der Rehabilitierung des heineschen Elements die Wichtigkeit Heines radikal abnehme.

Dietmar Goltschnigg (»Heines polemische Rhetorik in seinen musikalischen Feuilletons«) zeigt die Argumentationstechniken Heines in seinen polemischen Äußerungen zu Felix Mendelssohn Bartholdy und Giacomo Meyerbeer auf und kommt dabei auch auf Wagners Urteile über Meyerbeer und Heine zu sprechen, die von der antisemitischen Grundhaltung Wagners zeugen und auf das Klischee der ›verborgenen Sprache‹ der Juden zurückgehen (vgl. S. 106 sowie den Beitrag von Steinecke). Eindrücklich zeigt Goltschnigg die radikalen Wendungen, die Heines Äußerungen zu Meyerbeer und Mendelssohn Bartholdy im Laufe der Jahre in seinen

Texten nehmen. Dabei komme ein für den Dichter typisches Verfahren der Polarisierung bzw. des polarisierenden Vergleichs zur Anwendung, das sich an den Antithesen Form/Inhalt, epigonale Reproduktion/geniale Originalität, Angeeignetes/Ererbtes, Fälschung/Wahrheit, Gleichgültigkeit/Leidenschaft orientiere (vgl. S. 93). Goltschnigg zeigt, dass im Zentrum der Abrechung mit Meyerbeer die Kardinalfrage nach »Kunst oder Lüge« steht. Mit dieser Frage leiste Heine gleichsam der antisemitischen Kritik Vorschub, allen voran Wagner, der in seiner Schrift »Über das Judentum in der Musik« (1850) Heines Argumentation für seine Kritik an Meyerbeer übernimmt, um sie dann aber auch gegen Heine selbst zu verwenden, den er der Lüge bezichtigt.

Karl Katschthaler (»(t) – Schuberts Heine«) behandelt das Verhältnis zwischen Text und Musik und geht der Frage nach, ob in der Vertonung immer ein hermeneutisches Verhältnis zum Text bestehen müsse oder ob es auch andere Möglichkeiten der Beziehungen zwischen beiden geben könne. Anhand der Analyse zweier Gedichtvertonungen zeigt Katschthaler, wie Schubert die Thematisierung der eigenen homosexuellen Neigungen durch »Gesten des Verdoppelns und Verbergens« (S. 115) in eine ausgeklügelte Zahlensymbolik überträgt. Im »Doppelgänger« legt er die von Schubert angewendeten »Gesten des Herausnehmens und Tilgens« (ebd.) dar, die er als Mittel der Vorausdeutung versteht. Das führt ihn zu dem Schluss, dass der musikalische Subtext zum Text und der Gedichttext zum Subtext wird. Folglich habe Heine den Subtext zu Schuberts »Doppeltgänger« geschrieben, und die Frage, ob Schuberts Vertonung Heines Text hermeneutisch gerecht geworden sei, ergebe keinen Sinn mehr (vgl. S. 118).

Gegenstand von Karol Sauerlands Untersuchung (»Das Spielen mit Stereotypen. Heine und Polen«) sind die ›unschmeichelhaften‹ Stereotypen, die Heine in seinen Schriften über Polen befördert. Schwerpunkt bilden die Äußerungen nach 1831. Die für die Zeit typische Polenbegeisterung teilt Heine nicht, vielmehr ist und bleibt Polen für ihn »im Wesen eine andere, schwer verständliche Welt« (S. 124), die, wie Sauerland zeigt, nicht zu Heines westeuropäischem Denken passt. Aus diesem Grund, und nicht weil es ihm an literarischem Talent mangele, gehe Heine daher in seiner Beschreibung der Polen äußerst schematisch vor. Die negative Einstellung zum polnischen Patriotismus sei allerdings nur schwer mit Heines eigenem Selbstverständnis als Kämpfer für die Freiheit zu vereinbaren. Sauerland schlägt zwei Lösungsansätze für das Problem vor: Erstens gehe es Heine in seiner negativen Beurteilung im Grunde nicht um Polen, sondern um Deutschland und um die Kritik am Patriotismus des eigenen Landes. Zweitens lasse sich mit Jost Schneider behaupten, dass Heine sich spätestens ab den 1840er Jahren »über nationales Denken [...] schon lange hinweggesetzt hatte und deshalb vom Standpunkt des ›Genius der Menschheit‹ herab spöttisch-satirisch mit nationalen Klischees spielen konnte« (Jost Schneider: Widersprüche in Heines Werk und Inkonsequenzen in der Heine-Forschung. Methodologische Überlegungen am Beispiel von »Ueber Polen« und »Zwey Ritter«. - In: HJb 37 [1998], S. 103 f.). Das hebe das Problem aber nicht vollständig auf, und so komme man nicht umhin, Heine eine gewisse Kurzsichtigkeit und Leichtfertigkeit im Umgang mit Nationalstereotypen zum Vorwurf zu machen.

Christian Liedtke liefert mit seinem Beitrag (»›Briefschreibungsordentlichkeit‹? Beobachtungen zu Sprache und Stil in Heinrich Heines Briefen«) einen überzeugenden Ansatz zu einer Typologie von Heines Briefen, wobei er deren poetische Dimension besonders hervorhebt. In der Zwangs- und Kunstlosigkeit der Briefe, die auf dem Prinzip der »Ideen-Assoziation« beruhten, werde ein deutlicher Kontrast zu den Konventionen der Weimarer Hofprosa und besonders der Goetheschen »Kunstbehaglichkeit« (HSA XX, 412) spürbar. Die Reserviertheit gegenüber der Weimarer »Briefschreibungsordentlichkeit« erkläre sich aus dem Selbstverständnis Heines als »Zeit-Schriftsteller im Hier und Jetzt« (S. 135), stehe aber auch für das Empfinden der Fremdheit in der eigenen Sprache, das den Dichter besonders sensibel für die Schwächen der »Convenienzpoesie« (HSA XX, 47) mache und ihn gleichsam als souveränen Meister der Formen und Konventionen der Gattung zu erkennen gebe. So sei z. B. Heines Hang zur Parataxe nicht auf Bequemlichkeit zurückzuführen, sondern sei ein »gezielt eingesetztes Stilmittel« (S. 136) zur Erwirkung bestimmter komischer Kombinationseffekte, mit denen der Briefschreiber den »Eindruck von Tempo, Unbeschwertheit und Phantasiereichtum« (S. 137) erzeuge. Selbst sei Heine kein zuverlässiger Briefschreiber gewesen, was er selbst mit dem Topos der beschleunigten Zeit erklärt habe: »ich aber bin an einem Ort, wo die Zeit selber sich kaum die Zeit nimmt zu verfließen. Sie können sich keinen Begriff davon machen, wie viel zerstreuende Erscheinungen mich umwogen, wie viel Noth, Unsinn, Lebenskampf, Liebe, Haß, und Tod mir um die Ohren saust. Was Sie in Deutschland etwa von mir hören, ist nur ein gelindes Echo hiesiger Schwertschläge« (HSA XXI, 98f.). Was hier als Selbstentschuldigung und Ausrede erscheinen möge, sei aber symptomatisch für den revolutionären Vormärz (vgl. den Beitrag von Erhart), dessen Dichter, wie Heine in der »Romantischen Schule« äußert, »keinen Unterschied machen wollen zwischen Leben und Schreiben, [...] nimmermehr die Politik trennen von Wissenschaft, Kunst und Religion, und [...] zu gleicher Zeit Künstler, Tribune und Apostel sind« (DHA VIII, 218).

Eszter Pabis (»Und Gott ist alles was da ist; Er ist in unsern Küssen.‹ Zum Sensualismus in Heines Zeitgedichten«) versucht mit ihrem Beitrag, die Figuren des Sensualismus, die Funktion und Bedeutung der Körperlichkeit in den »Zeitgedichten« zu explizieren. Damit soll die politisch subversive Stimme des Körperlichen hervorgehoben und die Verschränkungen von Genderidentität und Nation aufgezeigt werden (vgl. S. 157). Im Kontext des Sensualismus untersucht die Verfasserin den Umgang Heines mit den traditionellen Geschlechterrollen, die in eine ironische Bildlichkeit überführt werden. Pabis zeigt, wie die sensualistischen Bilder in den »Zeitgedichten« gerade insofern als nicht sensualistisch zum »Gegenstand der Kritik und des Spottes« werden, als sie hier für eine »anachronistische Untauglichkeit der Deutschen«, für einen Sensualismus stehen, »der das oberste Prinzip des Geistes nicht mehr beibehält« (S. 162).

Andrea Horváth (»Bild und Funktion der Frau in der Lyrik Heinrich Heines«) weist in ihrem Beitrag die Spuren zweier unterschiedlicher Liebesauffassungen in Heines Lyrik nach. Es sind dies die erotische Bindung der Liebenden einerseits und die seelisch-geistige Bindung andererseits. Dem liege ein dualistisches Frauenbild zugrunde, gemäß dem die Frau einmal Madonna und ein andermal sündige Eva sei. Dieser Dualismus sei unrealistisch und typenhaft. Dennoch hätten Heines Frauengestalten da, »[w]o Heine zur originellen Gestaltung vordringt und nicht im Klischee stecken bleibt, [...] auch noch heute starke Ausstrahlungskraft« (S. 175). Heines Lyrik weise somit »unendliche[] Variationen« (ebd.) auf, wobei die stete Zunahme an Witz und Ironie den »Befreiungsprozess des Dichters von seinem Hang zur romantischen Selbstverzweiflung und Todessehnsucht« (S. 176) befördere. Ganz sei es Heine aber nie gelungen, die Bindung an die romantische Liebesauffassung und an die damit verbundenen Sprachklischees zu überwinden, und so bleibe letztlich das hellenische Konzept mit dem nazarenischen im steten Widerstreit, ohne dass es zu einer harmonischen Vereinigung komme.

Thomas Stähli

Ritchie Robertson: *Mock-Epic Poetry from Pope to Heine*. Oxford/New York: Oxford University Press 2009. 456 S., £ 65,-.

> B. Von der komischen Epopee halten Sie also nicht viel. – A. Wenig, wie von Allem, was den Geschmack am Großen mindert, und dies selbst herabwürdigt. – B. Wenn das Große aber eine falsche Größe, und der Geschmack daran ein falscher, ja ein schädlicher Geschmack wäre? Bedenken Sie, wieviel Schuldloses Blut die Raserei der Kreuzzüge gekostet, wie abscheuliche Verfolgungen und Verwüstungen der blinde Religionseifer angerichtet.

Mit diesen Worten verteidigt in Johann Gottfried Herders Dialog »Von der komischen Epopee als einem Korrektiv des falschen Epos« (zuerst 1804 im posthum herausgegebenen sechsten Band der »Adrastea« veröffentlicht) der Sprecher B. das komische Epos gegen den Sprecher A. Skepsis und Desillusionierung kennzeichnen die hier zum Ausdruck kommende Haltung der Aufklärung gegenüber dem Heldenepos, wie sie sich etwa in den Verserzählungen Christoph Martin Wielands zeigt.

Herders (der mit seiner Nachdichtung der »Cid«-Romanzen selbst seinen Beitrag zum Heldenepos leistete) und Wielands (dessen Verserzählungen Muster aufklärerischer komischer Epenproduktion sind) Lebensdaten fallen in jenen Zeitraum, den Ritchie Robertsons breit angelegte Studie zur »Mock-Epic Poetry« umspannt, vom Erscheinen des vierten Buchs von Alexander Popes »Dunciad« 1742 bis zur Buchfassung von Heines »Atta Troll« 1847.

Robertson grenzt die von ihm als »mock epic« klassifizierten Texte von Pope bis Heine, denen seine Aufmerksamkeit gilt, von jenen ab, die in der englischsprachigen Literaturwissenschaft als »mock-heroic« bezeichnet werden. Während sich diese Differenzierung im Französischen (wo es den Begriff des »poème heroi-comique« gibt) noch einfach nachvollziehen lässt, gibt es im Deutschen ein begriffliches Problem: Robertson selbst führt den Begriff des »komische[n] Epos« (S. 2) als Bezugspunkt ein – doch gerade dieser böte sich als Übersetzung seiner als »mock epic« eingeführten Kategorie an, während für die »mock-heroic poems« die – im deutschen Sprachgebrauch nicht trennscharf abgesetzten (vgl. z. B. den Artikel »Komisches Epos« in G. und I. Schweikle, Metzler-Literatur-Lexikon, Stuttgart 1990, S. 244f.) – Begriffe wie »heroisch-komisches Epos« oder »scherzhaftes Heldengedicht« in Anschlag zu bringen wären. Worum es Robertson geht: Während »mock-heroic poems« – »scherzhafte Heldengedichte« also oder »heroisch-komische Epen« – vor allem als Parodien des Heldenepos funktionieren und ihre komische Fallhöhe und ihr parodistisches oder mitunter auch satirisches Potenzial aus dem Kontrast zwischen der gehobenen epischen Form und den unangemessenen Themen, Figuren und Gegenständen beziehen (der die homerischen Epen parodierende antike »Froschmäusekrieg« wäre als Mutter dieser Gattung zu nennen), sieht Robertson in den von ihm als »mock epic« bezeichneten Texten ein Surplus, das über das Parodistische hinausgeht:

> I want to argue that Pope with the *Dunciad*, and Wieland with his fantastic verse-narratives, embarked on a form of writing which can no longer be called mock heroic, and which I label mock epic. [...] By mock epic, rather, I mean a group of poems, written over a period from the 1720s to the 1840s, which derive from mock heroic (as well as other sources) but engage in imaginative explorations that burst the bounds of mock heroic. (S. 2 f.)

Wesentliche Elemente der »Mock-Epic Poetry« sind für ihn eine aus der »Querelle des Anciens et des Modernes« gespeiste »critical attitude to the tradition of serious epic« (S. 5), der Bezug auf die italienische Renaissance-Epik vor allem eines Ariost und eines Tasso (vgl. S. 6) und schließlich ihr hohes Maß an Intertextualität: »I like so much to quote«, zitiert Robertson aus Byrons »Don Juan« (S. 8).

Auf inhaltlicher Ebene entspricht diesen formalen Bestimmungen der dem Jahrhundert der Aufklärung entstammenden Texte ein emanzipatorischer Umgang mit Fragen und Formen der Sexualität (z. B. in der Darstellung weiblichen Begehrens): »Mock epic permits an exploration of sexuality which leads in many unexpectes directions.« (S. 10). Außerdem betont Robertson das Moment einer mitunter aggressiven Religions- und Kirchenkritik sowie eine Vorliebe für Stoffe und Situationen, die das Verhältnis »between Europe and its Oriental ›other‹« (S. 11) beleuchten.

Ausgangspunkt seiner Überlegungen war, berichtet Robertson zu Beginn seiner Einleitung (S. 2), eine Studie zu Heines »Atta Troll« und seinen Beziehungen zur Tradition komischer Epen, die sein Beitrag zur Londoner Heine-Konferenz 1997, »Heine und die Weltliteratur«, war (vgl. den gleichnamigen Tagungsband, hrsg. von Terence James Reed und Alexander Stillmark, Oxford 2000). Ein umfangreiches Kapitel zum »Atta Troll« (»The Last Mock Epic? Heine's *Atta Troll*«, S. 370–415) bildet Fluchtpunkt und Abschluss (von einem Epilog zum Nachleben der »mock epic« bei Spitteler, Kafka und Joyce abgesehen) des vorliegenden Bandes. Das Spektrum der untersuchten Texte reicht von Alexanders Popes »Dunciad« über Voltaires Satire auf Jeanne d'Arc, »La Pucelle«, und Wielands »Oberon«, über Goethes »Hermann und Dorothea« und Byrons »Don Juan« bis zum »Atta Troll«. Weitere Kapitel gelten Aloys Blumauers »Aeneis«-Parodie sowie wenig bekannten Texten des österreichischen Aufklärers Joseph Franz Ratschky und des fast vergessenen Évariste Parny (dessen »La Guerre des dieux« ein Lieblingsthema Heines, den Kampf der alten Heidengötter gegen den Christengott, vorwegnehmen).

Die einzelnen Analysen Robertsons lesen sich anregend und öffnen neue Perspektiven auf bekannte Texte oder – in den letztgenannten Fällen – heben zu allererst wieder Texte in das Bewusstsein der Literaturwissenschaft, die ein Schattendasein am Rande des Vergessens führten. Die breite Perspektive, die Werke der englischen, französischen und deutschen Literatur in den Blick nimmt und in Zusammenhang setzt, tut ein Übriges, um Robertsons Studie zu einem wertvollen Beitrag zur europäischen Literaturgeschichte zu machen. Nicht völlig befriedigt wird jedoch die Neugierde des Lesers, auf welche Weise die Textauswahl Robertsons zustande gekommen ist, insbesondere bei den weniger bekannten Texten: Warum Blumauer und Ratschky, warum nicht beispielsweise Anastasius Grün? Oder warum lassen sich (die auch nicht auf den ersten Blick komischen) »Hermann und Dorothea« in die Reihe einfügen, nicht aber Lenaus oder Platens Versuche, epischen Großformen neues Terrain zu erschließen? Oder ein Exkurs in die russische Literatur zu Puschkins »Eugen Onegin«? Und hätte Immermanns »Tulifäntchen« nicht mehr Raum verdient als die drei Seiten im »Atta Troll«-Kapitel? Und was ist mit den epischen Fragmenten in Heines Spätwerk, »Bimini« und »Jehuda ben Halevy«?

Solche Fragen sind natürlich stets ein wenig wohlfeil, im vorliegenden Fall weisen sie indes auf ein tiefer liegendes Problem: Ist Robertsons Abgrenzung der »mock epic« gegen die »mockheroic poems« trennscharf genug oder beschreibt seine Unterscheidung nicht nur eine nach den Qualitätskriterien der heutigen Literaturwissenschaft (hier: Intertextualität, Gender-Aspekte, Orientalismus) als »gut« oder »lesenswert« zu bestimmende Teilmenge aus dem größeren Gesamt der »mock-heroic poems« oder der erzählenden Versdichtung insgesamt? Schließlich sind einige der von Robertson ausgewählten Texte zumindest insofern »Heldengedichte«, als sie auf eine – negative, gebrochene, lächerliche – Heldenfigur fokussiert sind, von Ritter Hüon bis zum Problembären Atta Troll. Dass Robertsons beeindruckende Studie aber alle diese Fragen aufwirft, gehört zu ihren Verdiensten – und zeigt, dass die Erforschung der Versepik des 18. und

19. Jahrhunderts nach wie vor ein Desiderat darstellt. Wie schon die von Heine-Gesellschaft, Heine-Institut und Forum Vormärz Forschung 2004 veranstaltete Tagung zur Versepik im Vormärz wirft auch »Mock-Epic Poetry from Pope to Heine« Schlaglichter auf ein literarisches Feld, das als ganzes – leider – noch nicht recht zu überblicken ist.

Robert Steegers

Heine-Literatur 2009/2010 mit Nachträgen

Zusammengestellt von Elena Camaiani

1 Primärliteratur

1.1 Gesamtausgaben
1.2 Einzelausgaben und Teilsammlungen
1.3 Texte in Anthologien
1.4 Übersetzungen

2 Sekundärliteratur

2.1 Studien zu Leben und Werk
2.2 Untersuchungen zur Rezeption
2.3 Forschungsliteratur mit Heine-Erwähnungen und -Bezügen

3 Literarische und künstlerische Behandlung von Person und Werk

3.1 Literarische Essays und Dichtungen
3.2 Werke der bildenden Kunst
3.3 Werke der Musik, Vertonungen
3.4 Das Werk auf der Bühne, im Film

4 Rezensionen

5 Allgemeine Literatur mit Heine-Erwähnungen und -Bezügen

1 Primärliteratur

1.1 Gesamtausgaben

1.2 Einzelausgaben und Teilsammlungen

»Aber ist das eine Antwort?« Heinrich Heine zum 150. Todestag; [Textauswahl eines Rezitationsprogramms des Centrums für Rhetorik, Kommunikation und Theaterpraxis in Münster]. [Musik: Joachim Heintz. Regie: Ortwin Lämke]. Münster 2009. 1 CD.

Heine, Heinrich: Am leuchtenden Sommermorgen: ein Gedicht. Gesprochen von Steven Uhly. München 2009. 1 CD. (Einmaleingedicht).
Heine, Heinrich: Atta Troll. Ein Sommernachtstraum. Deutschland. Ein Wintermärchen. [Bernd Kortländer]. Frankfurt a.M. 2009. 191 S. (Fischer-Taschenbücher; 90167).
Heine, Heinrich: Buch Le Grand: Auszug. [Gelesen] von Wolfgang Tiessen. Neu-Isenburg [2002]. 1 CD. (Wolfgang Tiessen liest aus Büchern der Edition Tiessen; 1).
Heine, Heinrich: Deutschland. Ein Wintermärchen. Mit einem Nachw. von Thomas Rosenlöcher. 3. Aufl. Frankfurt a.M. 2009. 129 S. (Insel-Taschenbuch; 3153).
Heine, Heinrich: Englische Fragmente. Rudolstadt; Berlin 2009. 103 S. (GreifenFundstücke).
Heine, Heinrich: Gedichte. Musikalisch dargeboten von Elmar Wilms und Natascha Wilms. Blankenheim 2009. 1 CD.
Heine, Heinrich: Die Harzreise. [Bernd Kortländer]. Frankfurt a.M. 2009. 142 S. (Fischer-Taschenbücher; 90214).
Heine, Heinrich: Die Harzreise. [Bremen] 2010. 94 S. (Classic Pages).
Heine, Heinrich: Ideen. Das Buch Le Grand. Rudolstadt; Berlin 2009. 79 S. (GreifenFundstücke).
Heine, Heinrich: Lästerliche Schriften: Der Rabbi von Bacherach. Hrsg. und eingel. von Heinz-Joachim Fischer. Wiesbaden 2010. 319 S. (Die Bibliothek der verbotenen Bücher).
Heine, Heinrich: Liebesgrüße aus der Matratzengruft. Sprecher: Erich Schwarz. Edewecht 2009. 1 CD.
Heine, Heinrich: Ludwig Börne: eine Denkschrift. Sprecher: Axel Grube. Volltextlesung. Düsseldorf 2009. 1 Mp3. (Onomato-Hörbücher).
Heine, Heinrich: Die romantische Schule. Rudolstadt; Berlin 2009. 169 S. (GreifenFundstücke).
Heine, Heinrich: Die romantische Schule. Sprecher: Axel Grube. Düsseldorf 2009. 1 Mp3. (Onomato-Hörbücher).
Heine, Heinrich: »Schlage die Trommel und fürchte dich nicht«. Oliver Steller spricht und singt Heinrich Heine. [Unterhaching] 2009. 1 CD & Beih.
Heine, Heinrich: »Schlage die Trommel und fürchte dich nicht«: Gedichte, Briefe, Leben. [Oliver Steller. Red.: Susanne Steller]. [Frechen] 2009. 128 S.
Heine, Heinrich: Shakespeares Mädchen und Frauen. Rudolstadt; Berlin 2009. 142 S. (GreifenFundstücke).
Heine, Heinrich: Um an Heinrich Heine zu erinnern, an seinen Todestag vor hundertfünfzig Jahren am 17. Februar 1856: eine Lesung. Von Wolfgang Tiessen. Neu-Isenburg [2006]. 1 CD.
Heine, Heinrich: Zur Geschichte der Religion und Philosophie in Deutschland (1835). Rudolstadt; Berlin 2009. 155 S. (GreifenFundstücke).

1.3 Texte in Anthologien

Aus Kindertagen: Robert Schumann und die Dichter seiner Zeit. Mit Texten von Goethe ... und den »Kinderszenen« von Robert Schumann. Sprecher: Gerd Baltus, Maren Eggert, Stephan Schad ... Regie: Anja Hasse ... Klavier: Giovanna Farigu. Hamburg 2010. 1 CD. (Goya LiT). [»Mein Kind, wir waren Kinder«].
Balladen und Blues: die Mitternacht zog näher schon ... Rezitation: Martin Hofer. Slide-guitar: Lena Rieß. [Tegernheim] 2003. 1 CD. [»Belsazar«, »Ein Weib«].

Berlin: ein Reiselesebuch. Hrsg. von Michael Bienert. Hamburg 2008. 168 S. [»Unter den Linden« S. 32–35].
Berühmte Balladen. Sprecher: Hans Jochim Schmidt. Schwerin [2010]. 2 CDs. [»Belsazer«, »Die Wallfahrt nach Kevlaar«].
Brigitte woman 2009, 10. [»Die schönste Jungfrau sitzet« S. 80].
Deutsche Balladen. Hrsg. von Christiane Freudenstein. Orig.-Ausg. Frankfurt a.M. 2009. 392 S. (Fischer-Taschenbücher; 90144: Fischer Klassik).
Glück und andere Missverständnisse: Geschichte und Gedichte. Zusammenstellung und Prod.: Anke Albrecht. Regie: Karin Lorenz, Thomas Krüger & Hans-Gerd Koch. Mannheim 2010. 1 CD. [»Ein Jüngling liebt ein Mädchen«].
Goslar, Jürgen: Die schönsten Gedichte. Jürgen Goslar liest Goethe, Schiller & Heine. Merenberg 2008. 3 CDs & Beih.
Das große Balladenbuch: die schönsten deutschen Balladen. Mit vielen Bildern von Tatjana Hauptmann. Gesammelt von Christian Strich. Zürich 2009. 150 S.: zahlr. Ill.
In den sonnigen Beeten: hundert Gedichte für Gartenfreunde. Hrsg. von Jürgen Engler. Berlin 2010. 210 S. [»Unterm weißen Baume sitzend« S. 27].
Liebesbriefe großer Männer: ewig dein, ewig mein, ewig uns. Hrsg. von Sabine Anders und Katharina Maier. 6. Aufl. Wiesbaden 2010. 254 S.
Sagen vom Harz 2008. Ill. von Annette Ackermann. Bearb. von Oliver Pfannenstil. Haldensleben 2007. [Kalender].
Die schönsten Liebesgedichte. Ausgew. und mit e. Nachw. versehen von Sigrid Damm. Frankfurt a.M.; Leipzig 2009. 181 S. (Insel-Taschenbuch; 3469).
Totentanz und Mitternachtsgraus: Schauerballaden. Hrsg. von Christian Liedtke. Hamburg 2009. 126 S. [»Ich kam von meiner Herrin Haus« S. 19]. – Dass. mit Christian Redl. Hamburg 2009. 1 CD.
Trostworte: Zitate, Bibelworte und Segenstexte zur Kondolenz. [Zusammengest. und hrsg. von Volker Bauch]. Leipzig [2009]. 186 S.: Ill.
Der Weihnachtsmarkt: unsere schönsten Geschichten, Gedichte und Gedanken rund um Weihnachten. Hrsg. von Martin Lorentz. Berlin 2009. 396 S. (Aufbau-Taschenbücher; 2542). [»Altes Kaminstück« S. 46, »Die Gebeine der Heiligen Drei Könige« S. 323].
Welch ein Fest: das große Weihnachtsbuch. Hrsg. von Gilda Donata und Hubert Selig. Frankfurt a.M. 2009. 396 S. [»Die heil'gen drei Könige aus Morgenland« S. 70].
Werde nie müde mir zu sagen daß du mich liebst: die schönsten Liebesbriefe. Hrsg. von Annette C. Anton. Berlin 2000. 185 S.: Ill. [Heine an Elise Krinitz S. 42–43].
Witthinrich, Klaus: Keiner fragt – Theologen antworten: satirische Arroglanzstücke von Heine bis heute. Rheinbach 2010. 117 S.

1.4 Übersetzungen

Dir zur Feier: eine Freundesgabe für Karol Sauerland. Ed.: Grażyna Kwiecińska, Barbara Surowska, Bożena Chołuj, Anna Wołkowicz. Warschau 2007. [Heine-Übersetzungen von Barbara Surowska S. 199–201].
Emil Aarestrup & Heinrich Heine: 24 digte af Heinrich Heine sammenstillet med Emil Aarestrups oversaettelser = 24 Gedichte von Heinrich Heine mit Emil Aarestrups Übersetzungen. Indledning af – Einleitung von Heinrich Detering. Kopenhagen 2002. 24 S.: Ill.

Heine, Heinrich: Atta Troll. Transcr. poétique par Ambroise-Luc [d.i. Claude Cassel]. Paris 2009. 87 S.
Heine, Heinrich: Duitsland. Een Wintersprookje en andere gedichten. Vertaald en toegelicht door Peter Verstegen. Incl. vertalingen van Marko Fondse. Met een nawoord van Arnon Grunberg. Amsterdam 2009. 787 S.
Heine, Heinrich: L'éléphant blanc. Photogr. par Julie Ganzin. Trad. par Bénédicte Vilgrain. [Courbevoie 2000]. [28] S.: Ill.
Heine, Heinrich: Herz aus meiner Brust = Serdce iz moej grudi. Stichi v per. V. Protasova. Wladiwostok 2003. 106 S.: Ill. (Vmeste; 1).
Heine, Heinrich: Lirski intermeco. Preveo Branimir Živojinović. Nachw. von Mirko Krivokapic. Beograd 2000. 120 S. (Dačka biblioteka; 36).
Heine, Heinrich: Lyrisches Intermezzo XLVIII. Buch der Lieder. [Forditas Babits Mihály. Künstlerbuch von Ilona Kiss]. Budapest [2007]. [6] Bl.: zahlr. Ill. [deutsch und ungarisch].
Heine, Heinrich: Niemcy czyli Baśń zimowa: napisana w styczniu 1844. [Tł. i red.] Fabian Frankiewicz. Konin 2007. 103 S. [Deutschland. Ein Wintermärchen <poln.>].
Heine, Heinrich: Poiēmata: emmetres metaphraseis chronōn 1920–1925. Kostas Karyōtakēs ... 2. ekdosē. Athen 2006. 93 S.
Heine, Heinrich: Sobre la historia de la relígion y la filosofía en Alemania. Edicion a cargo de Juan Carlos Velasco. Trad.: Manuel Sacristán y Juan Carlos Velasco. Madrid 2008. 258 S.
Heine, Heinrich: Wiersze. [Tł. i red.] Fabian Frankiewicz. Część 1: Księga Piesni. Konin 2007. 318 S., S. 535–540. – Część 2: Nowe Wiersze. Wiersze Wspolczesne. Konin 2007. S. 319–534, 541–544. – Część 3: Romancero. Wiersze Ostatnie. Konin 2007. 352 S., S. 467–474.
Den romantiske visjon: studier i europeisk og nordisk romantisk diktning ob åndshistorie. Red. av John Ole Askedal og Vidar L. Haanes. Oslo 2004. 214 S. [»Loreley«-Übersetzung von Johannes Gjerdaker].
Wat wore mer för Kenger! »Mein Kind, wir waren Kinder« von Heinrich Heine, Buch der Lieder (1817–1826); [ein Gedicht von Heinrich Heine auf Düsseldorfer Platt]. [Max-Schule]. Monika Voss nach Heinrich Heine (Heines Drickes). Gelesen und gezeichnet von den Kindern der Max-Schule Düsseldorf. Projektleitung und Gestaltung Nicola Pilger. Düsseldorf 2009. [41] S.: überw. Ill.

2 Sekundärliteratur

2.1 Studien zu Leben und Werk

Albert, Claudia: Auf der Schwelle: Heines Poetik des Essens am Ende der Kunstperiode. – In: Kultura – literatura – język: prace ofiarowane Profesorowi Lechowi Kolago w 65. rocznicę urodzin = Kultur – Literatur – Sprache. Festschrift für Herrn Professor Lech Kolago zum 65. Geburtstag. Instytut Germanistyki Uniwersytetu Warszawskiego. Hrsg. von Katarzyna Grzywka, Joanna Godlewicz-Adamiec, Małgorzata Grabowska, Małgorzata Kosacka, Robert Małecki. Warschau 2007. S. 230–239.
ALG-Umschau 2009, 42, September. [Forum Junge Heine Forschung S. 26–28].
Armbruster, Irene: Heinrich Heine und die Romantik. – In: Aufbau 75, 2009, 11. S. 21–22.
Aus der Matratzengruft: Heinrich Heine und die Romantik; zwischen sanfter Dichtung und

politischer Streitschrift. Sprecher: Nicole Engeln, Karlheinz Tafel. Regie: Stefan Hackenberg. Textbearb.: Stefan Hackenberg. [Köln]; München [2009]. 1 CD & Beih. (Pisa-Basiswissen: gehört – verstanden).

Bausinger, Hermann: Das ist just keine Schande: Heinrich Heine attackiert die Schwaben. – In: Ders.: Berühmte und Obskure: schwäbisch-alemannische Profile. Tübingen 2007. S. 45–54.

Böhmer, Otto A.: Nichts als ein Dichter: das Leben des Heinrich Heine. – In: Literatur in Westfalen 9, 2008. S. 419–441.

Boenisch, Hanne: »Jene zwei Gestalten, die sich Don Quixote und Sancho Pansa nennen, sich beständig parodieren und doch so wunderbar ergänzen [...]«: Images of England and Germany in the works of Matthew Arnold and Heinrich Heine. – In: Anglo-German linguistic relations. Ed. by Falco Pfalzgraf and Felicity Rash. Bern [u.a.] 2008. S. 139–160. (Jahrbuch für Internationale Germanistik / A; 98).

Boyken, Thomas: »Und besonders Carlo Moor / Nahm ich mir als Muster vor«: Schillers Dramen im Spiegel der Lyrik Heines. – In: HJb 48, 2009. S. 72–89.

Brandes, Peter: ›Ermordetes Polen‹: Personifikation des Ostens bei Heine. – In: Bilder des Ostens in der deutschen Literatur. Hrsg. von Ulrich Wergin, Karol Sauerland unter Mitarb. von Daniel Eschkötter. Würzburg 2009. S. 77–91.

Breuer, Dieter: Unterwelten: Heines Proserpine und Fontanes Effi Briest. – In: Integration und Ausgrenzung: Studien zur deutsch-jüdischen Literatur- und Kulturgeschichte von der Frühen Neuzeit bis zur Gegenwart; Festschrift für Hans Otto Horch zum 65. Geburtstag. Hrsg. von Mark H. Gelber, Jakob Hessing und Robert Jütte in Verb. mit Dominic Bitzer, Doris Vogel und Michaela Wirtz. Tübingen 2009. S. 139–152.

Burch, Thomas; Füllner, Bernd: Konzepte einer retrospektiven Digitalisierung einer Briefedition am Beispiel des Heinrich-Heine-Portals; Probleme und Aussichten. – In: Digitale Edition zwischen Experiment und Standardisierung: Musik – Text – Codierung. Hrsg. von Peter Stadler und Joachim Veit. Tübingen 2009. S. 207–216. (Editio / Beihefte; 31).

Cambi, Fabrizio: La poetica del discontinuo negli scritti autobiografici di Heine: fra memoria, cronaca e confessione. – In: Heinrich Heine – ein Wegbereiter der Moderne. Würzburg 2009. S. 145–154.

Caspers, Jan: Heine als novellistischer Erzähler: Studien zu »Schnabelewopski«, »Florentinische Nächte« und »Rabbi von Bacherach«. Münster, Univ., Magisterarb., 2005. 77 S.

Chiarini, Paolo: Heinrich Heine ›versus‹ Ludwig Börne: tattica e strategia della rivoluzione tedesca. – In: Heinrich Heine – ein Wegbereiter der Moderne. Würzburg 2009. S. 213–244.

Chiarini, Paolo: Tirocinio letterario e romanticismo critico-sociale: Heine e il saggio giovanile ›Die Romantik‹ (1820). – In: Heinrich Heine – ein Wegbereiter der Moderne. Würzburg 2009. S. 33–42.

Clausen, Bernd: Musik und Liebe. Hrsg. von Norbert Schläbitz. Paderborn 2009. 91 S.: Ill., Notenbeisp. + 1 CD. (Einfach Musik: Unterrichtsmodell). [Über Heinrich Heine S. 9–21].

Corrado, Sergio: Dal dio-natura al Dio individuo: la fine del paganesimo in Heine. – In: Heinrich Heine – ein Wegbereiter der Moderne. Würzburg 2009. S. 253–282.

De Pasquale, Matilde: La condanna di Faust: H. Heine, ›Der Doktor Faust. Ein Tanzpoem‹. – In: 200 anni Faust. A cura di Marino Freschi. Rom 2009. S. 25–40. (Cultura tedesca; 37).

Dembeck, Till: »Untote Buchstaben«: Heinrich Heine, die romantische Schule und die Entdeckung des Populären. – In: Heinrich Heine – ein Wegbereiter der Moderne. Würzburg 2009. S. 79–106.

Destro, Alberto: Erbe, ironische Brechung und Suche nach Harmonie in der religiösen Haltung von Heinrich Heine. – In: Ästhetik – Religion – Säkularisierung. Bd. 1: Von der Renaissance zur Romantik. Paderborn 2008. S. 175–184.

Destro, Alberto: La religiosità di Heine – moderna? – In: Heinrich Heine – ein Wegbereiter der Moderne. Würzburg 2009. S. 245–252.

Eder, Jürgen: Heinrich Heine: »Reisebilder«. – In: Grosse Werke der Literatur. Bd. 7: 2000/2001. Tübingen; Basel 2001. S. 89–104.

Erhart, Walter: Der Taumel und die »ruhige Anordnung«: Heines Rhetorik und Poetik der Zeitlichkeit. – In: Rhetorik als Skandal. Bielefeld 2009. S. 29–50.

Espagne, Michel: Réaliser l'idée: le moment 1840 dans la pensée de Heine. – In: Théologies politiques du Vormärz: de la doctrine à l'action (1817–1850). [Comite de red.: Wolfgang Adam ...]. Paris 2008. S. 129–142. (Revue germanique internationale; 8).

Fathalla, Sayed: Heines Gedicht ›Das Sklavenschiff‹: das dichterische Bild im Zeichen der Sozialkritik. – In: Alexandrinische Gespräche: Forschungsbeiträge ägyptischer und deutscher Germanist/inn/en. Renate Riedner und Siegfried Steinmann (Hrsg.) München 2008. S. 91–110.

Franzmeyer, Fritz W.: Beziehung mit Vorbehalt? Zum wechselseitigen Verhältnis Heinrich Heines, Elise von Hohenhausens und der Stadt Minden. – In: Literatur in Westfalen 10, 2009. S. 37–93.

Freitas, Romero: A comédia do espírito ou Heine e a filosofia clássica alemã. – In: O cômico e o trágico. Org. Imaculada Kangussu, Olímpio Pimenta, Pedro Süssekind, Romero Freitas. Rio de Janeiro 2008. S. 74–88.

Frick, Werner: »... ich armer Exgott«: Idealismuskritik und Modernitätsbewusstsein beim späten Heine. – In: Heinrich Heine – ein Wegbereiter der Moderne. Würzburg 2009. S. 283–308.

Füllner, Karin: Musterhafte Vorbilder: 11. Forum Junge Heine Forschung 2008 mit neuen Arbeiten über Heinrich Heine. – In: HJb 48, 2009. S. 227–232.

Gellhaus, Axel: ›An Edom!‹ Die Figur des ›Abdias‹ bei Heine, Stifter, Susman und Celan. – In: Integration und Ausgrenzung: Studien zur deutsch-jüdischen Literatur- und Kulturgeschichte von der Frühen Neuzeit bis zur Gegenwart; Festschrift für Hans Otto Horch zum 65. Geburtstag. Hrsg. von Mark H. Gelber, Jakob Hessing und Robert Jütte in Verb. mit Dominic Bitzer, Doris Vogel und Michaela Wirtz. Tübingen 2009. S. 403–414.

Gille, Klaus F.: »Ein Märchen aus alten Zeiten ...« Zu Heines ›Loreley‹. – In: Schlüsselgedichte: deutsche Lyrik durch die Jahrhunderte; von Walther von der Vogelweide bis Paul Celan. Hrsg. von Jattie Enklaar, Hans Ester und Evelyne Tax. Würzburg 2009. S. 79–88. (Deutsche Chronik; 58).

Gössmann, Wilhelm: Heinrich Heine: aufklärerisches Schreiben gegen intolerante religiöse Zustände und Verhaltensweisen. – In: Religiöse Toleranz im Spiegel der Literatur: eine Idee und ihre ästhetische Gestaltung. Bernd F. W. Springer, Alexander Fidora (Hrsg.) Münster 2009. S. 245–256. (Literatur; 18).

Goldschmidt, Georges-Arthur: Heinrich-Heine-Institut: ein unbequemer Deutscher. Hrsg.: Literaturbüro NRW, Stadtwerke Düsseldorf AG. [Nachw.: Michael Serrer]. Düsseldorf 2009. 48 S.: zahlr. Ill. (Museumsschreiber; 8).

Goltschnigg, Dietmar: Heines polemische Rhetorik in seinen musikalischen Feuilletons. – In: Rhetorik als Skandal. Bielefeld 2009. S. 87–107.

Gussek, Karl-Diether: Heinrich Heine. – In: Ders.: Berühmte europäische Weintrinker: aus ihrem Leben, zu ihrem Werk und dem Wein. Jena 2009. S. 154–160.

Hahn, Hans-Joachim: Europäizität und innerjüdisches Othering: ›Ostjuden‹ im literarischen Diskurs von Heine bis Zweig. – In: Jüdische Literatur als europäische Literatur: Europäizität und jüdische Identität 1860–1930. Hrsg. von Caspar Battegay und Barbara Breysach. München 2008. S. 124–138. (Schriften der Gesellschaft für europäisch-jüdische Literaturstudien; 1).

Haine to Vormärz no shijintachi: sedai o koeta koryu o megutte. Kyohencho Hisataka Takaike, Fumio Takaki. Tokyo 2007. 69 S. (Nihon-Dokubun-Gakkai-kenkyu-sosho; 49).

Heady, Katy: Smuggling or stalemate? Heinrich Heine's ›Reise von München nach Genua‹. – In: Dies.: Literature and censorship in restoration Germany: repression and rhetoric. Rochester, NY 2009. S. 95–117. (Studies in German Literature, Linguistics and Culture).

Heady, Katy: »Was soll ich nicht sagen?«: Heinrich Heine's ›Briefe aus Berlin‹. -In: Dies.: Literature and censorship in restoration Germany: repression and rhetoric. Rochester, NY 2009. S. 69–94. (Studies in German Literature, Linguistics and Culture).

Heinrich Heine – ein Wegbereiter der Moderne. Hrsg. von Paolo Chiarini und Walter Hinderer. Würzburg 2009. 379 S. (Stiftung für Romantikforschung; 47).

Hess, Günter: Justus Lipsius, die Jesuiten und Heinrich Heine oder Die Quadratur des Kreises; Biographie und selektive Rezeption. – In: Ders.: Der Tod des Seneca: Studien zur Kunst der Imagination in Texten und Bildern des 17. und 18. Jahrhunderts. Regensburg 2009. S. 321–347. (Jesuitica; 10. Institutum Historicum Societatis Jesu <Roma>: Bibliotheca Instituti Historici S.I.; 69).

Hillebrand, Bruno: Heine und Nietzsche: der Untergang des geistigen Ancien. – In: Ders.: Gesang und Abgesang deutscher Lyrik von Goethe bis Celan. Göttingen 2010. S. 197–266.

Höhn, Gerhard; Liedtke, Christian: Auf der Spitze der Welt: mit Heine durch Paris. Hamburg 2010. 126 S.

Höhn, Gerhard: Kontrastästhetik: Heines Programm einer neuen Schreibart. – In: Heinrich Heine – ein Wegbereiter der Moderne. Würzburg 2009. S. 43–66.

Höhn, Gerhard: »Sauerkraut mit Ambrosia«: Heines Kontrastästhetik. – In: HJb 48, 2009. S. 1–27.

Hörisch, Jochen: »Was soll dieses Grau'n bedeuten?« bzw. »Ich weiß nicht, was soll es bedeuten?«: Eichendorffs und Heines poetische Reflexionen über Bedeutsamkeit. – In: »Du kritische Seele«: Eichendorff: Epistemologien des Dichtens. Hrsg. von Daniel Müller Nielaba. Würzburg 2009. S. 147–172.

Honsza, Norbert: Heinrich Heine: pierwszy poeta trzeciego tysiaclecia. – In: Kultura – literatura – język: prace ofiarowane Profesorowi Lechowi Kolago w 65. rocznicę urodzin = Kultur – Literatur – Sprache. Festschrift für Herrn Professor Lech Kolago zum 65. Geburtstag. Instytut Germanistyki Uniwersytetu Warszawskiego. Hrsg. von Katarzyna Grzywka, Joanny Godlewicz-Adamiec, Małgorzata Grabowska, Małgorzata Kosacka, Roberta Małecki. Warschau 2007. S. 217–229.

Horvath, Andrea: Bild und Funktion der Frau in der Lyrik Heinrich Heines. – In: Rhetorik als Skandal. Bielefeld 2009. S. 171–180.

Hupfer, Cordula: Mit Heine durch Düsseldorf. Düsseldorf 2010. 127 S.; zahlr. Ill., Kt.

Imamoto, Kohei: Ansichten zum Volkslied bei Heinrich Heine: im Vergleich mit Wilhelm Müller. – In: Doitsu-bungaku 3, 2009. S. 45–63. [jap. mit dt. Zusammenfassung].

Ivanović, Christine: Freiheit und Offenbarung: zur geschichtskritischen Konstruktion der Schrift beim späten Heine. – In: HJb 48, 2009. S. 28–50.

Jakober, Stephanie: Die Interpretationen von Heinrich Heines »Ich weiß nicht, was soll es bedeuten« (Lore-Ley). Konstanz, Univ., Magisterarb., 2007. 71 Bl.

Jaśtal, Katarzyna: Heinrich Heines ästhetisches und politisches Bekenntnis zur Bibel in den ›Briefen aus Helgoland‹. – In: Der Heiligen Schrift auf der Spur: Beiträge zur biblischen Intertextualität in der Literatur. Hrsg. von Maria Kłánska, Jadwiga Kita-Huber und Paweł Zarychta. Dresden; Breslau 2009. S. 198–206. (Orbis linguarum / Beihefte; 83).

Kaiser, Gerhard: Lazarus als Lyriker: über die Gedichte Heinrich Heines. – In: Ders.: Spätlese: Beiträge zur Theologie, Literaturwissenschaft und Geistesgeschichte. Tübingen; Basel 2008. S. 271–309.

Kemper, Hans-Georg: Magie und Rhetorik in Heines Lyrik. – In: Rhetorik als Skandal. Bielefeld 2009. S. 51–70.

Kerr, Alfred: Heine (1899). – In: Ders.: Sucher und Selige, Moralisten und Büßer: literarische Ermittlungen. Hrsg. von Margret Rühle und Debora Vietor-Engländer. Frankfurt a.M. 2009. S. 84–90. (Kerr, Alfred: Werke in Einzelbänden; 4).

Kerschbaumer, Sandra: Man warf ihm vor, seine Auflösung zu feiern [zu: »Ich seh im Stundenglase schon«]. – In: Frankfurter Anthologie 33, 2010. S. 81–84.

Kesting, Hanjo: Witz & Schmerz: der heitere Heinrich Heine. – In: Ders.: Geheimnis und Melancholie: literarische Zerstreuungen. Hannover 2007. S. 75–76.

Kilchmann, Esther: Verwerfungen in der Einheit: Geschichten von Nation und Familie um 1840. Heinrich Heine, Annette von Droste-Hülshoff, Jeremias Gotthelf, Georg Gottfried Gervinius, Friedrich Schlegel. Paderborn; München 2009. 203 S. [Zugl.: Zürich, Univ., Diss., 2007].

Kircher, Hartmut: Vom Missbrauch der Räume: Anmerkungen zu Heinrich Heine. – In: Raumkonfigurationen in der Romantik: Eisenacher Kolloquium der Internationalen Arnim-Gesellschaft. Hrsg. von Walter Pape. Tübingen 2009. S. 45–56. (Schriften der Internationalen Arnim-Gesellschaft; 7).

Kortländer, Bernd: Die gefährdete Sprache der Poesie [zu: »Du bist wie eine Blume«]. – In: Frankfurter Anthologie 33, 2010. S. 77–80.

Kovács, Kálmán: Dimensionen eines Skandals: Vorwort. – In: Rhetorik als Skandal. Bielefeld 2009. S. 7–14.

Kramer, Theo: Heinrich Heine: ›Der Apollogott‹. – In: Schlüsselgedichte: deutsche Lyrik durch die Jahrhunderte; von Walther von der Vogelweide bis Paul Celan. Hrsg. von Jattie Enklaar, Hans Ester und Evelyne Tax. Würzburg 2009. S. 89–98. (Deutsche Chronik; 58).

Kreutzer, Leo: Der Schriftsteller als »sprechende Trommel«: erinnerte Oralität und ihre Verwandlung in moderne Poesie bei Heinrich Heine. – In: Weltengarten 2007/08, 2008. S. 199–209.

Kruse, Joseph Anton: Heine und Remarque: »Soldaten im Befreiungskrieg der Menschheit«? – In: Erich Maria Remarques militanter Pazifismus und die deutsch-europäische Friedens- und Kulturpolitik heute: Beiträge zur Internationalen Tagung der Erich Maria Remarque-Gesellschaft in Zusammenarbeit mit der Kurt Tucholsky-Gesellschaft Osnabrück, 31. Oktober – 2. November 2008. Hrsg. von Thomas F. Schneider im Auftr. des Erich Maria Remarque-Friedenszentrum Osnabrück. Göttingen 2009. S. 34–45. (Erich-Maria-Remarque-Jahrbuch; 19).

Küster, Burkhart: Heines Bedeutung für Baudelaires Beurteilung von Kunst. – In: HJb 48, 2009. S. 116–140.

Kundera, Ludvík: Heine. – In: Ders.: Noc a sen a modro: literatura německého romantismu. Olmütz 2004. S. 46–62. (Ediční rada Ucebnice).

Kuschel, Karl-Josef: »Es kämpfen Christ und Moslem, Nord und Süden«: Heinrich Heine und die Tragödien der Religionen. – In: Ders.: Gott liebt es, sich zu verstecken: literarische Skizzen von Lessing bis Muschg. Ostfildern 2007. S. 156–176.

Kuschel, Karl-Josef: Grausamer Spaß? Heinrich Heines Kampf mit Gott. Sprecher: Karl-Josef Kuschel; Heinz Dieter Assmann. Grünwald [2009]. 2 CDs.
Kuschel, Karl-Josef: Der Kampf mit Gott: Heinrich Heine. Bonn 2009. 192 S.
Kuschel, Karl-Josef: Sterbe-Kunst: zum 150. Todestag von Heinrich Heine 2006. – In: Ders.: Zeitzeichen: vierzig Analysen zu Kultur, Politik und Religion. Tübingen 2008. S. 203–208.
Lacoste, Jean: Heinrich Heine et le salon de 1831: ironie allemande et romantisme français. – In: Romantismes, l'esthétisme en acte: [Actes du 2. Congrès International de la Soc. des Études Romantiques et Dix-neuviémistes, Paris, May 26–28, 2005]. Sous la dir. de Jean-Louis Cabanes. [Nanterre] 2009. S. 269–279. (Orbis litterarum).
Landau, Annette: Nachtigall – Trommelschlag – Heilige Inbrunst mit Waldhorntönen im Mondschein: Heinrich Heines triadisches Geschichtsverständnis im Spiegel seiner Musikauffassung. – In: Musik denken: Ernst Lichtenhahn zur Emeritierung; 16 Beiträge seiner Schülerinnen und Schüler. Hrsg. Antonio Baldassarre, Susanne Kübler und Patrick Müller. Bern [u. a.] 2000. S. 81–104. (Publikationen der Schweizerischen Musikforschenden Gesellschaft / 2; 41).
Laufhütte, Hartmut: Zu einigen Gedichten aus Heinrich Heines ›Romanzero‹. – In: Informationen aus dem Ralf-Schuster-Verlag 2008, 2. S. 9–34.
Liedtke, Christian: »Briefschreibungsordentlichkeit«? Beobachtungen zu Sprache und Stil in Heinrich Heines Briefen. – In: Rhetorik als Skandal. Bielefeld 2009. S. 135–154.
Lübbe, Hermann: Ein frommer Aufklärer: Heinrich Heine und die Religion. – In: Ders.: Philosophie in Geschichten: über intellektuelle Affirmationen und Negationen in Deutschland. Paderborn; München 2006. S. 31–43.
Małecki, Robert: Xenologie als Lebenserfahrung im Werk Heinrich Heines. – In: Germanistik als Kulturvermittler: vergleichende Studien; Vorträge der III. Germanistenkonferenz an der Universität Tartu. Hrsg. von Terje Loogus, Reet Liimets. Tartu 2008. S. 143–151. (Humaniora / Germanistica; 3).
Małecki, Robert: Zu einigen Aspekten der Xenologie im Werk Heinrich Heines. – In: Kultura – literatura – język: prace ofiarowane Profesorowi Lechowi Kolago w 65. rocznicę urodzin = Kultur – Literatur – Sprache. Festschrift für Herrn Professor Lech Kolago zum 65. Geburtstag. Instytut Germanistyki Uniwersytetu Warszawskiego. Hrsg. von Katarzyna Grzywka, Joanny Godlewicz-Adamiec, Małgorzata Grabowska, Małgorzata Kosacka, Roberta Małecki. Warschau 2007. S. 240–246.
Matala de Mazza, Ethel: Die fehlende Hauptsache: Exekution der Julimonarchie in Heines ›Lutezia‹. – In: Heinrich Heine – ein Wegbereiter der Moderne. Würzburg 2009. S. 309–328.
Meyersiek, Dietmar: Heine und die Musik, »dass edle Ungetüm«: Mann, Mann, Mann ... Vortrag Rotary Club Meerbusch 12. August 2009. 31 S.
Moses, Stéphane: Überlegungen zur Poetik des Witzes. – In: Heinrich Heine – ein Wegbereiter der Moderne. Würzburg 2009. S. 201–212.
Morawe, Bodo: Citoyen Heine: das Pariser Werk. Bd. 1: Der republikanische Schriftsteller. Bielefeld 2010. 402 S.
Morawe, Bodo: Daumiers ›Sujets‹, Blanquis Rede und der Citoyen Heine: republikanischer Kairos und intermediales ›crossover‹ im Krisenjahr 1832. – In: Textprofile intermedial. Dagmar von Hoff, Bernhard Spies (Hrsg.) München 2008. S. 71–99. (Kontext; 6).
Münster, Robert: Robert Schumann in München und seine Begegnung mit Heinrich Heine (1828). – In: Zeitschrift für Bayerische Landesgeschichte 71, 2008, 3. S. 763–781.
Nayhauss, Hans-Christoph von: Reisende Dichter und schriftstellernde Reisende: Selbstwahr-

nehmung im Konflikt mit der Fremdwahrnehmung bei Goethe und Heine, Fürst Pückler-Muskau und Rilke. – In: Kommunikation und Konflikt: Kulturkonzepte der interkulturellen Germanistik. Hrsg. von Ernest W. Hess-Lüttich gemeinsam mit Ulrich Müller, Siegrid Schmidt und Klaus Zelewitz. Red.: Tobias Keller und Urs Wartenweiler. Frankfurt a.M. [u. a.] 2009. S. 297–320. (Cross cultural Communication; 16. Publikationen der Gesellschaft für Interkulturelle Germanistik (GIG); 11).

Neumann, Gerhard: ›An die Mouche‹: zu Heines ›neuer Schreibart‹ des Erotischen. – In: Heinrich Heine – ein Wegbereiter der Moderne. Würzburg 2009. S. 329–342.

Nolte, Andreas: »Wie oft enthüllt im Un-Sinn sich der Sinn!«: ein Vergleich der sprichwörtlichen Sprache bei Mascha Kaleko und Heinrich Heine. – In: Proverbium 26, 2009, 9. S. 275–304.

Oesterle, Günter: Der kühne Wechsel von Volksliedton und Konversationston in Heines ›Buch der Lieder‹. – In: Heinrich Heine – ein Wegbereiter der Moderne. Würzburg 2009. S. 67–78.

Ovsjaniko-Kulikovskij, Dmitrij N.: Voprosy psichologii tvorčestva: Puškin, Gejne, Gete, Čechov; k psychologii mysli i tvorčestva. Izd. 3-e, [Nachdr. der Ausg. S.-Peterburg, 1902]. Moskau 2008. 301 S. (Iz naslediji mirovoj psichologii).

Pabis, Eszter: »Und Gott ist alles was da ist; Er ist in unsern Küssen.« Zum Sensualismus in Heines ›Zeitgedichten‹. – In: Rhetorik als Skandal. Bielefeld 2009. S. 155–169.

Pfeifle-Aierstock, Beate: Heinrich Heine: Biographie und Lyrik in der Zeitgeschichte. Oberdischingen 2006. 116 S.

Piasta, Ewa Anna: Das Wort-Ton-Verhältnis im deutschen Lied der Romantik. Dresden; Breslau 2009. 478 S. (Dissertationes inaugurales selectae; 56). [Zugl.: Warschau, Univ., Diss., 2008. Über Heinrich Heine S. 320–361].

Pöttker, Horst: Modellfall Heinrich Heine: über das Verhältnis von Journalismus und Schriftstellertum in Deutschland. – In: Journalistische Kulturen: internationale und interdisziplinäre Theoriebausteine; [Lehrbuch]. Oliver Hahn, Roland Schröder (Hrsg.) Köln 2008. S. 56–75.

Popal, Mariam: Heine und ›der Orient‹? Zwischen Subjektivität und Veränderung oder wie ›das Andere‹ nach Deutschland kam – sah – und – ? – In: Fremde, Feinde und Kurioses: Innen- und Außenansichten unseres muslimischen Nachbarn. Hrsg. von Benjamin Jokisch, Ulrich Rebstock und Lawrence I. Conrad. Berlin; New York, NY 2009. S. 67–114. (Studien zur Geschichte und Kultur des islamischen Orients; NF 24).

Rausch, Annette: »Mir träumte wieder der alte Traum«: Analyse der Träume bei Heinrich Heine. Konstanz, Univ., Bachelorarb., 2008. 35 Bl.

Rhetorik als Skandal: Heinrich Heines Sprache. Kálmán Kovács (Hrsg.) Bielefeld 2009. 179 S.

Rispoli, Marco: Le persone e le cose: Heine e la sfera pucclica borghese. – In: Heinrich Heine – ein Wegbereiter der Moderne. Würzburg 2009. S. 155–174.

Robertson, Ritchie: The last mock epic? Heine's ›Atta Troll‹. – In: Ders.: Mock-epic poetry from Pope to Heine. Oxford [u. a.] 2009. S. 370–415.

Rokem, Na'ama: Heinrich Heine, Theodor Herzl and the poetics of space. – In: Journal of modern Jewish studies 8, 2009, 1. S. 65–82.

Rügemer, Werner: Ein wahrhaft publizistischer Freibeuter: Heinrich Heine (1797–1856): Wahrheit über die Gesellschaft beginnt mit der Wahrheit über die eigenen Gefühle. – In: Kunst + Kultur 13, 2006, 1. S. 22–23.

Ruppelt, Georg: Heine und Norddeutschland. – In: Ders.: Niedersachsen! Von Menschen und Büchern zwischen Elbe und Ems, Harz und Nordsee. Gottfried-Wilhelm-Leibniz-Bibliothek, Niedersächsische Landesbibliothek. [Hameln] 2007. S. 10–25. (Gottfried-Wilhelm-Leibniz-Bibliothek <Hannover>: Schriften; 4).

Schmidt, Jochen: Heines Geschichtskonstruktion, das »Ende der Kunstperiode« und das Ende der Kunst. – In: Zeitschrift für deutsche Philologie 127, 2008, 4. S. 499–515.

Schnell, Eva; Schnell, Josef: Literatur vom Vormärz bis zur Jahrhundertwende. Hrsg. von Johannes Diekhans. Paderborn 2008. 202 S. (Einfach Deutsch: Unterrichtsmodell). [Über Heinrich Heine S. 33–82].

Schönborn, Sibylle: »Der babylonische Thurmbau der europäischen Cultur«: Kulturpoetik Mitteleuropas im Feuilleton bei Heinrich Heine, Egon Erwin Kisch und Maxim Biller. – In: Grenzdiskurse: Zeitungen deutschsprachiger Minderheiten und ihr Feuilleton in Mitteleuropa bis 1939. Sibylle Schönborn (Hrsg.) Essen 2009. S. 209–224.

Scholl, Joachim: Spötter auf Weltniveau: Heinrich Heine 1797–1856. – In: Ders.: 50 Klassiker, Deutsche Schriftsteller: von Grimmelshausen bis Grass. Unter Mitarb. von Klaus Binder. Hildesheim 2007. S. 76–81. (Gerstenberg visuell). – Dass. 2. überarb. Aufl. Hildesheim 2010. S. 76–81. (Gerstenberg visuell).

Secci, Lia: ›Vitzliputzli‹ di Heinrich Heine e ›Der weiße Heiland‹ di Gerhart Hauptmann. – In: Heinrich Heine – ein Wegbereiter der Moderne. Würzburg 2009. S. 343–352.

Singh, Sikander: Über den Frieden oder Heinrich Heines Revision der aufgeklärten Utopie im Zitat. – In: HJb 48, 2009. S. 51–71.

Söhnen, Albrecht von: »Nein, Polen ist noch nicht verloren ...« Heinrich Heine und die polnische Freiheitsbewegung. – In: Heinrich-Heine-Gymnasium <Oberhausen>: Schulzeitung 2009. S. 5–33.

Sonino, Claudio: »Ich weiß nicht«: Karl Kraus, Heine e le conseguenze. – In: Ebrei della Mitteleuropa: identità ebraica e identità nazionali. A cura di Guido Massino e Giulio Schiavoni. Genua 2008. S. 121–135. (Università; 93).

Sprengel, Peter: Der Authentizitätsdiskurs der literarischen Moderne: von Heinrich Heine bis Hubert Fichte, mit einem einleitenden Exkurs zum »Literarischen Quartett«. – In: Das Authentische: Referenzen und Repräsentationen. Ursula Amrein (Hrsg.) Zürich 2009. S. 53–66.

Stašková, Alice: Heinrich Heines Reflexion der Todesdarstellung und die moralistische Tradition: ›Morphine‹. – In: Heinrich Heine – ein Wegbereiter der Moderne. Würzburg 2009. S. 127–144.

Steinlein, Rüdiger: ›Jünglinge‹ zwischen »Jungen Leiden«, Bewährung, Erfüllung und Resignation: Inszenierungen männlicher Adoleszenz in der deutschen Literatur der 1820er bis 1840er Jahre (Heine – Büchner – Laube – Stifter). – In: Ders.: Erkundungen: Aufsätze zur deutschen Literatur (1975–2008). Heidelberg 2009. S. 188–212. (Beiträge zur neueren Literaturgeschichte; [Folge 3], 262).

Tobias, Rochelle: Writers and ›Schlemihls‹: on Heine's ›Jehuda ben Halevy‹. – In: Babel: für Werner Hamacher. Hrsg. von Aris Fioretos. Basel; Weil am Rhein 2009. S. 362–370.

Trende, Frank: Heinrich Heine: »Das Meer ist mein wahlverwandtes Element und schon sein Anblick ist mir heilsam.« – In: Ders.: Literarische Reisen zwischen Nord- und Ostsee: auf den Spuren berühmter Dichter unterwegs in Schleswig-Holstein. Heide 2009. S. 21–29.

Tvrdík, Milan: Otokar Fischers ›Heine‹ als Spitzenleistung der tschechischen germanistischen Forschung. – In: »... und jedes Wort hat fließende Grenzen ...« Gedenkschrift für Prof. PhDr. Alena Šimečková, CSc. Hrsg. von Eva Berglová, Marie Vachková, Lenka Vodrážková-Pokorná. Prag 2007. S. 115–124.

Vahl, Heidemarie: Zwischen Bewunderung und Verachtung: Felix Mendelssohn Bartholdy und Heinrich Heine. – In: Übrigens gefall ich mir prächtig hier: Felix Mendelssohn Bartholdy in Düsseldorf; Ausstellung des Heinrich-Heine-Instituts Düsseldorf, 1. Oktober 2009 – 10. Januar 2010. Hrsg. von Bernd Kortländer. Düsseldorf 2009. S. 127–138. (Veröffentlichungen des Heinrich-Heine-Instituts).

Waszek, Norbert: Heinrich Heine et »les trois générations« de la Haskala. – In: Haskala et Aufklärung: philosophes juifs des Lumières allemandes. Paris 2009. S. 147–158. (Revue germanique internationale; [NS] 9).

Waszek, Norbert: Von Heines Napoleon zu Hegels Napoleon. – In: Napoleons langer Schatten über Europa. Marion George, Andrea Rudolph (Hrsg.) Dettelbach 2008. S. 195–211. (Kulturwissenschaftliche Beiträge; 5).

Wietersheim, Dagmar von: Getanzte Chiffren und pantomimisches Vexierspiel: zu Heines ›Florentinische Nächte‹. – In: Heinrich Heine – ein Wegbereiter der Moderne. Würzburg 2009. S. 107–126.

Wir haben alles mitgeträumt: Heinrich Heine – eine Zeitgeschichte = Nous avons partagé leur rêves: Heine et son temps. Ein Film von, un film de David Wittenberg. [Köln] 2006. 1 DVD-Video (53 Min.) [Dokumentation].

Witte, Bernd: Feuilletonismus: Benjamin, Kraus, Heine. – In: Walter Benjamin und das Wiener Judentum zwischen 1900 und 1938. Hrsg. von Sascha Kirchner, Vivian Liska, Karl Solibakke, Bernd Witte. Würzburg 2009. S. 15–40. (Benjamin-Blätter; 5).

Witte, Bernd: Jewish tradition and modernity in German-Jewish literature: Mendelssohn, Heine, Kafka. – In: »Er ist ein wol gevriunder man«: essays in honor of Ernst S. Dick on the occasion of his eightieth birthday. Ed. by Karen McConnell and Winder McConnell. Hildesheim [u. a.] 2009. S. 359–372.

Woldeit, Hartmut; Priskil, Peter: Heinrich Heines Gedicht ›Seegespenst‹ im Spiegel einer aufschlußreichen Korrespondenz. – In: System ubw 27, 2009, 1 (Dez.) S. 74–79.

Wolf, Gerhard: Heine in Berlin: zwischen Romantik und Revolution. – In: Wolf, Christa; Wolf, Gerhard: Ins Ungebundene gehet eine Sehnsucht: Projektionsraum Romantik. Frankfurt a.M. [u. a.] 2008. S. 410–434. (Insel-Taschenbuch; 3380).

Zagari, Luciano: La ›Pomare‹ di Heine e la crisi del linguaggio ›lirico‹. – In: Heinrich Heine – ein Wegbereiter der Moderne. Würzburg 2009. S. 175–200.

Zhang, Yushu: Atta Troll und Heines Angst vor dem Kommunismus. – In: Ders.: Mein Weg zur »Literaturstraße«: ausgewählte Arbeiten eines chinesischen Germanisten. Würzburg 2009. S. 253–268.

Zhang, Yushu: Der Denker Heine. – In: Ders.: Mein Weg zur »Literaturstraße«: ausgewählte Arbeiten eines chinesischen Germanisten. Würzburg 2009. S. 305–318.

Zhang, Yushu: Heines Liebe und Haß. – In: Ders.: Mein Weg zur »Literaturstraße«: ausgewählte Arbeiten eines chinesischen Germanisten. Würzburg 2009. S. 269–280.

Zhang, Yushu: Heines Vermächtnis. – In: Ders.: Mein Weg zur »Literaturstraße«: ausgewählte Arbeiten eines chinesischen Germanisten. Würzburg 2009. S. 355–368.

Zhang, Yushu: Der Kämpfer Heine. – In: Ders.: Mein Weg zur »Literaturstraße«: ausgewählte Arbeiten eines chinesischen Germanisten. Würzburg 2009. S. 319–332.

Zhang, Yushu: Die Metamorphose von Heinrich Heine: vom Kämpfer für die Gleichheit zum Bekämpfer der Gleichmacherei. – In: Ders.: Mein Weg zur »Literaturstraße«: ausgewählte Arbeiten eines chinesischen Germanisten. Würzburg 2009. S. 333–355.

2.2 Untersuchungen zur Rezeption

Böhm, Claudius: K.-Jammer. – In: Gewandhaus-Magazin 51, 2006. S. 2. [Über das Leipziger Heine-Denkmal.]

Degen, Andreas: Heine, Shakespeare, Augustinus: Bobrowskis Sommernachtstraumgedicht ›Im Strom‹. – In: Zeit aus Schweigen: Johannes Bobrowski – Leben und Werk. Andreas Degen, Thomas Taterka (Hrsg.) München 2009. S. 119–136. (Colloquia Baltica; 15).

Delf von Wolzogen, Hanna: Gustav Landauer und das Düsseldorfer Heine-Denkmal: eine Marginalie deutscher Gedenkkulturgeschichte. – In: HJb 48, 2009. S. 208–212.

Esterhammer, Ruth: Mieder, lose Brüste und grapschende Kommis: von der Instrumentalisierung eines Wäschestücks in der Sache ›Kraus gegen Heine‹ und ihren Folgen. – In: Die Lust im Text: Eros in Sprache und Literatur. Hrsg. von Doris Moser und Kalina Kupczynska. Wien 2009. S. 191–206. (Stimulus).

Foi, Maria Carolina: Hannah Arendt legge Heine. – In: Heinrich Heine – ein Wegbereiter der Moderne. Würzburg 2009. S. 353–370.

Göske, Daniel: Salonliterat im Freyheitsstall: Heine in anglo-amerikanischen Kulturzeitschriften vor 1856. – In: Literatur – Kunst – Medien: Festschrift für Peter Seibert zum 60. Geburtstag. Achim Barsch, Helmut Scheuer, Georg-Michael Schulz (Hrsg.) München 2008. S. 225–242. (Kontext; 8).

Goltschnigg, Dietmar: Heines Ausschluss aus dem Kanon deutscher Literatur. – In: Der Kanon: Perspektiven, Erweiterungen und Revisionen; Tagung österreichischer und tschechischer Germanistinnen und Germanisten, Olmütz/Olomouc, 20.–23.9.2007. Hrsg. von Jürgen Struger. Wien 2008. S. 203–224. (Stimulus; 2007).

Grundmann, Regina; Gruschka, Roland: »E Dichter, aber dennoch e sehr gescheidter Mann«: Heinrich Heine in »jüdischer Mundart«. – In: HJb 48, 2009. S. 194–207.

Hohendahl, Peter Uwe: Schwelle und Übergang: Heinrich Heines Position in der modernen europäischen Literatur. – In: Heinrich Heine – ein Wegbereiter der Moderne. Würzburg 2009. S. 17–32.

Hust, Christoph: Von Traum- und Nebelbildern: Norm und Deformation von Satzmodellen in Schuberts Heine-Liedern. – In: Archiv für Musikwissenschaft 65, 2008, 3. S. 188–211.

Katschthaler, Karl: (t): Schuberts Heine? – In: Rhetorik als Skandal. Bielefeld 2009. S. 109–118.

Kaufmann, Ulrich: Gruppenbild mit Dame: zu Harald Gerlachs Porträtgedichten über Heine, Lenz und Paula Becker. – In: Harald Gerlach: Dichter und Theatermann. [Literarische Gesellschaft Thüringen e.V.]. Hrsg. von Kai Agthe und Lothar Ehrlich. Weimar 2007. S. 21–39.

Kolb, Jocelyne: Roman der Zukunft: Heines Geist in George Eliots »Daniel Deronda«. – In: HJb 48, 2009. S. 141–156.

Kovács, Kalman: Lügnerische Rhetorik: Heine als Sündenbock der Petöfi-Rezeption. – In: Rhetorik als Skandal. Bielefeld 2009, S. 71–85.

Kruse, Joseph A.: Auf eine finstere Zeit bezogn: die Shoah in autobiographischen und literarischen Heine-Verweisen bei den Franzosen Ernest Weill und Gilles Rozier. – In: Integration und Ausgrenzung: Studien zur deutsch-jüdischen Literatur- und Kulturgeschichte von der Frühen Neuzeit bis zur Gegenwart; Festschrift für Hans Otto Horch zum 65. Geburtstag. Hrsg. von Mark H. Gelber, Jakob Hessing und Robert Jütte in Verb. mit Dominic Bitzer, Doris Vogel und Michaela Wirtz. Tübingen 2009. S. 483–492.

Kwiecińska, Grażyna: Hundert Jahre Heine-Rezeption in Polen. – In: Dir zur Feier: eine Freundesgabe für Karol Sauerland. Ed.: Grażyna Kwiecińska, Barbara Surowska, Bożena Chołuj, Anna Wołkowicz. Warschau 2007. S. 157–167.

Liedtke, Christian: Josef Svatopluk Machar und sein Gedicht »H. Heine«. – In: HJb 48, 2009. S. 223–226. – Dass. in: Machar, Josef Svatopluk: Rom. Geschrieben 1906–1907. Neuaufl. d. Übersetzung von Emil Saudek. Badenweiler 2010. S. 491–494.

Maxelon, Julia: Heinrich Heines politische Lyrik als Grundlage für Vertonungen: eine fächerübergreifende Analyse an ausgewählten Beispielen. Düsseldorf, Univ., Facharb., [ca. 2002]. 23 Bl.: Noten.

Nonnenmann, Rainer: Im Dunkeln gesungen: der paradoxe Historismus von Wilhelm Killmayers ›Heine-Liedern‹ (1994/95). – In: Wilhelm Killmayer. [Hrsg. von Ulrich Tadday]. München 2009. S. 99–123. (Musik-Konzepte; 144/145).

Pareigis, Christina: »Mein westöstlicher dunkler Spleen«: zwischen zwei Sprachen; Heines ›Hebräische Melodien‹ auf Jiddisch. – In: Bilder des Ostens in der deutschen Literatur. Hrsg. von Ulrich Wergin, Karol Sauerland unter Mitarb. von Daniel Eschkötter. Würzburg 2009. S. 93–106.

Pistiak, Arnold: Heimkehr als Aufbruch: Feststellungen und Lesarten zu Schuberts Heineliedern. – In: HJb 48, 2009. S. 90–115.

Reschke, Renate: Wie und warum Friedrich Nietzsche sich Heinrich Heine als Franzosen oder wie er sich Heine als Heine sah. – In: Nietzsche und Frankreich. Hrsg. von Clemens Pornschlegel und Martin Stingelin. Berlin 2009. S. 63–90.

Sammons, Jeffrey L.: Wie die Literaturwissenschaft sich einen Weltbürger schafft und abschafft: Heinrich Heines zugeschriebene Rolle als beispielhafter Europäer unserer Zeit. – In: »Germanistik im Konflikt der Kulturen«. Hrsg. von Jean-Marie Valentin. Bern [u. a.] Bd. 8: Universal-, Global- und Nationalkulturen / Nationalliteratur und Weltliteratur. 2007. S. 193–197. (Jahrbuch für Internationale Germanistik / A; 84. Akten des 11. Internationalen Germanisten-Kongresses).

Schmierer, Elisabeth: Meyerbeers Heine-Vertonung im Kontext der Gattungskonventionen des Liedes in der ersten Hälfte des 19. Jahrhunderts. – In: Giacomo Meyerbeer: Le Prophète: Edition – Konzeption – Rezeption; Bericht zum Internationalen Kongress / Actes du Colloque International, 13.–16. Mai 2007, Folkwang Hochschule Essen-Werden. Hrsg. von Matthias Brzoska, Andreas Jacob und Nicole K. Strothmann. Hildesheim [u. a.] 2009. S. 297–320. (Musikwissenschaftliche Publikationen; 33).

Steinecke, Hartmut: »Verhunzung« oder »Artistik« des Deutschen? Zur Auseinandersetzung um Heines Sprache. – In: Rhetorik als Skandal. Bielefeld 2009. S. 15–28.

Teifel, Lena: Helmut Kraussers Coverversionen als Interpretationen von Gedichten Bertolt Brechts und Heinrich Heines. – In: Transitträume: Beiträge zur deutschen Gegenwartsliteratur; Interviews mit Raoul Schrott, Albert Ostermaier, Hanns-Josef Ortheil, Andrea Maria Schenkel, Kerstin Specht, Nora-Eugenie Gomringer, Olaf neopan Schwanke und Franzobel. Andrea Bartl, Hrsg. unter Mitarb. von Hanna Viktoria Becker. Augsburg 2009. S. 213–234. (Germanistik und Gegenwartsliteratur; 4).

Tortonese, Paolo: Gautier lecteur de Heine. – In: Gautier et l'Allemagne. Wolfgang Drost, Marie-Hélène Girard (ed.) avec le concours de Walburga Hülk et Volker Roloff. 2. Aufl. Siegen 2008. S. 61–72. (Reihe Bild- und Kunstwissenschaften; 5).

Zhang, Yushu: Chinesische und Heinesche Poesie: zur Beliebtheit Heines in China. – In: Ders.: Mein Weg zur »Literaturstraße«: ausgewählte Arbeiten eines chinesischen Germanisten. Würzburg 2009. S. 281–294.

Zhang, Yushu: Heine in China. – In: Ders.: Mein Weg zur »Literaturstraße«: ausgewählte Arbeiten eines chinesischen Germanisten. Würzburg 2009. S. 243–252.

Zhang, Yushu: Das Heine-Bild in China. – In: Ders.: Mein Weg zur »Literaturstraße«: ausgewählte Arbeiten eines chinesischen Germanisten. Würzburg 2009. S. 295–304.

2.3 Forschungsliteratur mit Heine-Erwähnungen und -Bezügen

Amrein, Ursula; Dieterle, Regina: Einleitung. – In: Gottfried Keller und Theodor Fontane: vom Realismus zur Moderne. Hrsg. von Ursula Amrein; Regina Dieterle. Berlin; New York, NY 2008. S. 1–18. (Schriften der Theodor-Fontane-Gesellschaft; 6).

Amrein, Ursula: Todesfiguren: zur Begründung des Realismus bei Gottfried Keller. – In: Gottfried Keller und Theodor Fontane: vom Realismus zur Moderne. Hrsg. von Ursula Amrein; Regina Dieterle. Berlin; New York, NY 2008. S. 19–30. (Schriften der Theodor-Fontane-Gesellschaft; 6).

Behrens, Katja: Rahel Varnhagen, geb. Levin (1771–1833). – In: Dies.: »Alles aus Liebe, sonst geht die Welt unter«: sechs Romantikerinnen und ihre Lebensgeschichte. Weinheim; Basel 2006. S. 68–101.

Bernhart, Walter: »Musikalische Verse«: »Ich weiß nicht, was soll es bedeuten«. – In: Musicologica Austriaca 25, 2006. S. 111–121.

Berbig, Roland: »1819 war ein gesegnetes Jahr«: die Theodor-Fontane-Chronik; mit einem Seitenblick auf die ›Gottfried-Keller‹-Einträge. – In: Gottfried Keller und Theodor Fontane: vom Realismus zur Moderne. Hrsg. von Ursula Amrein; Regina Dieterle. Berlin; New York, NY 2008. S. 63–86. (Schriften der Theodor-Fontane-Gesellschaft; 6).

Beutin, Wolfgang: Reformation, Französische Revolution, 1848: progressive weltgeschichtliche Ereignisse als Reminiszenzen in Wilhelm Raabes Erzählwerk. – In: Raabe-Gesellschaft: Jahrbuch 2009. S. 150–162.

Bingham, Ruth O.: The early nineteenth-century song cycle. – In: The Cambridge companion to the Lied. Ed. by James Parsons. Cambridge [u.a.] 2004. S. 101–129. (Cambridge Companions to Music).

Bischoff, Doerte: Handelnde Juden, Verhandlungen des Jüdischen: zur Performativität eines Stereotyps. – In: Dialog der Disziplinen: jüdische Studien und Literaturwissenschaft. Hrsg. von Eva Lezzi und Dorothea M. Salzer. Berlin 2009. S. 215–252. (Minima judaica; 6).

Blecken, Gudrun: Erläuterungen zu Lyrik der Romantik. Hollfeld 2009. 165 S. (Königs Erläuterungen und Materialien).

Braese, Stephan: Schreiben ans Stiefvaterland: zum Anregungsgehalt postkolonialistischer Begriffsarbeit für die Lektüre deutsch-jüdischer Literatur. – In: Dialog der Disziplinen: jüdische Studien und Literaturwissenschaft. Hrsg. von Eva Lezzi und Dorothea M. Salzer. Berlin 2009. S. 415–436. (Minima judaica; 6).

Brophy, James M.: Im Volksmund: Literaten und populäre politische Kultur im Vormärz. – In: Geschichte im Wuppertal. Bd. 18: Von Tugend und Glück: die private Welt der Bürger 1815–1850. [Hrsg.: Bergischer Geschichtsverein, Abt. Wuppertal e.V., ... Red.: Beate Eickhoff] Wuppertal 2009. S. 18–29.

Brown, Jane K.: In the beginning was poetry. – In: The Cambridge companion to the Lied. Ed. by James Parsons. Cambridge [u.a.] 2004. S. 12–34. (Cambridge Companions to Music).

Brüggemann, Heinz: Romantik und Moderne: Moden des Zeitalters und buntscheckige Schreibart; Aufsätze. Würzburg 2009. 301 S.

Büchner, Georg: Sämtliche Werke und Schriften. Im Auftr. der Akademie der Wissenschaften und der Literatur, Mainz, hrsg. von Burghard Dedner und Thomas Michael Mayer. [Erarbeitet an der Forschungsstelle Georg Büchner.] Historisch-kritische Ausg. mit Quellendokumentation und Kommentar (Marburger Ausg.) Bd. 8: Naturwissenschaftliche Schriften. Hrsg. von Burghard Dedner und Aurelia Lenne unter Mitarb. von Eva-Maria Vering und Manfred Wenzel. Darmstadt 2008. V, 684 S. – Bd. 9, 1: Philosophische Schriften: Text. Hrsg. von Burghard Dedner und Gerald Funk unter Mitarb. von Ingrid Rehme, Susanne Lehmann, Tilman Fischer und Arnd Beise. Darmstadt 2009. V, 503 S. – Bd. 9, 2: Philosophische Schriften: Text, Editionsbericht, Quellen, Erläuterungsteile. Hrsg. von Burghard Dedner und Gerald Funk unter Mitarb. von Ingrid Rehme, Susanne Lehmann, Tilman Fischer und Arnd Beise. Darmstadt 2009. V, 521 S.
Büchner-Handbuch: Leben – Werk – Wirkung. Hrsg. von Roland Borgards und Harald Neumeyer. Stuttgart; Weimar 2009. VII, 406 S.
Bührmann, Mario: Das ›Spiel der Naturvölker‹ im Spiegel der deutschen Ethnologie: zur Ästhetik von Mythos, Kult und Spiel bei Adolf Ellegard Jensen. – In: Literatur als Spiel: evolutionsbiologische, ästhetische und pädagogische Konzepte. Hrsg. von Thomas Anz und Heinrich Kaulen. Berlin; New York, NY 2009. S. 135–158. (Spectrum Literaturwissenschaft; 22).
Busch, Anna: Julius Eduard Hitzig und die öffentlichkeitswirksame Popularisierung des Rechts. – In: Literatur und Recht im Vormärz. Hrsg. von Claude D. Conter. Bielefeld 2010. S. 123–136. (Forum Vormärz-Forschung: Jahrbuch 15, 2009).
Calabrese, Rita: L'utopia europea di Theodor Herzl. – In: Ebrei della Mitteleuropa: identità ebraica e identità nazionali. A cura di Guido Massino e Giulio Schiavoni. Genua 2008. S. 52–75. (Università; 93).
Cavaglion, Alberto: Intervista sul mondo yiddish, sull'identità ebraica e sulle identità nazionali. – In: Ebrei della Mitteleuropa: identità ebraica e identità nazionali. A cura di Guido Massino e Giulio Schiavoni. Genua 2008. S. 7–18. (Università; 93).
Deaville, James: A multitude of voices: the Lied at mid century. – In: The Cambridge companion to the Lied. Ed. by James Parsons. Cambridge [u. a.] 2004. S. 142–167. (Cambridge Companions to Music).
Demandt, Alexander: Über die Deutschen: eine kleine Kulturgeschichte. 3., durchges. Aufl. Berlin 2009. 496 S.: Ill.
Deutsche Geschichte in Bildern und Zeugnissen. DHM, Deutsches Historisches Museum. Hrsg. von Hans Ottomeyer und Hans-Jörg Czech. Wiss. Red. Stefanie Heckmann. [Textautoren: Abteilungskuratoren sowie Nils Hagemann ...]. Wolfratshausen 2007. 367 S.: überw. Ill.
Die deutsche Literatur. Bd. 10: Vormärz. Hrsg. von Florian Vaßen. Bibliogr. erg. Ausg. 1997. Stuttgart 2008. 335 S.: Ill. (Reclams Universal-Bibliothek; 9617).
Di Benedetto, Arnaldo: Fra Germania e Italia: studi e flashes letterari; (con una breve appendice so Alfieri a Londra e Alfieri e la Francia). Florenz 2008. VII, 195 S.: Ill. (Villa Vigoni <Loveno, Menaggio>: Studi italo-tedeschi; 11).
Dittrich, Marie-Agnes: The Lieder of Schubert. – In: The Cambridge companion to the Lied. Ed. by James Parsons. Cambridge [u. a.] 2004. S. 85–100. (Cambridge Companions to Music).
Dreeva, D. M.: Ključevye slova kak markery avtointertekstual'nosti v sisteme poėtičeskogo idiolekta. – In: Russkaja germanistika 5, 2009. S. 325–333.
Drüner, Ulrich: Judenfiguren bei Richard Wagner. – In: Judenrollen: Darstellungsformen im europäischen Theater von der Restauration bis zur Zwischenkriegszeit. Hrsg. von Hans-Peter

Bayerdörfer und Jens Malte Fischer, unter Mitarb. von Frank Halbach. Tübingen 2008. S. 143–164. (Conditio Judaica; 70).

Drux, Rudolf: Texturen der romantischen Ironie: oder von der Geburt ›der modernen Poesie‹ aus der Lektüre des metapoetischen Diskurses. – In: Die Lesbarkeit der Romantik: Material, Medium, Diskurs. Hrsg. von Erich Kleinschmidt. Berlin 2009. S. 37–54.

Efron, John M.: The future of German-Jewish studies: new directions in future research. – In: Leo Baeck Institute: Year book 54, 2009. S. 3–58.

Eiker, Anne-Kristin: Karl Gutzkow – Amalie Gutzkow (1842–1846): eine Auswahledition des Ehebriefwechsels mit Kommentar und Auswertung. Wuppertal, Univ., Hausarb., 2009. 114 Bl.

Feilchenfeldt, Konrad: Ausstellungsraum und/oder Theaterbühne: zur Rolle der bildenden Kunst im Selbstverständnis der romantischen Kunstkritik bei Brentano und Arnim mit einem neuen Ausblick auf Caspar David Friedrichs »Mönch am Meer«. – In: Raumkonfigurationen in der Romantik: Eisenacher Kolloquium der Internationalen Arnim-Gesellschaft. Hrsg. von Walter Pape. Tübingen 2009. S. 85–94. (Schriften der Internationalen Arnim-Gesellschaft; 7).

Felix: Felix Mendelssohn Bartholdy zum 200. Geburtstag: [eine Publikation der Staatsbibliothek zu Berlin anlässlich der Ausstellung FELIX vom 30. Januar bis 14. März 2009]. [Ausstellung und Begleitbd.: Roland Dieter Schmidt-Hensel, Christine Baur]. Stuttgart 2009. 176 S.: Ill., zahlr. Noten. (Staatsbibliothek <Berlin>: Ausstellungskataloge; NF 53).

Fischer, Frank: Die Südharzreise: abstrakter Tourismus zwischen Leipzig und Göttingen. Nachw. von David Woodard. Foto(s) von Andreas Vogel. Berlin 2010. 88 S.: 31 Fotos.

Französische Dichtung. Bd. 1: Von Villon bis Theophile de Viau. Hrsg. von Friedhelm Kemp und Werner von Koppenfels. München 2001. XXXVI, 589 S.

Für und mit Peter Rühmkorf – zwischen Freund Hein und Freund Heine: eine Einführung in Leben und Werk. Regie: Charlotte Drews-Bernstein. Sprecher: Joachim Kersten. Hamburg 2009. 3 CDs.

Fuller, Margaret: My heart is a large kingdom: selected letters. Ed. by Robert N. Hudspeth. Ithaca, NY [u.a.] 2001. XIX, 336 S.: Ill.

Garratt, James: Mendelssohn and the rise of musical historicism. – In: The Cambridge companion to Mendelssohn. Ed. by Peter Mercer-Taylor. Cambridge [u.a.] 2004. S. 55–70. (Cambridge Companions to Music).

Geck, Martin: Robert Schumann: Mensch und Musiker der Romantik; Biografie. München 2010. 319 S.: Ill., Noten.

Gelber, Mark H.: The Hebraic poetics of German cultural zionism: an »Umlaut« over the »Vav«. – In: Integration und Ausgrenzung: Studien zur deutsch-jüdischen Literatur- und Kulturgeschichte von der Frühen Neuzeit bis zur Gegenwart; Festschrift für Hans Otto Horch zum 65. Geburtstag. Hrsg. von Mark H. Gelber, Jakob Hessing und Robert Jütte in Verb. mit Dominic Bitzer, Doris Vogel und Michaela Wirtz. Tübingen 2009. S. 171–180.

Glasenapp, Gabriele von: Von der eigenen Geschichte erzählen: Strategien jüdischen Schreibens im historischen Roman. – In: Dialog der Disziplinen: jüdische Studien und Literaturwissenschaft. Hrsg. von Eva Lezzi und Dorothea M. Salzer. Berlin 2009. S. 383–414. (Minima Judaica; 6).

Glasenapp, Gabriele von: »... wie eine schaurige Sage der Vorzeit«: die Ritualmordbeschuldigung in der jüdischen Literatur des frühen 20. Jahrhunderts. – In: Integration und Ausgrenzung: Studien zur deutsch-jüdischen Literatur- und Kulturgeschichte von der Frühen Neuzeit bis zur Gegenwart; Festschrift für Hans Otto Horch zum 65. Geburtstag. Hrsg. von Mark H.

Gelber, Jakob Hessing und Robert Jütte in Verb. mit Dominic Bitzer, Doris Vogel und Michaela Wirtz. Tübingen 2009. S. 193–206.

Goethe, Johann Wolfgang von: Faust. [Mit Illustrationen von] Eugene Delacroix, Max Beckmannn. Gyeongju 2006. 421 S.: Ill. [koreanisch]

Goltschnigg, Dietmar: »Fröhliche Apokalypse« und nostalgische Utopie: »Österreich als besonders deutlicher Fall der modernen Welt«. Hrsg. von Charlotte Grollegg-Edler. Wien [u. a.] 2009. II, 366 S.: Ill. (Austria: Forschung und Wissenschaft / Literatur; 13).

Groddeck, Wolfram: Der reine Wortlaut und die Schrift: Gedanken zum Problem des authentischen Textes in der Editionsphilologie. – In: Das Authentische: Referenzen und Repräsentationen. Ursula Amrein (Hrsg.) Zürich 2009. S. 91–104.

Großkreutz, Verena: Lässt für die Zukunft hoffen: Robert Schumann 2006. – In: Gewandhaus-Magazin 51, 2006. S. 8–15.

Haller, Annette: Die Belletristikabteilung der »Germanica Judaica«. – In: Integration und Ausgrenzung: Studien zur deutsch-jüdischen Literatur- und Kulturgeschichte von der Frühen Neuzeit bis zur Gegenwart; Festschrift für Hans Otto Horch zum 65. Geburtstag. Hrsg. von Mark H. Gelber, Jakob Hessing und Robert Jütte in Verb. mit Dominic Bitzer, Doris Vogel und Michaela Wirtz. Tübingen 2009. S. 493–498.

Heady, Katy: Literature and censorship in restoration Germany: repression and rhetoric. Rochester, NY 2009. 221 S. (Studies in German Literature, Linguistics and Culture).

Heidermann, Horst: Heinrich Christoph Kolbe und die Bildnismaler des Wuppertaler Bürgertums. – In: Geschichte im Wuppertal. Bd. 18: Von Tugend und Glück: die private Welt der Bürger 1815–1850. Wuppertal 2009. S. 87–96.

Hollweck, Thomas A.: The decline and fall of the German Mandarins: intellectuals and postrefunification Germany. – In: German studies in the post-Holocaust age: the politics of memory, identity, and ethnicity; [selected proceedings of a symposium held at the University of Colorado at Boulder in 1995]. Ed. by Adrian Del Caro and Janet Ward. Boulder, CO 2002. S. 52–62.

Hosfeld, Rolf: Die Geister, die er rief: eine neue Karl-Marx-Biographie. München; Zürich 2010. 260 S.

Im letzten Garten: Besuch bei toten Dichtern. Fotos und Textausw. von Peter Andreas. Mit einem Essay von Günter Kunert. Hildesheim 2005. 216 S.: überw. Ill. [»Gedächtnisfeier« und Bild des Grabes S. 88–89].

Jacobi, Georg Arnold; Jacobi, Victor Friedrich Leopold: Im Allgemeinen und denkwürdig in historischer Beziehung. Georg Arnold Jacobis Lebenszeugnisse fortgesetzt und um eigene Erinnerungen ergänzt von Victor Friedrich Leopold Jacobi. [Bearb. und Nachw. von Cornelia Ilbrig.]. Düsseldorf 2010. 332 S.: Ill., Faks. (Veröffentlichungen des Heinrich-Heine-Instituts).

Jaeger, Achim: Kleine Leute, große Leute: Versuche einer Annäherung an deutsch-jüdische Literatur und Geschichte in der Schule. – In: Integration und Ausgrenzung: Studien zur deutsch-jüdischen Literatur- und Kulturgeschichte von der Frühen Neuzeit bis zur Gegenwart; Festschrift für Hans Otto Horch zum 65. Geburtstag. Hrsg. von Mark H. Gelber, Jakob Hessing und Robert Jütte in Verb. mit Dominic Bitzer, Doris Vogel und Michaela Wirtz. Tübingen 2009. S. 499–510.

Jütte, Daniel: Der jüdische Tenor als Eleazar: Heinrich Sontheim und die ›La Juive‹-Rezeption im 19. Jahrhundert. – In: Judenrollen: Darstellungsformen im europäischen Theater von der Restauration bis zur Zwischenkriegszeit. Hrsg. von Hans-Peter Bayerdörfer und Jens Malte Fischer, unter Mitarb. von Frank Halbach. Tübingen 2008. S. 41–56. (Conditio Judaica; 70).

Kalisch, Volker: »bey dem Genuße von frucht-versüßtem Eise«: Anmerkungen zum musikalischen Teil des Salonalbums von Madame C. Beaumarie. – In: HJb 48, 2009. S. 233–249.

Kesting, Hanjo: Geheimnis und Melancholie: literarische Zerstreuungen. Hannover-Laatzen 2007. 361 S.

Kilcher, Andreas B.: Deutsch-jüdische Literaturgeschichte schreiben? Perspektiven historischer Diskursanalyse. – In: Dialog der Disziplinen: jüdische Studien und Literaturwissenschaft. Hrsg. von Eva Lezzi und Dorothea M. Salzer. Berlin 2009. S. 351–382. (Minima judaica; 6).

Kipping, Herwig: 150 Jahre Einsamkeit: Heinrich Heines »Denk ich an Deutschland in der Nacht«-Syndrom. – In: Historische Erinnerung im Wandel: neuere Forschungen zur deutschen Zeitgeschichte unter besonderer Berücksichtigung der DDR-Forschung. Heiner Timmermann (Hrsg.) Berlin; Münster 2007. S. 438–444. (Politik und moderne Geschichte; 1).

Kleinschmidt, Erich: Einleitung: projizierte Romantik. – In: Die Lesbarkeit der Romantik: Material, Medium, Diskurs. Hrsg. von Erich Kleinschmidt. Berlin 2009. S. 1–12.

Kortländer, Bernd; Roth, Ursula: »Ziemlich lebendig«: die Schumann Sammlung; 40 ausgewählte Stücke. – In: Brenner-Wilczek, Sabine; Kortländer, Bernd; Roth, Ursula: Ziemlich lebendig: Schätze aus der Schumann-Sammlung des Heinrich-Heine-Instituts. Düsseldorf 2010. S. 32–127. (Veröffentlichungen des Heinrich-Heine-Instituts).

Kumar, Anant: Die großen Religionen im Ramadan 2009: auseinander oder miteinander; ein unveröffentlichter Text. Kassel 2009. 13 Bl. – Dass. u.d.T. »Ich halte zu dieser Welt«: Religionen; auseinander, gegeneinander, miteinander. – In: Kunst + Kultur 16, 2009, 3. S. 22.

Lessing, Theodor: Schriften in Einzelausgaben. Hrsg. von Rainer Marwedel. Nachtkritiken: kleine Schriften; 1906–1907. Hrsg. und komm. von Rainer Marwedel. Göttingen 2006. 620 S.: Ill. (Veröffentlichungen der Deutschen Akademie für Sprache und Dichtung; 84).

Lezzi, Eva: Kolonialfantasien in der deutsch-jüdischen Literatur um 1900. – In: Dialog der Disziplinen: jüdische Studien und Literaturwissenschaft. Hrsg. von Eva Lezzi und Dorothea M. Salzer. Berlin 2009. S. 437–482. (Minima judaica; 6).

Liedtke, Christian: Die Mendelssohn-Sammlung im Archiv des Heinrich-Heine-Instituts. – In: Übrigens gefall ich mir prächtig hier: Felix Mendelssohn Bartholdy in Düsseldorf; Ausstellung des Heinrich-Heine-Instituts Düsseldorf, 1. Oktober 2009 – 10. Januar 2010. Hrsg. von Bernd Kortländer. Düsseldorf 2009. S. 165–176. (Veröffentlichungen des Heinrich-Heine-Instituts).

Liedtke, Christian: Robert Schumann: Gesamtverzeichnis der Werkmanuskripte im Bestand des Schumann-Archivs des Heinrich-Heine-Instituts der Landeshauptstadt Düsseldorf. – In: Brenner-Wilczek, Sabine; Kortländer, Bernd; Roth, Ursula: Ziemlich lebendig: Schätze aus der Schumann-Sammlung des Heinrich-Heine-Instituts. Düsseldorf 2010. S. 128–133. (Veröffentlichungen des Heinrich-Heine-Instituts).

Lipinski, Birte: Pygmalion gespiegelt: Mythos und Künstlerimagination in Eichendorffs ›Das Marmorbild‹. – In: Aurora 68/69 (2008/2009), 2010. S. 103–120.

Machar, Josef Svatopluk: Rom: geschrieben 1906–1907. Neuaufl. der autorisierten Übers. aus dem Tschech. von Emil Saudek. Mit Vorw., Einl., Kommentar und Reg. von Heidi Beutin und Wolfgang Beutin. Badenweiler 2010. 515 S.: Ill. (Rara, rariora, rarissima; 1).

Matt, Peter von: Wetterleuchten der Moderne: Krisenzeichen des bürgerlichen Erzählens bei Keller und Fontane. – In: Gottfried Keller und Theodor Fontane: vom Realismus zur Moderne. Hrsg. von Ursula Amrein; Regina Dieterle. Berlin; New York, NY 2008. S. 19–30. (Schriften der Theodor-Fontane-Gesellschaft; 6).

Meier, Albert: Sind die Alpen unübersteiglich? Überlegungen zur Transnationalität der Romantik. – In: »Germanistik im Konflikt der Kulturen«. Bd. 8: Universal-, Global- und

Nationalkulturen / Nationalliteratur und Weltliteratur. Bern [u. a.] 2007. S. 177–182 (B09). (Jahrbuch für Internationale Germanistik / A; 84. Akten des 11. Internationalen Germanisten-Kongresses).

Mellmann, Katja: Das ›Spielgesicht‹ als poetisches Verfahren: Elemente einer verhaltensbasierten Fiktionalitätstheorie. – In: Literatur als Spiel: evolutionsbiologische, ästhetische und pädagogische Konzepte. Hrsg. von Thomas Anz und Heinrich Kaulen. Berlin; New York, NY 2009. S. 57–78. (Spectrum Literaturwissenschaft; 22).

Moering, Renate: »Der grosse Einsiedler Pallast, worin viele tausend Gelehrte, Liebhaber, Sechswöchnerinnen, ungestört neben einander wohnen können«: Gedankenräume im Umkreis der »Zeitung für Einsiedler«. – In: Raumkonfigurationen in der Romantik: Eisenacher Kolloquium der Internationalen Arnim-Gesellschaft. Hrsg. von Walter Pape. Tübingen 2009. S. 203–222. (Schriften der Internationalen Arnim-Gesellschaft; 7).

Mueller, Rena Charnin: The Lieder of Liszt. – In: The Cambridge companion to the Lied. Ed. by James Parsons. Cambridge [u. a.] 2004. S. 168–184. (Cambridge Companions to Music).

Müller von Königswinter, Wolfgang: Ich glaubte nur an Musik: Erinnerungen an Norbert Burgmüller; dem Düsseldorfer Komponisten Norbert Burgmüller zum 200. Geburtstag; Begleitband zur Ausstellung des Heinrich-Heine-Instituts, Düsseldorf in Zusammenarbeit mit der Norbert-Burgmüller-Gesellschaft, Düsseldorf 8. Februar bis 14. April 2010. Komm. von Klaus Martin Kopitz. Düsseldorf; Köln 2010. 96 S.: zahlr. Ill., Faks., Notenbeisp.

Neubauer-Petzoldt: Von Bräuten, Holunderbäumen und Hieroglyphen: Mythos, Ritual und Raum in der Romantik. – In: Aurora 68/69 (2008/2009), 2010. S. 137–156.

Neuhuber, Christian: Georg Büchner: das literarische Werk. Berlin 2009. 210 S.: Ill. (Klassiker-Lektüren; 11. ESV basics).

A new history of German literature. Editors: David E. Wellbery, Judith Ryan, Hans Ulrich Gumbrecht, Anton Kaes, Joseph Leo Koerner und Dorothea E. von Mücke. Cambridge, MA 2004. 1004 S.

Oppeln-Bronikowski, Friedrich Wilhelm von: Alexander von Oppeln-Bronikowski: ein Zeitgenosse und Wesensverwandter Walter Scotts. – In: HJb 48, 2009. S. 175–193.

Parsons, James: The Lied in the modern age: to mid century. – In: The Cambridge companion to the Lied. Ed. by James Parsons. Cambridge [u. a.] 2004. S. 273–299. (Cambridge Companions to Music).

Pietsch, Yvonne: Der Ofen: zur Ambivalenz des vertrauten Ortes in Texten der Romantik. – In: Raumkonfigurationen in der Romantik: Eisenacher Kolloquium der Internationalen Arnim-Gesellschaft. Hrsg. von Walter Pape. Tübingen 2009. S. 261–274. (Schriften der Internationalen Arnim-Gesellschaft; 7).

Platt, Heather: The Lieder of Brahms. – In: The Cambridge companion to the Lied. Ed. by James Parsons. Cambridge [u. a.] 2004. S. 185–203. (Cambridge Companions to Music).

Radecke, Gabriele: Theodor Fontanes Notizbücher: Überlegungen zu einer notwendigen Edition. – In: Gottfried Keller und Theodor Fontane: vom Realismus zur Moderne. Hrsg. von Ursula Amrein; Regina Dieterle. Berlin; New York, NY 2008. S. 211–234. (Schriften der Theodor-Fontane-Gesellschaft; 6).

Rauchfleisch, Udo: Robert Schumann: eine psychoanalytische Annäherung. Göttingen 2004. 188 S.

Regener, Ursula: Mythos – Kult – Ritual: postrevolutionäre Konzepte zur Erneuerung der rituellen Kultur. – In: Aurora 68/69 (2008/2009), 2010. S. 1–18.

Robertson, Ritchie: Mock-epic poetry from Pope to Heine. Oxford [u. a.] 2009. 456 S.

Röder-Bolton, Gerlinde: George Eliot in Germany, 1854–55: ›cherished memories‹. Bolton Aldershot 2006. X, 180 S.

Rosenberg, Rainer: Die deutschen Germanisten: ein Versuch über den Habitus. Bielefeld 2009. 172 S. (Aisthesis-Essay; 30).

Roth, Ursula: »Langsam, mit melancholischem Ausdruck«: die Schumanns in Düsseldorf. – In: Brenner-Wilczek, Sabine; Kortländer, Bernd; Roth, Ursula: Ziemlich lebendig: Schätze aus der Schumann-Sammlung des Heinrich-Heine-Instituts. Düsseldorf 2010. S. 18–30. (Veröffentlichungen des Heinrich-Heine-Instituts).

Sammons, Jeffrey L.: Jan Žižka als heikles Vormärzthema: Teil I. Beobachtungen zu George Sand und Nikolaus Lenau. – In: HJb 48, 2009. S. 157–174.

Sauerland, Karol: Das Spielen mit Stereotypen: Heine und Polen. – In: Rhetorik als Skandal. Bielefeld 2009. S. 119–134.

Schatz, Andrea: Geteilte Territorien: Topografie, Genealogie und jüdische deutsche Literatur. – In: Dialog der Disziplinen: jüdische Studien und Literaturwissenschaft. Hrsg. von Eva Lezzi und Dorothea M. Salzer. Berlin 2009. S. 483–514. (Minima judaica; 6).

Schmitt, Christian: In der Kutsche: heterotoper Raum und heterogene Gemeinschaft in Achim von Arnims »Isabella von Ägypten«. – In: Raumkonfigurationen in der Romantik: Eisenacher Kolloquium der Internationalen Arnim-Gesellschaft. Hrsg. von Walter Pape. Tübingen 2009. S. 223–238. (Schriften der Internationalen Arnim-Gesellschaft; 7).

Schmitt-Maaß, Christoph: Die Einheit, der Gang und die Macht der Poesie: die Poetologie der Rechtsgeschichte bei Savigny und den Brüdern Grimm und ihre Folgen für die Literatur(geschichte) des Vormärz. – In: Literatur und Recht im Vormärz. Hrsg. von Claude D. Conter. Bielefeld 2010. S. 189–204. (Forum Vormärz-Forschung: Jahrbuch 15, 2009).

Schoeps, Julius H.: Leon Pinsker e la tesi dell'antisemitismo come forma di »psicopatologia collettiva«. – In: Ebrei della Mitteleuropa: identità ebraica e identità nazionali. A cura di Guido Massino e Giulio Schiavoni. Genua 2008. S. 34–45. (Università; 93).

Scholl, Joachim: 50 Klassiker, deutsche Schriftsteller: von Grimmelshausen bis Grass. Unter Mitarb. von Klaus Binder. Hildesheim 2007. 254 S.: Ill. (Gerstenberg visuell). – Dass. 2. überarb. Aufl. Hildesheim 2010. 255 S.: Ill. (Gerstenberg visuell).

Schulte, Christoph: Die Erfindung der hebräischen Fußnote in Preußen: über die kulturelle und politische Bedeutung von typografischen Veränderungen. – In: Dialog der Disziplinen: jüdische Studien und Literaturwissenschaft. Hrsg. von Eva Lezzi und Dorothea M. Salzer. Berlin 2009. S. 253–292. (Minima judaica; 6).

Schumann, Robert: Schumann-Briefedition. Hrsg. vom Robert-Schumann-Haus Zwickau und dem Institut für Musikwissenschaft der Hochschule für Musik Carl Maria von Weber Dresden in Verbindung mit der Robert-Schumann-Forschungsstelle. Serie III: Verlegerbriefwechsel. Editionsleitung Thomas Synofzik und Michael Heinemann. Bd. 6: Briefwechsel Robert und Clara Schumanns mit Verlagen in Berlin und Hamburg. Köln 2009. 542 S. – Bd. 7: Briefwechsel Robert und Clara Schumanns mit Verlagen in Nord- und Ostdeutschland. Köln 2009. 475 S.

Shedletzky, Itta: »Mir is wat unheimlich«: dissonantes ›Versöhnungs-Theater‹ zwischen Ohnmacht und Selbstbehauptung; jüdische Figuren in Else Lasker-Schülers Schauspiel ›Arthur Aronymus‹. – In: Judenrollen: Darstellungsformen im europäischen Theater von der Restauration bis zur Zwischenkriegszeit. Hrsg. von Hans-Peter Bayerdörfer und Jens Malte Fischer, unter Mitarb. von Frank Halbach. Tübingen 2008. S. 275–292. (Conditio Judaica; 70).

Simonin, Chantal: Heinrich Mann et la France: une biographie intellectuelle. Villeneuve-d'Ascq 2005. 423 S. (Lettres et civilisations étrangères; 947. Littératures de langue allemande).
Sinn, Christian: Liebe: Anmerkungen zur Wissenschaftstheorie Friedrich Schlegels. – In: Die Lesbarkeit der Romantik: Material, Medium, Diskurs. Hrsg. von Erich Kleinschmidt. Berlin 2009. S. 137–258.
Sorvakko-Spratte, Marianneli: Der Teufelspakt in deutschen, finnischen und schwedischen Faust-Werken: ein unmoralisches Angebot? Würzburg 2008. 386 S. (Epistemata – Reihe Literaturwissenschaft; 632). [Zugl.: Turku, Abo Akad. und Flensburg, Univ., Diss., 2007].
Stahl, Enno: Blick über die Grenze: das Heinrich-Heine-Institut und sein Rheinisches Literaturarchiv. – In: Literatur in Westfalen 9, 2008. S. 329–344.
Stahl, Enno: Literarisches Leben am Rhein: Quellen zur literarischen Infrastruktur 1830–1945; ein Forschungsbericht. – In: HJb 48, 2009. S. 250–254.
Stahl, Enno: Literarisches Leben am Rhein: Quellen zur literarischen Infrastruktur 1830–1945; ein Forschungsbericht nebst einem Ausblick nach Westfalen. – In: Literatur in Westfalen 10, 2009. S. 241–252.
Swedenborg, Emanuel: Nebo sa svojim divotama i pakao prema onome sto sam video i cuo. Prevod s latinskog i napomene (uz delimicno oslanjanje na neobjavljeni prevod Stijepa Ferija) Risto Rundo. Šabac; Novi Beograd 2006. 389 S. [De coelo et ejus mirabilibus, et de inferno ex auditis et visis <serb.>].
Theorie der modernen Lyrik: [Dokumente zur Poetik]. Walter Höllerer. Neu hrsg. von Norbert Miller und Harald Hartung. Bd. 1. Hrsg. von Norbert Miller in Verb. mit Thomas Markwart. München [u.a.] 2003. 501 S. (Dichtung und Sprache; 17).
Thym, Jürgen: Schumann: reconfiguring the Lied. – In: The Cambridge companion to the Lied. Ed. by James Parsons. Cambridge [u.a.] 2004. S. 120–141. (Cambridge Companions to Music).
Todd, Ralph Larry: Fanny Hensel: the other Mendelssohn. Oxford 2010. XXVIII, 426 S.
Todd, Ralph Larry: Felix Mendelssohn Bartholdy: sein Leben, seine Musik. Aus dem Engl. übers. von Helga Beste unter Mitw. von Thomas Schmidt-Beste. Stuttgart 2008. 798 S.: Ill., Kt., Noten.
Todd, Ralph Larry: On Mendelssohn's sacred music, real and imaginary. – In: The Cambridge companion to Mendelssohn. Ed. by Peter Mercer-Taylor. Cambridge [u.a.] 2004. S. 167–188. (Cambridge Companions to Music).
Voigts, Manfred: Die ›Deutschen Briefe‹ von Leopold Zunz. – In: Integration und Ausgrenzung: Studien zur deutsch-jüdischen Literatur- und Kulturgeschichte von der Frühen Neuzeit bis zur Gegenwart; Festschrift für Hans Otto Horch zum 65. Geburtstag. Hrsg. von Mark H. Gelber, Jakob Hessing und Robert Jütte in Verb. mit Dominic Bitzer, Doris Vogel und Michaela Wirtz. Tübingen 2009. S. 131–138.
Wassermann, Henry: Preliminary impressions and observations concerning »Jewish« advertisements in the ›Leipziger Allgemeine Zeitung‹ in 1840. – In: Integration und Ausgrenzung: Studien zur deutsch-jüdischen Literatur- und Kulturgeschichte von der Frühen Neuzeit bis zur Gegenwart; Festschrift für Hans Otto Horch zum 65. Geburtstag. Hrsg. von Mark H. Gelber, Jakob Hessing und Robert Jütte in Verb. mit Dominic Bitzer, Doris Vogel und Michaela Wirtz. Tübingen 2009. S. 73–86.
Weerth, Marie: Georg Weerth: 1822–1856; ein Lebensbild. Hrsg. von Bernd Füllner. Bielefeld 2009. VI, 451 S.: Ill. (Veröffentlichungen der Literaturkommission für Westfalen; 39. Veröffentlichungen der Literaturkommission für Westfalen / Reihe Texte; 15).

Weissberg, Liliane: ›Mut und Möglichkeit‹: Sigmund Freud liest Theodor Lipps. – In: Integration und Ausgrenzung: Studien zur deutsch-jüdischen Literatur- und Kulturgeschichte von der Frühen Neuzeit bis zur Gegenwart; Festschrift für Hans Otto Horch zum 65. Geburtstag. Hrsg. von Mark H. Gelber, Jakob Hessing und Robert Jütte in Verb. mit Dominic Bitzer, Doris Vogel und Michaela Wirtz. Tübingen 2009. S. 159–170.
Werner, Klaus: ›Schlesisch-Mähren‹: Landschaft als Text. – In: Integration und Ausgrenzung: Studien zur deutsch-jüdischen Literatur- und Kulturgeschichte von der Frühen Neuzeit bis zur Gegenwart; Festschrift für Hans Otto Horch zum 65. Geburtstag. Hrsg. von Mark H. Gelber, Jakob Hessing und Robert Jütte in Verb. mit Dominic Bitzer, Doris Vogel und Michaela Wirtz. Tübingen 2009. S. 519–536.
Wiese, Christian: »Let his memory be holy to us!« Jewish interpretations of Martin Luther from the enlightenment to the Holocaust. – In: Leo Baeck Institute: Year book 54, 2009. S. 93–126.
Wildenhahn, Barbara: Maskenball: Spiel und Fiktion bei Alfred Döblin. – In: Literatur als Spiel: evolutionsbiologische, ästhetische und pädagogische Konzepte. Hrsg. von Thomas Anz und Heinrich Kaulen. Berlin; New York, NY 2009. S. 329–352. (Spectrum Literaturwissenschaft; 22).
Youens, Susan: Mendelssohn's songs. – In: The Cambridge companion to Mendelssohn. Ed. by Peter Mercer-Taylor. Cambridge [u. a.] 2004. S. 189–205. (Cambridge Companions to Music).
Youens, Susan: Tradition and innovation: the Lieder of Hugo Wolf. – In: The Cambridge companion to the Lied. Ed. by James Parsons. Cambridge [u. a.] 2004. S. 204–222. (Cambridge Companions to Music).
Zychowicz, James L.: The Lieder of Mahler and Richard Strauss. – In: The Cambridge companion to the Lied. Ed. by James Parsons. Cambridge [u. a.] 2004. S. 245–272. (Cambridge Companions to Music).

3 Literarische und künstlerische Behandlung von Person und Werk

3.1 Literarische Essays und Dichtungen

Cless, Olaf; Skott, Berndt A.: Stuntort Deutschland: fünfzig Glossen und fünfzig Karikaturen. Vorw. von Kay Lorentz. Nachw. von Matthäus Werner. Düsseldorf 2009. 107 S.: Ill. [Glosse zum Heine-Preis für Peter Handke S. 54].
Dittrich, Roland: Die Loreley lebt: Deutsch als Fremdsprache. Stuttgart 2007. 48 S.: Ill. + Audio-CD. (Tatort DaF: Hörkrimi).
Fest, Joachim: Mehr erhitzt als erleuchtet? Heinrich Heine, Die Grenadiere. – In: Ders.: Flüchtige Größe: gesammelte Essays über Literatur und Kunst. Reinbek bei Hamburg 2008. S. 229–232.
Kunert, Günter: Als das Leben umsonst war: Gedichte. München 2009. 153 S. [Gedichte »Nach Heine« S. 59–78].
Machar, Josef Svatopluk: H. Heine [Gedicht]. Aus dem Tschechischen von Kathrin Liedtke und Milka Vagadayova. – In: HJb 48, 2009. S. 224.
Neubauer, Annette: Das Geheimnis der Meerjungfrau. Mit Bildern von Achim Ahlgrimm. Hamburg 2009. 120 S. (Neubauer, Annette: Sagenhafte Abenteuer; 2).

Oz, Amos: Dankesrede [zur Verleihung des Heine-Preises 2008]. – In: HJb 48, 2009. S. 217–222.
Pastior, Oskar: Speckturm: 12x5 Intonationen zu Gedichten von Charles Baudelaire. Aus dem Nachl. hrsg. von Klaus Ramm. Weil am Rhein 2007. 115 S. [Gedicht auf Heine »Täglich ging die / wund erstöhnte« S. 56].
Poetische Porträts. Hrsg. von Therese Chromik, Bodo Heimann und Friedrich Mülder. Husum 2005. 191 S. (Edition Euterpe). [Klaus Rainer Goll: »Heinrich Heine auf Helgoland am 10. August 1830« [Gedicht] und S. 36 Jürgen Schwalm: »Heinrich Heine« [Gedicht] S. 145].
Prüss, Jens: Heine als Gourmet. – In: Feinschmecker + Zeitschmecker: Erzählungen und Rezepte zum Kochen und Genießen. M8worte. Jan Cornelius ... Mit Ill. von Thomas Klefisch. Düsseldorf 2006. S. 170–173. (Droste Belletristik).
Voigt, Lene: De Säk'sche Lorelei. Petra Hinze liest. [Textausw.: Ulrich Unterlauf]. Berlin 2006. 1 CD. (Lene Voigt – Balladen; 1).
Wayand, Peter: Dichterliebe: widersprüchlich, ästhetisch, politisch, poetisch; ein Dialog zwischen Heine und Schumann in acht Bildern. – In: Ders.: Ich könnte weinen über Goethe: szenische Collagen & dramatische Streiflichter über Händel, Goethe, Heine und Schumann. Barnstorf 2009. S. 129–163.
Weizsäcker, Richard von: Laudatio auf Amos Oz [zur Verleihung des Heine-Preises 2008]. – In: HJb 48, 2009. S. 213–216.
Witthinrich, Klaus: Keiner fragt – Theologen antworten: satirische Arroglanzstücke von Heine bis heute. Rheinbach 2010. 117 S. [Gedicht »Heinrich Heines Deutschland-Tournee 1981« S. 17–18].

3.2 Werke der bildenden Kunst

Cless, Olaf; Skott, Berndt A.: Stuntort Deutschland: fünfzig Glossen und fünfzig Karikaturen. Vorw. von Kay Lorentz. Nachw. von Matthäus Werner. Düsseldorf 2009. 107 S.: Ill. [Karikatur zum Heine-Preis für Peter Handke S. 55].
Crisan, Maria: Album: (Öl auf Leinen, Holz und Seide) 1990–2004. Bukarest 2006. o.S.
Heine, Heinrich: Lyrisches Intermezzo XLVIII. Buch der Lieder. [Forditas Babits Mihály. Künstlerbuch von Ilona Kiss]. Budapest [2007]. [6] Bl.: zahlr. Ill. [deutsch und ungarisch].
Im letzten Garten: Besuch bei toten Dichtern. Fotos und Textausw. von Peter Andreas. Mit einem Essay von Günter Kunert. Hildesheim 2005. 216 S.: überw. Ill. [»Gedächtnisfeier« und Bild des Grabes S. 88–89].
Purpar, Rolf: Kunststadt Düsseldorf: Objekte und Denkmäler im Stadtbild. [Vorw. u. Fotos: Rolf Purpar. Einführung: Clemens von Looz-Corswarem. Grußwort Dirk Elbers]. 2., überarb. u. erg. Auflage. Düsseldorf 2009. 554, (6) S.: überw. Ill.
Roemer, Werner: Visionärer Realismus: Bert Gerresheim; Zeichnungen – Skulpturen – Monumente. Aachen 2009. 238 S.: zahlr. Ill.
Wat wore mer för Kenger! »Mein Kind, wir waren Kinder« von Heinrich Heine, Buch der Lieder (1817–1826); [ein Gedicht von Heinrich Heine auf Düsseldorfer Platt]. [Max-Schule]. Monika Voss nach Heinrich Heine (Heines Drickes). Gelesen und gezeichnet von den Kindern der Max-Schule Düsseldorf. Projektleitung und Gestaltung Nicola Pilger. Düsseldorf 2009. [41] S.: überw. Ill.

3.3 Werke der Musik, Vertonungen

Degas/Weiser: Heimat – Von fern so nah: Loreley liebt Tropicalia. Interpr.: Jorge Degas, Andreas Weiser, Nina Ernst, Sahrin Rezai. Berlin 2006. 1 CD & Beih. [»Ich weiß nicht, was soll es bedeuten«].

Dessau, Paul: Lieder aus dem Nachlass = Posthumously-published songs: für Singstimme und Klavier (und für Singstimme allein). Hrsg. von Axel Bauni. Urtext. Ausg. in Originaltonarten. Frankfurt a.M. [u. a.] 2009. 197 S.: Faks.

Heine goes Pop. Volker Rebell & die Frankfurter Frühjahrskollektion. Rahmenhandlung, Zwischentexte, Konzeption, Produktion: Volker Rebell. Musik: R. Schumann, Markus Neumeyer, Friedrich Silcher. [Offenbach] 2006. 1 DVD-Video.

Heinrich Heine – Bob Dylan. Improvisation für Hakenharfe und elektrische Harfe solo von Kasia Lewandowska und Percussion von Charly Böck. Gedichte von Heinrich Heine. Songtext von Bob Dylan. Sulzbach 2009. 1 CD.

Die Liederlichen: Der Mops bellte kritisch. Helmut Stauder, Simon Herkenrath, Gitta Nolte, Wolfhelm Ostendarp, Peter Varevics, Manfred Rohner, Markus Geis. Schwalmtal 2005. 1 CD.

Reimann, Aribert: Cantus. Interpr.: Jörg Widmann, Klarinette. WDRSinfonieorchester Köln. Peter Rundel, Leitung. Wien 2009. 1 CD & Beih. [Aufnahme: Philharmonie Köln 2.6.07. Enth. u. a.: »Ollea: Vier Gedichte von Heinrich Heine für Sopran«].

Schumann, Robert: Dicherliebe & other Heine settings. Interpr.: Gerald Finley [Bar]. Julius Drake [Kl]. London 2008. 1 CD & Beih.

Schumann, Robert: Dichterliebe: Lieder nach Gedichten von Heinrich Heine. Deon van der Walt, Tenor. Charles Spencer, Klavier. Zürich 2006. 1 CD & Beih.

Schumann, Robert: Dichterliebe: from the Theatre Musical de Paris – Chatelet. Barbara Bonney, soprano. Malcolm Martineau, Piano. Ratingen 2001. 1 DVD. (Voices of our Time).

Schumann, Robert: Lieder. Florian Boesch, baritone. Malcolm Martineau, piano. s.l. 2009. 1 CD & Beih.

Schumann, Robert: Neue Ausgabe sämtlicher Werke. Hrsg. von der Robert-Schumann-Gesellschaft, Düsseldorf durch Akio Mayeda und Klaus Wolfgang Niemöller in Verbindung mit dem Robert-Schumann-Haus Zwickau. Serie 6: Lieder. Bd. 1: Noten: Die Lieder Mignon's, des Harfners und Philinen's. Hrsg. von Kazuko Ozawa und Matthias Wendt. [Partitur]. Mainz [u. a.] 2009. XXIII, 291 S. & Faks.-Beih. – Bd. 2: Kritischer Bericht: Die Lieder Mignon's, des Harfners und Philinen's = Studies in counterpoint. Hrsg. von Kazuko Ozawa und Matthias Wendt. Mainz [u. a.] 2009. XX, 584 S.: Notenbeisp. [»Dein Angesicht. Es leuchtet meine Liebe« S. 187–214].

Schumann, Robert: Liederkreis op. 24 & op. 39: 13 Lieder. Dietrich Fischer-Dieskau, Gerald Moore, Hartha Klust. Remastered. München 2004. 1 CD & Beih.

Sommer, Dieter Bernd: Ich weiss nicht, was soll es bedeuten: Loreley Partysong. Komponist: Silcher. Text: Heinrich Heine. Arrangement und Spezialtext: Dieter Metzenroth [d.i. Dieter Bernd Sommer]. Bacharach 2007. 1 MCD.

Twin spirits: portraying the love of Robert & Clara Schumann in words & Music. Devised & directed for the stage by John Caird. Featuring Sting & Trudie Styler, Derek Jacobi, Simon Keenlyside, Sergej Krylov, Iain Burnside, Rebecca Evans, Natalie Clein, Natasha Paremski. Heathfield 2009. 2 DVDs (Opus arte).

3.4 Das Werk auf der Bühne, im Film

Denk ich an Deutschland in der Nacht: das Leben des Heinrich Heine = Quand je pense à l'Allemagne, la nuit: la vie de Heinrich Heine. Rüdiger Vogler; Fabian Busch; Michael Mendl ... Buch Gordian Maugg; Alexander Häusser. Regie Gordian Maugg. [Baden-Baden] 2005. 1 DVD-Video (65 Min.) [Fernsehfilm].

Wayand, Peter: Dichterliebe: widersprüchlich, ästhetisch, politisch, poetisch; ein Dialog zwischen Heine und Schumann in acht Bildern. – In: Ders.: Ich könnte weinen über Goethe: szenische Collagen & dramatische Streiflichter über Händel, Goethe, Heine und Schumann. Barnstorf 2009. S. 129–163.

4 Rezensionen

Beese, Marianne: Kampf zwischen alter und neuer Welt: Dichter der Zeitenwende; [Friedrich Hölderlin – Novalis – Heinrich Heine – Friedrich Hebbel – Ricarda Huch]. Rostock 2001. 165 S. – Rez.: Ester Saletta in: Zu neuer Aufklärung und Humanität. Hrsg. von Ida Koller-Andorf. Berlin 2007. S. 275. (Hebbel, Mensch und Dichter im Werk; 8).

Billermann, Roderich: Die »metaphore« bei Marcel Proust: ihre Wurzeln bei Novalis, Heine und Baudelaire, ihre Theorie und Praxis. München 2000. 479 S. (Theorie und Geschichte der Literatur und der schönen Künste; 101). [Zugl.: Konstanz, Univ., Diss., 1998 u.d.T.: Ders.: Experimentierende Bildlichkeit bei Marcel Proust und Louis Aragon]. – Rez.: Volker Roloff in: Romanische Forschungen 116, 2004, 4. S. 527–529.

Cusack, Andrew: The wanderer in nineteenth-century German literature: intellectual history and cultural criticism. Rochester, NY 2008. X, 257 S. (Studies in German Literature, Linguistics and Culture). – Rez.: Christian Liedtke in: HJb 48, 2009. S. 259.

Goldschmidt, Georges-Arthur: Heinrich-Heine-Institut: ein unbequemer Deutscher. Hrsg.: Literaturbüro NRW, Stadtwerke Düsseldorf AG. Düsseldorf 2009. 48 S.: zahlr. Ill. (Museumsschreiber; 8). – Rez. in: Optische Fenomenen. Borken 2010, April = 274. S. 5 [anonym].

Grundmann, Regina: »Rabbi Faibisch, Was auf Hochdeutsch heißt Apollo«: Judentum, Dichtertum, Schlemihltum in Heinrich Heines Werk. Stuttgart 2008. 487 S. (Heine-Studien). – Rez.: Liliane Weissberg in: HJb 48, 2009. S. 262–263.

Hauschild, Jan-Christoph; Werner, Michael: Der Zweck des Lebens ist das Leben selbst: Heinrich Heine, eine Biographie. Köln 1997. 696 S. – Rez.: Eva Pfister: Jedem sein Heine? Neue Biographien über Heinrich Heine zu seinem 200. Geburtstag in: Lesart 4, 1997, 4. S. 31–34.

Heine, Heinrich: Lutèce: lettres sur la vie politique, artistique et sociale de la France. Présentation de Patricia Baudouin. Paris 2008. 475 S. – Rez.: Jean-Luc Tiesset: Le Paris de Heine in: Quinzaine littéraire 2009, 983. S. 13–14.

Heine und die Nachwelt. Bd. 1: Geschichte seiner Wirkung in den deutschsprachigen Ländern; Texte und Kontexte, Analysen und Kommentare. Goltschnigg und Hartmut Steinecke (Hrsg.) Berlin 2006. – Rez.: Peter Stein in: Literatur und Recht im Vormärz. Forum Vormärz-Forschung: Jahrbuch 15, 2009. S. 231–234.

Heine und die Nachwelt. Bd. 2: Geschichte seiner Wirkung in den deutschsprachigen Ländern; Texte und Kontexte, Analysen und Kommentare. Goltschnigg und Hartmut Steinecke (Hrsg.) Berlin 2008. – Rez.: Erhard Jöst in: Österreich in Geschichte und Literatur 53, 2009,

1. S. 89–93. – Rez.: Sikander Singh in: HJb 48, 2009. S. 260–261. – Rez.: Peter Stein in: Literatur und Recht im Vormärz. Forum Vormärz-Forschung: Jahrbuch 15, 2009. S. 231–234.
Heinrich Heine und die Philosophie: vier Beiträge zur Popularität des Denkens. Marc Rölli und Tim Trzaskalik (Hrsg.) Wien 2007. 126 S.: Ill. – Rez.: Martin Bollacher in: HJb 48, 2009. S. 274–276.
Hermand, Jost: Heinrich Heine: kritisch, solidarisch, umstritten. Köln [u. a.] 2007. 250 S. – Rez.: J. Friedrich Battenberg in: Archiv für hessische Geschichte 66, 2008. S. 460–461. – Rez.: Rüdiger Scholz in: Colloquia germanica 40, 2007, 3–4. S. 315–322.
Hessing, Jakob: Der Traum und der Tod: Heinrich Heines Poetik des Scheiterns. Göttingen 2005. 293 S. – Rez.: Joseph A. Kruse in: Arbitrium 2009, 3. S. 343–347. – Rez.: Zvi Tauber in: Juden und Muslime in Deutschland: Recht, Religion, Identität. Hrsg. von José Brunner und Shai Lavi. Göttingen 2009. S. 275–280. (Tel Aviver Jahrbuch für deutsche Geschichte; 37).
Hohendahl, Peter Uwe: Heinrich Heine: europäischer Schriftsteller und Intellektueller. Berlin 2008. 248 S. (Philologische Studien und Quellen; 212). – Rez.: Franz-Josef Deiters in: Germanistik 50, 2009, 1–2. S. 328–329. – Rez.: Bernd Kortländer in: HJb 48, 2009. S. 264–265.
Kusch, Maximilian: Tageswahrheit: Heinrich Heines Bruch mit der dualistischen Denktradition der Moderne. Würzburg 2008. 289 S. (Epistemata – Reihe Literaturwissenschaft; 633). [Zugl.: Berlin, Freie Univ., Diss., 2007]. – Rez.: Madleen Podewski in: HJb 48, 2009. S. 266–268.
Liedtke, Christian: Heinrich Heine. Reinbek bei Hamburg 1997. 174 S.: Ill. – Rez.: Eva Pfister: Jedem sein Heine? Neue Biographien über Heinrich Heine zu seinem 200. Geburtstag in: Lesart 4, 1997, 4. S. 31–34.
Literarische Harzreisen: Bilder und Realität einer Region zwischen Romantik und Moderne; [Beiträge des Symposions »Literarische Harzreisen. Bilder und Realität einer Region zwischen Romantik und Moderne« vom 7. bis 9. April 2006 im Braunschweiger Raabe-Haus und Schloß Wernigerode]. Hrsg. von Cord-Friedrich Berghahn, Herbert Blume, Gabriele Henkel und Eberhard Rohse. Gütersloh 2008. 382 S.: Ill. (Braunschweiger Beiträge zur deutschen Sprache und Literatur; 10). – Rez.: Ulrike Stamm in: Literatur und Recht im Vormärz. Forum Vormärz-Forschung: Jahrbuch 15, 2009. S. 268–270.
Literarisches Leben am Rhein: Quellen zur literarischen Infrastruktur 1830–1945; ein Inventar. Hrsg. von Joseph A. Kruse. Düsseldorf 2008. 3 Bde. (Eine Publikation des Heinrich-Heine-Instituts). – Rez.: Clemens von Looz-Corswarem in: Düsseldorfer Jahrbuch 79, 2009. S. 542–544.
Literatur als Skandal: Fälle – Funktionen – Folgen. Hrsg. von Stefan Neuhaus und Johann Holzner. Göttingen 2007. 734 S.: Ill. – Rez.: Enno Stahl in: HJb 48, 2009. S. 270–271.
Der nahe Spiegel: Vormärz und Aufklärung. Wolfgang Bunzel, Norbert Otto Eke, Florian Vaßen (Hrsg.) Bielefeld 2008. 390 S.: graph. Darst. (Vormärz-Studien; 14). – Rez.: Martin Bollacher in: HJb 48, 2009. S. 255–258.
Nickel, Jutta: Revolutionsgedanken: zur Lektüre der Geschichte in Heinrich Heines »Ludwig Börne. Eine Denkschrift«. Bielefeld 2007. 274 S. [Zugl.: Hamburg, Univ., Diss., 2005]. – Rez.: Thomas Stähli in: HJb 48, 2009. S. 272–273.
Pawel, Ernst: Der Dichter stirbt: Heinrich Heines letzte Jahre in Paris. Aus d. Engl. von Regina Schmidt-Ott. Berlin 1997. 239 S. – Rez.: Eva Pfister: Jedem sein Heine? Neue Biographien über Heinrich Heine zu seinem 200. Geburtstag in: Lesart 4, 1997, 4. S. 31–34.
Phelan, Anthony: Reading Heinrich Heine. Cambridge 2007. 310 S. (Cambridge Studies in German) . – Rez.: Caryl Einberger in: Germanic studies review 31, 2008, 2. S. 427–428. –

Rez.: Ralph Häfner in: Monatshefte 101, 2009, 1. S. 117–118. – Rez.: Robert C. Holub in: MLR 103, 2008, 4. S. 1155–1157. – Rez.: Elliott Schreiber in: The german quarterly 82, 2009, 1. S. 127–128.

Raddatz, Fritz J.: Taubenherz und Geierschnabel: Heinrich Heine – eine Biographie. Weinheim 2005. 391 S. (Beltz Taschenbuch; 176). – Rez.: Eva Pfister: Jedem sein Heine? Neue Biographien über Heinrich Heine zu seinem 200. Geburtstag in: Lesart 4, 1997, 4. S. 31–34.

Ruprecht, Lucia: Dances of the self in Heinrich von Kleist, E. T. A. Hoffmann and Heinrich Heine. Aldershot 2006. 158 S. – Rez.: Jeffrey L. Sammons in: Goethe Yearbook 16, 2009. S. 270–271.

Seidel, Jürgen: Harry Heine und der Morgenländer: Roman. Weinheim [u. a.] 1997. 235 S. – Rez.: Eva Pfister: Jedem sein Heine? Neue Biographien über Heinrich Heine zu seinem 200. Geburtstag in: Lesart 4, 1997, 4. S. 31–34.

Trilse-Finkelstein, Jochanan Christoph: Gelebter Widerspruch: Heinrich Heine Biographie. Berlin 1997. 420 S. – Rez.: Eva Pfister: Jedem sein Heine? Neue Biographien über Heinrich Heine zu seinem 200. Geburtstag in: Lesart 4, 1997, 4. S. 31–34.

Witte, Bernd: Jüdische Tradition und literarische Moderne: Heine, Buber, Kafka, Benjamin. München 2007. 270 S. – Rez.: Nikolai Preuschoff: Kommentierung des Kommentars in: literaturkritik.de 2010, 2 http://www.literaturkritik.de/public/rezension.php?rez_id=13931&ausgabe=201002 vom 01.02.2010.

Youens, Susan: Heinrich Heine and the Lied. Cambridge [u. a.] 2007. XXX, 378 S.: Ill., Notenbeisp. – Rez.: Amanda Glauert in: Music & letters 90, 2009, 2. S. 289–292.

Zu Heinrich Heines Spätwerk »Lutezia«: Kunstcharakter und europäischer Kontext. Hrsg. von Arnold Pistiak und Julia Rintz. Berlin 2007. 390 S.: Ill. – Rez.: Brigitte Krüger in: Zeitschrift für Religions- und Geistesgeschichte 60, 2008, 4. S. 376–377.

5 Allgemeine Literatur mit Heine-Erwähnungen und -Bezügen

Assouline, Pierre: Lutetias Geheimnisse: Roman. Aus dem Franz. von Wieland Grommes. Vollst. dt. Taschenbuchausg. München 2008. 444 S.

Azra: Ravno do dna. Belgrad 2004. 2 CDs. [Der Name der Band leitet sich von Heines Gedicht »Der Asra« ab.]

Brenner-Wilczek, Sabine: »Bewegt«: zur Sammlungsgeschichte. – In: Brenner-Wilczek, Sabine; Kortländer, Bernd; Roth, Ursula: Ziemlich lebendig: Schätze aus der Schumann-Sammlung des Heinrich-Heine-Instituts. [Fotoarb.: Gavril Blank]. Düsseldorf 2010. S. 10–17. (Veröffentlichungen des Heinrich-Heine-Instituts).

Düsseldorf zu Fuß oder per Rad: 19 Stadtteilrundgänge durch Geschichte und Gegenwart. Udo Achten (Hrsg.) Hamburg 2009. 500 S.: zahlr. Ill., Kt., Pl.

Eickhoff, Peter: 111 Düsseldorfer Orte die man gesehen haben muss. Köln 2009. 230 S.: Ill.

Fest, Joachim: Goethes Fremdheit und Nähe: eine Rede in Weimar. – In: Ders.: Flüchtige Größe: gesammelte Essays über Literatur und Kunst. Reinbek bei Hamburg 2008. S. 9–32.

Fest, Joachim: Es liegt an eines Menschen Schmerz. – In: Ders.: Flüchtige Größe: gesammelte Essays über Literatur und Kunst. Reinbek bei Hamburg 2008. S. 233–236.

Gerda-Henkel-Stiftung <Düsseldorf>: Jahresbericht 2009, 2010. [Heinrich-Heine-Institut S. 90].

Hamburg: 20 thematische Streifzüge Hamburg 2009. 312 S.: zahlr. Ill.

Hollender, Martin: Bibliographie Heinz Piontek. Bielefeld 2000. 450 S. (Archivreihe der Stiftung Haus Oberschlesien; 3. Bibliographien zur deutschen Literaturgeschichte; 8).
Hordych, Harald: Gebrauchsanweisung für Düsseldorf. München; Zürich 2010. (Piper; 7578)
Kathan, Iris; Oberthanner, Christiane: Innsbruck: ein literarischer Stadtführer. Wien 2009. 251 S.
Möller, Marlene: Paris: die wiedergefundene Stadt. Norderstedt 2009. 290 S.
Püschel, Susanne: Geheimversteck Kö-Graben: eine spannende Reise durch die Düsseldorfer Stadtgeschichte. Mit Zeichn. von Janine M. Schmitz. Düsseldorf 2007. 142 S.: Ill. (Droste Kinderbuch).
Rademacher, Falko: Populäre Rheinland-Irrtümer: ein Lexikon von A-Z. Berlin 2009. 207 S. [»Loreley« S. 118–120, »Rheinlied« S.158–159].
Schwarz, Michael: Prof. Dr. Kruse im Ruhestand. – In: Magazin der Heinrich-Heine-Universität Düsseldorf 2009, 3. S. 47.
Sinka, Margit: When the son is older than the father: Dominik Graf's ›Denk ich an Deutschland‹ television film. – In: German politics and society 26, 2008, 2 = 87. S. 56–75.
Suszek, Sigrid: Auch Heine war ein Pendler. Dessau 2009. 273 S.
Töller, Christian: Mit Heine verbunden: Professor Dr. Joseph A. Kruse im Ruhestand. – In: Düssel Depesche 2009, 7. S. 13.
Verhaelen, Linda: Mein Leben als Schlampe: Roman. 2., neu durchges. Aufl. Frankfurt a.M. 2003. 347 S.
Vonnegut, Kurt: Der taubenblaue Drache: schöne Geschichten. Aus dem Amerik. von Harry Rowohlt. Zürich 2009. 392 S.
Voss, Monika: Vom Hölzke op et Stöckske. Düsseldorf 2008. 221 S.: Ill.
Weber, Christian: Die Instrumentalisierung des Missverständnisses: zu Peter Handkes Serbienbild, dem Eklat um den Düsseldorfer Heine-Preis 2006 und dem Problem des Übersetzens. – In: Missverständnis: Kultur zwischen Kommunikation und Störung. Hrsg. von Sidonie Kellerer, Astrid Nierhoff-Fassenbender und Fabien Theofilakis. Würzburg 2008. S. 165–178.
Wietzorek, Paul: Das historische Düsseldorf: Bilder erzählen. Petersberg 2010. 160 S.: überw. Ill.

Veranstaltungen des Heinrich-Heine-Instituts und der Heinrich-Heine-Gesellschaft e. V.

Januar bis Dezember 2009

Zusammengestellt von Karin Füllner

13.1.2009	»Literaten und politische Kultur im Vormärz«. Vortrag von Prof. Dr. James M. Brophy, Newark (Delaware, USA). Veranstalter: Heinrich-Heine-Institut.
16.1.2009	»Heinrich Heine – Deutscher Dichter aus Paris«. Konzert und Lesung mit Heikki Kilpelainen (Bariton) und Cécile Tallec (Klavier), Deutsche Oper am Rhein, Düsseldorf/ Georges Claisse (Sprecher), Paris. Ort: Grand auditorium, Bibliothèque nationale de France, Paris. Veranstalter: Heinrich-Heine-Institut und Heinrich-Heine-Gesellschaft. Im Rahmen des Projektes und mit freundlicher Unterstützung von »Artention. Saison France-Nordrhein-Westfalen 2008/2009«. »Die Kunst literarischer Cartoons«. Vortrag von Lothar Bührmann. Veranstalter: Heinrich-Heine-Institut. »Literarische Cartoons«. Workshop unter Leitung von Lothar Bührmann. Veranstalter: Heinrich-Heine-Institut.
22.1.2009	Reihe: Die Erfindung der Vergangenheit. Felicitas Hoppe liest »Verbrecher und Versager«. Moderation: Michael Serrer. Veranstalter: Heinrich-Heine-Institut, Heinrich-Heine-Gesellschaft und Literaturbüro NRW. Mit freundlicher Unterstützung der Kunststiftung NRW.
27.1.2009	Reihe: Heine heute. Tilman Rammstedt liest »Der Kaiser von China«. Moderation: Dr. Karin Füllner. Veranstalter: Heinrich-Heine-Institut und Heinrich-Heine-Gesellschaft. Mit freundlicher Unterstützung der Stadtsparkasse Düsseldorf.
29.1.2009	Reihe: Die Erfindung der Vergangenheit. Christof Hamann liest »Usambara«. Moderation: Dr. Lothar Schröder. Veranstalter: Heinrich-Heine-Institut, Heinrich-Heine-Gesellschaft und Literaturbüro NRW. Mit freundlicher Unterstützung der Kunststiftung NRW.
1.2.2009	Finissage der Vormärz-Ausstellung »Die Nachtigallen singen, die Kugeln pfeifen«. Georg Weerth. Eine literarische Matinee. Es sprechen und lesen: Dr. Olaf Cless, Dieter Klemm, Ingrid Süverkrüp, Dieter Süverkrüp. Am Schlagzeug: Mickey Neher.

	Veranstalter: Heinrich-Heine-Institut. Mit freundlicher Unterstützung der Sparkassen-Kulturstiftung Rheinland.
5.2.2009	Reihe: Die Erfindung der Vergangenheit. Ilija Trojanow liest »Der Weltensammler«. Moderation: Michael Serrer.
	Veranstalter: Heinrich-Heine-Institut, Heinrich-Heine-Gesellschaft und Literaturbüro NRW. Mit freundlicher Unterstützung der Kunststiftung NRW.
8.2.2009	Ausstellungseröffnung. »Ich natürlich, oder?!«. Deutschsprachige Literaturnobelpreisträger. Begrüßung: Prof. Dr. Joseph A. Kruse. Einführung: Heidemarie Vahl.
	Veranstalter: Heinrich-Heine-Institut in Verbindung mit der Arbeitsgemeinschaft Literarischer Gesellschaften und Gedenkstätten und dem Filmmuseum der Landeshauptstadt Düsseldorf.
10.2.2009	Ernst Bloch. »Der Klang des Wortes, die Farbe des Tons«. Ein literarisch-musikalischer Abend. Jan Robert Bloch liest Geschichten aus Ernst Blochs »Spuren« und einige Lieblingserzählungen seines Vaters aus Johann Peter Hebels »Schatzkästlein des Rheinischen Hausfreundes«. Mit Anne Monika Sommer (Violine) und Kenneth Duryea (Klavier).
	Veranstalter: Heinrich-Heine-Institut und Heinrich-Heine-Gesellschaft.
11.2.2009	Reihe: Heine heute. Lea Singer liest »Konzert für die linke Hand«. Moderation: Prof. Dr. Norbert Otto Eke.
	Veranstalter: Heinrich-Heine-Institut und Heinrich-Heine-Gesellschaft. Mit freundlicher Unterstützung der Kunststiftung der Stadtsparkasse Düsseldorf.
12.2.2009	Reihe: Universität in der Stadt. »Die aktuelle Finanzkrise: Können die Zentralbanken helfen?«. Vortrag von Prof. Dr. Ulrike Neyer, Düsseldorf.
	Veranstalter: Heinrich-Heine-Universität Düsseldorf, Heinrich-Heine-Institut, Evangelische Stadtakademie, VHS Düsseldorf.
14./15.2.2009	»Text&Ton". »Heine, Paris und die Musik". Sektfrühstück in der Bibliothek des Heine-Instituts mit musikalisch-literarischem Programm. Moderation und Rezitation: Dr. Karin Füllner und Dr. Ursula Roth. Am Flügel: Helmut Götzinger.
	Veranstalter: Heinrich-Heine-Institut und Heinrich-Heine-Gesellschaft.
17.2.2009	»Die romantische Liebe in bürgerlichen Zeiten«. Zum 153. Todestag Heinrich Heines. Ein literarisch-musikalischer Abend. Mit Heikki Kilpelainen (Bariton) und Cécile Tallec (Klavier), Deutsche Oper am Rhein, Düsseldorf/ Matthias Leja (Sprecher), Düsseldorfer Schauspielhaus.
	Ort: Palais Wittgenstein.
	Veranstalter: Heinrich-Heine-Gesellschaft.
1.3.2009	Führung durch die Sonderausstellung »Ich natürlich, oder?!«. Heidemarie Vahl führt durch die Ausstellung über deutschsprachige Literaturnobelpreisträger.
	Veranstalter: Heinrich-Heine-Institut.
5.3.2009	Reihe: Universität in der Stadt. »Was glauben wir zu wissen, was wissen wir zu glauben?« 150 Jahre Diskussion um Darwins Evolutionstheorie. Vortrag von Prof. Dr. William Martin, Düsseldorf.
	Veranstalter: Heinrich-Heine-Universität Düsseldorf, Heinrich-Heine-Institut, Evangelische Stadtakademie, VHS Düsseldorf.
13.3.2009	»Schlage die Trommel und fürchte dich nicht«. Oliver Steller spricht und singt Heinrich Heine.

	Ort: Palais Wittgenstein. Veranstalter: Bücherbummel-Vorveranstaltung in Verbindung mit dem Heinrich-Heine-Institut und der Heinrich-Heine-Gesellschaft.
15.3.2009	»Zeitbilder der Frau: Von Heine bis heute«. Ein literarisches Konzert. Zum Internationalen Frauentag 2009. Mit Mareike Götzinger, Isabelle Hilgers und Melanie Keyßner. Am Flügel: Helmut Götzinger. Veranstalter: Heinrich-Heine-Institut.
16.3.2009	Reihe: Heine heute. Ursula Krechel liest »Shanghai fern von wo«. Moderation: Prof. Dr. Klaus Briegleb. Veranstalter: Heinrich-Heine-Institut und Heinrich-Heine-Gesellschaft. Mit freundlicher Unterstützung der Kunststiftung der Stadtsparkasse Düsseldorf.
23.3.2009	Nelly Sachs, Elias Canetti und Thomas Mann: Aus dem »Kreis der Unsterblichen«. Im Rahmen der Ausstellung »Ich natürlich, oder?!« lesen Reinhard Kiefer, Frank Schablewski und Rudolf Hartung. Moderation: Christoph Leisten. Veranstalter: Ernst-Meister-Gesellschaft in Verbindung mit der Heinrich-Heine-Gesellschaft und der Gesellschaft für Christlich-Jüdische Zusammenarbeit. Mit freundlicher Unterstützung der Arbeitsgemeinschaft Literarischer Gesellschaften und Gedenkstätten.
26.3.2009	Mitgliederversammlung der Heinrich-Heine-Gesellschaft. Als neue Geschäftsführerin wurde Dr. Karin Füllner gewählt. Veranstalter: Heinrich-Heine-Gesellschaft.
26.3.2009	»Heinrich Heine – Judentum, Dichtertum, Schlemihltum«. Vortrag von Dr. Regina Grundmann. Veranstalter: Heinrich-Heine-Gesellschaft.
29.3.2009	Führung durch die Ausstellung »Ich natürlich, oder?!«. Heidemarie Vahl führt durch die Ausstellung über deutschsprachige Literaturnobelpreisträger. Veranstalter: Heinrich-Heine-Institut.
2.4.2009	Symposium »Eine neue poetische Zeit«. 175 Jahre Neue Zeitschrift für Musik. Ort: Nordrhein-Westfälische Akademie der Wissenschaften. Veranstalter: Robert-Schumann-Forschungsstelle in der Nordrhein-Westfälischen Akademie der Wissenschaften und der Künste unter Mitwirkung des Heinrich-Heine-Instituts und der Robert-Schumann-Gesellschaft Düsseldorf.
2.4.2009	Reihe: Universität in der Stadt. »Sammelleidenschaft und Kunstförderung. Die Schätze der ULB Düsseldorf.« Vortrag von Dr. Irmgard Siebert, Düsseldorf. Veranstalter: Heinrich-Heine-Universität Düsseldorf, Heinrich-Heine-Institut, Evangelische Stadtakademie, VHS Düsseldorf.
3.4.2009	Reihe: Heine heute. Viola Roggenkamp liest »Die Frau im Turm«. Moderation: Dr. Karin Füllner. Veranstalter: Heinrich-Heine-Institut und Heinrich-Heine-Gesellschaft. Mit freundlicher Unterstützung der Kunststiftung der Stadtsparkasse Düsseldorf.
23.4.2009	Bücherflohmarkt im Heine-Institut zum »Tag des Buches«. Veranstalter: Heinrich-Heine-Institut.
23.4.2009	Tag des Buches: »Else Lasker-Schüler. Die Verscheuchte – Heimat und Fremde.« Eine Hommage an Else Lasker-Schüler mit Hajo Jahn, dem Vorsitzenden der Else Lasker-Schüler-Gesellschaft, der Gruppe Frühlings-Erwachen und Reinald Noisten (Klarinette).

	Veranstalter: Heinrich-Heine-Gesellschaft und Gesellschaft für Christlich-Jüdische Zusammenarbeit.
25.4.2009	Tagesausflug der Heinrich-Heine-Gesellschaft zum Hermannsdenkmal. Veranstalter: Heinrich-Heine-Gesellschaft.
7.5.2009	Reihe: Universität in der Stadt. »Bärengalle, Murmeltieröl und Tigerknochen: Wie wirken alternative Heilmethoden?«. Vortrag von Dr. Thorsten Trapp, Düsseldorf. Veranstalter: Heinrich-Heine-Universität Düsseldorf, Heinrich-Heine-Institut, Evangelische Stadtakademie und VHS Düsseldorf. Nacht der Museen im Heine-Institut. »In nobler Gesellschaft«. Führung zum Heine-Denkmal (Prof. Dr. Joseph A. Kruse); Themenführungen durch die Ausstellungen: »Heine und die Frauen« (Dr. Karin Füllner), »Deutschsprachige Literaturnobelpreisträger« (Heidemarie Vahl), »Der politische Heine« (Dr. Ursula Roth), »Heine und Düsseldorf« (Heidemarie Vahl), »Heine und Frankreich« (Prof. Dr. Bernd Kortländer). Jazz in den Ausstellungsräumen mit TRIOT (Thomas Mika, Klavier, Konstantin Kreiner, E-Bass und Rob Hanrath, Schlagzeug). »Heine taucht unter«. Eine Über- und Unterwasserperformance. Die Tiefseetaucher (Junges Schauspielhaus Düsseldorf und Robert-Schumann-Hochschule Düsseldorf). »Schnitzeltaxi. Deutsches Ethnokabarett«. Kabarett-Soloprogramm mit Martin Maier-Bode. Veranstalter: Heinrich-Heine-Institut.
14.5.2009	Fanny und Felix Mendelssohn. Jüdische Kultur in Deutschland. Lesung aus dem Briefwechsel zwischen Fanny und Felix Mendelssohn. Lesung und Moderation: Dr. Eva Weissweiler, Herausgeberin des Briefwechsels, und Axel Gottschick. Musik: Nenad Lečič (am Flügel) und Katharina Deserno (Cello). Ort: Palais Wittgenstein. Veranstalter: Konrad-Adenauer-Stiftung Düsseldorf, Heinrich-Heine-Institut und Gesellschaft für Christlich-Jüdische Zusammenarbeit.
16.5.2009	»Text&Ton«. »Heine, Paris und die Musik«. Sektfrühstück in der Bibliothek des Heine-Instituts mit musikalisch-literarischem Programm. Moderation und Rezitation: Dr. Karin Füllner und Dr. Ursula Roth. Am Flügel: Helmut Götzinger. Veranstalter: Heinrich-Heine-Institut und Heinrich-Heine-Gesellschaft.
17.5.2009	Ausstellungseröffnung. »Niklas Stillers Literaturplakate«. Begrüßung: Hans-Georg Lohe, Kulturdezernent der Landeshauptstadt Düsseldorf. Lesung: Niklas Stiller. Musik: Bernd Wiesemann (am Flügel). Veranstalter: Heinrich-Heine-Institut.
4.6.2009	Reihe: Universität in der Stadt. »Keusche Nymphen und Kurtisanen«. Vortrag von Prof. Dr. Hans Körner, Düsseldorf. Veranstalter: Heinrich-Heine-Universität Düsseldorf, Heinrich-Heine-Institut, Evangelische Stadtakademie und VHS Düsseldorf.
6./7.6.2009	Mit Heine in Paris. »Unter der Bevölkerung des Faubourg Montmartre habe ich mein liebstes Leben gelebt«. Literarische Spaziergänge auf den Spuren Heinrich Heines. Leitung: Dr. Bernd Füllner und Dr. Karin Füllner. Ort: Paris.

	Veranstalter: Maison Heinrich Heine, Paris, in Zusammenarbeit mit Heinrich-Heine-Institut und Heinrich-Heine-Gesellschaft.
7.6.2009	»Heinrich Heine – mit einem Hauch Lokalkolorit«. Vortrag zu Heines Leben und Werk und Führung durch die Heine-Ausstellung (Dr. Ursula Roth); Rezitation ausgewählter Heine-Texte in Düsseldorfer Mundart (Monika Voss). Veranstalter: Heinrich-Heine-Institut.
	»Reisebilder« – Literatur im Hofgarten. Kirsten Fuchs liest »Nicht der Süden«. Moderation: Michael Serrer. Ort: Hofgarten, vor dem Theatermuseum. Veranstalter: Heinrich-Heine-Institut, Literaturbüro NRW, Theatermuseum, Düsseldorfer Schauspielhaus, zakk. Mit freundlicher Unterstützung des Kulturamts der Landeshauptstadt Düsseldorf.
11.6.2009	Bücherbummel auf der Kö. Heinrich-Heine-Institut und Heinrich-Heine-Gesellschaft präsentieren sich. Vorstellung des Jugend-Projektes »Box it!«. Veranstalter: Heinrich-Heine-Institut und Heinrich-Heine-Gesellschaft. »Box it!« wird gefördert im Rahmen des Projekts »Archiv und Jugend«/ Ministerpräsident des Landes Nordrhein-Westfalen und LVR.
11.6.2009	WDR5 Bücher – Das Literaturmagazin mit Christine Westermann und Gästen. Veranstalter: Bücherbummel in Zusammenarbeit mit dem Heinrich-Heine-Institut.
13.6.2009	Literatur-Schiff. Oliver Steller spricht und singt Heine.
14.6.2009	»Reisebilder« – Literatur im Hofgarten. Steffen Kopetsky liest »Eine uneigentliche Reise«. Moderation: Michael Serrer. Ort: Hofgarten, vor dem Theatermuseum. Veranstalter: Heinrich-Heine-Institut, Literaturbüro NRW, Theatermuseum, Düsseldorfer Schauspielhaus, zakk. Mit freundlicher Unterstützung des Kulturamts der Landeshauptstadt Düsseldorf.
15.6.2009	Ernst-Meister-Tagung. »Dass einer es laese«. Vorträge von Prof. Dr. Joseph Anton Kruse, Reinhard Kiefer, Dr. Bernhard Albers u. a. Veranstalter: Ernst Meister Gesellschaft in Zusammenarbeit mit der Heinrich-Heine-Gesellschaft. Mit freundlicher Unterstützung der Kunststiftung NRW.
17.6.2009	»Heimkehr als Aufbruch«. Die Heinelieder Franz Schuberts. Vortrag von Dr. Arnold Pistiak, Potsdam. Mit Désirée Brodka (Sopran) und Frederike Möller (am Flügel). Veranstalter: Heinrich-Heine-Gesellschaft.
23.6.2009	Wilhelm von Sternburg liest »Joseph Roth. Eine Biographie«. Veranstalter: Heinrich-Heine-Institut.
	»Reisebilder« – Literatur im Hofgarten. Sibylle Lewitscharoff liest »Apostoloff«. Moderation: Dr. Karin Füllner. Ort: Hofgarten, vor dem Theatermuseum. Veranstalter: Heinrich-Heine-Institut, Literaturbüro NRW, Theatermuseum, Düsseldorfer Schauspielhaus, zakk. Mit freundlicher Unterstützung des Kulturamts der Landeshauptstadt Düsseldorf.
4./5.7.2009	»Text&Ton«. »Heine, Paris und die Musik«. Sektfrühstück in der Bibliothek des Heine-Instituts mit musikalisch-literarischem Programm. Moderation und Re-

	zitation: Dr. Karin Füllner und Dr. Ursula Roth. Am Flügel: Helmut Götzinger. Veranstalter: Heinrich-Heine-Institut und Heinrich-Heine-Gesellschaft.
19.7.2009	Finissage der Ausstellung »Niklas Stillers Literaturplakate«. Zur Finissage mit musikalischer Umrahmung führt Heidemarie Vahl durch die Ausstellung. Veranstalter: Heinrich-Heine-Institut.
2.8.2009	Ausstellungseröffnung. »Literarisches Leben in Düsseldorf seit 1970«. Veranstalter: Heinrich-Heine-Institut.
16.8.2009	Die Dichter und die Stadt. Literarische Szene Düsseldorf damals und heute. Dr. Enno Stahl im Gespräch mit Jens Prüss und A. J. Weigoni. Veranstalter: Heinrich-Heine-Institut.
22.8.2009	»Heimspiel«. Lange Nacht der Düsseldorfer Literatur mit Lesungen, Straßenpoesie und Musik. Mit Lesungen aus dem Vorlass von Harald K. Hülsmann, Klas Ewert Everwyn, Hansjürgen Bulkowski, Horst Landau und Hans-Adolf Stiehl. Veranstalter: Gemeinschaftsprojekt von Literaturbüro NRW, Galerie Tedden, Institut Français, Heinrich-Heine-Institut, Destille und Evangelischer Stadtakademie. Mit freundlicher Unterstützung des Kulturamtes der Landeshauptstadt Düsseldorf.
3.9.2009	Reihe: Universität in der Stadt. »Die Heinrich Heine-Universität – eine Bürgeruniversität«. Vortrag von Univ.-Prof. Dr. med. Dr. phil. Hans Michael Piper, Düsseldorf. Veranstalter: Heinrich-Heine-Universität Düsseldorf, Heinrich-Heine-Institut, Evangelische Stadtakademie und VHS Düsseldorf.
5.9.2009	Reihe: Archiv aktuell. Das Archiv zeigt seine Schätze. Präsentation und Moderation: Christian Liedtke. Veranstalter: Heinrich-Heine-Institut.
12.9.2009	Düsseldorfer Schüler- und Azubi-Slam. Zum Abschluss des Projektes »Box it!« und zur Finissage der Sonderausstellung »Literarisches Leben in Düsseldorf seit 1970« präsentiert das Heine-Institut in einer kleinen Ausstellung Beiträge der jugendlichen Teilnehmer. Moderation: Pamela Granderath und Dr. Enno Stahl. Veranstalter: Heinrich-Heine-Institut und zakk.
13.9.2009	150. Jubiläum Deutsche Schillerstiftung. Literarische Matinee. Präsentation der Jubiläumsschrift von Dr. Susanne Schwabach-Albrecht. Die von der Deutschen Schillerstiftung ausgezeichneten Autoren Barbara Honigmann und Jürgen Becker lesen aus ihren Werken. Veranstalter: Heinrich-Heine-Institut.
14.9.2009	Navid Kermani liest »Wer ist Wir? Deutschland und seine Muslime«. Ort: Evangelische Stadtakademie.
17.9.2009	Reihe: Heine heute. Feridun Zaimoglu liest »Hinterland«. Moderation: Dr. Hubert Winkels. Veranstalter: Heinrich-Heine-Institut und Heinrich-Heine-Gesellschaft. Mit freundlicher Unterstützung der Kunststiftung der Stadtsparkasse Düsseldorf. Veranstalter: Heinrich-Heine-Gesellschaft in Kooperation mit der Gesellschaft für Christlich-Jüdische Zusammenarbeit.
24.9.2009	Reihe: Nähe und Ferne. Thomas Hoeps und Jac. Toes lesen »Das Lügenarchiv«. Moderation: Dr. Karin Füllner.

Veranstaltungen 315

	Veranstalter: Heinrich-Heine-Institut, Heine Haus, Literaturbüro NRW e. V. Mit freundlicher Unterstützung des Kulturamtes der Landeshauptstadt Düsseldorf.
27.9.2009	Verleihung der Ehrengabe der Heinrich-Heine-Gesellschaft 2009 an Herta Müller. Begrüßung: Prof. Dr. Joseph A. Kruse. Laudatio: Dr. Michael Naumann. Dank: Herta Müller. Am Flügel: Tobias Koch. Ort: Savoy-Theater. Veranstalter: Heinrich-Heine-Gesellschaft.
30.9.2009	Ausstellungseröffnung. »›Übrigens gefall ich mir prächtig hier.‹ Felix Mendelssohn Bartholdy in Düsseldorf.« Begrüßung: Kulturdezernent Hans-Georg Lohe. Einführung: Prof. Dr. Bernd Kortländer. Musikalisches Programm: Studierende der Robert-Schumann-Hochschule. Führung durch die Ausstellung: Dr. Ursula Roth. Ort: Palais Wittgenstein Veranstalter: Heinrich-Heine-Institut.
1.10.2009	Reihe: Universität in der Stadt. »Das Altersherz in Forschung und Klinik«. Vortrag von Univ.-Prof. Dr. med. Malte Kelim, Düsseldorf. Veranstalter: Heinrich-Heine-Universität Düsseldorf, Heinrich-Heine-Institut, Evangelische Stadtakademie, VHS Düsseldorf.
7.10.2009	Führung durch die Ausstellung »›Übrigens gefall ich mir prächtig hier.‹ Felix Mendelssohn Bartholdy in Düsseldorf« mit den Kuratoren der Ausstellung und Stephen Harrison, Deutsche Oper am Rhein. Veranstalter: Heinrich-Heine-Institut.
8.10.2009	»Putz- und Flickstunde. Zwei kalte Krieger erinnern sich«. Sten Nadolny und Jens Sparschuh lesen. Veranstalter: Heinrich-Heine-Institut in Kooperation mit dem Kulturamt der Landeshauptstadt Düsseldorf und der VHS Düsseldorf.
11.10.2009	»Das Erbe der Mendelssohns. Biographie einer Familie«. Prof. Dr. Julius H. Schoeps liest. Musikalische Umrahmung: Dozenten der VHS Düsseldorf. Veranstalter: Heinrich-Heine-Institut in Kooperation mit der VHS Düsseldorf.
13.10.2009	Reihe: Literatur aus China. Ma Jian liest »Peking Koma«. Moderation: Dr. Tilman Spengler. Veranstalter: Heinrich-Heine-Institut und Konfuzius-Institut Düsseldorf. Mit freundlicher Unterstützung des Kulturamtes der Landeshauptstadt Düsseldorf.
21.10.2009	Führung durch die Ausstellung »›Übrigens gefall ich mir prächtig hier.‹ Felix Mendelssohn Bartholdy in Düsseldorf« mit Dr. Ursula Roth. Veranstalter: Heinrich-Heine-Institut.
22./23.10.2009	Tagung. »Das literarische Leben des 19. Jahrhunderts im Spiegel der Zensur«. Mit Vorträgen von Prof. Dr. Bernd Kortländer (Heinrich-Heine-Institut), Dr. Enno Stahl (Heinrich-Heine-Institut), Dr. Jan-Christoph Hauschild (Heinrich-Heine-Institut), Prof. Dr. Kaspar Maase (Universität Tübingen), Prof. Dr. Bodo Plachta (Vrije Universiteit Amsterdam), Christian Liedtke (Heinrich-Heine-Institut), Dr. Bernd Füllner (Heinrich-Heine-Institut), Dr. Marek Rajch (Adam-Mickiewicz-Universität Posen), Dr. Eva Maria Werner (Universität Innsbruck), Dr. Bärbel Holtz (Berlin-Brandenburgische Akademie, Berlin), Prof. Dr. Chri-

	stine Haug (Ludwig-Maximilians-Universität München), Prof. Dr. James Brophy (University of Delaware). Veranstalter: Heinrich-Heine-Institut.
31.10.2009	»Willkommen ihr Schwefelbande«. Joachim Ringelnatz zum 75. Todestag. Mit dem Schauspieler Herbert Kromann und dem Saxophonisten Christian Segmehl. Veranstalter: Heinrich-Heine-Gesellschaft.
4.11.2009	Führung durch die Ausstellung »›Übrigens gefall ich mir prächtig hier‹. Felix Mendelssohn Bartholdy in Düsseldorf« mit den Kuratoren der Ausstellung und Michael Becker, Intendant Tonhalle. Veranstalter: Heinrich-Heine-Institut.
4.11.2009	Kammerkonzert. »…oder soll es Tod bedeuten?«. Das Robert-Schumann-Ensemble mit Professoren und Studierenden der Robert-Schumann-Hochschule Düsseldorf führt Kammermusik von Felix Mendelssohn Bartholdy und Aribert Reimann auf. Ort: Palais Wittgenstein. Eine Veranstaltung im Rahmen der Reihe »Felix Mendelssohn Bartholdy in Düsseldorf«.
5.11.2009	Reihe: Universität in der Stadt. »Jüdische Künstler aus Osteuropa und die westliche Moderne zu Beginn des 20. Jahrhunderts«. Vortrag von Univ.-Prof. Dr. Andrea von Hülsen-Esch, Düsseldorf. Veranstalter: Heinrich-Heine-Universität Düsseldorf, Heinrich-Heine-Institut, Evangelische Stadtakademie, VHS Düsseldorf.
8.11.2009	»Ess is gewen a Sumertog«. Das Wilnaer Ghetto im Spiegel seiner Lieder. Mit Roswitha Dasch (Texte, Gesang, Violine) und Ulrich Raue (am Flügel). Veranstalter: Heinrich-Heine-Institut, Heinrich-Heine-Gesellschaft und Gesellschaft für Christlich-Jüdische Zusammenarbeit.
10.11.2009	»Erinnerungen und Perspektiven«. Jiří Gruša und Györgi Dalos lesen. Ort: Gerhart-Hauptmann-Haus. Veranstalter: Heinrich-Heine-Institut, Gerhart-Hauptmann-Haus und Literaturbüro NRW. Mit freundlicher Unterstützung des Kulturamtes der Landeshauptstadt Düsseldorf.
11.11.2009	Lektürekurs. Ausgewählte Briefe von Felix Mendelssohn Bartholdy. Leitung: Dr. Ursula Roth. Veranstalter: Heinrich-Heine-Institut.
13.11.2009	Klaviermusik von Felix Mendelssohn Bartholdy. Gesprächskonzert mit dem Pianisten Tobias Koch. Veranstalter: Heinrich-Heine-Institut.
18.–20.11.2009	Kolloquium. »Bürgerlichkeit und Öffentlichkeit – Mendelssohn Verhältnis zu Düsseldorf und zur Region«. Mit Vorträgen von PD. Dr. Sabine Mecking (Heinrich-Heine-Universität Düsseldorf), Prof. Dr. Bernd Kortländer (Heinrich-Heine-Institut), Brigitte Metzler (Heinrich-Heine-Universität Düsseldorf), Prof. Dr. Andreas Ballstaedt (Robert-Schumann-Hochschule), Prof. Hans-Peter Reutter (Robert-Schumann-Hochschule), Prof. Dr. Dr. Volker Kalisch (Robert-Schumann-Hochschule), Dr. Matthias Wendt (Robert-Schumann-Ausgabe), Dr. Matthias Geuting (Folkwang-Hochschule Essen), Prof. Dr. Eckhard Roch (Julius-Maximilians-Universität Würzburg), Dr. Yvonne Wasserloos (Robert-Schumann-Hochschule).

Veranstaltungen 317

	Ort: Palais Wittgenstein. Veranstalter: Heinrich-Heine-Institut und Robert-Schumann-Hochschule Düsseldorf.
19.11.2009	Chorkonzert. »…o könnt ich fliegen wie Tauben dahin…«. Geistliche Musik von Felix Mendelssohn Bartholdy. Mit dem Vokalensemble der Robert-Schumann-Hochschule. Leitung: Prof. Raimund Wippermann. An der Orgel: Jürgen Kursawa. Ort: Neanderkirche. Eine Veranstaltung im Rahmen der Reihe »Felix Mendelssohn Bartholdy in Düsseldorf«.
25.11.2009	Führung durch die Ausstellung »›Übrigens gefall ich mir prächtig hier.‹ Felix Mendelssohn Bartholdy in Düsseldorf« mit den Kuratoren der Ausstellung und Elisabeth von Leliwa, Dramaturgin Tonhalle. Veranstalter: Heinrich-Heine-Institut.
26.11.2009	Reihe: Heine heute. Thorsten Palzhoff liest »Tasmon«. Moderation: Dr. Dieter Stolz. Veranstalter: Heinrich-Heine-Institut und Heinrich-Heine-Gesellschaft.
28./29.11.2009	»Text&Ton«. »Heinrich Heine und Felix Mendelssohn Bartholdy«. Sektfrühstück in der Bibliothek des Heine-Instituts mit musikalisch-literarischem Programm. Moderation und Rezitation: Dr. Karin Füllner und Ursula Roth. Am Flügel: Helmut Götzinger. Veranstalter: Heinrich-Heine-Institut und Heinrich-Heine-Gesellschaft.
6.12.2009	Kammerkonzert. Werke von Felix Mendelssohn Bartholdy. Mit Stefanie Ott, Kristina Marzi, Lucas Cavelius, Hee-Jung Keal, Jin-Joo Jhon, Laura Escanilla Rivera, Eun-Mi Song, Kira Ratner und Sara Koch. Eine Veranstaltung im Rahmen der Reihe »Felix Mendelssohn Bartholdy in Düsseldorf«.
9.12.2009	Lektürekurs. Ausgewählte Briefe von Felix Mendelssohn Bartholdy. Leitung: Dr. Ursula Roth. Veranstalter: Heinrich-Heine-Institut.
9.12.2009	Führung durch die Ausstellung »›Übrigens gefall ich mir prächtig hier.‹ Felix Mendelssohn Bartholdy in Düsseldorf« mit den Kuratoren der Ausstellung und dem Düsseldorfer Komponisten Prof. Dr. Oskar Gottlieb Blarr. Veranstalter: Heinrich-Heine-Institut.
12.12.2009	12. Internationales Forum Junge Heine Forschung. Neue Arbeiten über Heinrich Heine. Vorträge und Diskussionen. Mit Vorträgen von Leslie Brückner (Freiburg/Paris), Veronika Wegener (Nijmegen), Dr. Nikolas Immer (Trier), Elisabeth Krüger (München) und Dr. des. Liliana Ruth Feierstein (Bayreuth). Begrüßung: Dr. Sabine Brenner-Wilczek und Prof. Dr. Joseph A. Kruse. Konzeption und Moderation: Dr. Karin Füllner und Holger Ehlert. Veranstalter: Heinrich-Heine-Institut, Heinrich-Heine-Gesellschaft und Heinrich-Heine-Universität Düsseldorf.
12.12.2009	»Heinrich Heine. Ein unbequemer Deutscher«. Festvortrag von Georges-Arthur Goldschmidt. Begrüßung: Dr. Sabine Brenner-Wilczek, Grußworte: Dr. Karin Füllner und Michael Serrer. Veranstalter: Heinrich-Heine-Institut in Kooperation mit dem Literaturbüro NRW und dem Verlag XIM Virgines.

13.12.2009	Matinee zu Heines Geburtstag. Empfang und Führung durch die Ausstellung »›Übrigens gefall ich mir prächtig hier.‹ Felix Mendelssohn Bartholdy in Düsseldorf«. Veranstalter: Heinrich-Heine-Institut.
16.12.2009	Führung durch die Ausstellung »›Übrigens gefall ich mir prächtig hier.‹ Felix Mendelssohn Bartholdy in Düsseldorf« mit den Kuratoren der Ausstellung und Prof. Dr. Dr. Volker Kalisch, Robert-Schumann-Hochschule. Veranstalter: Heinrich-Heine-Institut.

Ankündigung des 14. Forum Junge Heine Forschung 10. Dezember 2011 im Heine-Institut in Düsseldorf

Zum 214. Heine-Geburtstag 2011 veranstalten das Heinrich-Heine-Institut der Landeshauptstadt Düsseldorf, die Heinrich-Heine-Gesellschaft e.V. und die Heinrich-Heine-Universität Düsseldorf gemeinsam das 14. Forum Junge Heine Forschung mit neuen Arbeiten über Heinrich Heine. Es findet statt am Samstag, den 10. Dezember 2011, 10–18 Uhr im Heinrich-Heine-Institut. Für das beste vorgetragene Referat, das von einer Jury ausgewählt wird, stiftet die Heinrich-Heine-Gesellschaft einen Geldpreis.

Zur Information über Konzeption und Ausrichtung des Forum Junge Heine Forschung verweisen wir auf die Berichte in den Heine-Jahrbüchern seit 2001. Anmeldungen für Referate (30 Min.) sind mit einem kurzen Exposé (1 Seite) bis zum 30. September 2011 per Mail zu richten an:

Dr. Karin Füllner
Heinrich-Heine-Institut
Bilker Str. 12–14
D-40213 Düsseldorf
E-Mail: karin.fuellner@duesseldorf.de

Abbildungen

S. 67, 88, 99, 158, 164, 169, 181, 182,
193, 216 (Foto: Gavril Blank), 234 © Heinrich-Heine-Institut, Düsseldorf

S. 187 © Hamburger Kunsthalle, Foto: Elke Walford

S. 243 © VG Bild-Kunst

Hinweise für die Autoren

Für unverlangt eingesandte Texte und Rezensionsexemplare wird keine Gewähr übernommen.

Es gelten die Regeln der neuen deutschen Rechtschreibung.

Bei der Formatierung des Textes ist zu beachten:

Schriftart Times New Roman 14 Punkt, linksbündig, einfacher Zeilenabstand, Absätze mit Einzug (erste Zeile um 0,5 cm); ansonsten bitte keine weiteren Formatierungen von Absätzen oder Zeichen vornehmen, auch keine Silbentrennung. Kursivsatz wird durch Unterstreichung angezeigt.

Zitate und Werktitel werden in doppelte Anführungszeichen gesetzt. Langzitate (mehr als drei Zeilen) und Verse stehen ohne Anführungszeichen und eingerückt in der Schriftgröße 12 Punkt. Auslassungen oder eigene Zusätze im Zitat werden durch eckige Klammern [ ] gekennzeichnet.

Außer bei Heine-Zitaten erfolgen die Quellennachweise in den fortlaufend nummerierten Anmerkungen. Die Anmerkungsziffer (Hochzahl ohne Klammer) steht vor Komma, Semikolon und Doppelpunkt, hinter Punkt und schließenden Anführungszeichen. Die Anmerkungen werden als Endnoten formatiert und stehen in der der Schriftgröße 10 Punkt am Schluss des Manuskriptes. Literaturangaben haben die folgende Form:

Monographien: Vorname Zuname des Verfassers: Titel. Ort Jahr, Band (römische Ziffer), Seite.

Editionen: Vorname Zuname (Hrsg.): Titel. Ort Jahr, Seite.

Artikel in Zeitschriften: Vorname Zuname des Verfassers: Titel. – In: Zeitschriftentitel Bandnummer (Jahr), Seite.

Artikel in Sammelwerken: Vorname Zuname des Verfassers: Titel. – In: Titel des Sammelwerks. Hrsg. von Vorname Zuname. Ort Jahr, Band, Seite.

Verlagsnamen werden nicht genannt.

Bei wiederholter Zitierung desselben Werks wird in Kurzform auf die Anmerkung mit der ersten Nennung verwiesen: Zuname des Verfassers [Anm. XX], Seite.

Bei Heine-Zitaten erfolgt der Nachweis nicht in den Anmerkungen, sondern im laufenden Text im Anschluss an das Zitat in runden Klammern unter Verwendung der Abkürzungen des Siglenverzeichnisses (hinter dem Inhaltsverzeichnis) mit Angabe von Band (römische Ziffer) und Seite (arabische Ziffer), aber ohne die Zusätze »Bd.« oder »S.«: (DHA I, 850) oder (HSA XXV, 120).

Der Verlag trägt die Kosten für die von der Druckerei nicht verschuldeten Korrekturen nur in beschränktem Maße und behält sich vor, den Verfasserinnen oder Verfassern die Mehrkosten für umfangreichere Autorkorrekturen in Rechnung zu stellen.

Das Manuskript sollte als »Word«-Dokument oder in einer mit »Word« kompatiblen Datei per E-Mail (an christian.liedtke@duesseldorf.de) eingereicht werden.

Mitarbeiter des Heine-Jahrbuchs 2010

Prof. Dr. Myriam Bienenstock, 128, rue de la Tombe Issoire, F-75014-Paris
Nina Bodenheimer, 15, rue Chaudron, F-75010 Paris
Dr. Sabine Brenner-Wilczek, Heinrich-Heine-Institut, Bilker Str. 12–14, 40213 Düsseldorf
Leslie Brückner M.A., Agnesenstraße 1, 79106 Freiburg i. Br.
Elena Camaiani, Heinrich-Heine-Institut, Bilker Str. 12–14, 40213 Düsseldorf
Dr. Karin Füllner, Heinrich-Heine-Institut, Bilker Str. 12–14, 40213 Düsseldorf
Regine Gerhardt, Isestr. 73, 20149 Hamburg
Prof. Dr. Peter Hasubek, Obere Wiesen 15, 37077 Göttingen
Prof. Dr. Joseph A. Kruse, Heylstraße 29, 10825 Berlin
Naim Kryeziu, Landstrasse 35, CH-4313 Mohlin
Christian Liedtke, Heinrich-Heine-Institut, Bilker Str. 12–14, 40213 Düsseldorf
Herta Müller, c/o Carl Hanser Verlag GmbH & Co. KG, Kolbergerstr. 22, 81679 München
Dr. Michael Naumann, Redaktion Cicero, Lennéstr. 1, 10785 Berlin
Dr. Arnold Pistiak, Zeppelinstr. 174, 14471 Potsdam
Dr. Alexandra Pontzen, Faculté de Philosophie et Léttres, Département de Langues et Litteratures Germaniques, Place Cockerill 3, B-3000 Liège
Prof. Dr. Terence James Reed, The Queen's College, GB-Oxford, OX1 4AW
Prof. Dr. Jeffrey L. Sammons, 211 Highland St., New Haven, CT 06511, USA
Prof. Dr. Rüdiger Scholz, Dreikönig-Str. 50, 79102 Freiburg
Thomas Stähli, Route de Malagnou 40c, CH-1208 Genève
Anne Stähr, Fehmarner Straße 15, 13353 Berlin
Dr. Robert Steegers, Aloys-Schulte-Str. 3, 53129 Bonn
Prof. Dr. Stein, Peter, Lüner Weg 30a, 21335 Lüneburg
Dr. Fritz Wahrenburg, Gartenstadt 4, 33104 Paderborn
Prof. Dr. Manfred Windfuhr, Frankfurter Weg, 41564 Kaarst
Kathrin Wittler, Emser Str. 4, 12051 Berlin

MIX
Papier aus verantwortungsvollen Quellen
Paper from responsible sources
FSC® C105338

If you have any concerns about our products,
you can contact us on
ProductSafety@springernature.com

In case Publisher is established outside the EU,
the EU authorized representative is:
**Springer Nature Customer Service Center GmbH
Europaplatz 3, 69115 Heidelberg, Germany**

Printed by Libri Plureos GmbH
in Hamburg, Germany